草根天子

朱元璋與明帝國

洪武之治 ｜ 冷血暴君

從淮右布衣到千古一帝，
一介草民如何盪平亂世建立帝業？

覃仕林 —— 著

樂律

風起洪武，朱元璋的亂世逆襲！

推翻蒙古 ✕ 完善經濟 ✕ 興文字獄 ✕ 誅殺功臣

從赤貧乞丐到坐擁江山，朱重八的傳奇稱帝路

目 錄

前言

第一章　赤貧子弟的悽苦人生 ………………… 009

第二章　英雄不問出身 ………………………… 029

第三章　建立自己的武裝，開闢自己的根據地 …… 049

第四章　王者初現 ……………………………… 069

第五章　喪師失地的「大漢天子」 …………… 089

第六章　令人眼花撩亂的南北內耗 …………… 103

第七章　成王敗寇 ……………………………… 119

第八章　明朝建立 ……………………………… 153

第九章　北伐之戰 ……………………………… 173

第十章　二次北伐 ……………………………… 199

第十一章　制度改革 …………………………… 219

第十二章　驚心動魄的權力之爭 ……………… 243

第十三章　朱皇帝無奈殺功臣 ………………… 265

第十四章　朱皇帝的家務事 …………………… 281

目 錄

第十五章　功臣勳貴的不同結局 …………………… 299

第十六章　鐵血誅功臣 …………………………………… 323

第十七章　皇帝的煩心事 ………………………………… 339

第十八章　朱皇帝的最後時光 …………………………… 355

前言

　　人身為社會群體的一員，其思想、性格的形成，乃至以後所從事的職業都離不開其所處的環境。拿我來說，在正值渴望閱讀課外讀物的年齡，能讀到的書籍卻少之又少，只好翻來覆去地看家裡僅存不多的幾本舊書，當一本《史記》被讀得爛熟的時候，竟不知不覺地與歷史讀物結下了不解之緣。隨著年齡漸長，很多優秀的歷史作品讓我目不暇接。在大學期間，雖然讀的是理工科，但我卻「不務正業」，幾乎將學校圖書館裡收藏的各類史籍讀了一遍。網路興起之後，我混跡於網路各論壇之間，與同道中人一起品古論今，坐而論道。

　　我之所以寫關於朱元璋的書籍，一方面是出於對文學的愛好，另一方面則是源於朱元璋是中國歷代皇帝中具有頗多爭議的人物。喜他的人認為，其在位期間勤政愛民，大行惠民政策，開創了「洪武之治」，堪稱「千古一帝」；厭他的人則將其視為暴君，說他刻薄寡恩，冷血殘暴，大誅功臣，興文字獄等各種負面評價不一而足。這些看法都有他們的道理，畢竟事實就擺在那裡，史料記載得清清楚楚，身為萬眾矚目的一國之君想賴也賴不掉。

　　但這些都是朱元璋稱帝後的事，為了讓人們對朱元璋有個更清楚、更詳細的了解，本書從其出生到去世，各方面敘述了一遍，包括成長過程、參加革命的原因、執掌大權的經過、婚姻家庭與子女關係……

　　古語有句叫「時勢造英雄」，朱元璋縱使最終登頂成為皇帝，也不過是個奴隸——歷史的奴隸，這話是俄國大文豪托爾斯泰說的（見《戰爭與和平》）。既然是奴隸，那他的一切活動都離不開歷史這個主人的驅使。朱元璋出生在漢人、南人地位最低的時代，他家又是赤貧中的赤貧，父母

前言

都是老實的佃戶，受盡了元朝統治貴族和漢族地主的壓迫和剝削，勞累了一輩子，還是過著上無片瓦下無立錐之地的生活，到死都沒賺到一寸屬於自己的土地。直到多年後，朱元璋每每回憶起來，仍難抑悲痛之情，他在〈皇陵碑〉中是這樣寫的：「殯無棺槨，被體惡裳，浮掩三尺，奠何肴漿！」

元朝政府只知道殘酷壓榨人民，對百姓的死活漠不關心，一連串的災害旱災、蝗災、瘟疫……政府沒有任何賑災措施，使未成年的朱元璋一下子失去父母、哥姐等七位親人。身為朱家的倖存者，朱元璋該如何面對眼前的絕境？孟子站在樂觀主義的角度安慰人們，要堅定信念：「故天將降大任於斯人也，必先苦其心志，勞其筋骨，餓其體膚，空乏其身，行拂亂其所為，所以動心忍性，增益其所不能。」

但我總覺得朱元璋當時肯定不這麼想，為了活命，只好與二哥分開，二哥外出逃荒，他則到皇覺寺出家當了和尚。

這是「不要把雞蛋都放在一個籃子」，分散風險的原則。果然，二哥從此再無音訊，大概不是凍死就是餓死，或是孤身一人在討飯中被其他乞丐欺凌而死。

朱元璋雖然後來也被迫挨家挨戶討飯，不過還好，他入了佛門。

朱元璋就仗著一身行頭遊遍了淮西大地，雖然後來他回憶說「那時候可苦了，討到上頓還不知道下頓在哪裡，過了今天還不知道能不能見到明天的太陽」，但萬幸的是，他活下來了。

當天下大亂的時候，朱元璋也只是想安安心心當個與世無爭的僧人。但由於元朝已經腐敗透頂，軍隊在鎮壓農民起義中，竟然拿平民充數，貪功冒領使很多人想「苟全性命於亂世」都變得不可能了。朱元璋正是這樣的背景下才參加紅巾軍，人不到萬不得已，誰願意冒著賠上性命的風險造反？這才是推動朱元璋走上起義道路的時代大背景。

朱元璋是人不是神，當然不知道自己日後會成為一國之主，但他很清楚既然踏入了造反的行列，就沒有了任何退路，要想保住項上的人頭，唯有拚命奮鬥，緊跟歷史的潮流，與紅巾軍一道立於不敗之地。

　　之後，他所做的一切事情無不是圍繞這個中心點展開。直至遇到馮國用兄弟、李善長等謀士後，眼界才豁然開朗，人生還可以有這樣的追求！人一旦有了理想和目標，境界肯定不一樣了。也就是從這一刻起，朱元璋終於有了明確的方向，知道今後的路該怎麼走了。

　　隨著事業不斷壯大勢力，就像朱元璋釋出的〈諭中原檄〉中所說「予本淮右布衣，因天下大亂，為眾所推，率師渡江，居金陵形勢之地，得長江天塹之險……」終於成就了帝業。

　　朱元璋的一生無疑是傳奇而偉大的一生，他由貧苦的放牛娃起家，在亂世之中叱吒沙場，開創了盛唐以後又一個多民族的大一統王朝。他執政的三十年不僅創立了大明朝堅實的基業，還形成了成熟的施政綱領，修訂了完善的法律制度，規劃出了整個大明王朝的政治和經濟體制。

　　最後，我用書中的結尾做結束語：關於朱元璋的功過是非，後人評價恆河沙數，我只想說一點，朱元璋的殘酷冷血是針對不法官員和新貴的，對黎民百姓卻是呵護有加。

前 言

第一章
赤貧子弟的悽苦人生

與佛家結緣的孩子

　　對於生活在十三、十四世紀的漢人來說，那就是一悲慘世界。元朝統治當局採取「民分四等」的政策，把人分為四等：一等蒙古人，二等色目人，三等漢人，四等南人。漢人除了向官府繳納各種苛捐雜稅外，連個名字都不能擁有。朱世珍在榮獲「明仁祖」的尊號之前，不叫朱世珍，而是叫朱五四。

　　朱五四祖上居於句容（今江蘇句容）。元朝統治者可以隨時把漢人視如生命的農田連同農田上的漢人賞賜給皇親國戚——親王公主或功臣之類。南宋滅亡後所進行的一次賞賜中，少者賞賜數十戶數百戶，多者竟賞賜十萬戶。每戶以五口計，一次就得到五十萬個農奴。漢人失去了祖宗傳留下來的農田，從自由農民淪為農奴，沒有地方可以申訴。蒙古人可以隨意侵占農田，把漢人從肥沃的農田上逐走，任憑農田荒蕪，生出野草，以便他們畜牧。

　　朱五四就像千千萬萬失去農田的漢人一樣，淪為佃戶，靠租種別人的田地維持生計。朱五四是一個老實巴交的人，本本分分，拚死拚活了大半輩子，還是上無片瓦，下無立錐之地，得不停地搬家。倒不是他有多大的理想，要尋找什麼王道樂土，而是由於那些吃人不吐骨頭的地主大戶心太黑。每到一處低聲下氣租來的幾畝土地，等他帶領全家披星戴月出大力流大汗施肥屙水，把土地改良得肥沃了一些，使生地變成熟地，盼望著能有

009

第一章　赤貧子弟的悽苦人生

個好收成的時候,狠心的地主就要加租,如果不肯多繳納,就要被收回土地退租。任由你怎麼算終歸算不過那些地主老財。一年到頭忙忙碌碌,交完租後,一家人還得吃糠咽菜,最終還是白忙一場。

朱五四早年先是從泗州盱眙（今江蘇淮安盱眙）搬到靈璧縣（今安徽宿州市靈璧縣）,又從靈璧遷到虹縣（今安徽泗縣）,五十歲那年又再遷到濠州（今安徽鳳陽縣東）鍾離東鄉。

西元1328年農曆七月,元朝第六位皇帝泰定帝也孫鐵木兒死了。元文宗依仗武力,趕走了皇太子阿剌吉八,自己做了大元帝國的皇帝,改元天曆。九月十八（西元1328年10月21日）,元王朝的掘墓人降生。

這天,朱五四的老婆朱陳氏又為他添了一個兒子。之前他已經有了三個小子兩個女兒,大小子叫重四、二小子重六、三小子重七,剛生下來的四小子按順序,也就順口叫重八了。當時誰也不會料到,這個叫朱重八的男嬰,日後會成為一代開國之君,他開創的大明王朝,在中國的歷史舞臺活躍了近三百年。

但眼前這個新生兒的境況卻令人擔憂,一般的嬰兒從母體分離出來的那一刻都會情不自禁地啼哭,可小重八出生三四天了,不但不會吃奶,甚至連哭都不會,肚子還脹鼓鼓的像個大青蛙。都說兒女是母親身上掉下的肉,雖說眼前這個嬰兒長得跟他的哥哥姐姐不一樣,顴骨高高聳起,下巴特別長,兩隻耳朵又肥又大,粗眉毛大眼睛,寬寬正正的額頭上還赫然突起一塊骨頭,像是一個小山包,但自古母不嫌兒醜,再醜也是自己的骨肉,擺在眼前的危機是,兒子還有沒有活下來的希望？

朱五四也愁壞了,由於家裡連個銅板都拿不出來,請郎中這樣的事根本不敢奢望,只好轉而向神靈求助。一輩子沒做過虧心事的朱五四首先拚命地檢討起自己來,搜腸刮肚回憶自己哪裡不小心冒犯了哪路神靈。自己雖然窮,但對神鬼一直是誠惶誠恐的,逢年過節,或遇上祭祀活動,就算

與佛家結緣的孩子

自己不吃也要拚命地焚香燒紙，所以想啊想也沒想出個所以然來。

正所謂日有所思，夜有所夢。朱五四白天想不明白的事，晚上終於得到高人的指點，嚴格來說不是人，而是神靈之類的什麼東西。原來朱五四做了個夢，有高人指了一條放之四海而皆準，實施起來成本又非常低廉的路給他——到皇覺寺去向高僧求助。

朱五四按照指點來到皇覺寺，卻發現偌大一座寺廟空無一人，滿腹心事無處傾訴的他只好對著那些泥菩薩拚命地磕頭，喃喃自語地倒起了苦水……也不知過了多久，他忽然聽見周邊熱鬧起來，還聽到了一陣響亮的嬰兒哭聲，一個激靈醒了過來，原來是南柯一夢。

醒過來的朱五四本能地轉頭看看老婆和孩子，這一看讓他驚喜得不知所措。就一個夢的工夫，原先氣若游絲的小兒子，這回正依偎在母親懷裡吮吸著奶水呢！這讓他更加堅信神靈，覺得這趟夢中之旅賺大了。

皇覺寺（原名於皇寺）就位於安徽鳳陽縣鍾離鎮，離朱五四所住的東鄉不遠。據《大明洪武實錄》載，該寺廟有佛殿、法堂、僧舍之屬凡三百八十一間。由於朱五四的這次神奇夢遊，如今聳立在鳳陽山日精峰下的皇覺寺已經與原初景象不可同日而語。朱元璋奪取天下後，撥款重修此聖廟，使其名揚天下。

不出幾天，小重八腫脹的肚子不治自癒，竟慢慢地就瘦了下去，成了一個會哭鬧、會吃奶的正常孩子。但接下來的日子，也並不讓人放心。由於營養不良，小重八瘦得皮包骨，還三天兩頭生病。朱五四又多次往返於寺廟和家之間，當然，這也是他唯一能做的事了。朱五四不止一次向菩薩和住持方丈許下諾言，只要孩子平安長大，將來讓他到寺院裡服侍各位菩薩大人。這就是當時流行的「捨生」，由父母許願，如果佛祖保佑孩子平安長大，那麼孩子長大之後就入寺為僧。

也許真是佛祖顯靈了，也許窮人家的孩子本來就命硬。小朱元璋就在

這樣一個貧困而又溫馨的家庭中慢慢長大。但凡能成大事的人都有其過人之處,小朱元璋雖然瘦弱,但卻瘦得小巧玲瓏,古靈精怪的,是個人人見了都想「逗你玩」的小鬼頭。

當時還沒有托兒所、幼兒園什麼的,但就算有朱五四也送不起,大人們要忙於生計,小朱元璋沒事和小夥伴除了捉泥鰍、掏鳥窩外,做得最多的就是去皇覺寺。因為皇覺寺從早到晚煙火繚繞,大門都是敞開著的,遇到有香客進香也是蠻熱鬧,看那些大人燒香拜佛,也是一種莫大的享受。

高彬法師是個有老婆孩子的人,所以對孩子們的到來並不反感,任由他們嬉耍玩鬧。不但如此,他還比較喜歡人小鬼大的朱元璋,除了逗他玩以外,還時常教他識字。朱元璋的一個過人之處在於腦筋特別靈活,小小的人兒竟然過目不忘,時日一長竟認識了三四百個漢字,法師的經書任由他翻看,那些經書就成了他的啟蒙讀物。等到六七歲的時候,朱元璋已經會念不少佛經,算是初通文墨。

小朱元璋就這樣無憂無慮地慢慢長大著,到他十歲那年,家裡租種的田地又被地主無故收回,朱五四再次面臨搬家的命運,無奈之下由東鄉搬到了太平鄉的孤莊村。孤莊村是個大村子,有千餘人口。村裡最大的財主叫劉德,全村兩百來戶人家有一多半都租種他的田地。

新搬過來的朱五四說盡好話,也租種了劉德的十幾畝荒地。朱家本來就貧困,如此一折騰,更是雪上加霜。為了生計,三個哥哥只好分頭到地主家裡去做長工,朱元璋也到劉德的胞兄劉繼祖(字大秀)家當起了放牛娃。

當時,與朱元璋一樣放牛的窮人家的孩子有好幾個,主要有徐達、周德興和湯和三人。他們都比朱元璋大,但朱元璋膽識過人,又講義氣,小夥伴對他既敬佩,又服氣。幾人提議結拜成生死弟兄,但得照古書上按年齡大小來排定兄弟的次序。

這個提議當即遭到朱元璋的極力反對，他決意要以打架論高低，誰贏誰當老大，對此提議徐達、周德興舉雙手贊成，只有年齡比朱元璋大而個頭比他小的湯和不敢應聲，但現在是三票對一票，此事就定了下來。最終大家約定，等第二天填飽肚皮再正式開始比賽，因為此時，大家都前胸貼後背，實在提不起勁來打架了。

次日一早，幾個人像往常一樣把牛趕到山坡上，讓牛自由自在地吃草。那個時候生態環境還比較好，到處都是植被。雖說放牛娃名聲不太好聽，可是他們幾個幫地主放牛，工作還是很輕鬆的，只需把牛趕到山坡上，那牛吃飽了就會自己下山，到時再把牠們趕回牛棚就是了。這段時間他們可以盡情玩耍。當然，地主是不會發薪資的，只提供他們兩頓飯。

既然要比武，就得捉對廝殺。按照朱元璋的提議，採取淘汰制的方法：他與湯和先打，隨後徐達和周德興再打，兩個小組的勝者進入決賽，大哥、二哥的排位由此產生；剩下那兩個複賽一場，定出誰是老三、老四。

朱元璋這番提議是費了一番腦力的，跟徐達或者是周德興打，他都沒有取勝的把握，只有跟湯和打，才有勝算。湯和這個人膽小，塊頭又沒有自己大。周德興跟徐達兩人旗鼓相當，他們為爭做老大肯定會拚盡全力打鬥。等他們打得筋疲力盡，兩敗俱傷，自己才有機可乘。前提是自己必須戰勝湯和，而且還不能消耗太多的體力，否則一旦肚子裡那點糧食消化完了，就再也提不起勁了。

比賽規則定好後，朱元璋跟湯和先上場，周、徐就在邊上看著。雙方上場擺好姿勢後，朱元璋耍詭計，湯和很快求饒認輸。

輪到徐達和周德興出場了，正如朱元璋所料，兩人都使上吃奶的力氣，苦戰了半天。最後徐達雖然把周德興打倒了，但自己也累得連站起來的力氣都沒有了。朱元璋當即走過來要求開戰，否則就認輸。

第一章　赤貧子弟的悽苦人生

徐達剛一爬起來，朱元璋就一頭撞了過去。徐達「哎──」一聲還沒叫完，又重重倒在了地上，朱元璋趁勢騎在徐達的身上，左右開弓，沒頭沒腦地揮動小拳頭只管猛打。直打得徐達七葷八素開口認輸，才跳了起來。

本來還有一場附加賽的，但由於湯和發揚「友誼第一，比賽第二」的精神，甘願做老四，這場比武大賽到此圓滿結束。隨後他們按照戲文裡說的，舉行了一套儀式，有模有樣地磕了頭，朱元璋從此就當起了帶頭大哥，這不能不說是一個勝利！

經過一番激烈的打鬥，又舉辦了一場隆重的儀式，大夥也累了，新誕生的四兄弟再加上鄰近村過來圍觀的放牛娃，十來個半大的孩子，懶懶散散地躺在草地上。只聽徐達的肚子咕嚕嚕直叫，接著是他有氣無力的聲音：「要是有碗麵糊糊吃就好了……」這是他們所能想到的最好的美食了。

聽他這麼一說，周德興、湯和也都說餓了，這個說哪怕有個菜糰（南方農村糧食不夠吃，常用一些野菜摻雜做成飯糰，跟北方的雜麵窩窩頭一樣的性質）也行啊！那個說要是能吃到碗白麵條那才好呢！有人甚至異想天開地說，真想吃一塊油油膩膩的大肥肉。

此言一出，馬上引起激烈的討論。有人說，得了吧，地主才吃肉呢！有人附和，是呀，我見過劉老爺吃肉，滿嘴流油的，就是不知道什麼滋味。更有人無窮渴望地說，這輩子要是能吃上頓肉叫我做什麼都行！

大夥七嘴八舌的，越說越餓，個個垂涎欲滴的一副饞樣。剛當上大哥的朱元璋聽大家在討論，心裡充滿豪情壯志，覺得是拿出些當大哥的本事為大家謀取點實際利益的時候了，戲文上不是說了嗎，人家新官上任都放三把火。朱元璋想到火，再看著遠處悠然吃草的牛群，突然一拍他那不怎麼粗壯的大腿：「有了！」

大夥聽他這麼一喊，紛紛停下來問道，有了什麼？朱元璋一臉壞笑地

說,嘿嘿!我們天天守著那麼多肉,竟然沒嚐過肉的滋味,你們說是不是天下最大的傻子?

大家還是沒反應過來,朱元璋招呼三個小弟過來,如此這般地嘀咕了一陣。直說得周、徐兩人眉開眼笑。湯和聽得瞪起了眼珠,雖然心裡直發毛,但終究還是經不起誘惑,就一個勁地點頭。

打虎親兄弟,雖然他們現在只是準備打牛,但還是親兄弟可靠。朱元璋吩咐完畢,就過去牽了一頭自己所放的小牛犢回來,徐達馬上過來用繩子將牛犢的前後腿捆上,周德興早就拿著砍柴斧在等著了,照著牛頭就是一斧子下去。牛的額頭就如同蛇的七寸,是要害之處,他們天天跟牛打交道,自然明瞭其中的奧祕。

那牛雖然知道自己的要害在頭上,但牠做夢也沒想到今天竟是自己的末日,不但成全了一幫吃貨的心願,還成了別人籠絡人心、樹立威信的犧牲品。牛頭上捱了勢大力沉的一斧,當即前腿一軟就倒下了,接著砍柴斧、砍柴刀一個勁往脖子、身上砍,很快就死了。

其他那些放牛娃也都是十二三歲的小大人,到這個時候也明白過來了,有人主動加入宰牛大軍的行列。對那些還愣著的,朱元璋吩咐:「還愣著做什麼?想吃牛肉的,趕快多撿一些樹枝,堆好石頭,我們今天也當一次財主,吃烤牛排!」

大家歡呼雀躍地忙碌起來,隨後,牛肉就一塊塊地架到了火上。這些從沒吃過肉的少年,兩眼冒著光,也不管嘴巴裡嚼的是紅是黑,只管一個勁往肚子裡吞,紅的部分當然是沒烤熟的肉,黑的是外面烤焦了的。這一頓烤牛排吃下來,大家一邊捂著圓鼓鼓的肚皮打滾,一邊打著飽嗝,一副得償所願的愜意樣。

貧苦人家的孩子,能吃上一頓肉,並且還保證夠吃,確實是一件很愜意的事。但沒愜意多久,有人回到了現實,開始害怕起來了,說:「我們

吃了大老爺的牛，大老爺不得吃了我們啊？」

這一提醒，大家都慌了，還在啃著一大塊骨頭的湯和手一抖，很自然地盯著朱元璋，徐達和周德興也不約而同地把目光集中在了朱元璋身上。朱元璋看著大家一臉的窘樣，一股豪情直衝雲霄，說：「你們都不用害怕，牛是我殺的，只要大家不說出去，並且按照我吩咐的去做，有事我一個人擔著。」

於是，朱元璋指揮大家把剩下的牛頭、牛皮和牛骨頭等全部埋藏了起來，然後把單獨留下的牛尾巴找條石縫插了進去，並交代大家如此如此，這般這般，訂立了攻守同盟。

等大夥處理完作案現場，太陽也下山了，大家各自懷著忐忑不安的心情趕牛回家。劉繼祖正站在村口等著他家的牛寶貝回家呢！這是他每天必做的事情，要知道每頭牛都是一筆財富哩！很快他就發現少了一頭牛犢，這時朱元璋撒起謊來連眼都不眨，他說：「老爺，您老人家有福啊，山神爺看中咱家那花牛犢，把牠召去了，牛犢鑽進山洞，被夾在石頭縫裡出不來了。您老就等著山神爺賜福給您吧！」

劉繼祖雖是地主家的，但他不是傻小子。這種小兒科的伎倆他能相信嗎？他叫兩個家丁陪他到現場走了一圈就明白了。惱羞成怒的劉繼祖一腳將朱元璋踹飛，命兩個家丁道：「往死裡打！」

一大群放牛娃眼睜睜看著朱元璋被打，大氣不敢出，腿肚子直打戰。還是湯和腦子反應快，慌慌張張地跑去向朱五四夫婦報告。等到朱五四和陳二娘趕到時，朱元璋已經躺在地上奄奄一息了。

陳二娘的眼淚像泉湧一樣，朱五四抱起愛子就要去找劉繼祖理論。朱元璋睜開眼，有氣無力地說：「爹，娘，我們回家吧，我們是鬥不過大老爺的！」

如果說劉繼祖跟他弟弟或者其他的地主比起來還存在一絲仁慈的話，那就是他沒有趕盡殺絕。在農耕社會，牛可是重要的生產資源，要是告到

官府，夠他們老朱家受的。劉繼祖既沒要朱家賠償（知道他們賠不起），也沒有告官，只是毒打了朱元璋一頓出氣。

朱元璋捱了頓打，放牛的差事也丟了。但他在孩子中間的威信卻更高了，年紀跟他差不多的人都服他，因為牛肉是大家吃的，但捱打的只有他一個，都覺得他特別講義氣、有擔當。

多年以後，這段磨難與羞辱就如長長的皮鞭抽打在身上留下的印記，深深地刻在朱元璋的腦海裡。也許就是從這一刻起，他開始以一副睥睨的眼光打量著這個災難深重的世界，忍受著、等待著、積聚著，幻想著有朝一日如宰殺牛犢般進行瘋狂而快意的報復。

朱元璋印象最深的是母親翻來覆去講外公的故事。外公曾在宋朝大將軍張世傑部下當過親兵，跟著張將軍與陸秀夫丞相保護著宋朝小皇帝逃到南海中的崖山。張將軍集合了一千多條大船與蒙古兵決戰，但被蒙古兵打敗，忠心耿耿的陸丞相讓自己的家人跳海後，背起年僅六歲的小皇帝也跳下了大海。張將軍帶領十幾條船突出重圍，以圖東山再起，恢復疆土。不幸四天後遭遇颶風，海船沉沒，張將軍及部眾全部淹死，外公僥倖被人救起，歷盡千辛萬苦才回到家裡。

朱元璋就這樣在貧困清苦中享受著窮人特有的那份「自得其樂」。如果生活就這樣過下去，不用多久，他也會在父母的竭力扶持下討上一門媳婦，然後生子，兒子長大了再去地主家放牛，他則像祖輩一樣，繼續為地主當牛做馬，忍飢挨餓，受氣被撐，堅持進行佃農的事業。大哥已經娶了媳婦，是母親求村東頭熱心的汪大娘幫忙張羅撮合的。二哥、三哥因家裡實在太窮，又沒有房子住，就由大老爺劉繼祖熱心幫助，各自尋了一戶沒有兒子的人家做了入贅女婿。大姐嫁給一個叫王七一的，二姐夫姓李，叫李貞。這些親家論起來都是門當戶對的貧困戶家庭，但農村人只要老天不造孽，勤勞踏實賣力氣在土裡刨食，總還不至於餓死。

第一章　赤貧子弟的悽苦人生

　　但世間的事總是怕什麼就來什麼。元順帝至正三年（西元1343年），淮西地區遇上了百年大旱，一連數月滴雨未下。百姓們不得不開展自救行動，照當時的慣例，大家拿出不多的一點積蓄，請神職人員替大家懇求龍王老爺開恩降雨。

　　眼看著田地已經晒成焦地，農作物幼苗早已乾枯，但任憑百姓們在炎炎烈日下磕破了頭，跪折了腿，鑼鼓嗩吶震天響，那天空還是不見一絲烏雲。除了那些僧侶和神職人員暗暗得意以外，靠天吃飯的農民就像熱鍋上的螞蟻，團團亂轉，卻又無計可施，都在愁眉苦臉地唉聲嘆氣：這日子讓人活不下去了。

　　也許正應了一句老話：好的不靈，壞的靈。就在百姓叫天天不應、叫地地不靈的時候，翌年春天，求雨不來，卻迎來了一場嚴重的蝗災。鋪天蓋地的蝗蟲，把人們賴以生存的那點野菜、嫩樹葉吃了個精光。由於前一年大旱沒存下糧食，整個孤莊村除了二老爺劉德外，連大老爺劉繼祖家也沒有多少餘糧了，其他的村民就更不用說了。

　　更要命的是，蝗災過後沒多久，村裡就開始有人病倒，人們已經是靠樹皮、草根在維持生命了，一倒就挺不過去。先是村裡一個老婦人突然發燒，上吐下瀉，沒過兩天就死了。接著是算命先生的妻子。村裡不斷有人發燒嘔吐，相繼死去。最多的一天村裡死了十幾個人，連村子裡天天替人看病的郎中也死了。郎中臨死前告訴人們：「是瘟疫！」

　　人們開始慌了，孤莊村乃至整個濠州一帶但凡能走得動的人都紛紛逃離，幾天工夫就人煙寥寥，雞犬之聲不再，一片淒涼。朱元璋家也逃不出厄運，一開始是大哥的大兒子文直，上午發燒，下午又是吐又是瀉，晚上就閉上了眼睛。大嫂王氏哭暈過去好幾次，母親陳二娘目光呆滯地看著大孫子的屍體，除了臉上表情能看出悲傷，沒有任何反應。朱五四交代朱元璋，趁沒人的時候，連夜將文直的屍體丟到一條乾枯的水溝裡。

姪子文直的死只是開始，接下來不到半個月，六十四歲的父親朱五四也死於同樣的狀況，然後是大哥朱重四，最後是母親陳二娘。

朱元璋眼看著勞累了一輩子的父母和大哥相繼死去，傷心得不停地痛哭，他是真切地感到，自己從此就是一個沒爹沒娘的孩子了，再也沒人疼沒人愛了。此時的他還不滿十七歲。

還有一個天大的難題擺在悲痛欲絕的朱元璋面前，替地主開了一輩子荒山野地的父母，竟沒賺下一分屬於自己的地，如今上哪找地方埋葬？正在此時，二哥朱重六回到這個只有三間茅草屋的家裡來了。朱元璋這才從二哥口中知道了很多事情。

原來朱重六入贅的那戶人家也死得只剩他一個人了；三哥朱重七入贅的那戶人家更慘，包括三哥在內全死光了；二姐家還算幸運，二姐死了，二姐夫李貞還活著，在朱重六回家的時候，已經帶著他的兒子、朱家的外甥保兒外出逃荒去了。

原本偌大的一個家，現在只剩下二哥、大嫂、二姪子文正和朱元璋四人了。兄弟倆悲痛之餘就商量著要找塊地讓過世的父母和兄長入土為安，這是這輩子能為他們所做的最後一件事了。兩人不約而同地想到了二老爺劉德，因為好歹朱劉兩家做了幾年的主僕，從未拖欠過租穀，也沒鬧過任何不愉快的事。心想如今落到這步田地，他總該發發善心，施捨點邊角荒地幫朱家度過眼前的難關。

劉德得知朱五四家連連遭殃，所欠的地租是沒有指望了，心中正懊惱呢。得，這兄弟倆碰了一鼻子灰不說，還被數落了一頓。當兩人垂頭喪氣返回家時，鄰居汪大娘正在等著他們。汪大娘是過來看望大嫂和姪兒的，她是個心地善良的人，早年守寡，帶著兒子汪文靠織布為生。在這場災難中很幸運地沒什麼意外，見朱家遭了大難，過來寬慰和提供幫助。

汪大娘知道眼前的難處後，雖然也很無奈，但還是告誡他們不能把爹

第一章　赤貧子弟的悽苦人生

　　娘的屍首亂扔，無論如何要為爹娘弄塊墳地。正沒著落處，大老爺劉繼祖帶著老婆婁大娘及兒子劉英上門來了，他們家在這場瘟疫中也死得只剩下這三口人了。

　　原來劉繼祖的小兒子劉英常常跟朱元璋一塊玩耍，與其他孩子一樣非常崇拜朱元璋。雖然朱元璋監守自盜吃了他家的牛，但那是他爹的，他一點都不在乎。剛才朱元璋和朱重六去求劉德時，他正好在場，看到二叔不肯給地還臭罵他們，就跑回家把事情跟他娘說了。

　　婁大娘一上來就埋怨朱重六，這事為什麼不找大老爺，而要自討沒趣找二老爺？劉繼祖也開口了，說他願意把南面山坡上的一塊地送給朱元璋兄弟，作為朱家的墳地。朱元璋一聽，立即和二哥一道跪下向大老爺叩頭道：「大老爺，您的大恩大德，我朱重八永生難忘。若有朝一日我混出個人樣，一定報答大老爺。」劉繼祖的慷慨贈地，讓朱元璋感動不已，令他感動的還有汪大娘。

　　墓地是有了，可是棺木衣衾還沒有著落，事到如今也顧不上了，屍體放了好多天不說，也實在沒地方求去了。只好為長輩裹上生前的破衣衫，再用汪大娘送來的一丈多白布鋪上，算是安頓妥當了。朱元璋又要向汪大娘跪下，汪大娘催促道：「趕緊讓你爹娘入土為安吧，別再耽擱了。」

　　兄弟倆再加上汪大娘出面請來的幾個鄉鄰，用門板抬著屍首，一路走一路哭，好不容易抬到山坡下，突然烏雲翻滾，剛才還火辣辣的太陽頃刻就不見了，隨即狂風怒號，電閃雷鳴，傾盆大雨把整個大地都籠罩了，砸得人眼睛都睜不開。

　　大夥連忙跑到樹林裡避雨，一道道閃電撕裂著從頭頂掠過，一聲聲炸雷在耳邊響起，在樹下瑟瑟發抖的兄弟倆雖然惦記著父母的遺體，但也無可奈何。約莫一頓飯的工夫，雨過天晴，兄弟倆急忙跑過去一看，卻大吃一驚：屍首不見了！

原來是剛才那場大雨太過迅速，導致被曝晒得乾裂鬆散的土地發生山體下滑，一大堆坍塌下來的黃土把屍首掩埋得嚴嚴實實，那一堆黃土就像一座小山包。兄弟倆覺得自己很不孝，很沒用，汪大娘對他們說：「這叫『天葬』。趕快給你們的爹娘磕頭吧。」朱元璋對著土堆發誓：「爹、娘、大哥，我和二哥只能將就著這樣把你們葬了，等重八有了出息，一定回來為你們修一座天底下最大的陵墓。」三十五年後，朱元璋回憶起此事時，仍難抑悲痛之情，他在〈皇陵碑〉中寫道：「殯無棺槨，被體惡裳，浮掩三尺，奠何肴漿！」

　　父母算是安葬好了，但昔日和睦溫暖的家已不復存在了，今後的生計更是大問題。二老爺劉德已經派家丁過來傳話，如果他們還租種他的田地，就繼續住那幾間草屋，要是不打算租種他的地，就盡快交出房屋。朱元璋彷彿一夜之間就成熟了起來，父母和大哥辛苦勞累，也只勉強維持生計，如今二哥餓得軟綿綿的，真擔心他也挺不過去，自己一個人能做什麼？大嫂好歹還有娘家，不如讓她帶著文正暫且投靠娘家再做打算。

　　汪大娘把朱元璋的困境看在眼裡，就找到他說：「你爹娘曾抱著你到皇覺寺捨生，依我看不如讓你二哥出去逃荒，你就到皇覺寺去，既還了願，又有口吃的，總比餓死強。」事到如今也只有這條路可走了。二哥病懨懨地抱著兄弟大哭了一場，朱元璋也不由自主地痛哭流涕。為了活命兄弟倆就此含淚別過，各奔前程。

在編僧人只為混口飯

　　徐達、周德興、湯和等人也準備跟隨家人外出逃荒。他們聽說朱元璋要去廟裡當和尚，都過來告別，四個小兄弟抱頭痛哭了一陣，除了哭訴各自的

第一章　赤貧子弟的悽苦人生

親人死的死、逃難的逃難外,還哭訴小兄弟們就此分散後,不知哪年哪月才能再相見。還是朱元璋這個當大哥的鼓勵和安慰大家:不管走到哪裡,不管遇到多大的困難,都要活下去,只要活著,兄弟們總有相聚的一天!

汪大娘替朱元璋備辦了香燭紙錢等一應物品,去跟長老高彬法師一說,高彬一口就應承了下來,對於小時候經常來這玩的朱元璋,他太熟悉了,自己還教過他認字。再說他這廟裡又沒有固定的編制,多一個人來幫忙打雜,有什麼不好呢,又不用談薪水,兩頓粥就搞定的事。高彬跟住持德祝打了聲招呼,連表格都不用填,就讓朱元璋前來報到。

元至正四年(西元1344年)九月,皇覺寺多了一個沙彌,這稱謂是佛教中對年齡不足二十歲,或其他初級出家男子的稱呼,因為叫起來拗口,老百姓一般統稱為「小和尚」。

朱元璋剛剛剃度入行,屬於新人,只能是僧人中級別最低的小和尚。廟裡的僧眾除了師傅以外,都是他的師公、師伯、師叔、師兄,甚至還有師娘,見人都得雙手合十問訊。他的功課是掃地上香、擊鼓打鐘、洗衣做飯,說白了就是皇覺寺裡的一名雜役。

皇覺寺就坐落在孤莊村西南方向不遠的一個山坡上,寺的規模相當大,進了兩扇紅漆漆的廟門,就能看到瓦房一間連著一間,一排接著一排。進門兩邊排列著橫眉怒目的四大金剛,中間坐著「笑盡天下可笑之人」的大肚子彌勒佛,背後是拄著降魔寶杵的護法神韋馱。大雄寶殿坐著如來佛祖釋迦牟尼,兩旁是他的弟子十八羅漢。

大雄寶殿後面是眾僧坐禪、唸經禱告的禪堂。禪堂的左邊是伽藍殿,右邊是祖師殿,供奉著皇覺寺歷代高僧的牌位。禪堂的後面就是該寺廟大小和尚吃、喝、拉、撒、睡的生活區,有食堂、僧舍等一應設施。跟其他寺廟不同的是,這裡還住著高彬法師的家眷。

晨鐘暮鼓、黃卷青燈的日子裡,朱元璋每天除了掃地、上香、打鐘、

擊鼓之外，還要砍柴、挑水。雖然苦點累點，但能吃上口飽飯，他已經很滿足了。但時間一長，就有師兄拿他那與眾不同的長相開玩笑，甚至把自己該做的工作也推給了他，頤指氣使地讓他做這做那。儘管心裡氣悶委屈，但他不敢發脾氣，就為那口吃的。

人跟其他物種最大的區別就在於有思考能力，朱元璋在家裡是小兒子，雖然家裡窮給不了他什麼，但對他的寵愛一點也不比那些富貴的人家差，父母哥嫂總會讓著他，跟著一塊的夥伴又總聽他的。如今在寺裡盡受窩囊氣，又沒處發洩，可想而知他有多麼難受。

終於有一天，他爆發了。這天打掃環境時，掃到伽藍殿已經很累了，不留神被伽藍神的石座絆了一下，結結實實摔了個大跟頭，再看看伽藍神那趾高氣揚的樣，朱元璋氣不打一處來，活人我惹不起，還怕你這尊泥塑像不成？就照著伽藍神的屁股狠狠地打了十幾下。

還有一次，大殿上的蠟燭被老鼠咬壞了，師父就當眾訓斥了朱元璋，怪他沒有管好殿堂。朱元璋心想，身為寺院的守護神，伽藍連自己面前的東西都管不住，還怎麼管殿宇？讓我替你受責罵，越想越惱火。於是，朱元璋找來一塊白灰，在伽藍神的背後寫了「發配三千里」五個大字。

被朱元璋打了板子，又被發配到三千里外充軍的伽藍神的化身是誰呢？說出來大家一定耳熟能詳，他就是三國時期，桃園三結義裡的老二、蓋世英雄關雲長。由於其為人剛正不阿，仗義忠誠，去世後被人神化，尊為「關公」，被佛教界人士奉為護法神，冠以伽藍神、伽藍菩薩的稱號。

皇覺寺是靠收取租穀過日子的。皇覺寺的土地雖然不少，但接連的旱災、蝗災再加上瘟疫，那些佃農自己都吃不到飯，死的死，逃難的逃難，就是剩下的寥寥幾家租戶，師叔、師兄們也沒少上門去催要，好話說盡、狠話說絕也沒用，那些佃農實在拿不出糧食。

租穀是沒指望了，米價又高得要命，放出去的高利貸一時半會也要不

回來。即使能要回來，那德祝和高彬大概也捨不得花，倉庫裡那點糧食眼看就要消耗完了。寺裡高層就在高彬家裡開了個祕密協調會，還是高彬老婆想出了主意，她說讓廟裡那些借住的和尚雲遊化緣去。這一提案當即取得德祝和高彬的同意，在宣布會議決議時，唯獨留下了朱元璋。不用說也是師娘的意思，因為她還想讓他幫著洗衣物，他洗得太乾淨了，穿起來非常舒服。

可是朱元璋的特殊待遇沒能維持多久，僅過了半個月，他連一日三頓青菜粥的最低願望也泡湯了，最終還是被趕出皇覺寺去化緣。算起來他在皇覺寺也就待了五十多天，什麼都還沒弄明白，就為生計所迫而離開寺廟。

朱元璋沒有唸過一天經，法事更是一竅不通，但事到如今也只好領了一個木魚和一個瓦缽，背個小包袱，拜別了師傅、師娘和住持，離開了皇覺寺。

漂泊淮西的遊方僧

朱元璋出了皇覺寺，先到爹娘的墳前跟兩位長輩和大哥告個別，前路茫茫，生死未卜，真不知道這輩子還能不能再回來拜見他們。之後又見了大恩人汪大娘母子及劉大老爺一家，至此才覺得了無牽掛，義無反顧地踏上了化緣的征程。

憑著聰敏，再透過實踐和鍛鍊，朱元璋總結出了化緣工作的十三字方針：突朝煙而急進，暮投古寺以趨蹌。意思是說早晨起來走在路上，看見哪家煙囪裡冒煙了，說明這家開始做飯了，要趕著吃飯時間過去討口吃的，去晚了討不到菜餚，只能吃白飯，或者一把生米；雲遊一天了，老是

睡在荒山野嶺，不定哪天就成了野狼野狗的盤中餐，儘管很累，還是要跟跟蹌蹌去投奔寺廟。

走呀走啊，走呀走，朱元璋穿州過府，漂泊在廣袤的淮西大地上。先從濠州向南到了合肥，然後折向西進入河南，到過固始、光州、息州、羅山和信陽，又往北到過汝州、陳州等地，最後由東返回，經鹿邑、亳州和潁州，足跡幾乎遍及每個村落。他走了一路，也看了一路，把各地的風土人情、山川地貌，以及人世間的尊卑貴賤、美醜善惡、富貧榮辱通通裝在了腦子裡。

外面的世界很精采，外面的世界很無奈。化緣生涯雖然充滿艱辛，但收穫頗豐，用朱元璋自己的話來說，這段經歷讓他極大地開闊了視野、增長了見識、豐富了人生的閱歷。有一句他沒說，這三年多的時間極大地鍛鍊了他的心智、磨練了他的意志，在他面前已經沒有什麼困難是不能克服的了。

據《青州府志》記載，朱元璋遊方時曾流落到青州，並且重操舊業，在該地的核桃園村為一個叫崔迪的財主放過一段時間的牛，東家崔迪待朱元璋不薄。因此，朱元璋革命成功後，給予崔迪高規格的回報：讓他在當地出任政府官員，賞賜他白金文綺龍頭枴杖、一品服色等物品。如今青州西部還有一座「明祖山」，據說就是朱元璋當年放牛的地方，山的北面是核桃園村。

還有一個傳說，朱元璋雲遊進入繁華的廬州時，看到一個有九層臺階的朱漆大門，心想這是一戶富貴人家，決定在此化一頓豐盛的齋飯。還沒等他靠近就聽見幾聲清脆的鳴鑼聲，隨後有幾頂綠呢大轎奔大院而來，跟班的一長列。中門洞開，一個穿戴奢華、挺著大肚子的中年男子出門迎接。

朱元璋向邊上一個看熱鬧的老人打聽道：「請問施主，這可是官宦人

家？」老人看了他一眼，說道：「雖然不是官，可是他比官還厲害，那些當官的都來拜他。」朱元璋明白了，原來是個富甲一方的土豪啊！

那老人還生怕他不明白，補充說：「小師父是外鄉來的有所不知，看見那個胖子了嗎？盧州、姑蘇到處都有他的房產和田地，他的名字知道的人不多，但提起他的外號『錢萬三』，則是無人不知，無人不曉。」

朱元璋很高興，錢萬三那麼有錢，說不定真能給頓好吃的。這時那些達官貴人已經在大門外落轎，被錢萬三迎進大門。朱元璋打破慣例上去就開口道：「錢員外，貧僧久聞施主仗義疏財，今日特來貴府化點齋……」

誰知話還沒說完，錢萬三就揮手像趕狗一樣說：「去去去！一邊去，沒看見我正忙著嗎？這年頭，要飯的都能擠破門了！」

朱元璋連忙糾正說：「貧僧是化緣的，並非討飯的。」頗有點孔乙己的意思。

錢萬三正忙著迎接當官的，不耐煩了：「我看不出你比要飯的叫化子強在哪裡！」轉身引著下了轎的官吏，一路談笑風生地進去了。

這應該是朱元璋自尊心受到最大打擊的一次。那家丁見主人這個態度，就一邊關大門，一邊放出幾條惡犬，一路狂咬，嚇得行人四散逃走。儘管朱元璋手中有打狗棍，但還是被狗咬了一口，對「萬三」這個名字算是牢記在心了，梁子也就結下了。

朱元璋在即將結束遊方生涯，準備返回亳州時，不幸染上了一場大病，身體虛弱得連走路都搖搖晃晃，倒在了大街上。一位過路的老婆婆毫不猶豫地將朱元璋救醒帶回家中。

老婆婆心腸好，但她的家境並不好，也是個窮苦人，但這並不影響她獻愛心做善事。她將家裡僅有的一塊豆腐和一小撮菠菜放在一起，澆上一碗剩米飯一煮，端給了朱元璋。

一碗熱湯下肚，朱元璋精神大振，就問老婆婆道：「阿彌陀佛！請問施主，這是什麼湯？」

勞苦大眾天生都是樂天派，在逆境中生存總要為自己找點樂子，不至於讓自己活得太累。老婆婆很幽默地告訴朱元璋，那叫「珍珠翡翠白玉湯」。

「這湯太好喝了，貧僧活了二十多歲，從來沒喝過這麼鮮美可口的湯。」朱元璋不由自主地重複道，「珍珠翡翠白玉湯，多麼美妙的名字，香甜可口的味道，日後貧僧時來運轉，定要頓頓喝這珍珠翡翠白玉湯。」如今這「珍珠翡翠白玉湯」已經成了一道名菜，是很多星級飯店的保留菜單。

關於未來皇帝朱元璋漂泊淮西、受苦受難的情節，暫且說到這裡，回過頭先理一理當朝皇帝的事情。大元帝國自西元1271年（至元八年）忽必烈建王朝以來，到朱元璋降臨人間已經走過了半個世紀。在其統治集團內部，政治上日趨腐化墮落，統治者之間為爭權奪利而互相征戰。尤其是元惠宗上臺以後，與權臣、右丞相伯顏之間的衝突日益尖銳。手握重兵的伯顏並不把元惠宗放在眼裡，他把持朝政，權傾朝野，甚至將皇權架空。元惠帝雖然心裡怨恨，卻又奈何他不得。

伯顏有個姪兒叫脫脫，自幼聰明過人，由伯顏一手撫養長大。脫脫也不負伯父的厚望，文有經天緯地之才，他的父親馬札兒台對這個兒子的智謀大加讚賞，比之為諸葛孔明；武的方面臂力過人，能挽弓一石，天生一位帶兵的將才。

伯顏為了在與皇帝的爭鬥中成為主動方，就派脫脫進入內廷，以監視皇帝的言行舉止。這主意雖然老套，但也不失高明，只是讓伯顏所料不及的是，脫脫與皇帝有了親密接觸以後，兩人大有相見恨晚的感覺。脫脫內心就有了想法，跟著伯父混撐死了也只是他手下的一枚棋子，而一旦失勢，自己必定會受到株連。於是，他決定棄暗投明，準備幫助皇帝剷除伯

顏，自己取而代之。

脫脫表明心跡後，不甘心做傀儡的元惠宗大喜過望，剷除伯顏的計畫開始緊鑼密鼓地籌備了起來。堡壘最容易從內部被攻破，伯顏視脫脫為心腹，沒想到最大的敵人竟然也是此人，他的失敗就在情理之中了。

後至元六年（西元 1340 年）二月，在宮中待久了，閒得無聊的伯顏想出去活動活動筋骨，於是就帶領宿衛軍出城打獵。到了城外，又派人進宮邀請皇帝出獵柳林。

這是剷除伯顏千載難逢的好時機，元惠宗再傻也不會自己送上門去做人質。脫脫也決定對伯顏採取行動，由於之前已經把統領宿衛軍的大印謀到了手，所以進行起來非常簡單。當晚，在城外玩得正在興頭上的伯顏就接到詔書，詔書稱：「伯顏不能安分，專權自恣，欺朕年幼，變亂祖宗成憲，虐害天下，今命伯顏出為河南行省右丞相。」

隨後，脫脫下令大都全城緊閉，自己坐在高高的城門上恭候。天一亮伯顏派人到城下問為什麼要派他離開京城到河南行省去。脫脫在城上宣布，只免去丞相一人，不牽連其他官員，希望大家一如既往，各司其職。

伯顏還抱著一絲幻想，請求當面向皇帝辭行，元惠宗當然不做放虎歸山的傻事。伯顏原先的屬下及眾多官兵見大勢已去，紛紛改換門庭，投到了脫脫的門下。伯顏除了後悔和嘆息，已無計可施，只得奉旨南下赴任。經過真定時，他問當地的父老鄉民：你們曾見過子殺父的事嗎？得到的答覆是：不曾見子殺父，只見過臣殺君。三月十八日，伯顏又接到詔書，強令他遷往南恩州陽春縣，伯顏又氣又恨，走到龍興路（治今江西南昌）就染病身亡了。

第二章
英雄不問出身

一封要命的來信

　　成功逐走心腹大患伯顏，脫脫功不可沒，元惠宗馬上任命其為中書右丞相。明眼人都清楚，元惠宗此舉不過是走個程序。脫脫深受儒家文化的影響，是個很有抱負的人，上任後就開始了大刀闊斧的改革，極力革除前任積弊，推行一系列新政，試圖挽救大廈將傾的大元帝國，史稱「脫脫更化」。如恢復了元朝入主中原以來中斷了幾十年的科舉制度；減輕對人民的控制和剝削，以緩解民族衝突；主持編撰宋、遼、金三史，《宋史》、《遼史》、《金史》是中國二十四史中僅有的由少數民族宰相主持編修的史書。

　　可是大元王朝政治上已經腐敗透頂，國庫也早已空虛，國家財政到了崩潰的邊緣。加上天下民亂四起，朝廷已經應付不過來。為此，脫脫只得推行「變鈔法」，大量發行鈔票，導致的惡果就是，市面上物價飛漲，嚴重的通貨膨脹讓元朝又回到了以物易物的原始交換狀態，朝廷發行的錢鈔等同廢紙。元帝國已然成了一匹不堪重負的駱駝，只等那最後一根稻草了。

　　黃河是中華民族的母親河，但這位母親卻對她的兒女們提出了嚴峻的考驗，年年決堤，年年修。山東有許多鹽場，黃河每次決堤都會威脅到鹽田，而國家的稅收十之八九來自此地，保住鹽場就等於保住了國家財政的命根子。同時黃河的問題又影響到北方賴以生存的物資通道 —— 運河。

第二章　英雄不問出身

儘管元帝國的當權者們不拿百姓的生命和財產當回事，但卻認定黃河非修不可，脫脫甚至提交了要根治黃河、以絕後患的提案。此議當即在朝廷中引起爭議，出現了兩種不同的意見，一種認為一定要修，另一種認為不能修。

脫脫力排眾議，讓元惠宗下詔由工部尚書賈魯負責治理黃河。此詔一下，就為元朝埋下了一個極大的隱患，並最終演變成了壓垮元朝的最後一根稻草。因為修河要大量徵調民工，這等於把一盤散沙的底層民眾有效地集結了起來。

更詭異的是，元惠宗的修河詔書才發下去，元大都就下了一場大雨。城南的一段古牆經不起雨水沖刷，倒塌了數十公尺。隨後，皇城內一座偏殿上的獸吻又被雷電擊毀。幾位從山東來大都的客商則告訴京城的民眾，前幾天泰山也崩了一塊。接下來的日子，流言四起，有天上下黑石雨說，有太白星在大白天出現說等等，不一而足。

河南、山東等地甚至開始有歌謠流傳，歌云：「丞相造假鈔，舍人做強盜；賈魯要開河，攪得天下鬧。」又有歌云：「莫道石人一隻眼，此物一出天下反。」歌謠的傳播速度一點也不比今天慢，大家都在傳言胡人無百年之運。

讀者朋友一定知道是怎麼回事了，這已經是老掉牙的手法了，這樣的版本從陳勝吳廣的「大楚興，陳勝王」開始，在歷史上不斷地重複上演。在起義之前利用迷信的方法造勢，是必不可少的一個重要環節，老百姓們就認這一套，其他的說多了白搭。

此時的天下形勢對於朱元璋來說，似乎還扯不上什麼關係。他只想回到當初收留他的皇覺寺去繼續當他的和尚。天下之大，能為他遮風避雨的也只有這座廟宇了。

元至正八年（西元 1348 年），闊別了三年多的朱元璋又回到了濠州，

回到了皇覺寺。在回到寺廟之前，朱元璋曾巧遇湯和，兄弟見面不勝唏噓，幾年逃荒下來，湯和也沒有家了。兩人結伴回了一趟孤莊村，汪大娘母子看到他們都活著，異常高興。

汪文已經娶了媳婦，從他的口中得知，徐達、周德興一年前回來過，曾到皇覺寺打聽朱元璋的消息，之後又離開了孤莊村，不知去向。二老爺劉德家已經養起了一百多個舞槍弄刀的家丁，勢力比以前更大。大老爺劉繼祖還是老樣子，守著他那份家業，雖比不上他弟弟，但比其他人強。高彬法師一家人早已離開了皇覺寺，寺裡現在剩下的幾個和尚是老的老、小的小，都已無力外出化緣。

朱元璋領著湯和直奔皇覺寺。如今的皇覺寺已是滿目淒涼，雜草叢生。兩人走進院內就隱隱約約地聽見敲木魚的聲音，朱元璋向湯和解釋：「他們都在禪堂裡唸經呢。」

朱元璋熟門熟路，直接走進了禪堂。果然，禪堂裡有幾個老態龍鍾的和尚正在一邊敲著木魚一邊合目禱告。朱元璋用力乾咳了幾聲，大聲言道：「我回來了！我朱重八又回來了！」

幾個老和尚睜開老眼昏花的眼睛，一起回過頭來。其中一個老和尚認出是當初打雜的小沙彌朱元璋，唸了一聲「阿彌陀佛」，朱元璋下意識地回了一聲「阿彌陀佛」，其他幾個老和尚也一齊「阿彌陀佛」起來。

朱元璋又再次在皇覺寺裡安下了身。寺裡除了這幾個老和尚之外，還有兩個十多歲的小和尚，負責在寺裡煮飯和到寺外去催討地租。幾個老和尚加上兩個小和尚，當然不敢不讓年輕力壯的朱元璋、湯和在此住下。不但如此，沒過多久朱元璋還當起了皇覺寺的住持，這是他人生中的第一份主管職務。湯和則因受不了枯燥乏味的生活，再次外出闖蕩去了。

在外流浪了幾年，安定下來的朱元璋除了吃飯睡覺，更多的時間是用來研讀經書，為自己充電，爭取做個合格的僧人，將來像他的師傅一樣，

第二章　英雄不問出身

在寺院裡安個家，為朱家傳宗接代，延續香火。

這樣有規律而又簡單枯燥的生活，一轉眼又過了三年，如果沒有意外發生，朱元璋這個和尚也許會繼續做下去。以他的聰明勤奮，他可能會成為一個精通佛經的高僧，傳經布道，終老一生。

但是，一封來信改變了他的一生。原來朱元璋在皇覺寺潛心修行的這段時間，外面的世界已經躁動了起來，先是修河的民工挖到山東河段時，從河床裡挖出了一個一隻眼睛的石人，背後鐫刻著「莫道石人一隻眼，此物一出天下反」十四個字。這不就是傳唱了幾年的歌謠嗎？既然這是天意，那便順應而行，反抗到底。

隨後在朱元璋討飯曾經到過的潁州（今安徽阜陽），祖輩從事白蓮教活動、八輩子姓韓的韓山童突然變成了宋徽宗的八世孫，舉起了反元大旗，聚眾造反了。那個因修河改道，房屋被政府強拆了的地主劉福通也成了劉世光將軍的後人，與韓山童合夥造反了。時間是元至正十一年（西元1351年）五月。

此例一開，迅速引起骨牌效應，各地紛紛起來響應，如同燎原之火迅速在神州大地蔓延起來。同年八月，彭瑩玉、徐壽輝在蘄水（今湖北浠水）起義。這些起義者用紅巾裹頭，故稱紅巾軍。當地的郭子興和孫德崖等人，在元至正十二年（西元1352年），也拉起一支幾千人的隊伍，一舉衝進濠州城，殺掉了元朝的官吏。

朱元璋就是在這種背景下收到湯和從濠州託人捎來給他的一封信，湯和已經參加了紅巾軍，在濠州郭子興麾下混了個千戶，他在信中邀請朱元璋「速從軍，共成大業」。朱元璋當時是「既憂且懼」，這真是一封要命的信啊！

朱元璋面臨著三種選擇：一是繼續待在寺廟裡；二是響應湯和投身義軍；三是逃跑，有多遠跑多遠。要知道朝廷派來鎮壓起義的政府軍，他們

不敢攻城，奈何不了紅巾軍，但完成不了上頭攤派的「剿匪」任務是要軍法處置的。但「上有政策，下有對策」，奈何不了紅巾軍的政府軍是奈何得了老百姓的，於是老百姓就成了替罪羔羊，元軍在城外大肆抓捕老百姓，把抓到的百姓頭上繫上塊紅布就說是亂民，以報功請賞。連軍隊都腐敗至此，元朝不滅，天理難容。

在這種白色恐怖之下，朱元璋接到湯和的來信，此事如果張揚出去，他的腦袋非掉不可。為了慎重起見，朱元璋決定求助於神靈，讓神為自己指一條出路。他發願說，如果指示他可以活著離開此地，就請神顯示二陽；如果繼續留守在寺廟，就請神顯示一陰、一陽；若是非造反不可，就顯示二陰。

朱元璋接連拋了兩次，得到的都是二陰。這不是讓他造反嗎？朱元璋心裡害怕得要命，因為他壓根就沒想過要造反，那風險實在是太大了，隨時要掉腦袋的。他不死心，又拋了一次，結果還是得到二陰。

朱元璋都快要崩潰了，他多麼希望得到二陽，這樣就可以拍屁股一走了之。但上天似乎是決意要給他一個機會，就在他茫然不知所措之際，一個小和尚好心地告訴他，他與叛軍私通的事被人覺察了，正準備報告官府呢。這可把朱元璋逼上絕路了，想不造反都不成了。

就是從這一刻起，朱元璋才堅定了投奔義軍的決心。這才是真實的朱元璋，而不是像很多書上寫的早早就立下宏圖大志如何如何，他的偉大之處就在於做任何事情之前都經過深思熟慮，一旦決定下來就果敢地進行。至此，他才終於毅然決然地向濠州城出發。

第二章　英雄不問出身

元帥府親兵九夫長

　　濠州，地處淮河中游，為歷代通衢要地，是安徽省四大歷史名鎮之一，如今為郭子興、孫德崖、張天祐等所率領的一支紅巾軍所占領。當朱元璋雄糾糾氣昂昂趕來要入夥之時，濠州城已被元朝的政府軍圍困多時。

　　元軍雖然圍住了城，卻沒有拚命要攻進去的跡象，而城裡的守軍也沒有要往外突圍的意思。雙方就這麼耗著，但必要的防範工作還是要做的，因此，當郭子興聽到報告說巡邏隊抓到一名探子的時候，急於想摸清對方情況的他讓士兵把人押上來，他要親自審問。

　　郭子興的元帥府是原先的知府衙門，雖然掛了元帥府的牌子，卻保持著原來的格局。朱元璋走得急，什麼都沒帶，其實也沒什麼可帶的，赤手空拳，頂著一個葫蘆頭，除了一身和尚服，再也找不出第二件能稱為東西的物品了。被押到府衙過堂受審時，他看見知府問案的桌子後頭坐著一個穿軍裝沒著鎧甲、個頭中等、白白淨淨、圓圓的臉龐、扁平鼻子、模樣像個書生的人，心裡盤算這大概就是郭子興了吧。

　　此人正是郭子興，他一看押上來的是個和尚，不禁大失所望，直覺告訴他眼前這個和尚絕對不是什麼探子，這點相人的本事還是從他爹那裡學來的。郭子興他爹是一個專門為人看相算命的江湖術士，人稱郭半仙，給人看相十有八九被他蒙中，郭子興多少也遺傳了一點基因。再看朱元璋的長相，哎喲！真是百年一遇啊，太奇特了，是個誰看過一眼都會終生難忘的類型，誰會派這樣的人當間諜啊！

　　郭子興當即讓人幫朱元璋鬆綁，問他：「請問大師的尊號？來此有何貴幹？」

　　朱元璋鎮定自若地說道：「我現在不當和尚了，俗名叫朱重八，我是

投軍參加你們的隊伍的。」接著把他跟千戶長湯和的關係以及收到他的來信等說了一遍。

郭子興大為感動，要是在平常來投軍，那沒什麼稀奇的，而在大軍圍城，眼看就要血流成河、屍橫遍野的時候還有勇氣來投軍，這樣的人實在是太難能可貴了。

郭子興當即就將朱元璋留在身邊，而不讓他到湯和的前線部隊去。朱元璋很清楚，既然選定了參加義軍，就表示已經沒有任何退路了，自己沒有任何背景，唯有拚命地創造機會表現自己，才能像外公那樣跟隨將軍馳騁疆場。母親講過的故事猶響耳邊，此時此刻，他很自然地想到了外公，並把他當成了自己的榜樣。

榜樣的力量是無窮的，朱元璋在訓練上表現得異常出色，不僅很好地完成各項訓練任務，還能夠創造性地加以發揮，充分顯示了積極的進取心。郭子興一直默默地注視著朱元璋。對他的良好表現，郭子興是看在眼裡的，出兵打仗的時候，總是有意識地把朱元璋帶在身邊，以此來考驗朱元璋在戰場上的能力。

在戰場上，朱元璋的表現依然出色。《明史‧郭子興傳》裡對朱元璋的描述為「數從戰有功」。比起其他的士兵，朱元璋除了作戰勇敢、講究策略、處事冷靜外還很有品格，總是把困難和危險留給自己。再加上他在皇覺寺曾經自學、領悟過很多的道理，因此他又是一個有文化、有覺悟的軍人。這一切都讓他顯得與眾不同。

沒過多久，郭子興就把朱元璋調到元帥府當親兵，並提拔他為九夫長，相當於警衛班長。身為元帥的貼身警衛，朱元璋是非常稱職的，他記性好、反應快，加上以前在皇覺寺的打雜經歷，讓他遇事既堅持原則，又靈活處理，執行命令能夠舉一反三，既很確實領悟和貫徹了上級的意圖，又不拘泥於小節。郭子興對他刮目相看，軍中的一些事情也逐漸徵求起他的

第二章　英雄不問出身

意見來。朱元璋之前所承受的磨難，所吃過的苦頭以及刻苦學習的經歷終於有了回報，他那些獨特的見解往往能切中要害，不知不覺竟成了郭子興的智囊，進而引為心腹。

郭子興的許多底細，由此就慢慢地展現在朱元璋面前。郭子興是定遠縣人，他爹叫郭公，人稱郭半仙，這個前面說過。郭半仙原先也不是定遠人，只是聽說定遠城裡有一戶有錢人家，家中有一個雙目失明的女兒，還沒有出嫁。於是就動起了心思，支付了一大筆仲介費委託一個媒婆幫忙說合，那盲女的父母正愁女兒嫁不出去，當即欣然應允。這讓郭半仙整整少奮鬥了五十年，立刻加入了富人的行列。之後郭半仙就有了三個兒子：郭子旺、郭子興、郭子隆。

郭子興曾經娶過一個老婆，她為郭子興生下兩個兒子郭天敘和郭天爵，之後沒多久就離開了人世。後來，一個姓張的哥兒們，硬是把自己的妹妹塞給郭子興做填房。郭子興盛情難卻，只好半推半就地將張氏攬入了懷裡。張氏不但人長得漂亮，還溫柔體貼，很得郭子興的喜歡。第二年就為郭子興生了一個女兒，起名叫郭惠。

張氏生郭惠的時候，由於保健工作沒做好，感染了風寒，雖然保住了性命，卻落下了病根，從此失去了生育能力。郭子興愈加憐愛張氏，有人說郭子興的耳朵根子軟，對張氏的話言聽計從。

郭子興的元帥府裡除了郭子興本人和張氏，再加兩兒一女郭天敘、郭天爵和郭惠外，還有他的一個養女馬氏。馬氏原是郭子興的一個好友馬公的女兒，母親鄭媼在生下馬氏不久就死了。馬公沒有兒子，視馬氏為掌上明珠。後來馬公因為行凶殺人，成了重點通緝犯，畏罪潛逃前將愛女託付給了生死之交的郭子興。之後聽說馬公在逃亡中客死他鄉，郭子興越發可憐這個孤苦伶仃的養女，將她視為己出，張氏平白多了個女兒也是喜歡得不得了，甚至讓親生女兒郭惠都有些嫉妒。

年近二十的馬氏模樣算不上漂亮，但卻聰明無比，凡事一經指導，馬上知曉，態度溫婉，無論什麼急事，她總能從容應對，所以郭子興夫婦更是鍾愛有加，一直想幫她找一個好夫婿，不辜負馬公的託付。

　　馬氏比朱元璋小五歲，他們之間的第一次近距離接觸，是在一個平常得不能再平常的上午。當時朱元璋來元帥府領受任務，馬氏站在郭子興的身邊，朱元璋知道她是元帥府裡的大小姐，便很有禮貌地叫了一聲「大小姐」，然後就等待郭子興的指令，並沒有多看馬氏一眼。

　　事有湊巧，郭子興因為臨時有事，就急匆匆地出去了。臨走時什麼話也沒說，朱元璋不敢擅自走開，只好在原地站著待命。一開始，朱元璋很不自在，甚至可以說是侷促不安。他不敢看大小姐，但這裡除了她又沒有別人。朱元璋的目光終究還是有意無意地瞟向了馬氏這邊，只是目光始終躲躲閃閃的。與之形成鮮明對比的是，馬氏落落大方，盡顯大家風範，大膽地看著朱元璋，讓他既自卑又害羞。不光如此，大小姐還說話了，聲音很輕盈，輕盈得如同她那雙溫柔的小手；她的話語卻又很實在，實在得像她那雙比別的女人粗大的腳板。

　　馬大小姐的第一句話是這樣說的：「如果我沒猜錯的話，你就是朱重八！」

　　朱元璋先是一愣，繼而心情激動，隨之有些慌亂，沒想到大小姐還知道這世界有個朱重八，人家可是大戶人家的小姐啊，就算郭元帥不造反他也是個富翁啊！好在朱元璋在外轉悠過幾年，還算見過點世面，回答起問題來一點也不慌亂：「是的，大小姐，本人就是朱重八！」

　　馬氏笑了，朱元璋不知道她為什麼要笑，但他知道對他笑總比對他生氣好，因此他也咧嘴笑了起來。他覺得馬氏笑起來的樣子很美，這讓他心情愉悅，臉上也隨之露出了真情的笑容。他倆就那麼笑著、互相望著。

　　大明王朝開國皇帝與皇后的這次歷史性會面，決定了明朝今後的歷史

第二章　英雄不問出身

走向，朱元璋的很多決策都離不開馬皇后的影響，我們留在以後再說。

駐紮在濠州城中的這支紅巾軍是掛靠在劉福通旗下的，當初，郭子興與孫德崖等四人共襄義舉，齊心協力攻取了濠州城，劉福通為維持平衡，一口氣封授了五位元帥。一山尚難容二虎，如今竟然出現五位元帥，那日子能安寧得了嗎？

一開始倒也相安無事，遇事大家還商量著來，但由於出身不同，看待事物的眼光和角度就不同。孫德崖等四位元帥都是道地的農民出身，不通文墨，粗魯爽直，辦事缺少章法，只知道使橫蠻幹，缺少智謀，整天只會打家劫舍。道不同不相為謀，郭子興嫌他們粗裡粗氣，他們也看不慣郭子興的作風，以孫德崖為首的其他四人便聯合起來對付郭子興。

在此情形之下，郭子興就必須壯大自己的實力，既要對付共同的敵人——元軍，又要防備來自內部的政敵。他既已認定朱元璋是個可用之材，就要把他拉到自己的陣營，為己所用，所謂「千軍易得，一將難求」。郭子興很自然就想到朱元璋目前最需要的是什麼，從朱元璋的履歷來看，這些年他孑然一身，最需要的是一個家和溫暖的家庭生活。

為此，郭子興便與夫人商議要把養女馬氏嫁給朱元璋。張氏表示贊同，因為她也聽到過朱元璋的一些事蹟，知道丈夫正是用人之際。

夢想就此起步

郭子興主意一定便選了個日子將朱元璋叫到家裡，開門見山就說：「小朱啊，我打算讓我們家大小姐跟你成親，你可願意？」

這「天上掉下個林妹妹」，巨大的幸福砸得朱元璋有點蒙，好在他腦子轉得快，雙腿一彎就跪在了郭子興的面前：「我朱重八父母死得早，剩

下個二哥又生死未卜，承父帥抬愛，如今能與大小姐結為夫妻，乃是祖墳冒青煙了，全憑元帥和夫人做主，從今往後二位就是我朱重八的父母！請岳父大人受小婿一拜！」

郭子興見他腦子轉得快，越發高興，樂哈哈地對他說：「你既然是我的女婿，先把名字改一改，別老是重八、重八的一點等級也沒有，又上不了檯面。我昨晚想了半宿，又徵求了你岳母的意見，給你取了個官名元璋，字國瑞，你看可好？」

朱元璋又激動得連磕了幾個響頭，說：「謝謝岳父大人，岳父賜名給小婿哪有不好的道理？一切聽父帥的！」

朱元璋，這個振聾發聵、永載史冊的名字就此橫空出世，之後的許多年裡，這三個字讓很多人聞之色變。

首先色變的人應該是馬氏，當養母張氏把事情跟她一說，臉蛋就唰地紅了起來。朱重八，不，朱元璋她見過，雖然長得與眾不同，但在她看來一點都不醜，尤其他那身材和體格，簡直是一個運動健將啊，嫁漢嫁漢，穿衣吃飯，只要男人有出息，誰在乎長相啊，小白臉靠不住。轉而又想到自己的身世，其實跟朱元璋沒什麼兩樣，只是自己運氣好，有養父母照顧。因此，她很爽快地點了點頭。

元至正十二年（西元1352年），農曆壬辰（龍年）年九月，在郭子興的主持下，朱元璋和馬氏拜堂。這一年，朱元璋二十五歲，馬氏二十歲，在今天來看正是適婚年齡，但在當時已經是晚婚了。新婚之夜，外面熱熱鬧鬧，歡聲笑語，但新房裡的朱元璋想起死去的爹娘和兄長，想起之前的苦日子，竟嚎啕大哭起來。

馬氏自己掀起紅蓋頭，為他擦乾眼淚，安慰他說：「不要難過，苦日子都過去了，從今以後你不再是一個人，無論生死貴賤，我都會陪伴著你。」

第二章　英雄不問出身

　　朱元璋望著眼前這個並不算漂亮的新婚妻子，心中倍感溫暖，他覺得這個女人好像很懂自己，有妻如此夫復何求！

　　馬氏倒了兩杯酒，拉朱元璋一起對窗跪下，朗聲說道：「爹、娘，今天和元璋大婚，我們給你們，還有娘家父母敬酒了！望你們在天之靈祝願我倆白頭偕老！」

　　朱元璋更加感動，一把將愛妻攬入懷裡。夫妻對飲，直喝得天旋地轉，朱元璋從未像今天這麼開心，馬氏也是生平第一次這麼快意。

　　喝得興起，馬氏翹起她那雙大腳，傻笑著說：「我這雙腳是大，但大有大的好處，走路不會輸給別人。不定哪天情況緊急了，我還能背上你跑路，你信不？你不會嫌棄我吧？」

　　朱元璋也不客氣地說：「以後我就叫妳馬大腳了，人家都說我長得醜，你既然不嫌棄我，我怎麼會嫌棄妳呢，咱倆是天造地設的一對了。」

　　馬氏接著說：「郭元帥待我很好，但是我過得並不自在。我父母不在了，沒有人逼我纏足，不管別人怎麼看，我只管用這雙大腳走自己的路！」說著竟哭了起來。夫妻倆的新婚之夜在充滿甜蜜又有點心酸的氣氛中度過。

　　事情的發展連朱元璋自己都始料未及，參加義軍才幾個月，便結了婚，被提拔為幹部，關鍵是他成了郭子興元帥的乘龍快婿，這確實是值得高興的事。但沒過多久，當他重返職位的時候，他就高興不起來了。

　　前面說過，濠州這支紅巾軍形式上接受劉福通義軍的領導，劉福通一口氣任命了五位元帥，他們之間誰也不服誰。郭子興是富家子弟出身，很有優越感的他，自然看不慣另外四個出身貧苦的元帥，認為他們「粗而戇，日剽掠」。孫德崖等人對郭子興的輕視當然不爽，於是四人聯合起來，把郭子興邊緣化，很多事情四人都是先串通好了再跟郭子興說，而只要是郭子興提出的意見，不論對錯，四人一概否定，讓他成為一小撮。

郭子興既沒有了發言權，也沒有了否決權，乾脆就不參與他們的事務，四人也就自行處理事情了。郭子興就更加不高興，後來發展到乾脆連會議都懶得去參加。

朱元璋是郭子興的女婿了，一家人就沒必要隱瞞了，於是郭子興就將眼前的狀況告訴了朱元璋，想聽聽他的意思。

一個人婚前與婚後看事情和處理問題的角度和方法是截然不同的，朱元璋彷彿一夜之間成熟起來，他從大局出發，認為這樣下去於大局不利，對郭子興本人也沒有好處，便婉言相勸，勸岳父還是打起精神，照常去和大家一起共事，起碼能及時知道很多事情，要真的啥事不管，就正中人家的下懷，局面就更難處理了。

郭子興認為朱元璋分析得很有道理，於是照例去參加會議。但每當郭子興到會時，那四人都瞪著郭子興。郭子興哪裡受得了這個，自然是出言不遜，每次總是不歡而散。

好在大家都明白現在各自羽翼未豐，勢力還小，誰也離不開誰，都還能按捺著，但相互間猜忌提防，已形同水火，只要有根導火線，公開火拚便會爆發。

卻說有個叫李二的邳州（今江蘇邳州市西南）人，在紅巾軍起義中把家裡倉庫的芝麻都奉獻了出來，人稱芝麻李。至正十一年（西元1351年）秋與趙均用、彭大等八人，燒香聚眾，在蕭縣起義，響應劉福通，攻克徐州，很快就發展到十多萬人。還不斷派兵四處出擊，攻掠附近許多州縣，那聲勢造得比任何人都大。

徐州的淪陷讓元朝政府坐不住了，脫脫丞相親率數十萬元軍進攻徐州，希望打通漕運，這是整個元朝貴族的生命線。文惠宗時期脫脫兩次親征都與漕運受到威脅有關。脫脫還真有兩下子，一出馬就打得芝麻李落荒而逃，最後被元軍捕殺。部將彭大、趙均用收拾殘兵敗將投奔濠州。郭子

第二章　英雄不問出身

興趕緊開啟城門，將他們迎入城中，擺酒為他們壓驚。

孰料竟然引狼入室，彭大和趙均用進入濠州城後，仗著自己人多勢眾，反客為主，指揮起原先的五位元帥來，使原本就劍拔弩張的派系爭鬥變得更加激烈。彭大有智謀、有膽略，遇事果斷，因此和郭子興氣味相投，相交甚好。而趙均用和孫德崖他們屬於同類項，很快就合併成了一夥，兩派集團的爭鬥也隨之明朗化。

這天，趁朱元璋帶兵上淮北之際，孫德崖慫恿趙均用綁了郭子興，直接拉到孫德崖的元帥府去修理了一頓，然後關了禁閉。

正在淮北的朱元璋聽到報告，就十萬火急地趕了回來。此時郭子興一家老小就像無頭的蒼蠅急得團團亂轉，卻又無計可施。朱元璋回到濠州第一時間就去找彭大，他說：「彭大帥啊，趙大帥和孫德崖那夥人也太不拿你當回事了，連招呼都不打一聲，就隨便把你的人抓了去，這口氣就算你能忍，我們這些做下屬的也看不過去，你知道底下人是怎麼議論的嗎？我都不好意思跟你說！」

彭大連腦子都不過就當場發飆：「小朱你別說了，有老子在，看誰敢亂來！來人，跟老子要人去。」

要的就是這句話。朱元璋於是帶上自己的兵隨彭大到孫德崖府中要人。彭大有兵權有實力，趙均用和孫德崖見彭大親自出面，只好忍氣吞聲將郭子興放了。但此時的郭子興也只剩半條命了，由朱元璋叫人抬了回去。

經此一事，讓朱元璋身邊的人看到他遇事不亂，又講究策略，包括郭氏一族在內的很多人對他更加佩服，他在人們心目中的威信又提高了好幾個等級。

然而有兩個人在佩服的同時卻多了幾分嫉妒和危機感，這兩位不是別人，正是郭子興的兒子、朱元璋的小舅子郭天敘和郭天爵。連郭子興本人

042

也覺得朱元璋比他強，心裡總不那麼爽。因此，在他的默許下，兩位公子哥耍點手段就關了朱元璋的禁閉，並採取斷糧斷水的辦法，企圖讓朱元璋這個姐夫從世界上消失。

馬氏知道丈夫的處境後，時常暗中偷偷給丈夫送點吃的。有一次她在廚房順了幾張剛烙好的燒餅藏在懷裡準備故技重演，剛急匆匆地走出廚房，就與養母張氏撞了個滿懷，馬氏害怕張氏識破她，連忙把燒餅塞進了懷裡，一邊向張氏請安，一邊想藉故盡快開溜。張氏見馬氏神色慌張，急於離去，就故意沒話找話，與她拖延時間。馬氏前言不搭後語，還一個勁地扭捏，直至疼得腰都彎了，眼淚、汗水一個勁往外冒。張氏以為她得了什麼難言之隱的病痛，忙將她扶進了裡屋，好言詢問。

馬氏不得已才伏地痛哭，一方面是因為身體上的疼痛難忍，另一方面擔心朱元璋的安危，就把實情一股腦地告訴了養母。張氏又氣又急，忙叫她解開衣服拿出燒餅，那燒餅還熱氣騰騰地黏在胸口上，等把燒餅扯下來時，白皙鮮嫩的胸脯已被燙得通紅。這下輪到張氏心疼掉淚了，一面命人給愛女敷藥，一面命人趕緊送飯給朱元璋。等到晚上，張氏把枕頭風一吹，郭子興就命人把朱元璋給放了，禁閉解除。

朱元璋被平白無故地關了幾天黑屋子，好在他現在不是一個人在戰鬥了，已經有人愛有人疼了，不然餓死都沒人知道。不過也不是一點收穫沒有，至少他在黑暗中苦苦悟出了一些道理，這是個弱肉強食的時代，只有自己有足夠的實力才不會處在食物鏈的最底端，彭大一句話就讓趙均用和孫德崖俯首聽命，給了他很大的啟示。此時的朱元璋到底心裡有了怎樣的打算，我們接著往下看。

第二章　英雄不問出身

回鄉招兵買馬

　　元至正十二年（西元1352年）冬，正在濠州城內部相互算計之時，元丞相脫脫命令賈魯率領元軍殺來，紅巾軍的頭頭們不得不暫時停止內戰一致對外，於是大家又坐在一塊商討對策。雖然郭子興差點命喪李均用手裡，但他也明白「覆巢之下，安有完卵」的道理。

　　郭子興散會歸來後，馬上召集朱元璋、郭天敘還有幾個手下過來，除了傳達幾位元帥會議的精神外，主要是討論郭家軍的作戰問題。

　　在發表意見時，照例由郭天敘首先發言，他慷慨激昂地表示，郭家軍應該主動出擊，殺出城去把元軍打個屁滾尿流，一是可以滅元軍的威風，二是讓那些瞧不起郭家軍的人知道厲害。

　　其他人見公子如此說，都緊閉著嘴，因為大家心裡都清楚，以自己區區幾千人出去硬拚，無疑是送死。郭子興對兒子的慷慨激昂一點都不感興趣，見大家不作聲，就點了朱元璋的將，說：「元璋啊，說說你的看法吧！」

　　朱元璋見躲不過去，先看了郭天敘一眼才開口道：「郭天敘的發言令我大受鼓舞，他的意見很有建設性，兵來將擋，水來土掩，對勇於來犯之敵就必須給予迎頭痛擊，這戰鬥意志是值得肯定的。不過目前的局勢不容樂觀，就外部來說是敵眾我寡，而我們內部又不是那麼精誠團結，如果光是我們郭家軍出城跟元軍硬拚，勝敗姑且不論，我擔心到時候，這濠州城我們還能不能進得來都難說，這點是必須要慎重考慮的。」

　　這番話算是說到郭子興心裡去了，想起昨天還劍拔弩張的氛圍，他也不相信城內的那幾位元帥能對他真誠相待。因此他點了點頭，示意朱元璋繼續說下去。朱元璋見郭天敘正怒視著自己，為了不把衝突公開在眾人面前，於是又敷衍了兩句，無非是一切由元帥定奪，堅決服從調遣之類的，

之後就把嘴巴閉得嚴嚴實實的。

郭子興當然明白，因為他們之間的衝突也有自己的一份功勞。於是就宣布散會，以有事交代為由，單獨留下了朱元璋。等剩下兩個人的時候，朱元璋謝過岳父，再接著剛才的話題，他的意見是，賈魯來勢洶洶，不能硬拚，咱人數本來就不占優勢，一旦貿然出擊，後果不堪設想，即便能僥倖取勝，誰敢保證李均用不在背後使壞？萬一他們緊閉城門，不讓我們進來，那我們就死無葬身之地了。為今之計只能憑藉城堅牆高，跟元軍死抗，還要做好打持久戰的準備，對來自內部的威脅也不能掉以輕心。

郭子興問：「我們還有多少糧食？」朱元璋就將近日徵糧的情況做了匯報，同時告訴郭子興，據他掌握的情況，其他幾位元帥的存糧也很充足，堅持半年不成問題。接著兩人又繼續就遇到突發事件該如何應付等問題展開討論。

郭子興認為，元軍兵臨城下，城是固然要死守的，但也不可能一槍不發，萬一李均用他們聯合起來要我們郭家軍出擊怎麼辦？

朱元璋又幫他想了一招，說：「如果真的是這樣，我們可以出擊，但一定要拉上孫德崖，只要將他控制在身邊，我們就有迴旋的餘地，如果他不願跟我們一起行動，我們就不出城。」

郭子興的心裡有底了，但濠州城軍民的心卻提到了喉頭上。因為放眼望去，元軍把濠州圍得跟個鐵桶似的，也不知道有多少元兵，他們在城的四周安營紮寨，像蒙古包似的帳篷一眼望不到邊。

再說元軍，脫脫自從攻破徐州砍了芝麻李的腦袋後，又接連拿下汝寧等地，徐州一帶的紅巾軍遭到重創。為繼續擴大戰果，他命賈魯率領十八萬大軍進逼濠州。賈魯應該算是水利方面的專家，是治理黃河的總負責人。臨行前，脫脫給他的指示是，不論付出多大代價，花多少時間，就算困也要把濠州城的叛軍給困死。

第二章　英雄不問出身

　　賈魯堅決執行命令，因為他清楚自己手下的人馬雖然人數眾多，但早已失去了當年馬背民族的雄風，幾十年燈紅酒綠的城市生活的侵蝕，讓他們變得貪生怕死起來，除了欺負手無寸鐵的老百姓，看到拿刀的人都膽寒。所以賈魯採取圍而不打的辦法，想等城裡的守軍消耗完他們那點糧食，連刀都舉不動後，再進去血洗擄掠一番。

　　但城裡的人並不知道賈魯的策略意圖，神經繃得緊緊的，天天瞪著警惕的眼睛，二十四小時不間斷地監視著。雙方就這麼耗了七個月。城裡的守軍已經喝了一個多月稀粥了，再這麼熬下去恐怕連粥水都喝不上了。

　　朱元璋已經被任命為總管，半年的存糧耗完，朱元璋內心著急，但他告訴自己要沉住氣。

　　朱元璋沉住了氣，有人卻沉不下去了。彭大、趙均用他們一商量，與其被敵人活活困死，不如趁現在還有點力氣出去打一仗。果然如郭子興所料，他們以郭家軍訓練有素為由讓郭子興出戰。

　　但有一點是郭子興和朱元璋都沒想到的，孫德崖主動提出讓他的部隊一起上。就在大家摩拳擦掌準備跟元軍大幹一場時，元軍統帥賈魯卻突發心臟病死了。元兵住了半年多的戰壕，從寒冬到酷暑，風吹日晒再加雨淋，早就不耐煩了，那些軍官更是惦記老婆孩子溫暖的家，見主將一死，便一鬨而散。

　　元軍不戰自潰，濠州沸騰了！他們是有理由為自己取得的偉大勝利歡呼的。紅巾軍的七位大將舉杯痛飲，召開濠州城保衛戰總結會議，最主要的議題是要表彰一批功臣。孫德崖、俞老大、曾老二和潘老三一致認為趙均用應該授頭功，原因是元軍首先是從他的防區開始撤走的。

　　郭子興則認為彭大指揮有方，各紅巾軍部隊在他的領導下眾志成城，才有了今天的偉大勝利。他們自然是不會考慮到基層的軍官和士兵的。最終的結果是，趙均用、彭大記特等功一次，其他五位元帥各記一等功。皆

大歡喜，會議就如這次保衛戰一樣取得空前完滿的成功。

與此截然相反的是，朱元璋主張趁元軍撤退、秩序混亂之機出兵追擊。他向郭子興建議，元軍圍困濠州城半年多，早已疲憊不堪，這是個大好的機會，我們搶在各元帥之前出擊定能獲取諸多好處，順便再收點糧食回來解燃眉之急。

朱元璋的建議獲得批准，郭子興讓他率兵出擊。朱元璋鬥志昂揚，率領郭家軍迅速追擊元軍，一路窮追猛打，果然撿回不少軍需物品，更主要的是讓郭子興增添面子。

郭子興一高興就說要讓朱元璋出任郭家軍的副元帥。經過黑屋子事件，朱元璋的政治水準與之前已經不可同日而語，他態度誠懇地堅辭不受。一是他不敢確定郭子興是否在試探他，二是還有個郭天敘，大家私底下都公認他是郭家軍的副將，自己橫插一槓，會引起內訌。

朱元璋看透了濠州城的這幫人都是目光短淺、心胸狹窄之輩，他們只會窩在這丁點大的地方爭權奪利、不思進取。跟著他們是不可能有前途的，有時候最危險的往往不是敵人，而是來自內部的自己人，在別人手下混終究不是辦法。因此，他盤算著必須要走具有自己特色的道路，建立自己的武裝，建立自己的地盤。

這天趁著郭子興召集眾人議事的時候，朱元璋就向郭子興提出濠州空間太小，而且擠著兩位主帥、五位元帥，我們要走出這個局限拓展生存空間，到時就沒有必要跟這些鼠目寸光的人計較了。

郭子興也意識到有人有槍腰桿才硬得起來，於是給了朱元璋一個鎮撫的頭銜，讓他去徵兵。至正十三年（西元1353年）六月中旬，朱元璋邀上湯和一道回到鍾離招募士兵，他們先找到了徐達和周德興，又挨家挨戶地宣傳，附近的鄉鄰、熟人聽說同樣是窮小子出身的朱元璋和湯和一個做了紅巾軍的鎮撫、一個是千戶長，都紛紛前來投奔。沒過多久，朱元璋就招

第二章　英雄不問出身

到了一支七百多人的隊伍。

透過此事，郭子興認為朱元璋不但有見識有謀略，而且威望日盛，把他留在身邊會對自己構成威脅。因此當朱元璋提出要尋找生存空間時，他心想這小子既然主動提出，就讓他衝到第一線去玩命好了，如果他能玩出名堂，又能保住小命，那是他的造化，勝利的果實還是自己的，若是他把小命玩沒了，也怨不到自己頭上，大不了再幫養女找個小白臉，她還會感激為父的這片良苦用心的。

第三章
建立自己的武裝，開闢自己的根據地

經略定遠

朱元璋終於有機會為自己的理想邁出第一步了，郭子興讓他帶領三千精兵強將打回定遠老家去。

從元帥府出來，朱元璋抑制不住內心的激動，只想找個人傾吐，分享喜悅的心情，當即就去找湯和喝兩杯。

湯和小時候有點膽小，但出去闖蕩幾年後，性情大變，變得膽大起來，是朱元璋所有玩伴中第一個參加造反的人，論起來也是朱元璋造反的引路人。朱元璋來到部隊後一直在郭子興身邊工作，職務雖然沒有湯和高，但湯和一直很敬佩朱元璋這個從小叫到大的大哥。

經過歷練，湯和成了有勇有謀的一員悍將，聽說朱元璋能領軍出戰，他也很高興。席間，當朱元璋將自己的打算向最信任的四弟透露後，兩人一拍即合。

朱元璋與湯和正得意之時，郭子興這邊卻起了變化。原來是郭天敘從中作梗，他不願意看到朱元璋出風頭，但說出來的話卻有點水準。他說：「爸，你把精銳都交給了姐夫，他可是從沒帶過那麼多人的啊，萬一他把這點家底都拚光了，你在孫德崖他們面前就更沒有立足之地了。再說他畢竟姓朱，誰知道他安什麼心，要是他把隊伍帶走了又不聽從你指揮，到時候我們還真拿他沒辦法。」

第三章　建立自己的武裝，開闢自己的根據地

　　郭子興耳根子軟的毛病又犯了，本想收回成命，又怕落個出爾反爾的名聲，而且他也希望朱元璋去解救他的家鄉，好在父老鄉親面前長長臉，於是就把原先準備隨朱元璋出征的部隊換成一些老弱病殘的士兵。

　　等到軍號吹響，部隊要出發的時候，朱元璋才發現情況不對。就詢問郭子興道：「父帥，不是說帶精銳部隊的嗎？但你看這……」

　　郭子興說：「這就是精銳啊，元璋你看，這些個個都是人精，吃過的米、走過的橋比你我都多，作戰經驗異常豐富，你帶上他們肯定能創造出意想不到的戰績，你可不要辜負了為父的希望哦！」

　　朱元璋全明白了，郭子興父子是既想讓自己去賣命，又捨不得自己帶走他的本錢，但眼前這些老弱病殘不但幫不了自己，帶上還會變成累贅。他心想老子又不開敬老院、救濟院。於是就公事公辦地對郭子興說：「父帥，這支『精銳』我就不帶了，我只請求元帥讓我挑上十幾二十個人就行了。」

　　郭子興很驚訝道地：「元璋啊，這可不是開玩笑的，區區幾十人怎麼打仗？」

　　朱元璋說：「只要元帥答應讓我在軍中挑選二十來個人，我願立下軍令狀！」

　　郭子興見他如此堅決，就答應了。最後朱元璋只挑選到二十四個人。這二十四人就是後來的「淮西二十四將」，明初開國六公爵徐達和湯和都在其中。朱元璋就帶著這二十四人開始了自己的戎馬生涯，目標異常明確，那就是開闢自己的根據地，建立自己的政權。

　　朱元璋之所以如此自信，是由於天下大亂，兵源俯拾皆是，自己又有過招兵的經驗。更主要的是，身為政府軍的蒙古兵連自己都保護不了，很多有錢有勢的大戶人家沒辦法指望政府，紛紛召集民團武裝以保護他們的

既得利益，這些民團在元軍得勢時就投靠政府，元軍失勢則投靠紅巾軍，是最不穩定的因素。

朱元璋從前來歸降的毛麒口中得知，當時定遠的驢牌寨盤踞著一支三千人的民兵武裝，糧草匱乏，正想找有實力的集團投靠，據說元軍也在向他們丟擲橄欖枝，現在還沒有決定何去何從。朱元璋馬上意識到這是個天賜良機，當即帶上兩名騎兵、九名步兵，一行十二人就登門拜訪。

驢牌寨這邊的一聽說是郭子興元帥派來的人，馬上以禮相待。雙方相談甚歡，朱元璋告訴領頭的說：「郭元帥讓我轉告你，你如今是一支孤軍，又缺糧缺錢的，要麼跟我走，要麼趕緊轉移，否則只有捱打的份，聽說附近有人要來打你們了。」

那領袖除了點頭，也沒別的選擇了，並說好三天後隊伍開拔。於是，朱元璋留下費聚盯著他們，三日之後，費聚灰溜溜地跑回來說，他們變卦了，不打算來了。朱元璋當機立斷帶著人趕到驢牌寨，斥責他們不守信義。朱元璋騙領袖說最後有一句話要跟他說，讓他出來一下，領袖一出來馬上遭到綁架，朱元璋輕而易舉得到了三千人馬。

首戰告捷，朱元璋又趁夜襲擊了盤踞在橫澗山（今安徽定遠縣西北）的另一支地主武裝繆大亨部。

繆大亨，定遠人，擁有一支兩萬多人的隊伍。在元軍圍困濠州時，他曾率隊伍參加，沒討到什麼便宜。元軍撤走時，他率領隊伍退守到了橫澗，元朝政府授予他「義軍元帥」，還派了一個監軍張知院。

繆元帥還在做著春秋大夢時，突然四面八方鼓聲擂動，喊聲震天，張監軍被嚇得連衣服都不穿，趁黑逃走了。朱元璋命猛將花雲召集敢死隊一陣猛衝猛打，很快攻破繆大亨的營地。繆大亨和他的兒子不甘心就此失敗，天亮後收集殘兵，準備跟朱元璋明刀明槍地打一仗。

第三章　建立自己的武裝，開闢自己的根據地

朱元璋的目的並不是想消滅他們，事先已經打聽清楚，繆大亨有個叔叔叫繆貞，就讓人連蒙帶嚇把繆貞帶了過來，讓他前去勸降。經過叔叔的一番洗腦，考慮到沒有更好的退路，繆大亨就答應了。

朱元璋又得到兩萬人馬，再加當地管轄的七萬人口，就像歌裡唱的「我們隊伍大發展」。接下來的主要工作是重新編制隊伍、做好訓練，特別要加強組織紀律的建立。在全軍成立的大會上，朱元璋用眼前的事實告誡他們：「你們那麼多人為什麼會被我收編呢？一是你們沒有組織紀律性，二是隊伍缺乏嚴格的訓練。因此從今天起，我要對你們進行改革，你們必須徹底拋棄過去的一切，開始一種全新的戰鬥生活。為此，我要求你們必須嚴格遵守紀律，一心一意地投入到刻苦的訓練中去，只有這樣，我們這支隊伍才有出路，等我們這支整頓後的隊伍打出一片天地，大家都能光宗耀祖。」

一席話說得大家心裡豁然開朗，無不歡欣鼓舞。朱元璋一下子擁有了幾萬人馬，手下又有眾多勇猛異常的主要成員。這支經過改造的部隊與其他農民起義軍有著實質上的不同，完全是一支紀律嚴明、訓練有素的精銳之師，為他今後打天下奠定了堅實的基礎。

朱元璋的名聲響了，主動來投奔的人就多了起來。這當中從定遠過來的兄弟倆最為知名，哥哥叫馮國用，弟弟叫馮國勝。這哥倆是定遠兩個中小地主，家裡有好幾百畝田地。兄弟倆都喜歡讀點經典史冊、兵書什麼的，哥哥愛玩深沉，喜歡往謀略方面發展；弟弟彪悍，喜歡衝鋒陷陣。看見各地農民紛紛扔掉鋤頭，走上反抗的道路，為了自保，兄弟倆就聯合其他的地主富農，也組建了一支地主武裝隊伍。

本來他們與紅巾軍理念不同，但知識改變命運的時刻到了，他們審時度勢，知道元朝快要撐不下去了，天下將要重新洗牌，聽說了朱元璋的做法後，認為他是一個有作為的人，於是就主動入夥來了。朱元璋正在用人

之際，聽說他們讀過很多書，於是就把他們留在身邊隨時請教。

馮國用提的第一條建議是：占領集慶（今南京），以圖大事！他引經據典，說集慶自古就是龍盤虎踞之地，因其地勢險要，很多帝王在此建都。他建議應謀取集慶，以此為中心向周邊發展，只要不侵犯百姓利益，得到百姓擁護，不難成就一番大業。估計朱元璋當時可能連集慶在哪裡都搞不清楚，但卻聽得心花怒放，當即任命馮國用為幕府參謀（軍事指揮機關參謀長）。

元至正十四年（西元1354年）七月，朱元璋在南下攻打滁州（今安徽滁州市）的途中，又得到一位重量級的人物。此人名叫李士元（後來因避諱改名李善長），是朱元璋帝王路上的關鍵人物，被朱元璋稱為「再世蕭何」。

朱元璋向他請教，如今天下大亂，刀兵四起，不知什麼時候才是盡頭。李善長說，秦末天下大亂時，漢高祖劉邦也是以一介平民起事，劉邦豁達大度，知人善任，不大開殺戒，只用五年便成就帝業。如今的情形何其相似，主公生在濠州，離劉邦的老家沛縣不遠，多少也沾點王氣，只要將劉邦的辦法複製一遍，平定天下指日可待。

馮國用指明方向，李善長指出方法。朱元璋的思路終於明晰了，現在第一步就是拿下滁州。

滁州地勢險要，易守難攻。朱元璋再次啟用花雲打頭陣。花雲一馬當先，率領上千騎兵直搗對方陣地，本來馬背功夫是蒙古人的拿手好戲，但如今的元軍根本沒有實際作用，一觸即潰。朱元璋令旗一揮，大軍一舉攻占了滁州。

朱元璋這一段時間可謂喜事連連，進駐滁州前收到郭子興的任命書，授予他總管之職，進滁州城後又得了范常、胡大海等幾員大將。三個月後，多年沒有音訊的姪兒朱文正、二姐夫李貞帶著外甥保兒（後來取名李

第三章　建立自己的武裝，開闢自己的根據地

文忠）相繼找了過來。相敘中得知，他那苦命的二哥早已離開了人世，朱元璋是悲喜交加，喜的是，他朱元璋在這個世上還有親人；悲的是，就算把外甥和姐夫算上，他也沒幾個親人了。

從此，朱文正、李貞及保兒就留在了朱元璋的軍中。也許是覺得自己的親人太少了吧，朱元璋後來不僅把外甥保兒收為義子，還陸陸續續地收了二十多個人做自己的義子。這二十多個義子，除不幸陣亡的，後來大都成了朱元璋手下的戰將，有的則成了朱元璋用來監視其他大將的密探。

朱元璋擁有了兩座城池，於是就分派徐達、周德興駐守定遠，自己率李善長、馮氏兄弟及湯和等就駐滁州。

積聚資本

朱元璋這邊才安頓下來，老丈人郭子興就帶領全家老小找了過來。原來他在濠州實在是混不下去了，自從朱元璋走後，彭大和趙均用曾率領濠州紅巾軍主力展開積極行動，先打下盱眙，又進占泗洲。後來為了郭子興，彭大與趙均用竟然發生火拚，彭大不幸喪生，趙均用大權獨攬，好在他沒有趕盡殺絕，還是讓彭大之子彭早住繼稱為魯淮王，統率彭大的部隊。

但郭子興的日子就難過了，彭早住雖然還頂著魯淮王的稱號，卻毫無實權，完全是趙均用的傀儡，趙均用只是給他個魯淮王的名義來安撫彭大的部眾而已。孫德崖幾個早就看郭子興不順眼了，好幾次想把他弄死，但又忌憚他的乘龍快婿朱元璋。事情明擺著，這小子能帶著二十幾個人鬧出那麼大動靜，收拾濠州還不是輕而易舉的事？因此，明的不敢就暗地裡狠下心動手。

郭子興受不了這氣就來到了滁州，朱元璋以屬下的身分迎接，並把指揮權還給了他。郭子興既感動又慚愧，慶幸當初沒有看錯人，悔恨自己差點害了他。當初孤莊村四兄弟之一的湯和是見證了朱元璋的經歷的，他曾私底下問過朱元璋，為何要拱手讓出指揮權？

朱元璋嘴裡蹦出兩字：豁達！見湯和一臉茫然，就解釋說，他是我的老丈人，當初要是沒有他，哪有我朱重八的今天，做人要有一顆感恩的心，要知恩圖報啊！是的，朱元璋變了，變得成熟、自信了，他知道一個人只要內心強大了，整個天下都將是自己的，放棄眼前的一點小利又算得了什麼呢！何況只是個名分。

不久後，郭子興收到另一支義軍首領張士誠的求救信，說是元朝丞相脫脫親自率兵攻打他，情況十分危急，求郭大帥看在大家都反元的份上伸出援手，幫兄弟一把。

張士誠，原名張九四，興化白駒場人（今屬鹽城市大豐區）。原先是個私鹽販子，販賣私鹽在古代可是重罪，抓到了大致就是死刑犯。這是提著腦袋混日子的工作，走上這條道的都是些亡命之徒，最典型的人物是隋末唐初的程咬金。看到紅巾軍熱烈地鬧騰，張士誠也糾集起圈子裡的一幫人趁機攻占了高郵，搖身一變就成了起義軍，但他並不打紅巾軍的旗號，因此他不算紅巾軍的戰鬥行列。

張士誠好大喜功，占領高郵後立刻稱王建國，定國號為「大周」，年號「天佑」。張士誠沒有意識到，他已經截斷了元朝的漕運，還以為是自己稱王招來的禍，後悔不該死要面子活受罪。更慘的是他連悔過自新的機會都沒有，脫脫決心要拿他開刀以警示其他造反派，因此，高郵遭到元軍圍攻。

在救與不救張士誠的問題上，郭子興和朱元璋出現了分歧，郭子興受盡了以永義王趙均用為首一夥人的打擊和排擠，聽到又是一個稱王的，就說：「張士誠不過是新豎起的旗子，七八條槍就稱王，他要找死，我們又

第三章　建立自己的武裝，開闢自己的根據地

何必救他？」

朱元璋則認為高郵不保，張士誠肯定會撤往六合，六合離滁州不過百里，是滁州的天然屏障，六合破則滁州就暴露在元軍的槍口下，因此，他主張出兵救援。

就在他們討論之時，張士誠那邊又傳來最新戰報，元軍圍攻張士誠的同時已經分兵攻打六合。

情況緊急，朱元璋拉來李善長加馮氏兄弟一起勸說，郭子興這才勉強同意，還問了一句，既然情勢如此危急，應該派誰好呀！這不是擺明了裝傻嗎？

朱元璋拍著胸脯說：「非我莫屬！」李善長告訴朱元璋，要救六合可先進入瓦梁壘與元軍對抗，瓦梁壘三面環山，山上多是亂石雜樹，易於設伏，如果情況不妙可讓六合的人撤往瓦梁壘。

朱元璋帶著一萬人在瓦梁壘一擊得手，等趕到六合時，張士誠的義軍已被元軍圍困得都要絕望了。朱元璋派悍將花雲帶人殺進去取得聯繫，讓守將不要放棄。隨後兵分三路，一路在南門佯攻吸引元軍，一路從東門突進城去，另一路留守城外以便接應。

等朱元璋率湯和等人打進城時，發現情況比預想的還要糟糕，城防工事被摧毀殆盡，元軍一反常態似的潮水般湧來。他馬上讓繆大亨掩護老弱傷殘先撤，令耿再成開啟一條通道，自己殿後，邊打邊退。

突出城後，由徐達和湯和分頭設伏，朱元璋與花雲一路，耿再成一路，向兩個方向退卻。元軍的兩路追兵都遭到伏擊，損失慘重，丟失了大批戰馬。朱元璋兩路人馬會合後駐紮在瓦梁壘，然後再派一部分人馬趕回六合救援那裡的守軍。

元軍這次號稱百萬，雖然他們的目標是高郵，但朱元璋還是擔心元軍

積聚資本

會趁機圍攻滁州。馮國用說：「此次進剿高郵的政府軍是清一色的胡人，胡人最大的特點是圖好處又沒腦子。我們挑選一批能言善辯的人組成慰問團帶上酒肉，再把繳獲的馬匹還給他們，就說滁州的百姓都是朝廷的良民，讓他們不要騷擾滁州就行了。」

朱元璋依計而行，那些軍官得了好處，加上又沒有命令，誰還會節外生枝跑去打滁州？而此時的張士誠連上吊的心都有了。元軍在脫脫的督戰隊逼迫下，發起一輪又一輪攻擊，張士誠無奈之下正要下令各自突圍，能跑出幾個算幾個的時候，眼前出現了一幕令他難以置信的場景：圍攻高郵的數十萬元軍突然四散而逃，而且逃得出奇的快速徹底。張士誠不知道發生了什麼事，也來不及想，下意識做出決定：開啟城門快逃！

原來是脫脫遭人暗算，元惠宗聽信讒言，一紙詔書把他就地免職押往吐蕃，走到半路就被一杯毒酒送上了黃泉路。脫脫的舊部聽聞消息，當場就放棄進攻。有些人甚至轉而投奔了義軍，張士誠弄清緣由後，又轉過頭去追擊，連收編帶俘獲的，竟達數萬之眾。張士誠的勢力由此越來越強大，強大到已經無人能將其撼動，成了朱元璋後來的一個勁敵。

高郵之戰是元朝末年農民戰爭的一個轉捩點，在此之後，東南產糧區常州、平江至湖州（今浙江吳興）一帶為張士誠所占領，浙江沿海地區被方國珍控制。

一直屈居人下的郭子興，擺脫了趙均用一夥人的束縛後，日子過得十分愜意，既無內憂又無外患，就動了稱王的念頭。他與那些被逼得沒有活路的造反派不同，放棄萬貫家產，走上與政府為敵的道路，為的就是有一天能稱孤道寡。

郭子興的想法自然得到很多人的支持和擁護，卻遭到了朱元璋的極力反對。他勸郭子興說：「父帥你看，張士誠打出王號就招來百萬大軍的圍剿，你一旦稱王必將重蹈他的覆轍。咱這滁州不過是座小山城，比不得濠

州,那李均用他們見你稱王,恐怕也會過來襲擊,咱暫時還是不要稱王為好,你放心,將來機會成熟了我們一定擁立你為王!」這番話令郭子興很是鬱悶,但也只能暫且忍耐。

朱元璋是說話算數的人,後來果然讓郭子興成為「滁陽王」,不過郭子興是看不到了,因為那是他死後好多年了,朱元璋當上皇帝後封的。

朱元璋考慮的是,滁州本來就不大,如今一下湧入幾萬人,連吃飯都成問題。

為解決幾萬人的吃飯問題,最好的辦法是開闢新區,既擴展了生存空間,又減輕了滁州的壓力。經與李善長、馮家兄弟商議,決定出兵和州。那胡大海人高馬大,飯量一個頂三人,又帶著全家,朱元璋第一個就想到了他。

胡大海原先是街頭炸油條的攤販,長得跟鐵塔似的,一身蠻力。朱元璋見他相貌威嚴、說話憨厚,愛慕之餘就將他留在了身邊。此次就命他為先鋒攻打和州。

和州施政牛刀小試

至正十五年(西元1355年)正月,經郭子興批准,滁州義軍決定攻打和州。先鋒官為朱元璋選定的胡大海,為維持平衡,郭子興派他的小舅子張天祐擔任戰役總指揮。

滁州義軍一個突襲就衝入了和州城,守將也先帖木兒棄城逃跑,張天祐率大部隊跟上,順利地占領了和州。捷報傳來,郭子興大喜,任命朱元璋總領和州軍隊。

朱元璋到了和州後並沒有亮出郭子興的委任狀,因為看得出來,郭子

興手下資格比他老的軍官還不怎麼服他,尤其是張天祐、郭天敘和郭天爵幾個,要制服他們就不能按常理出牌。因此在到達和州第一次參加工作會議時,朱元璋故意走在後面,元朝跟中原不同,他們以右為大,比如右丞相的地位就高於左丞相。等朱元璋走到會議室時,右邊的位置全是郭子興的舊部,只留下左邊的位子給他及湯和等人。

等到會議展開討論後,大家雖然都暢所欲言,但大都是泛泛而談,根本沒說到要點上。輪到朱元璋發言時,他抓住要害,針砭時弊,提出很多有建設性的建議。最後提出,和州的城牆太過低矮陳舊,一旦受到攻擊,將無險可守,因此要把責任劃分到人,此次參加會議的軍官每人負責一段,限三天後完工,貽誤工期者軍法處置。

與會者們也沒太把這當回事,只想快點散會各自娛樂,紛紛點頭,笑嘻嘻地稱好。三天很快過去,除了朱元璋、湯和如期完工以外,其他人都沒有完成任務,張天祐及二郭更是八字還沒有一撇。等大家再走進會議室時,朱元璋早在右邊上首的位子坐著了,那些人雖然很不習慣,但也很無奈,畢竟到目前還沒明確統屬關係。誰知他們連屁股還沒坐下,只見朱元璋一拍桌子:你們沒能完成上次會議布置的任務,該如何處罰?

張天祐火了,說:「沒完成讓士兵們接著做就是了,你拍什麼桌子?嚇本少爺一跳!」

朱元璋冷冷一笑,說:「這可是軍事任務,你知道不完成任務意味著什麼嗎?說明你們不執行軍令,不執行軍令就要受軍法處置!」

郭天敘傲慢地說道:「就算要處罰也輪不到你在這發號施令啊!」

朱元璋拿出任命書,對與會人員宣布:「我奉郭元帥之命總領和州,現在我宣布,從即日起和州的軍政事務由我朱元璋負責。來人,把延誤軍機的人拉出去軍法處置,完成一半以上的打三十軍棍,還沒動工的執行死刑!」

第三章　建立自己的武裝，開闢自己的根據地

一下子就跑進來一隊士兵，一幫人開始冒汗了，郭天爵連忙喊道：「姐夫，總領大人，都是一家人，何必呢？我們知道錯了，給次機會，我們一定聽從你的指揮！」

朱元璋冷冷地望著其他人，張天祐、郭天敘一副驚慌失措的樣子，剩下那幾個也乖乖地像郭天爵一樣承認錯誤，表示知錯即改，願意聽從調遣，湯和則扮白臉出面講情。

朱元璋這才說道：「看在你們態度誠懇，湯將軍又為你們說情的份上，這次就既往不咎。但我要強調的是，要都像你們這樣拿軍國大事當兒戲，還怎麼打仗？怎麼能完成郭元帥交給我們的重任？從今往後一定要加強組織紀律性，嚴格執行命令，如有再犯就休怪本總領不認兄弟情分了！」

儘管如此，張天祐和二郭仗著自己的特殊身分，心裡還是老大不服，但至少表面上不敢公開對抗了。朱元璋也沒有就此罷手，他要拿和州做試驗，效仿劉邦「約法三章」。正好有一天，朱元璋走出營帳查看各處，看見有個小孩在軍營門外往裡張望，就上前問道：「小朋友，你在看什麼呢？」

小孩說：「我在看我爹出來沒有，我等他回家！」

朱元璋：「你爹在哪呢？」

小孩：「在幫官家餵馬。」

朱元璋：「那你娘呢？」

小孩：「娘也在官家，爹說他不敢認娘，只能叫她妹妹，爹能回家，娘不能回家，我不敢進官家的門，每天在這裡等爹回家。」

朱元璋聽了很是震驚，意識到問題嚴重。隊伍發展擴大了，人員的素質參差不齊，組成十分複雜，有農民、小商小販、工人，還有小摸小偷者，甚至是地痞流氓，這些人單打獨鬥可能不怎麼樣，但仗著有組織了，

欺負起老百姓來一點都不比當官的遜色。有殺人搶掠的，有強搶婦女妻兒的，無所不為。

朱元璋痛心疾首，得到一座城池而失去民心，長此以往，怎麼能夠成就大事？於是決定先從眼前這件事做起，對軍紀進行一次徹底整頓。

朱元璋召集所有軍官申明紀律：「大家是從滁州打過來的，都是單身漢，入城後亂搞一氣，有人強搶人家的老婆、女兒，破壞別人的家庭，百姓敢怒不敢言，如此擾民，怎能安眾？今天若主動將搶來的婦女交出來的，既往不咎，否則絕不輕饒！」接著宣布：今後只有在對方願意的情況下才能婚娶，不能採取威逼利誘的方式，更不能對有夫之婦下手，否則，發現一個查處一個，絕不姑息！

那些擄掠了婦女的軍官只好乖乖交出到手的「老婆」，朱元璋讓人通知失去老婆的男人到他的營帳前集中，讓婦女一個個從院裡出來，大聲宣布：「各人認領自己的老婆，如果不是自己的老婆，不得冒領！」

許多婦女回到了老公的懷抱，家庭得以團聚。百姓們對朱元璋豎起了大拇指，軍隊的形象及軍民關係得到極大的改善。從此朱元璋就喜歡上了走訪基層，以致當了皇帝以後，更是以微服私訪的形式深入民間。

就在朱元璋治理和州取得初步成效，他的威望和地位得到鞏固的時候，濠州那邊由於人多糧少，孫德崖竟然強行要到和州來蹭飯，而且他的隊伍浩浩蕩蕩十分龐大，那些官兵都帶著家眷，家眷又帶上自己的親戚，以至親戚的親戚。

孫德崖連招呼都不打就讓手下人在和州搶占民房住了下來，他本人則帶了一隊人直接闖進了朱元璋的地盤。朱元璋正在抓耳撓腮，郭子興得知孫德崖竟然欺負到自己的地盤上來，也帶上滁州的幾萬部隊趕了過來。

朱元璋暗暗叫苦，他知道這兩個冤家積怨太深，郭子興肯定是來找孫

德崖算帳的，雖然他也看孫德崖不順眼，但大家都是紅巾軍，是抗元的隊伍，此時火併起來，高興的是他們共同的敵人元朝政府，讓敵人高興的事他朱元璋能做嗎？

郭子興最大的毛病是耳根子軟，容易只聽一方的意見，第二個毛病是性情急躁，遇事不夠冷靜。先是聽說朱元璋獨斷專行，有意打壓他的舊部，甚至連討個老婆都要橫加干涉，現在又讓孫德崖過來，還與他一起共事，認定兩人是湊在一起了。因此一上來就鐵青著臉，朱元璋跪在地上誠惶誠恐靜等著開口。

好半天郭子興才冒出一句：「堂下跪的何人？」朱元璋：「報元帥，是總兵朱元璋在聽候指示！」

郭子興大著嗓門喊道：「你可知罪？」

朱元璋從容答道：「元璋不知所犯何罪，請元帥明示！」

「我且問你，和州城是不是要變天了？你還認不認我這個老丈人了……」

朱元璋連忙壓低聲音說：「家裡的事下一步再說，元璋正有要緊事稟報，請元帥聽我說……」

郭子興心想看你如何狡辯，於是說道：「有話就說，有屁就放。」

朱元璋忙站起來小聲說道：「孫德崖不請自來，人就在隔壁，元帥既然來了，我們一塊想個萬全之策把他打發走。」

幾句話既表明孫德崖不是自己請來的，又表達了自己不願動武的意思。郭子興這才放心，你們不是一夥就好，老子收拾孫德崖就輕鬆多了。

朱元璋不願動武，孫德崖不敢動武，所以天不亮就派人來向朱元璋辭行：「感謝朱總兵的熱情款待，你老泰山來了，本帥就告辭了！」

朱元璋把情況匯報給了郭子興，又親自去見孫德崖，說：「孫元帥何必走得這麼匆忙，你和我父帥是老同袍了，不妨多住些日子好好聚聚。」

這就是朱元璋，聽孫德崖說要走，心裡有說不出的高興，還嫌他走得不夠快，抬出郭子興死對頭來提醒一下，但聽起來滿滿的都是客套話，沒什麼問題。

孫德崖沒那麼多拐彎抹角，直來直去地說：「我跟你那老丈人不對付，尿不到一個壺裡，見到他只怕會傷了和氣，讓你兩頭為難。」

朱元璋又假意挽留了一番，最後話鋒一轉，說：「哎呀，既然孫元帥執意要走，元璋就不好強留了，只是外面駐紮了那麼多部隊，要走也得讓部隊先走，孫元帥在後邊壓陣，免得發生擦槍走火或者什麼意外事件。」孫德崖採納了朱元璋的建議，準備等部隊都開拔了再走。

朱元璋不放心，就親自到城外看著，想等濠州軍走完了再回來替孫德崖送行。

晉升左副元帥

朱元璋在城外監督著濠州軍離去，估計著走得差不多了，正想回城親自送孫德崖那尊大神，卻聽孫德崖的親兵跑過來嚷嚷：壞了，壞了，城裡打起來了，傷了不少弟兄！

朱元璋一聽，知道壞事了，光顧著這頭了，肯定是小肚雞腸的岳父在城裡生事。他的第一反應就是快逃。但孫德崖的手下也不是吃素的，早已舉刀挺槍攔住了去路，有人還跑過來拉住了韁繩，大家七嘴八舌，說這事朱元璋肯定知情，跟他脫不了關係。朱元璋是百口難辯，趁人不備猛抽一鞭子，拍馬就狂奔。濠州兵哪裡肯善罷甘休，在後面緊追不捨，箭矢像蝗蟲般飛來，好在他裡面穿有護甲，並無大礙，可惜他的馬不是赤兔，跑了一陣就被追兵趕上，隨即被亂槍從馬上捅了下來，眼看就要成刀下之鬼。

第三章　建立自己的武裝，開闢自己的根據地

幸虧都是濠州混出來的，有熟識的軍官勸大家冷靜，說元帥還在城裡，此時殺了朱元璋，元帥也活不成了，不如派人進城查探清楚再作打算。

負責進城的軍官看見孫德崖正戴著手銬腳鐐坐在那喝酒，看情形是斷頭酒，因為郭子興正興高采烈地陪著一起喝呢。

但郭子興沒能興高采烈多久，很快就聽聞朱元璋也被對方擒住的消息。這個時候他可不想失去朱元璋這根棟梁。於是，他急忙派徐達等人去跟對方談交換人質的問題。用孫德崖換回朱元璋，一帥換一將，本來是很公平的事。但實際上怎麼換，雙方卻發生了嚴重的分歧。

濠州方面要求先放了他們的元帥，和州方面則要求先放了朱元璋。雙方爭來論去也論不出個所以然，這時徐達主動站了出來，對濠州方面說：「我願意留下換我們總兵，等他回城後，再放你們孫元帥，等孫元帥回來你們再放我，這樣總成了吧？」

現在也只有這個辦法了，不然爭到年三十都解決不了。徐達是朱元璋手下的猛將，又是他的結拜兄弟，猜測朱元璋不會撂下他不管，因此，濠州方面就同意了。

朱元璋回城後，郭子興心不甘情不願地揮了揮手，讓孫德崖從眼皮底下溜了，一場災難就這樣化險為夷，一場風波就此平息。

這本來是皆大歡喜的好事，但有人卻歡喜不起來，不但歡喜不起來，還鬱悶得要死。這個人就是郭子興，眼看煮熟的鴨子飛了，能不鬱悶嗎？但他這一鬱悶卻悶出了大毛病，躺在床上唉聲嘆氣了一陣子就再也沒能下床了。

郭子興死後，軍中的事務就由郭天敘、張天祐和朱元璋三人共同掌管（這應該是郭子興臨終前的意思）。朱元璋擔心主帥死後，元軍會來犯，又怕孫德崖他們來找事。正在這時，來了一個不速之客，來人是新成立的大

宋政權的使臣，是小明王韓林兒派來聯繫他們的。

早在元至正十一年（西元1351年）五月，中書省欒城（今河北欒城）人韓山童就在潁上縣（今安徽潁上縣）與劉福通、杜遵道等人一道舉起了反元大旗，由於保密工作沒做好，韓山童等人被元軍包圍，韓山童被俘遇難，他的老婆楊氏帶著兒子韓林兒逃匿到了武安山（今江蘇徐州境內）一帶。而劉福通、杜遵道等人在僥倖逃脫後，繼續聚集徒眾攻占了潁州等地，隊伍迅速發展到十幾萬人，成為當時最大的一支紅巾軍武裝。因此，他們自然就成了元朝政府重點打擊的目標，多次遭到元軍的重兵圍攻，一直忙於應付，無暇他顧。

自從脫脫丞相在高郵被元惠宗解職之後，劉福通的力量又迅速壯大起來。此時劉福通才發現，自己雖然是最早起事的，但到現在連個像樣的名號都還沒有，而其他各路打著紅巾軍旗號的領袖都紛紛稱了王。他也想稱王，更想稱帝，好讓自己名垂千古，但問題是與他一起打拚的杜遵道、盛文郁等人一直是尊韓山童為領袖、打著恢復大宋的旗號的，他怕自己稱王會引起眾人不滿，他要等待時機。因此，他派人到碭山找到了楊氏和韓林兒，並親自迎回了亳州。

一番運作之後，為坐實「明王出世」的政治預言，擁立韓林兒為皇帝，稱小明王，定國號為大宋，改元龍鳳，定都亳州，尊楊氏為太后。劉福通的如意算盤是，韓林兒年紀小，他可自恃擁立之功，先讓韓林兒暫時幫他把位置占著，自己掌握實權，等時機合適再取而代之。但他忽略了一個人，這個人就是小明王的母親楊太后。

楊太后這個女人不簡單，她保持著清醒的頭腦，並不為劉福通的表面所迷惑，因此在人事安排上，並沒有讓劉福通如願以償坐上一人之下、萬人之上的那把交椅。大宋政權的人事安排為：杜遵道、盛文郁為丞相，劉福通、羅文素為平章政事，劉福通的弟弟劉六為知樞密院事，提出的口號

第三章　建立自己的武裝，開闢自己的根據地

是要統一全國。於是，便派使者分赴各地聯繫紅巾軍，讓各地選派一名代表到亳州商議統一事宜。

劉福通對楊太后的安排極為不滿，不久就派人擊殺了杜遵道。劉福通自任丞相，隨後又自封「太保」，小明王最終還是成了劉福通的傀儡。

和州方面自然不知道韓宋政權高層的事情，使者到和州的時候，朱元璋不在和州城，他走訪基層視察部隊去了。張天祐和郭氏兄弟覺得機會難逢，幾個人嘀咕了一陣，就由張天祐代表和州紅巾軍隨來人去了亳州。

張天祐從亳州返回的時候，帶回了三份韓宋皇帝的委任狀，任命郭天敘為和州紅巾軍的都元帥，張天祐為右副元帥，朱元璋為左副元帥，並且規定接受委任的紅巾軍一律要採用「龍鳳」年號。

和州城一下子出了三位元帥，朱元璋雖然排在末位，但他並不反感韓宋政權的安排，不管怎麼說人家畢竟是老資格的造反派，掛靠他們至少不必擔心其他造反派來無理取鬧，就是元軍來犯多少也能獲得道義的支援。在和州內部，郭天敘名義上是主帥，但他還嫩了點，朱元璋有自己的嫡系，有李善長和馮家兄弟出謀劃策，更是擁有一批像湯和、徐達、胡大海這樣的心腹猛將，隨便吱一聲都比郭天敘的令牌管用。這還沒完，如今他又增添了兩員猛將鄧愈和常遇春。

鄧愈，虹縣（今安徽泗縣）人，至正十三年（西元 1353 年）就隨他父親鄧順興拉起一隊人馬。鄧順興在與元軍交戰中中箭身亡，由哥哥鄧友隆接掌兵權。鄧友隆死後，十六歲的鄧愈繼掌兵權，聽說朱元璋治軍與眾不同，心生佩服，就帶領麾下一萬多人前來入夥，被朱元璋授為管軍總管。

常遇春，懷遠縣（今安徽懷遠縣）人，一個道道地地的底層人物，曾誤入歧途加入綠林大盜劉聚的組織，跟隨劉聚做些攔路搶劫、入室盜竊的勾當。起初覺得新鮮，能大碗喝酒大塊吃肉，還有銀兩進帳，著實快活了一陣子，後來覺得打家劫舍、四處搶掠畢竟不是正當營生，想謀條出路，

經過多方考察就投奔了和州。

和州位於長江下游西北岸，只是座小縣城，隨著部隊不斷擴充，糧食供應面臨很大壓力，常常要餓肚子。而此前和州曾遭到元軍的圍攻，朱元璋依靠出色的指揮能力，加上和州軍民眾志成城，才力保和州不失。經過此戰，和州面臨的經濟壓力更大了。長江對岸是太平路（今當塗縣），太平南面是蕪湖，往東北六十公里就是集慶，集慶周邊都是產糧區，要實現馮國用當初提出的占領集慶的策略構想，就必須先據有太平。

長江天塹就成了難以踰越的大壕溝，當時跨越長江兩岸的交通工具只有船隻，要讓幾萬人馬渡過江去絕非易事，船少了沒有用，等於將一船一船的人送過去被對方收拾，必須千帆齊發方能奏效。為此朱元璋與眾人日夜開會討論，有人提出打造，有人建議到民間廣泛徵集，意見不一而足。會議持續了幾天，最後馮國用想到了一個人，朱元璋忙問是什麼人，馮國用說是巢湖水軍頭目李國勝（李扒頭）。

李國勝是彭瑩玉眾多門徒之一，當彭瑩玉在蕪湖周圍地區舉起反元大旗時，他與趙普勝（雙刀趙）等人紛紛起來響應。李國勝、趙普勝會同俞廷玉父子（俞通海、俞通源、俞通淵三子）、廖永安兄弟（弟廖永忠），以巢湖為根據地，發展水師，有大小戰船上千艘。

此前，李國勝因與廬州（今安徽合肥）地方頭目左君弼結下怨仇，在長期的較量中屢占下風，曾三次向朱元璋求救。朱元璋如今聽馮國用提起，猛然一拍腦袋，對呀，何不把他們爭取過來呢？

第三章 建立自己的武裝，開闢自己的根據地

第四章
王者初現

打過長江去

　　朱元璋親自前往巢湖，勸李國勝說如今天下豪傑四起，我們倆都勢單力薄的，在江北已很難立足了，不如兩家聯合起來，一起渡江，到江南去另謀出路。朱元璋又把江南的情形，及自己的偉大構想一一做了詳細介紹。李國勝正為久困巢湖又與地方勢力糾纏不清而苦惱，被朱元璋描繪的藍圖所吸引，就同意與朱元璋合作一起打過長江去。

　　元至正十二年（西元1352年）五月，這是長江中下游的梅雨季節，河水暴漲，船隻可以輕而易舉駛出巢湖，趙普勝不願意與朱元璋合夥，半路擅離職守率領其手下部分船隻投靠彭瑩玉而去，其餘船隻順利到達和州集結。

　　六月初一，一艘艘戰船整齊有序地排列在江邊，和州紅巾軍神情肅穆，整裝待發。朱元璋作戰前動員：我們馬上就發起渡江戰役了，這一仗關係到我們能否完成重大的策略轉移，更關係到我們今後的出路，是安於現狀還是開創美好前程，就看我們這一仗是否能夠取得勝利，並且還要能夠站穩腳跟！

　　隨即，朱元璋登上戰船，率領徐達、馮國用、李善長、邵榮、常遇春、廖永安等一干能臣戰將，揮師江南。戰船從和州起帆，水軍將領廖永安與朱元璋同船出發。

第四章　王者初現

戰船乘風破浪,很快駛達採石江面。駐守採石的元兵驚慌失措,倉促應戰。此刻朱元璋的戰船距離江岸還有三四丈距離,一時無法登岸,旁邊卻殺出了一個常遇春,只見他的戰艦飛速駛來。朱元璋令旗一揮,常遇春大顯神威一躍而起,腳踩磯石,挺戈殺上江岸。其他將士也隨之蜂擁而上,江岸上殺聲震天,元兵被殺得潰不成軍,死傷過半,和州軍一舉占領採石。

採石有元軍的一個糧食倉庫,不管是和州軍還是巢湖水軍見了堆積如山的糧食,都眼饞得要命,搶著要搬上船運回江北,過一段豐衣足食的日子。朱元璋與李善長、徐達一合計,不趁此良機占領太平更待何時?

於是朱元璋悄悄命人把所有船纜全部斬斷,此時江水正急,一千多艘戰船瞬時被湍急的江水帶走。李國勝、廖永安等水軍領袖大吃一驚,其他官兵也暗暗著急,沒有了船隻怎麼回江北啊!

朱元璋讓人傳話:各位將士,太平城比採石還要大,那太平城中美女玉帛無所不有,大軍馬上向太平出發,打下太平,那裡的金錢美女任由你們處理。大夥聽了異常興奮,立刻精神抖擻。

等全體官兵飽餐一頓後,朱元璋即刻揮師南下,兵鋒直指太平。發動攻擊之前,朱元璋召集李善長、馮國用、徐達等人開了一個臨時會議,會議採納了徐達的提議,採取不分主次、四面圍攻,快速拿下太平城的戰術。朱元璋釋出命令,由湯和率兵攻打東門;徐達領兵攻打南門;胡大海從北門進攻;常遇春負責西門。

紅巾軍是衝著金錢美女去的,都生怕被人搶先,所以都不甘人後地往前衝,太平守將嚇壞了,棄城逃跑。紅巾軍蜂擁進城,正要打砸搶,朱元璋派人四處張貼預先準備的布告、標語、傳單,都是不准搶掠、不准燒殺、不准損壞公物、不准強搶民女、不准……違者嚴懲不貸!還派出執法隊四處巡邏,還懲治了幾起冒險作案的事件,當然了,大致都是李國勝的手下。

城中秩序很快得到恢復，百姓未受到太大影響，大家該幹麼幹麼，對朱元璋的部隊交口稱贊。朱元璋清楚，部隊沒點好處是很難駕馭的，於是就採取打土豪的辦法，逼迫當地的土豪劣紳把剝削來的金銀財物通通拿出來，作為勞務費分發給了各部隊。

李國勝對朱元璋處罰他的手下是有意見的，當初答應合夥的時候，他就有點動機不純，到來之後，又都由朱元璋發號施令，那一千多條戰船無緣無故被水沖走，你真把老子當傻瓜？要是沒有我的水軍，你朱元璋能飛過江來？得了好處就全歸了你，老子連毛都沒撈到一根！

人的心態不平衡就會出問題，李國勝如今就想著如何除掉朱元璋進而收編他的隊伍。同樣地，朱元璋對李國勝也是有所防備的，他走過那麼多地方，見過那麼多人，雖然他不知道什麼叫心理學，但對人的心理活動還是能感覺得到的。他覺得李國勝的價值已經利用完了，因此就沒怎麼把他放在心上。

打下太平又繳獲了元軍的幾百條戰船，李國勝要在船上擺慶功宴，請主帥朱元璋務必出席，以示對水師官兵的褒獎。朱元璋覺得事情恐怕沒那麼簡單，李善長、馮國勝也覺得是鴻門宴。更巧的是李國勝手下也出了個項伯，此人叫桑世傑，為人正直，不屑於李國勝的小人作派，在勸阻無效之下，暗地裡通報了朱元璋。

李國勝這回是打虎不成反受其害，想不死都不成了。朱元璋派人代他道歉：剛從江北過來，可能水土不服，這兩天正上吐下瀉的，實在抱歉，過兩天等我好一點了，我再請你，我們喝個痛快！

朱元璋說話算話，兩天後李國勝果然接到邀請，要說李國勝的智商真的讓人不敢恭維，你能想到用飯局的招數殺人，怎麼就不想想別人也能用此招數呢？他接到邀請就迫不及待地跑了過去。結局可想而知：被灌得酩酊大醉，纏得像個粽子一樣扔到江裡去了。巢湖水軍全部被收編，朱元璋

第四章　王者初現

從此擁有了水、陸兩個兵種。

不久，當地名儒陶安、李習帶著幾個遺老遺少前來求見，陶安搖頭晃腦地向朱元璋獻言：「海內鼎沸，豪傑並爭，明公渡江，神武不殺，人心悅服，應天順人，以行弔伐，天下不足平也！」朱元璋說的可是大白話：「我打算取集慶，你認為如何？」陶安繼續賣弄道：「集慶乃古帝王都，取而有之，撫形勝以臨四方，何向不克？」

朱元璋雖然不喜歡陶安說話的腔調，但對他說的東西很是受用，於是將他留在了幕府裡。又採納了李習的建議，改太平路為太平府，讓李習出任知府，成立太平興國翼元帥府，自任元帥，李善長為元帥府都事，潘庭堅為元帥府教授，汪廣洋為令史。這下可忙壞了那些做招牌、刻印章的職人了。

比那些職人更忙的是元朝政府軍。六月六日，元軍兵分兩路襲擊太平，水路由元朝右丞相阿魯灰、中丞蠻子海牙等以戰艦橫截採石江面，封鎖姑溪河口，企圖截斷朱元璋的退路；陸路則由地方依附元朝統治勢力的「義兵」陳野先率領數萬兵力，由北向南攻擊太平城。

陳野先可是老面孔了，此人死心塌地效忠元廷，之前他曾南渡長江圍攻和州，被朱元璋偷襲，損兵折將退回江南。如今又一馬當先，與手下悍將康茂才分水陸並進，充當元廷的急先鋒。

在此情況下，朱元璋採取各個擊破的戰術，在陸路先派徐達、鄧愈、湯和等出兵繞道對偽軍實行反包圍，形成前後夾擊之勢，致使陳野先腹背受敵，在襄陽橋下被一舉活捉。

陳野先是個詭計多端的傢伙，為了活命提出願意加入朱元璋集團，隨即寫信給手下各部，信寫得很晦澀，表面上是讓各部放下武器前來歸降，實則暗含了他寧死不屈、激勵將士的意思，但他太高估了那些手下的教育程度，很多人見了主帥的親筆信，都沒能領會深層的想法，噌噌地跑過來

投降了。陳野先狠狠地打了自己兩耳光後，又暗罵手下豬頭豬腦，但事已至此，只能走一步看一步了。阿魯灰和蠻子海牙見陳野先部叛變，估計著討不到便宜，只好退兵。康茂才雖然也收到了陳野先的信，但他率領的是水軍，脫不了身，只好跟著元軍水師撤離。

十二月，蠻子海牙率元朝水師封鎖採石江面，阻斷南北交通，試圖再次攻奪太平府。至正十六年（西元1356年）二月，朱元璋親率常遇春、馮國用、俞通海、廖永安等人分兩頭襲擊蠻子海牙。戰鬥開火後，常遇春乘坐快艇，直接衝進元軍船隊，將元軍分割開來。俞通海則指揮敢死隊殺進元軍水寨，朱元璋指揮大部隊左右合擊，縱火焚毀敵軍艦船，殺敵無數，抓獲俘虜近萬人，蠻子海牙僅隻身逃脫。

穩定了大平府後，八月，朱元璋命徐達等人再取溧水、溧陽等地，將集慶城外圍的元軍據點悉數拔除。接下來就是進攻集慶了。陳野先表示自己熟悉集慶的形勢，願為攻打集慶打頭陣。朱元璋雖不全信，但人家主動請戰，也不好拒之千里。於是朱元璋硬拉著陳野先行八拜之禮，隨即把陳野先的老婆家眷送往太平，說太平的條件雖不比集慶，但現在是戰爭時期，到處打仗，為了保障嫂夫人他們的安全，只好委屈一段時間，等打下集慶再將他們送過去，實際上是扣做人質。

隨後陳野先就很榮幸地接受了攻打集慶的光榮任務，主帥當然是張天祐，因為他看到近段時間和州軍進展異常順利，興奮地主動去攻打集慶。但他不知道，陳野先比他還要興奮，陳野先的出身是大地主，對這些農民紅巾軍是充滿了仇恨的，暗地裡吩咐屬下：比劃兩下就行了，千萬別玩真的，等我脫身後再領著你們跟紅巾軍打！

張天祐帶去攻打集慶的部隊看熱鬧的人多，真正親身上場的人少，加上集慶守將行臺御史大夫福壽是個對政府、對組織忠心耿耿的好幹部，沉著應戰、指揮自若，張天祐無功而返。

第四章　王者初現

九月，郭天敘自告奮勇，說是要加強前線的領導力量，與張天祐、陳野先整合部隊再次進攻集慶，四面把集慶圍困起來。陳野先暗中勾結福壽，要聯手做掉攻城的義軍。

又是老套，一個鴻門宴就把郭、張兩人綁了送給福壽。福壽也不廢話，一刀一個，隨後指揮元軍反擊。陳野先掉轉槍口殺了個痛快，倒下了兩萬多人，殘兵敗將往溧陽方向逃竄，陳野先窮追不捨。當地的地主武裝不知道其中緣由，聽說陳野先已經歸順了紅巾軍，認定他就是個大叛徒，在攔截紅巾軍時，遠遠見到了陳野先的旗號，以為他也是逃命的，立刻迎了上去。陳野先看到迎上前來的是自己人的裝束，剛要張口道聲「同志們辛苦了」，卻被對方不由分說地一頓亂砍，立時斃命。

郭、張帶去的人逃回來的不到半數，多虧朱元璋有所準備。元軍分兩路追趕，企圖趁機奪回太平，福壽傾巢出動，陸路就是陳野先的「義軍」，陳野先死後，陳兆先率兵繼續追擊。徐達率一萬多人在陸路布防，看陳兆先過來就突然殺出。陳兆先怕中埋伏，丟下數百具屍體就退了回去。徐達知道自己的人馬少，也沒有追趕。

水路由康茂才帶著三萬多人直撲採石，這場水戰從早上一直打至黃昏，康茂才的水軍損失數百艘戰船和丟下幾千官兵後，也敗退回到集慶。廖永安、廖永忠兄弟水軍也損失了大小戰船三百餘艘及六千多手下，守住了採石。朱元璋異常興奮地說：「廖氏兄弟真了不起，他們的勝利對岸上的元兵也是一個極大震撼。」

朱元璋見陳野先設計害死了郭、張二人，心裡暗自高興，他不用負哪怕是道義上的責任就去掉了韓宋政權任命的兩位上司，從此這支部隊唯一的指揮官就是他了。為了安撫郭天爵那顆受傷的心，還有家裡的大腳婆、丈母娘、小姨子，陳野先的家眷當然沒有好下場。不過，郭天爵也沒能善終，關於他的死，有兩種說法：一種說法是朱元璋隨便找了一個藉口就把

他殺了；另一種說法則是，郭天爵對這支紅巾軍由姓「郭」改成姓「朱」極為不滿，聯繫一些郭子興的舊部下，企圖暗殺朱元璋，奪回指揮權，不料陰謀敗露，被朱元璋以「謀反罪」處死。

朱元璋完全接手了郭子興的舊部後，於元至正十六年（西元 1356 年）三月初一親率水陸兩軍從太平出發，來個「三打祝家莊」。陳野先死後，由其子陳兆先接管「義軍」，負責集慶的外圍。太平軍在江寧鎮（今南京西南三十公里）大敗陳兆先部，陳兆先步其老子後塵成了俘虜，手下三萬六千人再次舉手投降。此時元朝湖廣平章阿魯輝所率苗兵駐揚州（今揚州市），阿魯輝被苗兵所殺，集慶外援斷絕。朱元璋揮師攻城，福壽督兵死守。初十，太平軍架雲梯登城，元軍支持不住，被攻入城內，福壽領兵與太平軍展開巷戰，直至流盡最後一滴血，集慶終於被徹底拿下。蠻子海牙向張士誠投降，水軍元帥康茂才及苗軍元帥尋朝佐等率軍民五十餘萬向朱元璋投降。

設定江南行省

朱元璋進城後，繼續嚴明號令，告誡將士要嚴守紀律，不得搶劫民財，擾亂民情，違者一概軍法從事。隨後又召集元朝官吏及士農工商各界代表座談，說元朝政治腐敗，導致干戈四起，我來到此地只是為民除亂，保一方平安，你們不必擔心，日子還像之前一樣該幹麼幹麼，是人才我一定重用，不好的舊政策我會廢除，不讓官員貪暴而殃及老百姓。大家聽了都很高興，從而安定了人心，穩定了秩序。當即改集慶路為應天府，當地儒士夏煜、孫炎、楊憲等十餘人前來入夥，朱元璋兌現諾言全部留用。又設天興建康翼統軍大元帥府，以廖永安為統軍元帥；趙忠為興國翼元帥，鎮守太平。

第四章　王者初現

　　小明王獲悉朱元璋占領集慶，發來詔書，升朱元璋為樞密院同僉，不久又升江南等處行中書省平章事（僅次於丞相），李善長為左右司郎中，以下諸將都升為元帥。這一年朱元璋二十九歲，初步實現了馮國用為他謀劃的成就霸業的策略構想，名義上成為韓宋政權統率十萬大軍、獨當一面的封疆大吏，麾下文有李善長、馮國用、陶安、李習，楊憲等人，武有徐達、常遇春、湯和、胡大海等戰將，可謂兵強馬壯，王者之風初具。

　　應天據長江天險，進可出兵四方，退可憑險據守，坐擁江南富饒之地。朱元璋所建立的以應天為中心的根據地，當時周邊情形為：在長江上游（西面）有天完皇帝徐壽輝據池州；長江下游（東南面）有周誠王張士誠占據平江、常州和浙西地區；東面由元軍扼守著鎮江；東南鄰方國珍，南面為陳友定；東北面有青衣軍張明鑑占據揚州；北面為小明王、劉福通的正牌紅巾軍。

　　劉福通一直是元朝的重點攻擊對象，而此時韓宋政權已經展開了對元軍的全面反攻，轉戰於北方地區，將元朝的主力部隊幾乎全部牽制住。東、西、北三面分別由張士誠、徐壽輝、劉福通為朱元璋的應天根據地築起了三面屏障，將元朝的主力部隊隔在外圍。南邊方國珍的目標在於保土割據，陳友定與後面將要出場的陳友諒沒有親戚關係，這是個對元朝政府赤膽忠心的傢伙。

　　朱元璋處於這樣一個敵友難分、形勢不明的險惡環境中，要想有所作為，就必須搶在情勢未明之前主動出擊，悶聲不響地不斷發展壯大。因此，朱元璋在應天站穩腳跟後，對著地圖審視了好幾天，發現東邊的鎮江是個缺口，而且還由元軍把守著，此地要是落到張士誠的手裡，將直接威脅到應天，而南邊的寧國（今安徽宜城）也是必須掌握在手的，一旦被徐壽輝搶先，應天的背部將裸露在他的面前。為了保證應天的安全，就必須搶先拿下這兩個據點。

朱元璋已經今非昔比，應天新建，很多事情等著他拍板定調，那時通訊又不發達，實在走不開。比如當初渡江作戰之時，朱元璋命令包括自己的家眷在內全部留在和州，這段時間他先是討了二夫人孫氏，之後又以更好地照顧郭子興的遺屬為名，將郭子興的親生女兒郭惠納為小妾。到應天後才將所有家眷從和州接了過來，有點地位的軍官還沉浸在久別勝新婚的甜蜜之中，考慮到此時出兵，怕他們無心打仗，就決定派最信任的兄弟徐達掛帥攻打鎮江。

由於部隊擴充過快，成分複雜，加上之前和州發生過的惡劣事蹟，朱元璋生怕他們故技重演。因此在出戰前，朱元璋與徐達唱了一出很煽情的雙簧戲。千軍萬馬已集合完畢，就等著主將的一聲令下，卻突然聽說徐達違反了紀律，說是他手下一名軍需官私下藏匿財物，徐達以翫忽職守、放縱士卒罪被抓了起來，宣布要按軍法處斬。眾將慌忙趕了過去，這時由李善長扮白臉出面求情，湯和、常遇春、胡大海、鄧愈、花雲等武將不知是計，與即將出征的將佐跪了一地，一起求情。

於是朱元璋就看在眾人的面子上，暫且免去徐達的死罪，不過要徐達寫下保證書，保證占領鎮江後，要做到秋毫無犯，否則罪加一等，繼續執行軍法。大家見朱元璋對昔日兄弟又是心腹愛將尚且如此嚴厲，自己稍有差池，恐怕十個腦袋都不夠砍的。

朱元璋趁機對在場的將士再次強調：「此次出兵，關係重大，要想留住徐將軍的腦袋，你們就得可勁地攻城，打進城後切記不可搶掠財物，更不能殺人燒房子，誰違反軍令，將與徐將軍同罪。」這才命徐達、湯和、張德麟、廖永安等人會同攻取鎮江。

鎮江守將為元朝平章定定，這也是元朝不可多得的死士，另外還有號稱元軍一代名將的楊完者。這楊完者可是大有來頭，這位仁兄原本也是元末眾多造反派之一，原名叫楊通貫，史書評價他「擅騎射，能文章，有入

第四章 王者初現

相出將之鴻才」。他在湘西老家拉起一支幾萬人的苗兵，湘西民風那可是出了名的彪悍，因此這支部隊的戰鬥力可想而知。元朝政府奈何不了，只好招安。

接受招安後的楊完者對付起義軍那是相當狠，一出手就擊敗徐壽輝，收復了軍事重鎮武昌，被元朝封了個湖廣副都元帥的頭銜，其手下官兵也得到不同程度的獎賞。後來楊完者的苗軍奉命開赴江浙，至正十六年（西元1356年）正月，張士誠攻下杭州，楊完者臨危受命前去收復，在杭州打得張士誠的弟弟張士德喪師失地，「士德大潰，收拾殘兵，十喪八九」。

但強中更有強中手，楊完者遇到徐達只能甘拜下風，最後跑路，定定則戰死。徐達等人進城後，軍令嚴明，城中安然如常。徐達隨即分兵連下金壇、丹陽（均屬今江蘇）各縣，徹底占據了鎮江。

徐達占據了鎮江，就為應天在東面豎起了一道屏障。朱元璋改地名已經改上了癮，接到戰報就立刻將鎮江府改為江淮府，任命徐達、湯和為都元帥鎮守。命令發出不久，朱元璋腦子一熱，又再次把鎮江府的名字給改了回來。徐達也從此戰之後成了獨當一面的大將。

六月，朱元璋又命鄧愈率軍攻取廣德（今屬安徽），將其改為廣興府，由鄧愈鎮守，為應天府又加了一道保險。

朱元璋和張士誠之間本來是井水不犯河水的，現在徐達占領了鎮江，兩軍就接壤了。為了不惹惱這個鄰居，朱元璋派新來的楊憲作為特使帶了一封信給張士誠，信寫得陰陽怪氣的，其主旨是雙方友好相處：「昔日隗囂稱雄於天水，今日足下也據姑蘇稱王，事勢相等，我深為足下高興。睦鄰守境，這是古人所重視的，我非常羨慕。但願從今天起我們能信使往來，不為讒言所惑，以生邊釁。」張士誠收到信後，心想你小子搶地盤搶到我家門口來了，還跟老子談什麼和平相處！當場將楊憲扣下，懶得跟他廢話就連信都不回。

朱元璋並不指望一封信就能讓張士誠與他和平相處，他是要爭取時間籌劃一件大事。原來郭天敘、張天祐死後，郭子興的舊將邵榮、趙繼祖仍然控制著郭、張二人的餘部，劉福通在封給朱元璋江南行省平章的同時，還封了邵榮為行樞密院同知，為名義上的最高軍事長官，地位僅次於朱元璋，用意很明顯，就是要牽制朱元璋。朱元璋要爭取更大的頭銜，所以就授意李善長等人聯名「奏請」小明王封自己為吳國公。劉福通正指揮紅巾軍北伐，無暇顧及太多，考慮到給頭銜又不用撥錢調糧，很快就批覆下來。

　　龍鳳二年（至正十六年，西元 1356 年）七月，朱元璋晉封吳國公，設立江南行中書省，行使丞相職權，總管中書省一切事務。李善長、宋思顏為參議，李夢庚、郭景祥為左右司郎中，侯原善、楊元杲、陶安、阮弘道等為員外郎，孔克仁、陳養吾、王愷為都事，王璹為照磨，夏煜、韓子魯、孫炎為博士。馮國用為帳前親兵都指揮使，置左右前後中五翼元帥府及五部都先鋒，各地方大員如徐達、常遇春、湯和等都是戰鬥在第一線的翼元帥府領軍。另設定了一個新的機構——營田司，第一任營田使是在集慶戰鬥投降過來的康茂才，負責後方軍士屯田事務，以緩解軍糧供應的壓力。還設定了提刑按察司，以王習古、王德為僉事，負責刑事訴訟。

高築牆，廣積糧，緩稱王

　　吳國公朱元璋正美滋滋地建立自己的團隊，他想團結的鄰居張士誠就來搞事。張士誠與弟弟張士德兄弟齊上陣，一塊領兵過來攻打鎮江，但張士誠不知道自己這次純粹是自找麻煩的，因為他遇到的是後來有「明長城」之稱的徐達。龍潭一戰，張士誠被打得灰頭土臉，大敗而歸。

第四章　王者初現

朱元璋一看，好呀，來而不往非禮也！既然你不想好好做鄰居，那就休怪我無情了。一紙命令讓徐達、湯和進攻常州，同時增派三萬人馬去協助攻城。

常州是張士誠的外圍核心陣地之一，一旦丟失，他的長興、江陰將岌岌可危，若這兩處再有差池，他整個太湖地區就會完全暴露在朱元璋軍的槍口之下，再也無險可守。而隨著時間的推移，後來的策略態勢也果然如此。

張士誠不敢怠慢，親自趕來增援，張士德和大將呂珍也隨同上陣。常州之戰可以說是一場決定兩家之間，誰能夠取得策略主動權的關鍵之戰。

張士德身為先鋒十分狂傲，沒怎麼把對方放在眼裡。徐達充分利用了張士德的狂傲，採取誘敵深入戰術，先在外城十八里的地方設下伏兵，然後派騎兵向張士德軍發動攻擊。張士德指揮數萬人馬迎戰，結果被引到了徐達設下的伏擊圈，王玉率領騎兵直衝張士德的中軍，王玉的兒子王虎則追著張士德亂砍，幾萬援兵被打得七零八落，張士德被活捉。張士誠一看弟弟被俘，十分沮喪，命令退兵。

張士誠是個孝子，又講兄弟情義，按照母親的意思，派使者孫君壽到應天講和，願意每年撥付朱元璋二十萬石糧食、五百兩黃金，再加三百斤白銀換回張士德，然後雙方停火，各守疆土。

朱元璋抓住張士誠急於贖回弟弟的心理，像個綁匪一樣，獅子大開口，對孫君壽說，你回去告訴張士誠，先放了楊憲，每年再加五十萬石糧食，否則一切免談。擺明了就是要敲詐你。事情至此，張士誠也不含糊，既然談不攏，那就接著打吧，就再派呂珍率大軍援助常州。

論計謀，張士誠的團隊與朱元璋的相比，差的可不只一點兩點。當他把注意力都集中在常州一線的時候，朱元璋這邊又派出一支奇兵，由耿炳文、劉成率領所部從廣德東進，一舉占據了長興，繳獲戰船三百多艘，徹

底切斷了常州與湖州之間的聯繫。常州的水上運糧通道不復存在，有力地支援了徐達、湯和他們的常州之戰。此時的耿炳文根本沒有料到，他釘在長興就抑制住了張士誠向西擴張的企圖，而且他一釘就釘了將近十年。在這近十年的時間裡，不管朱元璋與陳友諒之間打得怎麼熱火朝天，張士誠始終無法突破江陰──常州──長興這條防線去進犯應天府。

但現在的常州卻打得異常艱難，徐達他們久攻不下，朱元璋十分惱火，著令徐達以下官佐一律官降一級。八月，他又寫了一封措辭嚴厲的指責信，責備徐達指揮不力。九月，再也坐不住的朱元璋親臨鎮江督戰。十一月，朱元璋孤注一擲，又調撥了兩萬精兵趕來增援，但常州還是巋然不動。

直到至正十七年（西元1357年）三月，在彈盡糧絕之下呂珍被迫撤出常州，歷時九個月的常州之戰才宣告結束，朱元璋大獲全勝。三個月之後，江陰要地也被吳良輕鬆拿下，至此，一道遏制張士誠水師西進的屏障建構而成。張士誠被緊緊地壓縮在了太湖流域以東，再難以對朱元璋的核心地區構成威脅。雖然雙方從沒停止過，大大小小打了上百仗，但張士誠畢其十年之功也沒能越過這道屏障一步，而且其地盤是越打越小，直至退出歷史舞臺。

我們知道朱元璋當初在地圖上畫了兩個圈，鎮江搞定了，按照既定方針，接下來就應該是寧國了。至正十七年（西元1357年）四月，朱元璋又命徐達、常遇春自常州回師去攻占寧國。出人意料的是，這又是一塊難啃的硬骨頭，寧國城不算大，但卻異常堅固，更要命的是駐守該城的是個讓所有對手都為之畏懼的猛人。

此人叫朱亮祖，其身分跟陳野先一樣，為親元朝的「義兵」元帥。寧國的駐軍分為兩部分，駐紮城外的部隊清一色使用長槍，號稱長槍隊，長槍隊元帥叫謝國璽，他們不但槍長，腿也很長。前陣子聽說朱元璋的部隊

第四章　王者初現

剛拿下廣德，謝國璽就想趁對方還沒站穩腳步過去搶一波，哪知被鄧愈打得滿地找牙，只好乖乖滾了回來。謝國璽聽說這次帶兵過來的徐、常兩人比鄧愈還要狠很多倍，當場就怕了，招呼也不打一聲，就帶著手下連夜逃到了宣州。

對於長槍隊的逃跑，朱亮祖沒當回事，見徐達的部隊開到城外，抄起傢伙就衝了出去。雙方大打出手，常遇春見朱亮祖一把大刀十分了得，刀鋒所到之處就是一片血光，當即迎了上去，真是棋逢對手、將遇良才，直殺得天昏地暗、日月無光。正打到酣暢處，常遇春的小腿被一支流矢射穿。但常遇春根本無暇顧及，朱亮祖實在太厲害了，稍一分神就可能成為他的刀下鬼，只好瞪圓雙眼死扛著。

徐達見常遇春掛了彩，連忙過來支援，常遇春才趁機脫身。徐達與朱亮祖又打了半天，也沒能討到半點便宜，只好收兵回營。大家見連常遇春都打不過朱亮祖，未免有些氣餒。徐達不服氣，次日再遣趙德勝、郭興雙雙出戰，卻被朱亮祖攆著跑，常遇春帶傷上陣才穩住了陣腳。

朱元璋聽到報告也傻眼了，連徐達都對付不了，看來得親自出馬了。朱亮祖聽說朱元璋來了，興奮得大叫：「來得好，省得老子去應天府找他！」朱文貴勸他：「哥，朱元璋帶來不少人馬，但要當心啊！」朱亮祖哪裡聽得進去，帶著手下就衝出了城門，很快就看見一張很特別的臉，知道了那就是朱元璋，二沒話說就衝殺過去。

這正中朱元璋下懷，他早就讓馮國用、陸仲亨在南門外的樹林中做好了埋伏，便引著朱亮祖往南邊敗退。朱亮祖只記著擒賊先擒王這條古訓，卻忘了還有一個甕中捉鱉的把戲，等候已久的馮、陸二人見朱亮祖過來，突然殺出。此行朱元璋還帶上胡大海、周得興等一大批猛人，但朱亮祖手下並非個個都是朱亮祖，他一個人再厲害也敵不過眾多猛將的車輪戰，終成了對方的俘虜。

朱元璋得到了寧國這座山城的同時，還收穫了朱亮祖這員猛將，他歸降之後答應帶人去把宣州拿下作為見面禮，後來更是為朱元璋馳騁疆場，為大明王朝的建立立下赫赫戰功。這時一個名字進入觀眾的視野，他就是中國歷史上最後一個宰相胡惟庸，胡惟庸是定遠人，在和州就加入了朱元璋的團隊，一直在元帥府當差。朱元璋隨即讓他擔任寧國縣令，雖然他後來的事蹟不大光彩，但當時確實是個好官，把寧國治理得井然有序，被當地百姓稱為「胡青天」。胡惟庸的青雲之路就是從這裡起步的。

如今的形勢對朱元璋來說，不是小好，也不是中好，而是大好。他在東線展開攻勢之時，在西線是以防守為主，因為當時西邊徐壽輝「天完」政權的控制範圍還局限在安徽省的西南部，未到達安慶，並且要忙於與元軍開戰，更為重要的是此時天完政權內部爭權奪利正愈演愈烈，根本無暇東顧。因此，朱元璋的下一個目標是全力向南發展，趕在天完政權反應過來之前，把安慶以東、蕪湖以南、浙江以西和江西以北這一大塊地盤先劃到自己的版圖上。

對朱元璋來說，至正十七年（西元 1357 年）是一個豐收年。七月，驍將鄧愈和胡大海聯手拿下徽州，朱元璋將寧國路和徽州路一併交給鄧愈鎮守，他對這位青年將領非常看好。鄧愈也沒有辜負朱元璋的厚望，向他推薦了一位對朱元璋的帝業發揮至關重要影響的人物──老儒朱升。

朱升出生於書香世家，一生出版過大量著作，為了躲避戰亂跑到一個叫石門的地方開培訓班賺錢餬口，自稱隱居不過是一種行銷策略，不然朱元璋也不會輕易找到他，要像介之推那樣誰找得著他！

朱升見終於有人肯賞光，就獻出了潛心思索已久的九字真言「高築牆，廣積糧，緩稱王」。這就是能耐，把深奧複雜的理論簡單化。這九個字直白、簡單，他終其一生對朱元璋所做的貢獻也就這九個字，不過對朱元璋來說已經足夠了。就像一個人在思考問題遇到瓶頸時，有人從旁指點一句

就豁然開朗一樣，朱元璋得到這並不深奧的九個字，馬上把其當作今後一切工作和行動的指南。而朱升也靠這三句話徹底擺脫了辦補習班過日子的生涯，過上榮華富貴的日子，又一個知識改變命運的生動教材。

攻占揚州

朱元璋在南線主戰場是攻無不克、戰無不勝，獲得了不少地盤，同時在西面，常遇春攻取了池州，在江北，除了據守泰興外，繆大亨已經將目光投向了揚州。

揚州原來是由元鎮南王孛羅普花鎮守，倚仗著手裡一支無比強悍而又凶殘的義兵讓很多人不敢窺視，義兵領袖叫張明鑑。

張明鑑於至正十五（西元1355年）在淮西聚眾起兵，政治立場親元，以青布作為旗號，又以青布裹頭有別於紅巾軍，號稱「青軍」。張明鑑慣使長槍，手下也有樣學樣跟著使用長槍，因此又稱長槍軍。這支武裝好勇鬥狠，紀律極壞，一路燒殺搶掠無惡不作，所過城鎮一片狼藉，江北含山、全椒、六合、天長、揚州一帶，無不聞之色變。由含山轉而準備攻打揚州時，張明鑑被鎮南王孛羅普花招降，被授為濠、泗義兵元帥。青軍搖身一變，就成了元軍的一部分駐守揚州，並幫助孛羅普花抵擋住了張士誠的幾次進攻。張士誠抽兵南下後，揚州壓力驟減，張明鑑自恃守城立有戰功，逐漸驕橫起來。

至正十六年（西元1356年）江北鬧起饑荒。三月，由於揚州缺糧，張明鑑向孛羅普花建議，出兵南下，打通糧道，以救飢饉，並慫恿孛羅普花說揚州有王氣，願意幫助他再上一個臺階（意為擁他為帝）脫離元王朝。孛羅普花嚇得不輕，他既不敢接受張明鑑的好意，也不同意出兵南下。他

的任務就是堅守揚州，好好當他的王爺。

張明鑑碰了一鼻子灰，就縱容手下捕殺城中百姓充作軍糧，對這種吃人行徑，就連孛羅普花都看不下去。張明鑑乾脆發動叛變，孛羅普花棄城逃往淮安，後被趙均用所殺。

張明鑑沒有什麼遠大目標，占據了揚州也只是窩在城中吃人，不敢出兵爭奪領地。繆大亨聽說了揚州的情況後，向朱元璋建議攻打揚州，說這傢伙如今餓得快要崩潰了，正是容易招撫的時候，一旦等他緩過勁來，就難以控制了。這張明鑑的那股狠勁正是我們所需要的，千萬別讓他落到別人手裡。朱元璋非常贊同。

十月十四日，朱元璋在長江舉行盛大的閱兵式，隨後命繆大亨率部奔赴揚州。之後，揚州就被繆大亨率領的軍隊圍得如同鐵桶一般，張明鑑不敢與繆大亨對抗，率部歸降，共有戰馬兩千，部眾數萬。朱元璋命令把青軍將佐的家眷全部送到應天扣為人質，在揚州設定江南分樞密院，讓繆大亨出任同僉樞密院事，總領揚州、鎮江。

據《元史》記載，揚州路的人口原本有二十多萬戶，而到了朱元璋手裡後，繆大亨命新任揚州知府查勘揚州戶籍人口，發現只剩了十八戶，其餘的多被張明鑑及其部下給吃了。今天的揚州還保留有一條「十八家巷」，這就是六百多年前「吃人張」張明鑑的罪證！至於張明鑑的下落，沒有確切的史料記載。不過根據他所犯的滔天罪行，自命弔民伐罪的朱元璋，應該是把他處死了。朱元璋下令再造一個揚州城，並調撥了大批糧食救急，青軍將士早已吃膩了人肉，見到糧食無不歡呼雀躍。

人生舞臺上有贏家就有輸家，資源有限，搶到了就是贏家。一年下來，朱元璋賺得盆滿缽滿，但有幾家日子卻混慘了。元惠宗就不說了，這一年劉福通兵分三路北伐，讓曾經令全世界聞之喪膽的蒙古人顧此失彼，疲於奔命。

第四章 王者初現

對張士誠來說，這一年也是夠倒楣的，幾乎是每月丟失一座城池：二月失長興、三月失常州、五月失泰興、六月失江陰、七月失常熟，弟弟張士德還當了俘虜。元朝政府又趁機從背後捅刀子，八月命令方國珍出兵討伐張士誠，方國珍拿了朝廷的軍餉不敢怠慢，派出五萬水師進攻崑山。張士誠派出史文炳、呂珍七萬水師迎戰，結果被打得不成樣子，方國珍連戰連捷，兵臨崑山城下。張士誠失城喪地，又損兵折將，無奈之下，便使出當時很多義軍都在使用的招數——向元朝政府請求投降。這對張士誠來說已經不是第一次，但元朝政府既不接受教訓，更不願意費力去打仗，接受張士誠的請降後，授予他太尉之職，方國珍也因征討有功授升太尉，皆大歡喜。

這一年對徐壽輝來說也夠悲哀的，他先是差點被倪文俊謀害，後又來了個陳友諒，權力完全被架空，正逐步淪為陳友諒控制下的傀儡。他現在的重心是如何把權力奪回來，而不是對付外敵。天完政權已經陷入了嚴重的內憂外患之中。

朱元璋為了避免兩線作戰，一直把發展的重點放在東南方向，盡量避免與西邊的徐壽輝發生摩擦，但一個純屬偶然的事件讓情況發生了變化。至正十五年（西元1355年）五月，池州路銅陵縣的政府官員迫於天完軍的壓力，帶上戶冊、印信主動來到寧國，交給了徐達、常遇春，常遇春率部進駐銅陵。

不久，池州也想效法銅陵，不過此時的池州在天完政權的管轄之下，池州路總管跑到銅陵告訴常遇春，池州城中沒有多少駐軍，城防空虛。常遇春一聽有利可圖，來不及請示報告，拉上廖永安就逆江西進，一舉從天完軍手裡奪取了池州，為後來朱元璋與陳友諒之間發生大規模軍事衝突埋下了伏筆。

進入至正十八年（西元1358年）後，各方又開始忙碌起來，在江陰、

常州一線，朱元璋與張士誠兩家展開一系列的攻防戰，雙方都沒能從對方身上討到便宜。進入相持階段以後，朱元璋又抽兵投入南線，此時他把目光瞄向了建德、衢州、婺州、處州等浙江西部重鎮。

三月十八日，鄧愈、李文忠、胡大海奉命從徽州顯嶺向東出發，攻取了張士誠的建德路，朱元璋將其改名嚴州府後，命胡大海鎮守。六月，李文忠進攻軍事要地婺州（今浙江金華），婺州地處浙江的交通要衝，占領了婺州就等於控制了兩浙。然而李文忠攻了近十天，婺州還是未能攻下，朱元璋親自率領十萬大軍前往婺州。

朱元璋到來時，婺州城內聚集了大量元軍，他們隸屬於許多不同派系的將領。其中值得一提的是一個叫石抹厚孫的元將，他哥哥石抹宜孫是浙江行省參知政事，坐鎮處州（今浙江麗水縣）。石抹宜孫自稱是契丹人的後裔，不僅文武雙全，而且對元朝政府忠心耿耿。

本來石抹厚孫是奉哥哥的使命前來救援的，但沒想到他的到來反倒加速了元軍的敗亡。原來婺州城中派系林立，有行樞密院同僉寧安慶、南臺侍御史帖木烈思，外加兩位大員達魯花赤僧住和浙東廉訪使楊惠。

石抹厚孫的到來打破了婺州城的政治格局，被徹底孤立的寧安慶適時地收到了朱元璋的勸降信，於是開啟城門迎接紅巾軍進城。朱元璋占領了婺州之後，改名寧越府，並在該城設定了應天府在浙江的派出機構「江南等處行中書省分省」，打的依然是大宋旗號，讓李善長在行省門前豎起兩面大旗，分別寫上「山河奄有中華地」、「日月重開大宋天」，在大旗兩邊又各豎了一塊木牌，分別寫著「九天日月開黃道」、「宋國江山復寶圖」。

婺州是儒學的中心，有「小鄒魯」之稱。朱元璋在此招攬了一批文人儒士為他所用，以擴大他的影響力和號召力，這其中就有當地很有名望的王冕和宋濂。朱元璋委任王冕為諮議、參軍，委任宋濂為五經師。也就是從這個時候起，朱元璋開始一本正經地跟儒學結緣，一改之前說話的語

調，刻意「之乎者也」了起來，並聘請許元、葉瓚玉等十多位儒士參議軍政大事。

朱元璋占有了婺州，就與老奸巨猾的浙東軍閥方國珍接壤了，為了避免同時與兩個強敵開戰，朱元璋主動派人到方國珍的老巢慶元（今寧波），請他提供必要的支援。方國珍知道朱元璋兵鋒正盛，不好惹，自己身處四戰之地，北有張士誠，南有福建的陳友定，西面又多了一個強敵，無奈之下只好假意應承，派人帶上大批金銀財寶送到婺州，以示願結同盟，聯手對付張士誠。朱元璋不管方國珍真心還是假意，要的就是他這個態度。

搞定了方國珍後，朱元璋於至正十九年（西元1359年）正月，命耿再成領兵進駐處州北面的門戶縉雲，對石抹宜孫施壓，同時又讓胡大海進攻張士誠在浙南的門戶諸暨，並很快攻克了諸暨，向紹興挺進。

張士誠為了緩解南線的壓力，實施了「圍魏救趙」的策略，在北面進攻朱元璋的江陰、常州、長興等要地，當時是「耿炳文守長興，吳良守江陰，湯和守常州，皆數敗士誠兵」，朱元璋「以故久留寧越，徇浙東」。

到至正十八年（西元1358年）的下半年，朱元璋的南線攻勢取得了突破性進展，「九月，常遇春克衢州，擒宋伯顏不花」，「十一月壬寅，胡大海克處州，石抹宜孫遁」。經過兩年的征戰，南線戰事暫告一個段落。浙江由張士誠、朱元璋和方國珍三家瓜分完畢，張士誠控制了浙北四府，朱元璋控制浙西四個府，方國珍則仍然占據浙東沿海。

第五章
喪師失地的「大漢天子」

強勁的對手陳友諒

在朱元璋與張士誠這邊打得熱火朝天的時候，天完政權的內鬥也進入了白熱化，至正十七年（西元1357年），丞相倪文俊已不滿足於做個權臣了，想唱齣弒君篡位的好戲，陰謀敗露後逃奔到他一手提拔的親信陳友諒處。上樑不正下樑歪，陳友諒早就覬覦他的位置了，趁機以謀逆罪誅殺了倪文俊，收編了他的部隊，然後自稱宣慰使，又改稱天完國平章政事，控制天完國實權，成為徐壽輝的又一個噩夢。

陳友諒，出生於沔陽（今湖北仙桃市），是長年在海上打魚為生的漁民後代。其祖上姓謝，因為祖父當了陳家人的上門女婿，他父親就隨母姓陳。陳友諒小時讀過幾天私塾，據說曾有風水先生說他祖父葬的地方不錯，將來會出貴人。陳友諒牢牢記住了風水師的話，透過走後門謀了一份小縣吏的差使。而他的老闆徐壽輝則是賣布出身的，那個時候生產力還不發達，社會分工還沒那麼細，很多人家要買布回家自己縫衣服，所以徐壽輝只能扛著布匹滿大街叫賣。一來二去被白蓮教頭子彭瑩玉（又稱彭和尚）相中，說他身格魁偉，相貌非凡，是「彌勒降生」，有王者之氣。

至正十一年（西元1351）五月，北方的白蓮教韓山童、劉福通等人在大別山暴動。彭和尚串通麻城鐵匠鄒普勝、黃州漁民倪文俊等人，硬拉上徐壽輝一起造反，無非是想沾徐壽輝的所謂王氣。攻占了蘄水和黃州路後，彭、鄒、倪等人就以蘄水為都擁立徐壽輝稱帝，定國號為「天完」，

第五章　喪師失地的「大漢天子」

建元「治平」。

陳友諒既然讀過書，肯定知道亂世出英雄這個道理，意識到機會來了，當即炒了政府的魷魚，加入了造反大軍。他最初在倪文俊手下當個小文書，不久憑著他的聰明才智和處心積慮的謀術，博得了倪文俊的好感和信任，竟混了個元帥的頭銜。

陳友諒既已認定自己的祖墳會冒青煙，他的野心就小不了。為達目的他會不擇手段，更不會放過任何機會，倪文俊給他提供了太多的機會，臨死還給他創造了一個絕好的機會。

至正十八年（西元1358年）年初，野心爆表的陳友諒揮師由黃州順江東下，準備奪取安慶。安慶位於安徽省西南部，長江下游北岸，其上扼黃州，下鎖應天，策略位置十分重要，元朝政府派淮南行省左丞余闕駐守。

余闕，先世為唐兀人（唐兀人是元統治者對以党項族為主體的西夏移民的稱謂，在元朝也被視為色目人的一支），世代居住在河西武威（今甘肅武威），他的父親到廬州（今安徽合肥）做官，他出生在廬州，也就成了廬州人。陳友諒進攻安慶，有党項血統的余闕率領全城軍民拚死抵抗，城破之日，余闕自殺殉國，他的老婆及一雙兒女也投井自盡，其手下一千多人自焚而死，這是元朝末年極為罕見而又悲壯的一幕。陳友諒感念其忠勇，稱之為「天下第一人」，給予厚葬。

陳友諒占領安慶後，將兵鋒指向了池州。四月初一，陳友諒一舉攻克池州，守將趙忠兵敗被俘身亡。至此，陳友諒占據了長江上游兩岸的兩個要塞，對應天構成了直接的威脅。

朱元璋明顯已經感受到了巨大的壓力，但他此時的策略重心在浙江，他的主力部隊正在東、南線作戰，無力西顧。陳友諒抓住時機繼續擴張領地，江西地區任由他攻取，大部分州縣被他收入囊中。直到一年之後的至正十九年（西元1359年）四月，朱元璋才算騰出手來，派徐達、俞通海收

復了池州，從而引發了兩個集團的全面衝突。

陳友諒安排鎮守安慶、池州一帶的人選是趙普勝，此人就是之前巢湖義軍的副手「雙刀趙」，李國勝帶隊到和州投靠朱元璋時半路開溜的那個傢伙，如今已經成了陳友諒手下的一員悍將。俞通海再見趙普勝時，就從生死與共的同袍變成了你死我活的敵人，雙方各為其主，展開廝殺。

天完政權內部衝突重重，致使他們在與朱元璋的角逐中軟弱無力。儘管陳友諒戰鬥力爆表，但由於受到徐壽輝的掣肘，加上趙普勝也是個有野心的人，他也想取代陳友諒，早已暗中向徐壽輝表了忠心，兩人緊密合作，內外勾結，共同制衡陳友諒，讓他有勁無處使。兩人以為配合得天衣無縫，殊不知死神已向他們招手了。

至正十九年九月，陳友諒以要在池州地區整合會戰為名，從江州領大軍東下，駐守安慶的趙普勝派人駕船親自前去迎接。陳友諒將船停在雁水義，滿臉笑容地邀請趙普勝上船。趙普勝剛登上船就被綁了起來，陳友諒歷數了他的罪過後，以圖謀不軌的罪名把他剮了丟進了江裡。趙普勝終究沒有像陳友諒殺了倪文俊，收編其部隊那樣的機會了。

陳友諒除掉了趙普勝後，仍按照原計畫襲擊池州。被陳友諒殺害的倪文俊和趙普勝都是天完政權的元老，倪文俊就不用說了，趙普勝是彭瑩玉輩分最高的「普」字輩弟子，又是天完政權的「四大金剛」（另外三人為鄒普勝、丁普郎、傅友德）之一，很多中層軍官都是他們一手帶出來的，他們建立天完政權的時候，陳友諒還是元朝政府的小吏。如果說倪文俊被殺還事出有因的話，他殺趙普勝就引起了很多人的不滿，他們祕密聯繫駐防池州的俞通海、廖永忠等老熟人，將情報傳送了過去。

朱元璋接到報告後，當即派徐達、常遇春趕往池州，並面授機宜，讓他們以五千人守城，把大部隊拉到九華山設伏，布一個口袋陣讓陳友諒來鑽。

第五章 喪師失地的「大漢天子」

至正二十年（西元 1360 年）五月，陳友諒率部直撲池州，命令將士們猛衝，奮力登城，爭取速戰速決。天完軍正奮力攻城之際，九華山下的伏兵突然殺出，城內守軍也衝殺出來，陳友諒遭前後夾擊，被打得落荒而逃，死傷一萬多人，三千多人做了俘虜。

徐壽輝接到陳友諒吃了敗仗的消息後，就考慮要趁此機會親自到陳友諒那裡走一趟，陳友諒殺害了趙普勝讓他感覺到更加無力約束此人了，為此他要親身上場，試圖奪回軍權，必要時不惜跟陳友諒攤牌，這個傀儡他實在不想再當下去了。於是以要「遷都」龍興為名，帶著幾萬人從漢陽出發，直奔江州而來。

看得出來，徐壽輝是抱著不成功便成仁的決心出發的，又或許他這些年被人哄得多了，真的以為自己是彌勒佛降生，能降伏陳友諒這個凡人。至正二十年五月，徐壽輝從漢陽來到陳友諒的大本營江州（今江西九江）。陳友諒正為吃了敗仗而生氣，聽說徐壽輝不期而至，火氣就更大了，他早就不耐煩徐壽輝的存在了，便派兵在城外設伏，將徐壽輝一行迎進城中，即刻關閉大門，把數千人殺了個精光，把徐壽輝變成一個真的孤家寡人給供了起來。

然後準備好文件讓徐壽輝簽字，封他為漢王，在江州設定王府。完全擺脫束縛的陳友諒可以按照自己的意願去做他想做的任何事情了，對他而言不找朱元璋報一箭之仇，心情就好不了。閏五月初一，距池州戰役還不到一個月，陳友諒就開始了他的復仇之旅。這次他在戰術上做了調整，率領船隊繞過朱元璋的第一道防線池州，直接去攻擊下游的太平，徐壽輝則被安排在船上「御駕親征」。

太平是朱元璋渡江後賴以起家的第一座城池，又是應天府西面的門戶，重要意義不言而喻，朱元璋命猛將花雲、養子朱文遜一同鎮守。陳友諒這次是有備而來，手中握有王牌——一種超巨大的戰船，船尾幾乎與

城牆等高,這是針對太平府城牆倚江而建的特點打造的。陳友諒趁著漲潮命水手將船調轉,讓船尾靠近城牆,漢軍從船尾登上城牆,從而一舉攻陷太平,花雲、朱文遜等人或戰死,或被擒殺。

陳友諒世代漁民,對船隻的使用是行家,太平府一擊得手,令他異常得意。他認為憑著這種先進的巨船戰法,在整個長江水域上可以通吃了,消滅朱元璋指日可待,於是指揮戰艦繼續順流東下,準備一舉拿下應天。

人一得意就會忘形,如今的陳友諒已經得意到忘乎所以了,當船隊行駛到採石時,他命人將徐壽輝「請」到武通廟裡,然後讓手下的一個猛男一錘子就砸碎了天完皇帝徐壽輝的腦袋。

於是,一座破廟,幾句「萬歲!萬歲!萬萬歲!」的歡呼,陳友諒就實現了自己的夙願,為風水先生做了一次活廣告。一套簡單的程序過後,陳友諒就成了大漢皇帝,年號大義,封鄒普勝為太師,張必先為丞相,張定邊為太尉。

南京,南京!

陳友諒終於達到了他的人生頂點,從漢王到漢帝,實現了質的飛躍,這是當年漢高祖劉邦所走的步驟,他決心要效仿劉邦再複製一個大漢王朝,讓自己也成為千古一帝。他確實有理由也有本錢這麼想,因為此時陳漢政權的勢力包括今天的湖北、湖南、江西三省全省和安徽、浙江、福建的部分地區,相當於今天中國四個省的地盤,是江南地區最強勁的割據勢力。相比之下,朱元璋的勢力僅有今江蘇、安徽部分地區及浙江的中部、南部,相當於今天一個省分的地盤,和陳友諒根本不是同一個等級。

朱元璋聽說太平失守後慌了神,從太平到應天走水路只有半天的路

第五章　喪師失地的「大漢天子」

程，當年他就是從那裡打進應天府的，他非常清楚陳友諒的大軍隨時可能兵臨城下。更要命的是，一旦東面的張士誠與其聯手西進，他將面臨腹背受敵的局面，應天城將岌岌可危。

危急時刻，朱元璋馬上召集在應天城的所有謀士、武將召開緊急會議商討對策。就像普天下所有會議一樣，免不了有左中右三種意見。有人提出從陸路收復太平，有人主張放棄應天，退守鐘山儲存實力，還有人建議乾脆投降陳友諒算了。

朱元璋對這三種意見都不認同，但一時又拿不出好的方案，他現在最需要的是有建設性的意見，而不是在這裡耍嘴皮子瞎扯，他神情異常嚴峻地掃視著每個與會者的臉。整個會場鴉雀無聲，有的人是真想不出什麼好辦法，更多的人大概在考慮自己的後路了，對於他們中的很多人來說，朱元璋打贏了，他們可以得到高官厚祿，打輸了，可以一拍屁股走人，換個「老闆」再去「應徵」。

見大家各懷鬼胎，有一個人開口了，朱元璋一看此人，臉上才稍稍緩和了些，耗費那麼多米飯養了一大幫狗屁謀士，看來也不全是廢物。

原來此人是朱元璋耗費了大量唾沫星子，才剛應徵過來的眾多謀士之一，名叫劉基，字伯溫，處州青田縣南田鄉（今屬浙江溫州市文成縣）人，大地主出身，曾擔任過元朝江浙省元帥府都事，主要任務是幫助當地政府平定浙東一帶的盜賊，特別以方國珍做作為攻擊對象。據說他經綸滿腹，精通天文、兵法、數理等，因此朱元璋才不遺餘力地把他弄到帳下。

剛來時曾向朱元璋提出了如何改變四面受敵的局面和進而奪取天下的「十八策」，頗有諸葛亮「隆中對」的韻味，朱元璋深以為然。見他發言，朱元璋才稍微緩了口氣。其實劉基的發言也沒什麼新意，還是重談他之前跟朱元璋說過的先滅陳友諒的老調，不過接下來的幾句話就至關重要了，劉基指出投降或逃跑是下下策，唯一的出路是堅決抵抗。

朱元璋聽到了他最想聽的話，讓其他人散會，留下幾個有分量的人繼續密謀。朱、劉兩人的看法基本一致，敵人十倍於我，又有大船鉅艦，正面迎擊不管是水上還是陸地都沒勝算。最後決定施行反間計，讓康茂才詐降，誘使陳友諒的水師前來進攻應天，設伏打掉他倚仗的大船，同時派胡大海作為奇兵從陸路直搗信州（今江西上饒），從後方牽制陳友諒。

康茂才是朱元璋打應天的時候投降過來的義兵水師統帥，一直得到朱元璋的重用，如今擔任著營田使一職。不得不佩服朱元璋，他連康茂才家裡使用的一名僕人都瞭如指掌，這個僕人先前曾在陳友諒家裡做過差事，後來不知何故轉到了康茂才家裡，朱元璋今天就要利用這個小卒子下盤好棋，於是就交代康茂才如此如此這般這般。

這是朱元璋前一陣子認真看書學習的回報，他從火燒赤壁中得到靈感，讓康茂才當一回黃蓋。陳友諒完成了登基儀式後並沒有直趨應天，而是返回了江州老窩，並差人送信給張士誠，約定聯手滅了朱元璋平分其領土。張士誠很知足，只想故步自封，沒有理睬。

陳友諒沒有收到張士誠的回音，卻意外收到了一封雞毛信，寫信的人是他的老鄉康茂才。康茂才說他聽聞老鄉榮登皇位，如今又率大軍前來，現在的應天是人人自危，他也要為自己的今後做打算，願意裡應外合幫助大漢皇帝拿下應天，事成之後能在大漢政權內安排份差事就心滿意足了。

陳友諒聽送信人說他原來就是陳家的僕人，找管家過來一看，果不其然。陳友諒一句天助我也就深信不疑，僕人口述了康茂才的計畫：他將把從長江通往應天西城的三叉河上的木橋，也就是當地說的江東橋挪開，讓陳友諒大船經秦淮河直抵應天城下，打朱元璋個措手不及。

陳友諒讓僕人回去告訴康茂才，他將於三天後的黃昏抵達東江橋，到時以呼叫「老康」為號，讓他做好接應。朱元璋得到諜報，馬上動員起來，首先讓李善長帶人加班把江東的木橋拆了砌成石橋，再命楊璟、趙德

第五章　喪師失地的「大漢天子」

勝在大勝關、新河河口把守，並在所有的灘頭陣地打下尖頭的木樁，防止陳友諒另派偏師從這兩處登陸，最後令康茂才率領主力在江東橋設下埋伏，全力對付陳友諒的主力。

朱元璋才布置停當，陳友諒的弟弟陳友仁就率領一萬多人的先頭部隊在龍灣襲擊了明軍邵榮部，很顯然，這支部隊是來尋找登陸點、建立前沿陣地等待大部隊到來的。這一變故傳遞了一個資訊：陳友諒有可能把主力留在龍灣建立穩固的大本營，只派部分水軍前往江東橋，視戰事進展情況再做下一步行動。這就意味著將主力集中在江東橋，不但達不到全殲漢軍的目的，還有可能被漢軍來個反包圍。

為此，朱元璋迅速做出調整，將原來準備在江東橋設伏的主力改為在龍灣一帶設伏，布下新的口袋。

陳友諒於六月二十三日率主力順江東下，先是試探性攻打大勝關，遭楊璟部的頑強阻擊後，轉向江東橋。

陳友諒一路駛來也沒見到有木橋，令他困惑不已。當見到有座石橋的時候，他不敢確定是否就是與康茂才約定的接頭地點，於是他雙手併成喇叭狀「老康，老康」地喊了起來，但喊破嗓子也沒見回應，這個時候再笨的人也知道怎麼回事了。據說此後朱元璋軍隊高層常常以此事取樂，地位與康茂才相當的人，跟他打招呼時也模仿陳友諒的樣子和腔調「老康——」地叫上一聲，特別是常遇春，每次見到康茂才總愛叫上好幾遍，連不苟言笑的朱元璋見了也發出會意一笑。

陳友諒知道被人耍了，雖然惱怒，但並不慌張，指揮大軍從容返航，向陳友仁所在的龍灣駛去。漢軍雖然繞了半天道，但都是待在船上，並未消耗體力，靠岸後，官兵們紛紛飛身下船，在灘頭立柵，準備結陣進攻。朱元璋把指揮部設在了盧龍山頂上，把漢軍的行蹤看得一清二楚。

此時在龍灣周圍，北有常遇春、馮國勝在石灰山的伏兵和張德勝的水

師；南有徐達在應天的伏兵；對面有朱元璋在盧龍山上的主力，陳友諒已是甕中之鱉，就等朱元璋來收拾了。

朱元璋軍部將早就摩拳擦掌，蠢蠢欲動了。此時的朱元璋大將風範盡顯，他說道：「這天眼見要下雨了，讓將士們先吃飯，吃飽了肚子再趁大雨出擊，痛打落水狗！」

就像當年他爹娘下葬時一樣，剛才還烈日高照的天空突然下起傾盆大雨，老天似乎總在冥冥之中眷顧著朱元璋，不過這次要埋葬的是陳友諒的十萬大軍。朱元璋令旗一揮，常遇春、馮國勝領三萬伏兵從北，徐達率軍從南，同時發起衝鋒。張德勝的部隊從水上出擊，陳友諒的十數萬部隊在雨中視線大受影響，只見黑壓壓全是明軍，頓時慌作一團，死的死、降的降，部分官兵跑向河岸，想重新回到他們那巨無霸的戰船上，但老天存心要滅他們似的，正好退潮，大船擱淺，無法動彈，導致淹死的、踩死的不計其數，被殺死的達兩萬多人，七千多人舉起了雙手。

朱元璋大獲全勝，收下了陳友諒送上門的指揮艦以及混江龍、塞斷江、撞倒山、江海鱉等百餘艘大船和數百艘小船，陳友諒比當年曹操跑路好不到哪去，一路被明軍追殺。明軍不僅乘勢收復了太平，還攻克了安慶。

龍灣之戰不僅嚴重地打擊了陳友諒的囂張氣焰，也使得應天的局勢轉危為安，初步扭轉了策略困境，充分展現了朱元璋的遠見卓識和高超能力，以及他洞察戰爭規律，在戰爭中機動靈活的應變能力，充分利用天時、地利、人和選擇最佳時機一舉打敗強敵。這一戰既解除了來自西面的威脅，又打破了陳友諒和張士誠的結盟，試想如果陳友諒獲勝，張士誠會毫不猶豫地與陳漢政權聯合。

戰後的朱元璋並沒有盲目樂觀，他一如既往地保持著冷靜，他清楚雖然暫緩了陳、張之間的結盟，但並沒能從根本上消除這種可能。陳友諒雖然一時受挫，但他的實力還遠遠大於朱元璋，肯定還會捲土重來，而東邊

第五章　喪師失地的「大漢天子」

近鄰張士誠還在虎視眈眈，他們隨時都有可能勾結起來，形成東西夾擊之勢。因此，朱元璋要想在策略上獲得主動權，就必須保持對陳友諒的勝勢，不能出現任何閃失，否則張士誠就會從背後給予致命的一擊，說不定連方國珍也會趁火打劫，儘管他目前一副低眉順眼的樣子。

招降納叛引發危機

躊躇滿志的陳友諒這次東下，雖然撈到一個皇帝的頭銜，但卻被打得喪師失地，狼狽不堪。陳友諒不是個輕易認輸的人，一年之後的至正二十一年（西元1361年）七月，他再次向朱元璋發起挑戰。第一個目標是安慶，由驍將張定邊率部發起突襲。守將趙仲中抵擋不住，棄城逃回應天，趙仲中是隨巢湖水師過來的舊將，並非朱元璋的嫡系，朱元璋不顧眾人的求情，以臨陣脫逃罪將他處斬，讓他的弟弟趙庸接替其職務。

八月，朱元璋親自率領水師發起反擊，但卻在安慶遇到了頑強抵抗，朱元璋軍在久攻不克之下，乾脆置安慶不理，直接向陳友諒的老巢江州挺進。陳友諒弒君篡位的行為此時開始嘗到惡果了，駐守小孤山（位於江西彭澤縣北長江中）的丁普郎、傅友德向朱元璋請降。

丁普郎與趙普勝同為彭瑩玉「普」字輩弟子，有著很深厚的情誼，對陳友諒殺害趙普勝和徐壽輝極為不滿。傅友德原來是北方紅巾軍劉福通手下的一名偏將，跟隨李喜喜轉戰關中，兵敗後退往四川。後來原屬徐壽輝部將的明玉珍占據重慶，攻打成都，全面占領了四川，傅友德便歸順明玉珍，因為不被明玉珍重用，又轉而到武昌投奔了陳友諒。

陳友諒讓他協助丁普郎駐守小孤山，傅友德與朱元璋同屬北方紅巾軍的戰鬥序列，久聞其大名，早就有轉投應天的意向，偏又遇上同道中人丁

普郎，兩人一拍即合。朱元璋見傅友德生得膀大腰圓，又是久經歷練的將領，喜不自勝，當即讓他跟隨常遇春一同征戰，從此傅友德在朱元璋麾下征戰四方，成為大明王朝的開國將領之一。

至正二十一年（西元1361年）九月二十三日，明軍抵達鄱陽湖的入口處──湖口，陳友諒派水師迎戰。跟一年前相比，雙方水上實力完全互換，明軍從兩側包圍了漢軍。在損失了一百多艘大小戰船後，陳友諒只好撤到九江以南湖內的港口，夜裡，他趁黑躲過了眾多耳目，騙過了朱元璋軍水師，逃回了武昌。

次日，朱元璋軍對江州發起進攻，利用從對方手上繳獲來的大船，以其人之道還治其人之身，將士們從船尾登上城牆，輕而易舉地拿下了江州。在得知陳友諒在頭天晚上已帶著妻妾逃往武昌後，朱元璋當即令徐達率領一支艦隊前去追趕。徐達沒能追到陳友諒，一氣之下在漢陽城外拋錨，封死了陳友諒的出路，一直封到至正二十二年（西元1362年）四月。

朱元璋占領江州後，在整個江西發起了一場聲勢浩大的政治攻勢，目的是迫使江西各州府官員過來投誠。南康、饒州、建昌等地先後派代表送來了投降書，湖北東部也有三個城市歸附。朱元璋此時還不想將他自己的軍隊留在這些城市，因此對這些表示歸降的城市只是改個名稱、換面旗子而已，依舊由原來的軍閥來掌控。

十二月，鄧愈攻占撫州進逼龍興。迫於壓力，漢軍駐龍興總指揮、江西行省丞相胡廷瑞（後改名胡美）派代表前來商談投降事宜。他提出的條件是，他的部隊必須保持原來的建制，仍然歸他指揮。朱元璋極為不爽，正想罵髒話，劉基就像張良一樣從後面踢了踢朱元璋的座椅，朱元璋的反應一點也不比劉邦慢，當即同意了胡廷瑞的要求，但要他撤出龍興。

至正二十二年（西元1362年）二月十日，朱元璋在龍興舉行了隆重的進城儀式，並將其改名為洪都。袁州、吉安和江西的另外幾個小城市也隨

第五章　喪師失地的「大漢天子」

之歸順了朱元璋。

江西各地的軍閥都是天完紅巾軍到來後由地方勢力轉化過來的產物，當時每個同意歸順天完政權的同僉都被委以管理這個城市及其附屬之縣的職責。朱元璋複製天完政權的做法，為自己留下了隱患。因為並不是所有的人都真心歸順，胡廷瑞歸順了，但他沒能說服所有部下，他手下就有一批人心懷異志。

不僅江西新區如此，浙西老區一帶不穩定的因素也日見突顯。權衡之下朱元璋於三月十一日留下鄧愈等人守衛洪都後，就匆匆返回應天，他已經離開南京太久了。返航途中的朱元璋此時還不知道，他的愛將胡大海已經死於叛軍之手。殺害胡大海的兇手叫蔣英，就是之前提到過的楊完者從湘西帶過來的苗軍將領。

楊完者身為元廷的鷹犬沒少給元政府賣命，他率部在嘉興、杭州打得張士誠沒有脾氣，並在建德、徽州對抗李文忠、胡大海部，但這支苗軍的紀律之差也是出了名的，每到一處就大肆燒殺淫掠。除此之外，他們還桀驁不馴，連浙江右丞相達識鐵木兒都被欺負得無可奈何。後來張士誠也投靠了元廷，達識鐵木兒有了可以倚靠的新生力量，就決定除掉楊完者。張士誠原本就對楊完者恨之入骨，接到達識鐵木兒的命令後，突襲發難。楊完者對歸降後的張士誠完全沒有防備，被打了個措手不及，兵敗自殺，張士誠乘機將嘉興、杭州收入囊中。楊完者的部將劉震、蔣英等人在走投無路之下向李文忠請降。李文忠請示了朱元璋後，就接收了這支隊伍。

朱元璋把重兵調往西線全力對付陳友諒後，這支接收下來的苗軍就開始不安分起來，再加張士誠不斷派人從中煽風點火，而負責鎮守這一地區的胡大海、耿再成等人並沒有意識到自己已身處險境。

至正二十二年（西元1362年）三月三日，婺州，蓄謀已久的蔣英決定動手了，一大早就親自邀請胡大海到八詠樓去觀看士兵們的演練。胡大海

愉快地接受邀請，在他準備上馬的時候，一個僕人突然告訴胡大海蔣英要謀反，胡大海回頭正要詢問的一剎那，被早有準備的蔣英用鐵鞭猛然擊中頭部，腦漿迸裂，死於非命。胡大海的次子胡關住、郎中王愷等人隨之也被叛軍殺害。苗軍占據了婺州的四天後，處州苗軍李佑之也發動叛亂，殺死了守將耿再成。

至此，朱元璋在浙西的四個州府有兩個落到叛軍手中。而就在蔣英於婺州發動叛亂的次日，張士誠就派他的三弟張士信向諸全發起了進攻，浙西地區局勢驟然緊張起來。

朱元璋回到應天的第一道命令，就是命鎮守嚴州的李文忠火速收復婺州，命邵榮收復處州。李文忠很快就平定了婺州的叛亂，叛軍棄城而逃。但諸全的情勢卻非常危急，張士信率領十萬人馬輪番攻城，守將謝再興向李文忠告急，李文忠派胡大海的養子胡德濟率部增援，但無濟於事。

李文忠手上已無兵可派，情急之下就釋出假消息，說徐達、邵榮正率大軍趕來救援，這本來是李文忠為鼓舞守軍的鬥志，不得已而畫的一張大餅，卻收到了奇效。當時朱元璋手下像徐達、常遇春、朱祖亮等名字都如雷貫耳，張士誠的軍隊被打怕了，聽說徐達要來，都驚慌失措，無心戀戰，而朱元璋軍這邊也以為徐達真的過來了，信心倍增，城內城外一齊發力，張士信部被打得四散而逃。此時，邵榮在處州的平叛工作也接近了尾聲。

浙江這邊的局勢才穩定下來，江西那邊又起變故。原來，朱元璋在離開洪都之前下了一道命令，讓胡廷瑞的兩個部將祝宗和康泰前去增援遠在漢陽的徐達。這兩人在長江上游蹓躂一圈後又悄悄轉了回來，他們知道朱元璋已經率領主力離開了洪都，就於四月十二日突襲了洪都。除鄧愈隻身逃回應天外，其他包括與劉基、宋濂齊名的「四先生」之一的葉琛等人全部遇難。

第五章　喪師失地的「大漢天子」

朱元璋緊急命令徐達放棄對武昌的封鎖，迅速趕回洪都剿滅叛軍。五月，徐達還沒靠近洪都，祝宗、康泰就聞風而逃，祝宗逃到新淦（今江西新幹），被守將鄧志明擊殺，康泰在廣信（今屬上饒）被追兵趕上捉拿。康泰是胡廷瑞的外甥，胡廷瑞在元朝、天完、陳漢三屆政權都擔任江西行省最高軍政長官，可謂根深蒂固，有很大的影響力，牽一髮可能會動全身。

朱元璋生生嚥下那口氣，不敢動康泰。鑑於洪都的重要地位，重新奪回洪都後，朱元璋對該城軟硬體進行重新配置，除了增加駐軍人數，還對城牆進行改建和擴建，為了不重蹈太平府的覆轍，將城牆從江邊向後回縮，留出一段空地，釘上反登陸木樁。在管理人員上，朱元璋任命姪子朱文正為最高領導者總制洪都，鄧愈為副手。至此，朱元璋將東、西兩線的重要軍事重鎮都交由自己最親信的人把守：東線的婺州由外甥李文忠坐鎮，西線洪都由姪子朱文正看守。

再對比一下趙仲中和鄧愈的遭遇，同樣是逃跑，趙仲中被砍頭，鄧愈什麼事也沒有。朱元璋這一任人唯親的做法，自然就損害了很多人的利益，當然也就引起一些人的不滿。現在最不滿的要數邵榮和趙繼祖，兩個人雖不是朱元璋的嫡系，卻是不折不扣的老紅巾軍，是郭子興的舊將，邵榮還被小明王封為行樞密院同知，地位僅次於朱元璋，但一直被朱元璋當偏將差遣。趙繼祖從郭子興時期起就開始帶兵，郭天敘、張天祐第二次攻打應天時，他也隨同前往，郭、張二人被陳野先謀害後，他率殘部逃了回來，但混到現在也沒有任何起色。

至正二十二年（西元1362年）七月，平定處州後的邵榮回到應天，與趙繼祖密謀，計劃在八月三日除掉朱元璋。他們不知道此時朱元璋已初步建立起了情報網，他們的計畫很快被朱元璋察覺，被一舉剷除。

第六章
令人眼花撩亂的南北內耗

混亂不堪的中原大地

朱元璋能有今天,除了紅巾軍以外,還得益於一個人,這個人就是如今他的兩大勁敵之一的張士誠。紅巾軍起事之初曾遭到元朝的大力絞殺,大體上被打殘,就在元朝政府將要重新掌控局面,到處追剿紅巾軍之時,張士誠帶著自己的三個弟弟,還有一幫跟他混的私鹽販子,共十八人,鬧了一齣「誠王十八扁擔聚義」後,在高郵稱王的好戲。

張士誠從未以紅巾軍標榜自己,但他確實挽救了紅巾軍,更是間接挽救了日後將他送進墳墓的朱元璋,因為就在當時,郭子興、朱元璋所在的滁州也在元軍的兵鋒之下。張士誠在江淮地區攪得元廷不得安寧,他在有著「水陸要津,咽喉據郡」之稱的泰州周邊進行劫掠,阻斷了元朝政府視為經濟大動脈的大運河交通線。元廷急於解決問題,祭出了他們應對此類危機的殺手鐧——招撫,而張士誠假意應承,等得了好處便殺了前來封賞的使臣。

由於張士誠跟紅巾軍不同,他沒有提出政治口號,元廷仍不死心,認為他還是可以教育好的那部分人,於是再次派使者前來招撫,並許以更高的官職,張士誠又故伎重演。朝廷兩遭戲弄,再也無法容忍,於是,中書右丞脫脫親自出馬,《元史・脫脫傳》載:「西域西蕃皆發兵來助,旌旗累千里,金鼓震野,出師之盛,未有過之者。」規模之大,足見脫脫是決心要徹底剿除這股造反勢力的。

第六章　令人眼花撩亂的南北內耗

只是後來劇情反轉，眼看高郵政權就要灰飛煙滅之際，由於元朝中央政府發生內訌，遠離領導核心的脫脫被革職流放，進攻高郵的百萬元軍一鬨而散。張士誠大難不死反倒撿了不少便宜，得到大量的裝備和武器，又連收編帶俘獲壯大了自己的實力。

高郵一戰是整個元末的轉捩點，此後由元廷直接供給軍餉的政府軍就基本上不復存在，只能依靠地方擁元武裝對抗義軍，這些武裝都是半獨立的軍閥狀態，對元廷大多是陽奉陰違。各地一度沉寂下來的義軍，又得以重新活躍起來。隨後紅巾軍徐壽輝部走出山區，開始向南發展，不斷擴大自己的地盤。

北方劉福通部在亳州擁立韓林兒建立政權後實力驟增，始終以推翻元朝統治為己任。龍鳳二年（西元 1356 年）六月，韓宋政權兵分三路進攻元軍：李武、崔德率軍向西進攻陝西；毛貴部向東進攻山東；劉福通進軍河南。

龍鳳三年（西元 1357 年），劉福通更是以反元復宋為政治口號，召集三路大軍北伐，兵鋒直指元朝統治中心大都（今北京市）。至正十八年春，毛貴打下山東各州縣後，作為東路軍開始北上，接連攻占清州、滄州、河間，並占據長蘆鎮。三月，毛貴水陸並進，攻克薊州，前鋒抵達今北京通州區境內的棗林、柳林，擊殺元樞密副使達國珍，離大都僅有一百二十里的路程，嚇得元朝廷一度打算遷都。

龍鳳三年五月劉福通攻占河南開封，六月派關鐸、潘誠率主力北伐，中路軍從山東曹州出發西進山西，再從山西北上，一路打到內蒙古，攻下了元上都，並放火焚燒宮闕。龍鳳五年（西元 1359 年）元月，大軍攻克遼陽。元惠宗為避紅巾軍鋒芒，下令在高麗耽羅（濟州島）修建行宮，準備跑到那裡避難。關、潘率部一直打到了高麗，中路軍轉戰兩千餘公里。

劉福通派出中路軍時，又派遣白不信、大刀敖、李喜喜等將領，西進

增援李武、崔德西路軍。這支西路軍在此後四年，一直轉戰於陝、甘、寧之間。

北伐紅巾軍得以長驅直入並不是因為他們有多厲害，而是由於元朝政府已經腐敗透頂，政府軍「承平久，川郡皆無守備，長吏聞賊來，輒棄城遁，以故所至無不摧破」。但紅巾軍方面由於沒有形成統一的指揮，三路大軍沒有呼應，各自為戰，形同孤軍。「紅巾軍千里北征，所過不占城邑」，打的都是沒有後方的仗，當被逼急了的元廷和統治貴族進行反擊時，紅巾軍馬上陷入困境。東路毛貴部在大都郊區被從各地趕來的元軍精銳擊敗，退守山東，已占領的河北各州府又被元軍奪了回去。中路、西路紅色巾軍莫不如此，所過之處無不打下許多城市，在元軍的反撲之下都無法立足。

劉福通的北伐軍把元軍牢牢拖在了中原，讓元朝政府無力過問江南戰事，朱元璋、張士誠、徐壽輝三股勢力得以從容地在江南爭搶地盤，他們不像劉福通那樣主動迎上去與元軍硬碰硬，而是轉而向南，向元軍最薄弱的地方進軍，趁機壯大勢力，搶地盤搞割據。

而原本頹廢的元軍在不斷對付北伐紅巾軍的戰鬥中得到了鍛鍊，元朝政府發表的允許各地自行召集、擴編軍隊的政策，又壯大發展了他們的軍事力量，湧現出像察罕帖木兒、孛羅帖木兒、李思齊等一批傑出的新興將領。

察罕帖木兒，祖籍北庭（今新疆維吾爾自治區吉木薩爾縣北，屬乃蠻部），他的曾祖父闊闊臺元初隨蒙古軍打進中原，後定居在河南潁州沈丘。乃蠻部為較早被蒙古征服的部族之一，進入中原後逐漸漢化，察罕的漢姓為李氏，察罕帖木兒自幼攻讀儒家經典，曾應進士舉，名聞鄉里。

至正十一年（西元 1351 年）紅巾軍反元起義，迅速占領了潁州（今安徽阜陽）、亳州（今屬安徽）、羅山（今屬河南）、汝寧（今屬河南）等地。

第六章　令人眼花撩亂的南北內耗

察罕帖木兒見朝廷剿殺不力，於至正十二年聚集了數百人整合地方武裝，後與李思齊合兵破羅山紅巾軍，為朝廷收復了羅山縣，被授升汝寧府（今河南汝南）達魯花赤。察罕帖木兒在朝廷的鼓勵和支持下發展很快，自成一軍，從此轉戰於黃河兩岸。

察罕帖木兒與其他親元勢力不同，他是擁元義軍中不可多得的一心為朝廷賣命的代表人物，治軍有方又有勇有謀，在與紅巾軍的較量中屢屢獲勝，職務不斷攀升。至正十七年劉福通派紅巾軍分兵三路北伐時，察罕帖木兒奉調入陝與紅巾軍作戰，在鳳翔城外誘使紅巾軍圍攻，與城內元軍合擊紅巾軍，大敗白不信、大刀敖、李喜喜的西路軍。西路紅巾軍從此一蹶不振，李喜喜南退入川蜀，李武、崔德轉入寧夏。

察罕帖木兒又馬不停蹄殺奔山西，布置防線，分兵把守各關口要隘，阻斷了關鐸、潘誠中路軍的東進之路，使其無法與東路軍毛貴部對元大都形成合圍。察罕帖木兒也因此被朝廷擢升為陝西行省右丞，兼陝西行臺侍御史、同知河南行樞密院事。

至正十九年（西元1359年）年初，察罕帖木兒又殺回河南，親自駐紮在杏花營（在汴梁城西），指揮圍攻汴梁戰役。劉福通在外無援軍、內無糧草的情況下，與數百騎護送韓林兒奪路奔逃，退守安豐。元軍攻陷汴梁的消息傳到大都，元廷一片歡騰，晉封察罕帖木兒為河南行省平章政事，兼理河南行樞密院事務、陝西行臺御史中丞。察罕帖木兒分兵鎮守關陝、荊襄、河洛、江淮，而重兵屯太行，營壘旌旗相望有數千里之多。

朝廷給了察罕帖木兒不少官職，但也只是讓他局限於河南、陝西兩地，因為他屬色目人群體，對於山西、河北這兩個策略要地，朝廷仍交給孛羅帖木兒負責，因為他是蒙古人。

孛羅帖木兒是元末鎮壓起義的重要將領答失八都魯的兒子，本來父子在襄樊防禦，至正十五年（西元1355年）跟隨其父被調到中原與紅巾軍作

戰，成為紅巾軍的勁敵。至正十八年（西元 1358 年），答失八都魯中了紅巾軍的反間計，被劉福通打得大敗，憂憤而死，孛羅帖木兒接替父親成為該部主帥。

孛羅帖木兒接任之時，在關中主要是察罕帖木兒、李思齊及張良弼等部隊，中原主要只有孛羅帖木兒的部隊，而整個山東基本控制在紅巾軍將領毛貴手裡。同年三月，孛羅帖木兒首先在衛輝擊敗紅巾軍，隨後攻克了濮州，阻止了紅巾軍由河南北上配合毛貴夾擊大都，迫使毛貴孤軍退回山東。五月，紅巾軍占領汴梁，六月紅巾軍又攻占了冀寧路（今太原），元政府從關中調察罕帖木兒鎮壓山西紅巾軍，調孛羅帖木兒攻打東線。

孛羅帖木兒長驅南下在彭城擊敗沙劉等紅巾軍，打通與兩淮聯繫。九月又揮師攻陷曹州，切斷了河南紅巾軍與山東的聯繫。十二月山西紅巾軍攻占了上都，從北面對大都構成威脅，元朝調孛羅帖木兒北上山西。至正十九年三月任命他為駐大同都督，孛羅帖木兒剛到大同就擊敗了關鐸，迫使其撤往遼東。

一山不容二虎，同在山西的兩個帖木兒（孛羅和察罕）之間的衝突也就在所難免。察罕帖木兒為平定山西立下了汗馬功勞，朝廷卻把山西交給了孛羅帖木兒，察罕帖木兒當然大為不爽，他奈何不了朝廷，卻奈何得了孛羅帖木兒。至正十九年，兩個帖木兒終於從文鬥更新為武鬥，雙方不惜兵戎相見，對朝廷調停，察罕帖木兒概不予理睬。

孛羅帖木兒除了是蒙古人，還有一重特殊的身分，他是當今皇上元惠宗的老丈人，也就是通常人們所說的國丈了。不管從政治上還是親情上說，察罕帖木兒跟他鬥都不是明智的選擇，但察罕帖木兒似乎是鐵了心要對抗，他不顧後果地自行其是，決心要制服孛羅帖木兒並擴大自己的軍事實力。

察罕帖木兒這一做法的結果毫無疑問會大大影響到對紅巾軍的作戰程

序，讓江北紅巾軍得到了喘息的機會，也為江南兩大紅巾軍集團繼續爭搶地盤提供了條件，這一時期正是朱元璋和陳友諒為爭奪江西及控制長江上游打得正酣之時。

好像受到傳染病一樣，山東紅巾軍在少了外部的壓力之下，也不甘示弱地搞起了內訌。至正二十一年（西元1361年），北方紅巾軍著名將領益都行省平章毛貴被慣於爭權奪利的趙均用謀殺，正在遠征遼陽的毛貴部將續繼祖得到消息，立即從海道回師山東，在益都殺了趙均用，隨後又與其部互相仇殺。益都、濟南一帶陷入各種番號不同的紅巾軍互相攻伐的混亂狀態，紅巾軍的力量在這場變故中遭到嚴重削弱。

察罕帖木兒沒有忘記自己的使命，立即停止了對孛羅帖木兒的武力行動。至正二十一年（西元1361年）六月，察罕帖木兒率領所部，以養子擴廓帖木兒為前鋒直奔山東。察罕帖木兒採取剿撫結合的方式，進展迅速，到第二年春就收復了除益都、莒州兩個據點以外的山東全境。

朝廷又給了察罕帖木兒中書平章政事、知河南山東行樞密院事、陝西行臺中丞三個頭銜。

堅守益都的是毛貴部將陳猱頭等率領的紅巾軍，他們英勇抵抗，誓死堅守，同時派人向劉福通求援。至正二十二年（西元1362年）夏天，先前迫不得已投降元軍的田豐、王士誠看準時機，在前線刺死了察罕帖木兒，重新回到紅巾軍隊伍裡。

元廷內耗錯失「肅清江淮」良機

察罕帖木兒死後，由他的養子擴廓帖木兒繼承了他的一切，包括他的部隊和職務。

元廷內耗錯失「肅清江淮」良機

據說，擴廓帖木兒本姓王，小字保保，沈丘（今安徽臨泉西北）人，他父親是漢人，母親是察罕帖木兒的姐姐。因為察罕帖木兒沒有兒子，就過繼這個外甥作為兒子，元惠宗賜給他一個蒙古名字：擴廓帖木兒。

擴廓帖木兒從察罕帖木兒父子召集地主武裝開始，就跟隨察罕帖木兒鎮壓紅巾軍，戰火的洗禮使他很快成為一名驍將。他上任後的頭等大事當然是為察罕帖木兒報仇，逃入益都的田豐、王士誠等雖然拚死抵抗，但擴廓帖木兒是急了眼為養父報仇，因而「銜哀以討賊，攻城益急」。至正二十二年（西元1362年）十一月，擴廓帖木兒命元軍採取土工作業的辦法，挖地道攻入城中，活捉了陳猱頭、田豐、王士誠等人。擴廓帖木兒命人掏出田豐、王士誠的心臟來祭奠養父，他因功被拜為「銀青榮祿大夫、太尉、中書平章政事、知樞密院事、皇太子詹事」。中原平定以後，擴廓帖木兒駐兵於汴梁、洛陽一帶，被元廷視為可倚賴的安全屏障。

擴廓帖木兒在平定中原以後，並沒有趁朱元璋、陳友諒等人在江南火併之時指師南下，徹底殲滅起義軍，而是不遺餘力地參與元朝內部的黨爭。

擴廓帖木兒子承父業，也就繼承了他父親與孛羅帖木兒之間的衝突。他們「各擁強兵於外，以權勢相軋，釁隙遂成」。元惠宗雖然屢次下旨勸解，但他卻偏袒某一方，反而「仇隙日深」。經過多次混戰，到至正二十三年（西元1363年）十月時，擴廓帖木兒的勢力逐漸占了上風。後來在朝廷的嚴令下，雙方才罷兵息戰，各守其地。

擴廓帖木兒和孛羅帖木兒的爭鬥還從宮外爭到宮內，當時的太子愛猷識理達臘不是孛羅帖木兒的皇后姐姐所生，孛羅帖木兒就拉攏元惠宗的舅舅、御史大夫老的沙和知樞密院事禿堅帖木兒密謀更換太子之事。

太子愛猷識理達臘當然不會坐以待斃，早在一年之前的四月份，在擴廓帖木兒押送貢糧進京的時候兩人就勾搭上了，相互還締結了密約。至正

第六章　令人眼花撩亂的南北內耗

二十三年（西元 1363 年），太子一黨誣陷老的沙和禿堅帖木兒，兩人逃往大同孛羅帖木兒的營中。元惠宗暗中讓孛羅帖木兒保護老的沙他們，致使太子屢屢逼迫孛羅帖木兒索要老的沙，都遭到拒絕。

至正二十四年（西元 1364 年），丞相搠思監、宦者朴不花告發孛羅帖木兒和老的沙圖謀不軌。三月，在太子一黨的呼應下，元惠宗不得不下詔削除孛羅帖木兒的官爵，命擴廓帖木兒前去討伐。擴廓帖木兒的大軍還沒有出發，孛羅帖木兒的大軍就兵臨大都城下，太子愛猷識理達臘只好逃命，太子黨的搠思監、朴不花兩人被元惠宗交出，孛羅帖木兒處理完兩人後就撤兵走了。

太子愛猷識理達臘回到大都後越想越氣，就於同年五月再次下令擴廓帖木兒討伐孛羅帖木兒。當時擴廓帖木兒和孛羅帖木兒兩軍已經和平相處了一段時間，擴廓帖木接到太子的命令後就命部隊開拔，向大同出發，為防止不測又派部將白鎖住率領一支上萬人的部隊去保衛大都。擴廓帖木兒親臨前線，坐鎮冀寧指揮。孛羅帖木兒沒有跟擴廓帖木兒硬碰硬，而是率軍直奔大都。太子愛猷識理達臘讓白鎖住迎戰，白鎖住抵擋不住，與太子一同逃往冀寧擴廓帖木兒大營。孛羅帖木兒率部開進京城，元惠宗看風向不對，又給了他一個左丞相的高位。

愛猷識理達臘逃到冀寧後，打算效仿唐肅宗即位靈武的做法而榮登九五，因遭到擴廓帖木兒的反對而作罷，為兩人後來反目埋下了種子。至正二十五年（西元 1365 年），太子和擴廓帖木兒率軍反撲，孛羅帖木兒派兵抵禦，結果部下也速背叛，愛將姚伯顏不花陣亡。元惠宗也越看孛羅帖木兒越不順眼，就於七月祕密派人暗殺了他，把腦袋裝進匣子裡送給太子，意思很明白，讓太子回京。擴廓帖木兒護送太子進京後，被元惠宗封為中書左丞相。

擴廓帖木兒從一個名不見經傳的人物一躍成為丞相，自然招致許多老

臣不服,加上奇皇后和愛猷識理達臘母子都對他心懷怨恨,他在朝廷根本無法立足,於是很識相地自動請求外出領軍。元惠宗就給了他一個「河南王」的頭銜,讓他安排天下兵馬「肅清江淮」。

至正二十六年(西元1366年)二月,擴廓帖木兒帶領元軍浩浩蕩蕩開往河南,由於此時朱元璋已經發展壯大,命徐達加強防備。擴廓帖木兒畏縮不前,就以為其父守孝為名北渡彰德(今河南安陽),再以河南王的名義傳檄關中的四大軍閥李思齊、張良弼(思道)、孔興、脫列伯率所部前來會合,企圖借南征之機將這四路大軍收歸自己帳下。

李思齊見到檄文就破口大罵:「吾與若父交,若發未躁,敢檄我矣!」意思是我跟你父親一起打仗的時候,你胎毛還沒有乾,現在竟公然命令起我來了啊!他不但自己不理擴廓帖木兒,還派手下通知其他三人不要聽擴廓帖木兒的號令。李思齊說的也是實情,他與察罕帖木兒同在河南起兵,之後又並肩作戰,兩人的資歷、官職和功名都不相上下,要他聽從一個乳臭未乾的後輩指揮,也實在讓他難以接受。張良弼與孛羅帖木兒曾合作過,算是同袍,脫列伯和孔興則曾是孛羅帖木兒的部屬,本來就對擴廓帖木兒存在很深的芥蒂,不願受他的指揮,有李思齊一句話就更加不把他當回事了。

擴廓帖木兒晉升的速度很快,年輕氣盛又頂著河南王的頭銜,見他們竟敢聯合起來抗命,就率領大軍入關,準備採取強硬方式,此時也絕口不談守孝之事了。

關中四將得到消息後,迅速做出反應,之前李思齊和張良弼兩人有著很深的衝突,見擴廓帖木兒氣勢洶洶而來,雙方摒棄前嫌,再聯合其他兩家推舉李思齊為盟主,團結一齊抵抗擴廓帖木兒。雙方在關中展開火併,「相持一年,前後百戰,勝負未決」。南方的朱元璋也藉此機會消滅了老對手張士誠,統一江南已指日可待。

第六章　令人眼花撩亂的南北內耗

眼看本應一致對外的幾支主力在玩命傾軋，可急壞了元惠宗，他多次下詔，命擴廓帖木兒停止內戰去攻打江南，但已經殺紅了眼、打昏了頭的擴廓帖木兒，非但不聽還把前來傳詔的人給殺了。而曠日持久的內戰也讓擴廓帖木兒煩惱不已，他決定實施斬首行動，他清楚，只要搞定了李思齊，其他三人就不敢跟他作對了，為此他將原本派駐山東防守江南義軍的驍將貊高緊急調入陝西，讓他去拿下李思齊的老巢鳳翔。

貊高是察罕帖木兒部的老將了，歷經戰陣，是個有一定覺悟的將領，看到內戰打得沒完沒了的很心痛，而他的軍中都是收編過來的孛羅帖木兒舊部。當部隊走到衛輝時，那些中下層軍官發動兵諫，要求貊高停止內戰，並上書朝廷揭露擴廓帖木兒的野心，大家願推他為總兵，否則就休怪兄弟們無情了。貊高順勢背叛了自己的上司擴廓帖木兒，隨後兵分兩路襲擊了擴廓帖木兒在陝西的兩處軍事基地衛輝和彰德。

元惠宗的桌面上堆滿了彈劾擴廓帖木兒的奏摺，在收到貊高的揭發信後，元惠宗當即做出批示：撤銷擴廓帖木兒所有官職，只保留河南王的爵位，責其交出兵權，部隊分由白鎖住、也速、沙藍答兒、貊高等人管理；貊高檢舉有功授予知樞密院事兼平章，總領河北軍隊，賜其軍號「忠義功臣」；皇太子在大都開設撫軍院，總制天下兵馬。擴廓帖木兒則在被迫交出兵權後，退到了澤州（今山西晉城）。

洪都保衛戰

在北方元軍打得不亦樂乎的時候，南方的陳友諒和朱元璋也沒閒著。只是此時的陳友諒與朱元璋之間已經調換了位置，咄咄逼人的一方變成了朱元璋。龜縮在武昌的陳友諒越想越氣憤，尤其令人生氣的是江西那幫傢

伙，在他失利的時候竟然見風使舵，無一人為他效命。

為了重振昨日的輝煌，陳友諒厲兵秣馬，大整水軍，命人製作上千艘鉅艦，皆高數丈，丹漆塗飾，上下三層，每層皆可以跑馬，又置馬柵於其間。樓船下方「設板房為蔽，置艫數十其中，上下人語不相聞」，可稱是那個時代的航空母艦。更驚人的是，陳友諒的巨無霸都以鐵皮包裹，船的尾部高到可以爬上任何城牆。

陳友諒已經吃過兩次虧，知道朱元璋那幫手下不好惹，他要克服自己之前的魯莽行為，所以他在等待機會。機會說來就來，至正二十二年（西元1362年）十一月，擴廓帖木兒攻克益都，平定了山東全境，困守安豐的劉福通部成了北方碩果僅存的紅巾軍。元惠宗考慮到張士誠雖然投靠了朝廷，但身上似乎沒沾多少義軍的血，就讓他去打劉福通，要是以前張士誠是不會去的，但如今劉福通已經是游到淺灘的龍、落到平陽的虎，不欺負白不欺負。張士誠於至正二十三年（西元1363年）二月派手下大將呂珍帶兵前去攻打安豐，一直在巢湖上混日子的左君弼也帶上了一支人馬殺奔而來，劉福通部數萬官兵被困孤城，內無糧草，外無接濟，只得捕捉蛇鼠，殺戰馬充飢，吃完了動物，便開始吃人，等把城中的老弱婦孺吃光了，又把埋在地下已腐爛的屍體挖出來果腹，還創造出用人油炸泥巴做成丸子吃。

論起來韓宋政權後期名義上有三股力量，一股是堅守河南的劉福通部，一股是山東的毛貴部，還有一股當然是江南的朱元璋部。因此，劉福通很自然地要求朱元璋北上「勤王」。朱元璋雖然對劉福通他們沒什麼感情，但他還不想失去這塊擋箭牌，更不願意看著張士誠乘機坐大。劉基對紅巾軍一直抱著敵視的態度，他不願意朱元璋去救他們，就以不要兩線作戰為由力勸朱元璋不要出兵，但遭到朱元璋的否決。

朱元璋率領主力趕往安豐，緊趕慢趕還是晚了一步，安豐城已被呂珍

第六章　令人眼花撩亂的南北內耗

攻破，劉福通戰死，朱元璋打敗呂珍，救出了小明王韓林兒，將他迎至滁州安置。這時原巢湖水師舊將執意要找左君弼算老帳。左君弼也是彭瑩玉的門徒，在彭瑩玉沒死之前，他與巢湖雙雄雙刀趙（趙普勝）、李扒頭（李普勝）還能團結在彭的旗幟下。彭瑩玉一死，左君弼就想趁機併吞巢湖水師，於是引起兵戎相見，迫使巢湖水師南下，從而結下了冤仇。

眾命難違，朱元璋只好派徐達、常遇春率領水師攻打左君弼的老巢廬州，自己則返回了應天。讓他沒料到的是，徐達他們這一去卻陷入了持久戰的泥潭。廬州在左君弼的經營下異常難打，朱元璋軍圍著廬州攻打了四個月也未能攻破，安豐卻被元軍乘虛占領。

陳友諒感覺機會來了，於是糾集六十萬大軍，把武昌城內所有官員包括其家屬全部帶上（可見陳友諒魯莽的性格還是沒能改掉），傾巢而出，直奔洪都，準備拿下這座重城。

洪都坐落在鄱陽湖與贛江交會處，自古有「襟三江而帶五湖，控蠻荊而引甌越」之稱，歷來是兵家必爭之地，因此朱元璋才讓朱文正鎮守。然而，上任後的朱文正卻整天喝酒把妹，不務正業，由於他是朱元璋的姪子，大家也就見怪不怪。

當漢軍鋪天蓋地而來的時候，朱文正秒變了一個人似的，他以最高長官的身分用堅定的口吻對每一個將士說：「城亡人亡，我等誓死保衛洪都城！」洪都在朱元璋的親自規劃和督導下，已經建成一座堡壘式城市，但有一個致命缺點，那就是門多了點，光陸路就有八道門：撫州、宮步、土步、橋步、章江、新城、琉璃、澹臺門，水路還有水道門。

朱文正指派各將校分守各門後，留下兩千精兵作為救火隊，自己親自往來指揮、策應。陳友諒這次傾國而來，就是要讓陳漢國的所有「子民」見證和分享他當上大漢皇帝以來的首場勝利，以證明他是君命天授的真命天子。他一路上盤算著要讓眾人再次見證太平戰役那樣的偉大時刻：讓將

洪都保衛戰

士從船尾輕而易舉突破城牆，一舉殺進洪都。但真正抵近洪都才發現願望泡湯了，洪都城牆已從江邊回縮了一段，船尾戰術宣告破產，盤算好的突襲戰變成了攻堅戰。

四月二十四日，洪都戰役開始。漢軍選擇的首要目標是鄧愈守護的撫州門，此門四面開闊，十分適合進攻。朱元璋軍在鄧愈的指揮下打退了漢軍的一波又一波進攻，但陳友諒這次準備很充分，漢兵手舉箕狀竹盾牌，矢石不能傷，加上威脅巨大的撞牆機，經過多輪攻擊竟於四月二十七日撞毀了一段二十餘丈的城牆，漢兵吶喊湧上。

此時的鄧愈並沒有驚慌失措，他準備有後手。當漢軍從缺口衝進來時，只見一排守軍從牆後忽然站起，個個手持一種奇怪的東西對準他們，響聲過後，衝在前排的漢兵全部倒下。原來鄧愈的備案就是火銃，火器在宋代就開始用於戰場，經過宋、元兩代的改進，已可以大規模投入使用，只是由於其操作麻煩，很多人不願意裝備，只有朱元璋將火銃作為一個單獨兵種使用，後來的明軍三大營中的神機營就是火銃營。這當然得利於江南多能工巧匠的優勢。

論起來火銃的殺傷力未必比強弓硬弩大，但當時大家都沒見過這種冒煙的怪玩意，震耳欲聾的聲音能給人造成很大的心理威懾，漢軍立刻就屁滾尿流地退了回去。陳友諒的督戰隊只管在後面斬殺，漢軍無奈咬咬牙，又重新向城邊衝去。鄧愈命令兵士用樹修建了一道臨時城牆——木柵，漢軍不計傷亡地與守軍奪取木柵。朱文正帶領他的兩千精銳趕來增援，督促將士死戰，守衛琉璃、澹臺兩門的將領牛海龍、趙國旺等人也帶領士兵前來助戰，鏖戰中洪都總管李繼先、前來助戰的牛海龍、趙國旺全部戰死。朱文正命令將士且戰且築牆，竟連夜築成了一道半圓的堅固城牆。戰鬥一直打到第二天早上，漢軍見修好了城牆，攻城無望，才暫告一段落。

五月初八，陳友諒又轉而攻打新城門，守衛此門的是猛將薛顯，這是

第六章　令人眼花撩亂的南北內耗

個敢玩命又不按套路出牌的人，看見漢軍擺弄撞門機要來惹他，竟然出人意料地開啟城門，率領騎兵出城向漢軍發動進攻。陳友諒猝不及防，手下平章劉震昭被斬殺，死傷數千人。薛顯耀武揚威般地衝殺了一陣後，又退了回去，漢軍之後再也不敢進攻新城門。

陸門攻不進去，陳友諒情急之下命令進攻洪都的水關，但等待漢軍的是嚴陣以待的長槊隊。漢軍剛接近水關，手持長槊的守軍就隔著鐵柵刺殺他們，刺死刺傷者不計其數。漢軍也在戰鬥中總結經驗，數人死抱著長槊尖頭往回拉，奪槊後，使得近戰中的守軍死傷不少。朱文正又想出一招，命令士兵把槊尖燒紅後再伸出柵外刺擊。漢軍以為守軍被嚇跑了，一擁而上，誰料又一排長槊伸了出來，漢軍再去抱、抓時，被燒得皮焦肉爛，哀號不止。

陳友諒用盡方法，朱正文死戰不退，雙方都傷亡慘重。陳友諒見一時拿不下洪都，分兵攻陷了吉安、臨江等地，把從幾個城鎮俘虜來的守將押到洪都城下斬首威脅守軍，朱文正等人不為所動。陳友諒惱怒之下，又轉而猛攻宮步、土步二門，守將趙德勝中弩身亡。

洪都被圍困以後，與外部就失去了聯繫，朱文正於七月二十四日派人出城聲稱準備投降，但要稍緩幾天，陳友諒信以為真，就暫停攻城。朱文正利用這個機會派千戶張子明赴應天告急。到了約定投降的日期，洪都城上戰旗一揮，依然殺聲雷動。陳友諒惱羞成怒，命人將前來詐降的使者拉到城下剮成肉泥，看來前來唬弄陳友諒的這位爺是抱著必死之心的，不然早就告訴對方實情了。

陳友諒肆虐江西的時候，朱元璋在應天做什麼呢？如果以為朱元璋什麼都不知道那就大錯特錯了，自從邵榮事件以後，他的情報網又進一步加強，他沒做出反應是基於兩方面的原因，一是徐達等人被拖在了廬州，一時半會兒還趕不回來；二是東線諸全要塞守將謝再興於六月初八投靠了張

士誠，朱元璋命胡德濟率部趕去平叛了。

這一段時間朱元璋的心情比任何人都要緊張，緊張到快要窒息了。應天兵力空虛，如果陳友諒眼光開闊一點，以部分兵力牽制洪都，主力直趨應天，他朱元璋將死無葬身之地。慶幸的是，陳友諒竟愚蠢地將六十萬大軍屯於堅城之下，城市攻堅戰人再多也只能依靠前鋒，將數十萬軍隊屯駐於狹小地域，直至兵疲師老、士氣低落。冷汗冒過之後，朱元璋已經看到了勝利的曙光。

當張子明乘小舟日夜兼程趕到應天告急時，已經過去了半個月，朱元璋聽取了張子明的匯報後，說：「你回去告訴文正，讓他再堅守一個月，我將親自率兵前往破敵！」張子明帶著朱元璋的最高指示又馬不停蹄往回趕，不幸卻落到漢軍手裡，陳友諒對他說：「只要你能誘降朱文正，高官厚祿任你選！」在巨大的誘惑面前，張子明滿心歡喜地答應了，當漢軍押著張子明來到洪都城下，讓他向城中喊話時，張子明大喊大叫：「已見過主公，主公令諸公堅守，大軍馬上就來！」陳友諒狂怒之下，命漢軍在城前活剮了張子明。

朱元璋讓張子明趕回洪都後，火速命令徐達和常遇春放棄廬州，趕回應天會合後從水路救援洪都；胡德濟也暫時放棄諸全圍困，回到廣信從陸路救援洪都。

至正二十三年（西元1363年）七月初六，朱元璋共集結了水陸二十萬大軍，率領右丞徐達、參知政事常遇春、親軍指揮使馮國勝、同知樞密院事廖永忠、俞通海等戰將在龍江誓師後溯江而上，同行的謀士有劉基、陶安、朱升和夏煜等人。

當水師行駛了九天，到達安慶的小孤山時，一陣大風颳來，將馮國勝所乘坐的戰船吹翻了。經大家竭力搶救並不礙事，但朱元璋認為不吉利，命令馮國勝返回，協助李善長坐鎮應天。很多年以後，馮國勝還為沒能參

第六章 令人眼花撩亂的南北內耗

加這次大決戰懊惱不已。

從長江進入湖口之前,朱元璋先派指揮戴德率一萬人馬屯紮於涇江口(今安徽宿松縣南),又另派一支精銳屯紮於南湖嘴(今湖口西北),堵住陳友諒的退路,再派通訊員傳令信州,搶占洪都東南面的武陽渡,防止陳友諒從陸路西逃,朱元璋親率水師由松門(今江西都昌南)進入鄱陽湖。看這架勢,朱元璋是要準備一口吃掉陳友諒六十萬大軍啊!

而此時,陳友諒已圍困洪都八十五天,雖然幹掉了朱元璋十四員大將,卻沒能攻克這座堅城。聽說朱元璋親自率軍前來,他馬上放棄洪都,掉頭殺向鄱陽湖,前來迎戰朱元璋。

陳友諒此時志得意滿,他相信自己那些高大威猛的鉅艦,定能讓朱元璋那些小帆船有來無回。朱元璋也是一副成竹在胸的樣子,率水軍揚帆破浪,從松門駛入鄱陽湖。陳友諒自恃有鐵皮包裹的巨船,朱元璋仗著有火器,雙方都很有信心。

二十日夜,兩軍在鄱陽湖的康郎山(今鄱陽湖內)附近相遇,鄱陽湖大戰由此拉開序幕。

第七章
成王敗寇

決戰鄱陽湖

　　看到漢軍黑壓壓的巨無霸戰艦，朱元璋倒抽了一口涼氣，但他知道，身為主帥的他不能露出半點怯意，否則一切都完了。於是他對眾將說：「兩軍相逢勇者勝，打仗最終決定勝負的因素是人，別看他陳友諒人數眾多，船隻比我們的高大，但他們被文正拖了差不多三個月，早已疲憊不堪，他那些船大是大，但又連在一起，行動不便，進退困難，只要將士一心，充分發揮我們靈活機動的能力，鄱陽湖就是陳友諒的葬身之地！」隨即命令將水師編為十一個隊，大船居中，小船在兩側，每條小船滿載火器和弓弩，快接近敵船時，先發射火器猛揍一通，再施以弓箭覆蓋，等靠近敵艦時再短兵相接。

　　二十一日，雙方擂鼓正式開戰，徐達、常遇春、廖永忠三員悍將各自率領本部首先衝入敵陣。一時間，「呼聲動天地，矢鋒雨集，炮聲雷鞫，波濤起立，飛火照耀，百里之內，水色盡赤」。徐達表現最為出色，他一馬當先，奮勇殺敵，還繳獲了漢軍一艘鉅艦，是他率領的團隊集體繳獲的。緊隨而上的俞通海艦隊則乘風發射火器，一舉焚毀漢軍十多艘戰艦，漢兵被殺加溺水損失了一萬多人，不少士兵身上著火後在水中掙扎。

　　陳友諒軍中的石炮也不是裝飾用的，他們對著朱元璋軍密集地展開施射，很多船隻被砸得稀巴爛，同時用巨船逼近，箭弩齊發，朱元璋手下兩位元帥宋貴和陳兆先相繼陣亡。漢軍還仗著其船高，居高臨下扔火把，徐

第七章　成王敗寇

達的指揮船被燒起火，徐達臨危不懼，邊撲火邊指揮，奮戰不息。朱元璋令旗一揮，命令援軍緊急救援。徐達見援軍趕來，由內向外殺出，援軍由外向內衝，終於逼退了敵人。

漢軍驍將、太尉張定邊有勇有謀，經過觀察發現了朱元璋的指揮艦「白海號」正居中指揮，即刻率領幾艘鉅艦橫衝過來。朱元璋心慌，掉頭避逃時慌不擇路，「白海號」陷在淺水區的沙中無法脫身。漢軍一擁而上，幾艘鉅艦及數千將士圍攏過來。猛將程國勝率眾冒死抵抗，情急之下，牙將韓成跑到朱元璋的指揮船上拉著他就往艙內跑，「撲通」跪下叩了幾個響頭，萬分焦急地說道：「主公待我恩重如山，無以為報，如今情況危急，不是末將要搶班奪權，就請讓末將代替主公一回吧！」

朱元璋當然明白他什麼意思，心裡是萬分感動。

最後是朱元璋「拗」不過一個牙將，把外套脫了下來，估計韓成的長相跟朱元璋有得一拚，穿上朱元璋的袍服後回到甲板上，裝模作樣地比劃起來，看看漢軍已經密麻麻地圍攏過，遂大吼一聲，跳進了水裡。

漢軍以為朱元璋投水自盡了，齊聲歡呼。攻勢有所減緩，很多將士把注意力放在了打撈「朱元璋」的屍體上，準備打撈上來剁成數塊向陳友諒邀功請賞。危急時刻，常遇春指揮船隊奮勇逼近敵艦，一箭射中站在甲板上指揮的張定邊，迫使其指揮艦後撤。

俞通海、廖永忠等人聞知朱元璋遭到圍攻，也急了，從激戰正酣的戰艦中抽出幾艘，不避生死地衝向朱元璋的指揮艦，眾船掀起了巨浪，再加上連擠帶撞，終於把「白海號」從沙泥中撞動，返回深水區，朱元璋才躲過一劫（水湧太祖舟，乃得脫）。

常遇春的船由於搏擊過猛，陷入沙泥中，一時無法脫身，這時上游漂來一艘破船，恰好撞上常遇春的船，將其撞出了淺灘。俞通海船小，「復為敵鉅艦所壓，兵皆以頭抵艦，兜鍪盡裂，僅免」。原來他救了朱元璋之

後，又與廖永忠一起乘輕舸追擊已中了一箭的張定邊，邊追邊放箭，把張定邊射成了一個刺蝟，倒在甲板之上，漢軍將士更是倒下一大片，只好退出戰鬥。

撿回條性命的朱元璋看天色已晚，定了定心神，下令鳴金收兵。

夜幕降臨，朱元璋連夜召開軍事會議，無非是強調「加強紀律性，革命無不勝」，並動之以情、曉之以理陳明生死利害關係。考慮到此次出征太過匆忙，應天只留李善長在主持日常工作，雖然半路上退回去一個馮國勝，但朱元璋擔心張士誠會乘虛偷襲，抄了他的應天老窩，因此命徐達帶著所有受損的船隻返回到應天，加強防衛。

七月二十二日，朱元璋軍一大早就吹起了號角，布陣對敵，將士們又迎來了生死未卜的一天。不一會兒，漢軍船隊徐徐開來，雙方再次展開廝殺。陳友諒的艦船本來就造得高大無比，用鐵鏈串在一起就成了水中巨陣，「集鉅艦，連鎖為陣」、「旌旗樓櫓，望之如山」，而朱元璋的船隊簡陋又矮小，顯得勢單力薄，十分不利，但將士們毫不氣餒，不顧生死地往前衝。院判張志雄是從陳友諒處投降過來的，這天出門不看皇曆，他的船在激戰中折斷了桅桿，失去了動力，在水域裡遇到這種情況，就只有束手待斃的份了。漢軍將士見過去的老同袍連掙扎的機會都沒有了，立刻圍攏過來，用長槍又鉤又刺，張志雄毫無還手之力，憤而自刎身亡。

樞密同知丁普郎也是陳友諒的舊部下，陷入重圍後，渾身被刺中十多處，仍然忍痛奮戰，拚命砍殺，在殺死多名漢軍校將後，被橫空一刀砍去了腦袋，身體仍持槍挺立，久久不倒，好像還在與敵人搏鬥，把漢軍將士嚇得不輕，心裡直哆嗦：媽呀，該不會那麼快就變無頭鬼了吧？

儘管朱元璋軍將士表現得很英勇，但面對銅牆鐵壁般的鉅艦陣，終還是節節敗退。有人開始產生畏難情緒，朱元璋惱怒之下連殺了十多個隊長，但還是沒能止住後退的趨勢。已完全失去理智的他，除了聲嘶力竭地

第七章　成王敗寇

喝令殺人之外，似乎沒別的招了。但有人還保持著冷靜的頭腦，只見郭興冒死進言：「主公，不是我們無能，是對方的艦船太過高大，就我們這體格，去了也是送死呀，我看不如改用火攻，燒死陳友諒！」

朱元璋一拍腦門，對啊！俺老朱怎麼忘了「火燒赤壁」這齣好戲了呢？呵呵，陳友諒啊陳友諒，看來你的末日到了！當即命令常遇春等人調集了七艘漁船，裝滿了火藥、蘆葦等易燃易爆物，等待最佳時機投入使用。

朱元璋還創新地讓士兵用稻草紮成一個個稻草人立在船上，再幫那些稻草人套上甲冑，扣上戰盔，持刀執矛，遠看跟參戰士兵無異。然後召集敢死隊，等時機一到讓隊員們扶住稻草人，將船划進敵陣，七條漁船的後邊都繫上一條供隊員們點火後逃跑的小舢板。

一切準備就緒，就像當年周公瑾那樣靜候東風了。下午大約申時，原先還風和日麗的，突然吹起了東北風，朱元璋當即命令敢死隊出發。七條滿載危險品的漁船疾駛而去，直奔漢軍的大船。漢軍一看，朱和尚搞什麼名堂？用漁船當戰船！這不是來送死嗎？一個個都站起來看熱鬧。敢死隊員則趁機當起了縱火犯，瞬間火苗就竄了起來，火借風威，頃刻間火勢漫天，迅速燒向漢軍的艦船，漢軍數百隻船艦一齊著火，頓時亂成一團，「煙焰漲天，湖水盡赤，死者大半」。

這把大火燒死了陳友諒的兩個弟弟陳友仁、陳友貴，還有大將陳普略。尤其是陳友仁，號稱「五王」，此人雖然少了一隻眼，卻足智多謀、驍勇善戰，與張定邊一起被視為左膀右臂。他的死，對陳友諒造成極大的打擊。朱元璋一看計謀得逞，當即揮動令旗，讓手下趁火打劫，又追殺了一陣，這連燒帶砍的一仗下來就讓漢軍損失了兩千多人。

第三天，雙方又有交戰，雖然前一天損失慘重，但漢軍依然凶猛異常，他們記取教訓，再也不將船連起來了。不串聯的漢軍艦船依然逼得明軍步步退卻，這一天的戰鬥頗有點「老鷹抓小雞」的味道，明軍的小船在躲避

之餘，也時不時地給對方一兩下子。更不幸的是，朱元璋乘坐的白海號指揮艦一露面就遭到對方圍攻，又是將士拚死廝殺才擺脫困境。一天下來，簡直就成了一場追逐戰，雙方勝負未分。

當天夜裡，朱元璋想起自己數次遭到圍攻，難道敵人在自己的指揮船裝了定位系統？不可能啊！難道自己的保衛人員都是白痴？等等，可不是白痴嗎？那幫人把自己乘坐的指揮船弄成白色，這不是活靶子嗎？蠢豬！當即傳令，讓將士連夜把所有船隻都漆成白色！

七月二十四日的戰鬥一開始就進入了白熱化，雙方主帥鬥智鬥勇，將士則殊死拚殺。上午時分，陳友諒正坐在他那高高的樓船上密切觀察戰場形勢，雖然明軍船隻全部變成了一個顏色，但他還是發現了端倪，其中一條大船上有些文人模樣的人進進出出，又有一個人在眾星捧月般地指手畫腳。陳友諒當即判明那就是朱和尚的指揮艦，命令將炮口瞄準目標，前幾次圍攻不奏效，他要改用炮轟，看你往哪逃！

打架拚命這種不文明行為是武夫的事，文人劉基此刻卻悠閒得很，一直在朱元璋的指揮艦上東走西望，突然看到幾管黑洞洞的炮口瞄向自己，靈光一閃，大喊：「難星過，快換船！」拉起朱元璋就跳上了另一艘船。朱元璋還糊裡糊塗，他原來所乘坐的大船頃刻被炮石擊得粉碎，朱元璋立即驚出一身冷汗。

如果不是親身經歷，朱元璋打死也不敢相信眼前的事實，劉基真的是太神了，這大白天的，凡夫俗子連個月亮都看不到，而他居然能看到「難星」！我們不得不佩服劉基，把一件在普通人眼裡再平常不過的事情弄得神鬼莫測，他這一吆喝連朱元璋都覺得有活神仙在船上相助，自己必勝無疑，明軍將士更是信心倍增。

陳友諒遠遠看見朱元璋的帥艦被擊毀，高興得手舞足蹈，他也以為自己穩操勝券了。但沒高興多久，又看見朱元璋的帥旗高高飄揚起來，朱元

第七章　成王敗寇

璋本人更是出現在鏡頭前，立即洩氣了一半，其手下將士更是目瞪口呆。

雙方主帥對決之時，俞通海、廖永忠、張興祖、趙庸等人率領六艘戰船直闖漢軍陣營，敵人的鉅艦想聯合起來驅趕他們，但一時間卻找不到他們的蹤影。朱元璋也在關注著俞通海他們的動向，只見他們進入敵方船隊後，久久不見蹤跡，心裡哀嘆：完了，又是肉包子打狗，有去無回！

在朱元璋都快要感到絕望的時候，神奇的一幕出現了，只見六艘小船從漢軍的鉅艦尾部魚貫而出，這下可把朱元璋及明軍將士給樂壞了，頓時士氣大振，不用朱元璋下令，大家就往前衝。瞬時殺聲震天，整個鄱陽湖掀起的巨浪高達數丈，用遮天蔽日來形容都不為過。據說連朱元璋都為之動容，以至許多年以後，每每談及這次戰鬥，仍然感慨萬千。

打仗打的就是一股士氣，士氣超乎旺盛的朱元璋軍以小搏大，小船圍著大船打，竟打得漢軍無力招架，「棄旗鼓器杖，浮蔽湖面」。關鍵時刻，穩定軍心的人物出現了。此人就是張定邊，都說輕傷不下火線，張定邊被射成刺蝟竟然沒死，可見也是強者一個，只見他沉著指揮，命令船隊且戰且退，保護陳友諒撤到了鞋山（位於湖口南邊）。張定邊並非慌不擇路，他往這邊撤是想由此經湖口入長江，退回武昌的，但發現湖口已被明軍堵死，只好收攏殘部固守。

朱元璋占了上風自然不會饒人，就像當年跟徐達打架一樣，就是要你沒力氣的時候才揍你。一天三次派人挑戰，陳友諒是高掛免戰牌，充耳不聞。眼看這仗一時半刻是打不起來了，朱元璋這邊接到很多人的提議，說將士們都累了，既然陳友諒龜縮起來不敢打，不如趁機休整一下。但都遭到朱元璋的否決，水師前輩俞通海很委婉地對朱元璋說：「主公啊，這湖裡的水有深有淺，戰船難以迴旋，不如改強攻為圍困，我們把船隻開到可控制的上游堵住其去路，以逸待勞，等待陳友諒不戰自潰！」劉基也旁敲側擊，意思是說殲滅陳友諒的時機未到，我們移師湖口，留給他空間，讓

他們內部鬥一鬥我們才好收漁利！

一向難得開口的朱升也為朱元璋算了筆經濟帳，主公你看，陳友諒從武昌出來已三個月了，幾十萬張嘴得消耗多少糧食啊！老夫就不信他喝湖水能喝得飽！

其他人的話朱元璋可以不聽，但這三個在當時都是重量級的人物，於是，朱元璋當晚就把部隊後撤到了鄱陽湖東岸的左蠡（今江西都昌）。陳友諒見朱元璋軍暫時退去，繃緊的神經也隨之一鬆，將船隊移泊到鄱陽湖西岸潴磯（今江西星子南）。雙方就這樣遠遠地瞪著，看誰瞪得過誰！

最先認的是陳友諒，只瞪了三天就心浮氣躁了，於是召集部將開會商討對策。右金吾將軍認為既然出口被堵死了，乾脆把船燒了，棄船登陸，撤往湖南再作打算。此議遭到左金吾將軍堅決反對，認為這是示弱，況且棄船登陸，一旦敵人在陸地上窮追不捨，我們豈不是進退失據，徹底玩完？

這種公說公有理，婆說婆有理的討論會，很難說誰對誰錯，陳友諒雖然猶豫不決，但他不想輕易放棄舒適的大船去爬山路，拍板定案：「右金吾說得對！」左金吾見自己的意見被直接否決，帶上自己的部隊就投奔了朱元璋。右金吾其實也不敢確定自己的提案是否可行，萬一透過實踐檢驗是錯的，自己將死無葬身之地，於是他也像左金吾一樣溜之大吉，把隊伍拉到了朱元璋的營地。

陳友諒視左右金吾為臂膀，見他們一起背叛自己，氣急敗壞之下就要殺人，戰俘營裡的俘虜就成了替死鬼，幾千戰俘慘遭屠殺。朱元璋聽說陳友諒瘋狂屠殺戰俘，並不以為然，反正殺的又不是他的親人，但他要用此事做文章，於是反其道而行之，將俘獲來的所有士兵全部釋放，愛上哪裡悉聽尊便，有傷的治傷，有病的治病，還隆重祭奠雙方戰死的將士。

朱元璋這招確實厲害，收買了不少人心。與此同時，他還對陳友諒展

第七章　成王敗寇

開攻心戰，用各種言辭寫信給陳友諒。陳友諒是死豬不怕開水燙，不理會朱元璋。陳友諒被困鄱陽湖中無法動彈，而一直在旁邊虎視眈眈的朱元璋則利用空檔，一邊派兵攻占陳漢政權控制的蘄州、興國等地，一邊親自坐鎮湖口，死死封住鄱陽湖出入長江的水道，等待陳友諒乖乖繳械投降。

形勢越來越嚴峻，朱元璋軍雖然不進攻，但餓肚子也是能餓死人的。窮途末路的陳友諒聽從手下人的建議，派遣精銳組成搶糧隊，深入鄱陽湖周邊地區搶糧，被朱文正偵知後，派人放火燒船，據說前後共焚毀漢軍五百條戰船。陳友諒偷雞不成蝕把米，如果再不當機立斷，真的是坐以待斃了。

八月二十六日，既不想餓死，又不願當戰俘的陳友諒率領剩下的百餘艘樓船開始冒死突圍。朱元璋等這天等了一個月了，指揮軍隊利用有利位置進行圍追堵截。漢軍先是試圖通過南湖嘴進入長江，但剛到湖口就遭到猛烈打擊，對漢軍來說，逃出去就有希望；對朱元璋軍來說放跑了敵人就意味著失敗。所以戰鬥打得異常激烈，從辰時（上午八點左右）一直打到酉時（下午六點左右），漢軍始終沒能突破防線，只得轉而向涇江口駛去。

漢軍在南湖嘴的戰鬥是激烈，而在涇江口的戰鬥則是慘烈。朱元璋親自上陣，冒著雨點般的箭矢坐在胡床上指揮作戰。在驚天動地的喊殺聲中，漢軍船隊很快被打亂，隨即走散，而走散後的每艘樓船都遭到群狼式攻擊，只能各自為戰。

陳友諒的大船就如同美國的「空軍一號」，那是特殊材料打造的，簡直就是一座水中堡壘，朱元璋軍的小船很難攔截，本來安全脫險沒有問題，但世上的事就那麼詭異，當陳友諒把腦袋伸出舷窗想觀察一下情形的時候，嗖地飛來一支冷箭，不偏不倚射穿他的眼睛直貫頭顱，當即一命嗚呼。朱元璋軍聞訊鬥志更盛，隨著戰事進展又活捉了陳友諒指定的接班人太子陳善兒。漢軍平章陳榮等人見大勢已去，帶著水軍五萬餘人舉手投降。

張定邊趁著天黑，換乘小船帶著陳友諒的屍體及其小兒子陳理逃回了武昌。歷時三十七天，對中國歷史有重大影響的鄱陽湖大戰，至此以朱元璋完勝，陳友諒慘敗而宣告結束。

東吳王醉生夢死，西吳王磨刀霍霍

朱元璋以弱於陳友諒數倍之力，於鄱陽湖決戰一舉擊敗強敵，得意之情溢於言表，回到應天之後，他前往當時紫金山上的一處禪寺。

觸景生情的朱元璋不禁回憶起當年做和尚的苦難場景，住持見來人滿臉殺氣，唯恐他是來鬧事的，就拉著他去大殿講禪。期間旁敲側擊詢問朱元璋是何方人士、家住哪裡，朱元璋面帶笑意不予理睬。

寺院住持實在放心不下，向朱元璋居住的房間走去，想勸他走人。誰知早已人去房空，只見牆壁上留下幾行大字：「殺盡江南百萬兵，腰間寶劍血猶腥！老僧不識英雄漢，只管曉曉問姓名！」是的，此時的朱元璋再也不是當年衣不蔽體的放牛娃和低眉順眼的小沙彌，連梟雄陳友諒都敗在他的手裡，天下英雄捨他其誰，又有誰還能阻擋他的崛起呢？

不過朱元璋還是比較謙虛的，在總結會上他主動檢討了自己不應該去救安豐，讓陳友諒有機可乘。隨後又指出陳友諒失敗的原因，放著應天不打，跑去打洪都，這種愚蠢的行為焉能不敗？他既然敗亡，那天下就是我們的了！既證明他的英明，又激勵了手下。

陳友諒死後，其幼子陳理在武昌繼位，改元德壽。朱元璋這邊開完總結會，讓部隊也稍作休整後，又吹響了向武昌進軍的號角。斬草除根的道理是個人都懂，何況是朱元璋，他對自己的老丈人郭子興的後人尚且如此，何況是冤家對頭的後人。更主要的是要將陳漢政權的地盤全面接收過

第七章　成王敗寇

來,那可是整個江西,還包括湖廣在內的一大片地區啊。

至正二十三年(西元1363年)十月,朱元璋親率大軍包圍了武昌城,同時分派兵力去湖北攻占各地,與其說攻占不如說是把部隊開過去換旗幟和招牌,進展異常順利。但對武昌城的進攻就不那麼順利了,那個張定邊可是有元末第一猛將之稱,在鄱陽湖被射成刺蝟還能力保陳理返回武昌就是明證,他跟陳友諒、張必先是八拜之交的生死兄弟,對陳友諒可謂忠心耿耿,因此拚命守護武昌。朱元璋見一時半刻攻不下武昌,留下常遇春總督諸軍繼續圍困武昌後就返回了應天。

朱元璋返回應天的目的,一是對前一段取得的輝煌戰果進行總結和表彰,二是因為張士誠竟稱起吳王來了,什麼王不好稱卻偏要稱吳王,這不是衝他朱元璋來的嗎?於是在朱元璋的暗示下,那幫專門靠耍嘴皮子過日子的文人,紛紛上表「勸進」他即吳王位。不過表面文章還是要做的,朱元璋就在眾人「一再請求」下即了吳王位,立長子朱標為世子,開始設立官制,封李善長為右相國,徐達為左相國,常遇春、俞通海為平章政事,所有將領都加官晉爵。隨後發表就職演說:「立國之初,應該首先正紀綱。元朝闇弱,威福下移,以至於大亂,今天應引以為鑑。」

至正二十四年(西元1364年)二月,吳王朱元璋再次親臨武昌前線,只是今非昔比了,他這次是戴著吳王冕旒坐在大黃傘下。

陳理只是個十二歲的孩子,武昌城內的大小事務均由太尉張定邊定奪,張太尉看到「吳王」大旗獵獵,知道朱元璋又親身上場了,馬上打起十二分精神給他的同姓又是結拜兄弟張必先發去救急文書,讓他趕緊回來勤王。

張必先身分為陳漢丞相,領軍駐紮在離武昌兩百多公里的岳州(今湖南嶽陽),此人也是陳友諒手下的一員驍將,外號「潑張」,此時的他已率領援軍火速趕到離武昌只有二十多里的洪山。常遇春早已等候多時,一個

伏擊戰就讓張必先當了戰俘，朱元璋命人把將張必先綁到武昌城下示眾，陳理一看沒指望了，決定乾脆投降，張定邊也意識到大勢已去。朱元璋接下來又派俘虜過來的陳友諒舊臣羅復仁入城勸降，明確告訴他：「陳理若來降，當不失富貴。」

二月十九日，陳理「銜璧肉袒」，率領張定邊等人出城投降。陳理「俯伏戰慄，不敢仰視」，朱元璋把他扶起，安慰說：「我不會怪罪於你的。」後來果真封他為歸德侯，其眾親屬也受到了優待。當然，這些優待更多的是作為模範示範給人看的，包括敵人和自己人。等到朱元璋成為大明皇帝後，這樣的示範就沒必要存在了，陳理於洪武五年被送到高麗了此一生。

武昌收歸後，朱元璋對下一步工作做了安排，大將楊璟鎮守武昌，徐達負責湖廣，常遇春負責江西，全面克復陳漢政權的故地。徐達的工作開展得很順利，由於他的部隊作風良好，紀律嚴明，僅用半個多月就相繼攻取江陵、夷陵（今湖北宜昌）、湘潭、辰州（今湖南沅陵）、衡州（今湖南衡陽）、寶慶（今湖南邵陽）、靖州（今湖南靖縣）等地，徹底肅清了陳友諒的殘餘勢力，全面占領了湘湖地區。

負責江西這邊的常遇春有點棘手，江西中部、南部一些軍閥較為頑固，他先與鄧愈聯手攻占了重鎮吉安（今江西吉安縣），但在贛州卻遇到了軍閥熊天瑞的頑強抵抗，熊天瑞憑藉天險負隅頑抗。常遇春久攻不下，就放出狠話：「等攻下城池，裡面的人一個也活不成，我要不把他們殺個乾淨就不姓常！」朱元璋聽說後，知道他的脾氣，這是個說到做到的傢伙，早有屠殺戰俘的惡劣事蹟，趕緊派人告誡常遇春千萬不要大開殺戒，以前所犯的錯誤就算了，打仗要以攻心為上，盡可能爭取民心，這樣才能瓦解敵人。常遇春沒辦法，只好改口：「城中軍民只要放下武器棄暗投明，我軍將保證你們的生命安全，希望你們能認清形勢，不要再執迷不悟！」此招很快收到成效，城中百姓紛紛對守軍怨聲載道，士兵也無心戀戰，頑

第七章　成王敗寇

固分子熊天瑞無奈之下只好繳械投降。常遇春也謹記朱元璋的叮囑，不妄殺一人。隨後挾軍威先後招降了南雄（今廣東南雄）、韶州（今廣東邵關）、安陸（今湖北安陸市）、襄陽（今湖北襄陽市），其他各路守軍早聞常遇春威名，都聞風歸降。

在江西形勢一片大好之時，朱元璋帶上最親信的將領湯和突然來到洪都。他此行的目的是清理門戶，清理的對象正是自己的姪子朱文正。原來，朱文正身為大都督率領洪都軍民以超乎尋常的毅力，拚死頂住了陳友諒六十萬大軍的瘋狂進攻，堅守近三個月讓洪都屹然不倒，鄱陽湖大戰又協助朱元璋打敗了陳友諒，可謂居功至偉。

戰後論功行賞，由於他功勞最大，又是自己的姪子，朱元璋先徵求朱文正，問他有什麼要求，想擔任什麼職務。朱文正嘴上謙虛，咱是自家人，好說，你先封別人吧！但心裡還是希望挪挪位置。

朱元璋卻當了真，覺得自己的姪子是個不可多得的人才，識大體、顧大局，就暫不考慮朱文正，把好的職位和待遇都給了其他人，讓朱文正繼續留在洪都，主持江西的工作。

朱文正極為不滿，既然知道我的功勞最大，論功行賞卻沒我的份，天底下哪有這樣的道理！為了發洩情緒，朱文正從此整日借酒澆愁，賣官賺錢，甚至授意手下強搶民女供他淫樂。如果光是這些就算了，但當他看到原來的下屬都能在繁華的應天任職，而他還依然守著偏遠的江西，心理更加難以平衡，對朱元璋不滿終於達到了頂點，進而走向了極端。

放眼天下，能與朱元璋抗衡的只有張士誠了。朱元璋的情報網又再次發揮了作用，正當朱文正緊鑼密鼓地與張士誠聯繫時，朱元璋得到了消息。

至正二十五年（西元1365年）二月十六日，朱元璋丟下手頭所有工作，親自來到洪都，他本來要判處朱文正死刑，由於馬皇后的勸阻，最終

東吳王醉生夢死，西吳王磨刀霍霍

將他囚禁了起來。

在江西期間，朱元璋對新收編地區和歸降人員的問題做出重要指示，新區由原來的老部隊接收和駐守，原陳友諒的舊部、各地軍閥以及從新區招募的士兵一律調往東部，拆散後再和明軍舊部混合組編，這些重新整合起來的部隊，就成為後來徐達和常遇春討伐張士誠的主體部隊。

朱元璋接下來的工作，是進行軍隊正規化、標準化建設，規定：野戰部隊由各翼元帥府改稱衛，取消樞密、平章、元帥、總管、萬戶等舊武官名稱，一律以所統兵馬多少編制序列，衛定額最初為五千人，長官稱指揮；每個衛下面有五個千戶所，定額為一千人，長官稱千戶；千戶所下為十個百戶所，定額為一百人，長官稱百戶，其下五十人者稱總旗，十人稱小旗。透過這種方式，朱元璋就可以清楚地了解每個將領手下有多少士兵，允許將領的職務可以世襲。

朱元璋全面接收了陳友諒的疆土後，完全控制了長江中游廣大地區。可以說是地廣人多，兵強馬又壯。既然有了要當天下人老大的目標，就先得統一江南，而要統一江南就得先滅掉眼前兩股最大勢力：張士誠和方國珍。其中又以張士誠的勢力最大，因此，下一個要打擊的目標自然就是近鄰張士誠。而此時的張士誠日子過得相當舒適，前陣子仗著每年給大都供給十一萬石糧食，向朝廷討個王爵遭拒絕後，乾脆炒了朝廷的魷魚，自己替自己封了個吳王。

對張士誠來說自己稱王的事他早就做過，當年在高郵就稱誠王了，只是後來為了投靠朝廷才放棄了王號。他主動投靠朝廷，並不是害怕元軍，而是面臨著天完政權和朱元璋的威逼。至正十七年（西元1357年），他的二弟張士德在與朱元璋軍爭奪常熟時被對方俘獲，這對他來說是莫大的損失。張士德此人「善戰有謀，能得士心」，是一位不可多得的將才。張士誠所擁有的江南之地，也都是在張士德的謀劃和指揮下攻奪來的。朱元璋

第七章　成王敗寇

擒獲張士德後，想利用他來要挾張士誠，張士德為了不讓朱元璋得逞，選擇了絕食。張士誠失去了賴以倚重的股肱之臣，四面強敵環伺，南面有元軍，西面有朱元璋，還要應付長期盤踞在浙東沿海的方國珍，多方考慮之後，選擇了投靠朝廷，這樣一來就少了元軍和方國珍（方國珍已經是朝廷的人了）兩個方面的威脅。

儘管張士誠之前曾經三番兩次戲弄甚至殺死了朝廷派出的代表，但對於他的投誠，朝廷還是很歡迎的，責成江浙行省右丞相達識帖木兒具體執行。除了他提出的保留誠王的稱號以外，其他條件經過討價還價都達成了共識，朝廷授予張士誠太尉的頭銜，在政治和軍事上可以保持獨立，張士誠則負責每年「輸糧十一萬石於大都」。

元太尉張士誠自此得以一心一意與朱元璋抗衡，雙方時戰時歇，張士誠曾多次進攻常州、江陰、建德、長興、諸暨等地，都沒能拿下。朱元璋也派邵榮攻打湖州、胡大海攻擊紹興、常遇春進攻杭州，同樣沒能攻克，雙方形成對峙。

對峙時間一長，張士誠就形成錯覺，以為朱元璋會像他似的滿足於自己那一畝三分地，開始享受起了人生。不得不承認，張士誠所占有的地區是江南膏腴之地。生活在「人間天堂」裡的人與當時其他地區的人似乎不在同一時代，他們依然過著舒適閒逸的生活。這也是當初張士誠能夠輕而易舉占據其地的原因。受其影響，張士誠很快就貪圖享受起來，他將政務交給三弟張士信、女婿潘元紹打理後，就一頭紮進溫柔鄉裡。

有句古話叫上梁不正下梁歪，你自己的江山自己都不在乎，我還在乎什麼，張、潘兩人也成一丘之貉。整個東吳政權很快貪腐成風，導致的結果是人人弄虛作假，政府風氣敗壞，軍隊紀律渙散、士兵毫無鬥志，一旦要出征打仗，將帥泡病假，軍官講條件，本來是奔赴前線衝鋒陷陣的部隊，卻養著大量的小妾，整天開派對，或者網羅社會上那些油嘴滑舌的人

插科打諢，賭博成風，根本無人過問軍務。這樣的軍隊其戰鬥力可想而知，打順的時候一擁而上爭搶戰利品；一旦戰事不利，想到的是如何盡快開溜。帶兵將領即使吃了敗仗，丟了地盤，也不會被追究責任，部隊完全喪失了進取心。這些都為東吳政權的敗亡埋下了伏筆。

張士誠兵敗如山倒

　　至正二十五年（西元 1365 年）十月，朱元璋終於要動手了，為了占據道義上的制高點，釋出文告指責張士誠「假元之命，叛常不服」、「啟釁多端，襲我諸全」等罪名，命中書左相國徐達、平章常遇春和胡廷瑞、同知樞密院馮國勝、左丞華高等，率馬步舟師，水陸並進，直指淮東泰州等處，正式吹響了向東吳進軍的號角。

　　在與陳友諒的較量中，朱元璋的軍事謀略已經逐步成熟，為了達成全殲張士誠的策略目標，朱元璋把策略部署分成三步：第一步首先消滅張士誠的外圍力量，奪取其江北淮河流域的地區；第二步是殲滅張士誠在浙西的主幹力量，並占領該地區，以斷其兩臂；第三步是在完成前兩步策略目標後，在張士誠最後的據點與其決戰，實現最終消滅張士誠的目的。

　　十月二十二日，徐達率大軍抵達泰州，下令疏濬河道。蘇北的東吳守軍不傻，看架勢就知道朱元璋軍此來的目的，想趁對方立足未穩予以迎頭痛擊，想法不錯但水準太差，反損失了兩百多艘船隻和三千多匹戰馬，眼睜睜看著徐達駐紮在海安壩上，就是沒種放馬過來。

　　戰報很快送達隆平府（今蘇州市，張士誠定為都城後，由平江路改稱），正在享受高品質生活的張士誠很是不安，一紙手諭從淮北抽調部隊前去增援，但東吳軍隊實在令人失望，本來是救援別人的淮北軍走到泰州

第七章　成王敗寇

新城卻被徐達打得落花流水。這樣的戰鬥力連張士誠都感到吃驚，這時他想到了兵法上的「圍魏救趙」，於是命令水師開進長江，擺出一副要攻打江陰要塞的架勢。

駐守江陰的水師將領康茂才急忙將情況上報應天府，朱元璋的軍事天賦再次展現，他判定這是張士誠在虛張聲勢，於是派通訊員告訴徐達：張士誠派水師遊弋於江陰附近水域，做出要進攻江陰的態勢，目的是讓你分兵救援，你可千萬別上當。為了慎重起見，朱元璋親自前往江陰巡視，最終證實了自己的判定，但他並沒有就此高枕無憂，為確保萬無一失，他還是讓徐達抽調廖永忠率小部分水軍在江陰外圍負責警戒。

張士誠一看計畫不靈，只好讓部隊撤了回來，之後對泰州的救援行動就沒有了下文。得不到救援的泰州城被徐達、常遇春從容拿下，泰州守將嚴再興、夏思忠及手下官兵五千多人成了戰俘。朱元璋知道張士誠對待手下一向寬厚，很是嫉妒，就下令把所有戰俘包括他們的家眷全部發往湖南的潭州、辰州等地。

攻克泰州後，徐達命千戶劉傑率部進攻興化。興化守將李清出城與劉傑交過幾次手後，就龜縮城內堅守不出。徐達則親自領兵攻打高郵，高郵是張士誠東吳政權的發祥地，有著很重要的政治意義。東吳軍把它修築得固若金湯。徐達在高郵城外轉悠了好幾天也無從下手，卻突然接到江南的急報：張士誠派兵攻打宜興、安吉、江陰三個軍事要地。朱元璋的指令也隨之到達，按照朱元璋的指令，徐達留下馮國勝繼續圍攻高郵，常遇春駐守海安，自己率主力渡江救援江南。

張士誠為何一改先前的態度同時向三個要塞發起攻擊呢？原來他聽說徐達親自領兵圍攻他的發祥地高郵，心裡著急，就將「圍魏救趙」的計畫付諸實施，但沒承想他的軍隊真的到了爛泥扶不上牆的地步，在三個地方都吃了敗仗。跟著又嚴令左丞相徐義由海路入淮前往救援，這徐義平日沒

少在張士誠面前獻忠誠、表忠勇，但到關鍵時刻就軟弱無能，當部隊磨磨蹭蹭走到太倉時就停下了，在那裡逗留了三個月，心裡還埋怨張士誠讓他去送死。

高郵守將俞同僉左盼右盼沒盼來一兵一卒，心想求人不如求己，見馮國勝攻城甚急，就派人與他洽談投降事宜。馮國勝非常高興，於是就派當年在洪都發動叛亂之後被赦免的康泰等數百人先進城接管。俞同僉本來計畫是把馮國勝一網打盡的，見進來一撥人馬，也管不了那麼多，馬上下令拉起吊橋，康泰等人全部成了這場陰謀的犧牲品，當年朱元璋投鼠忌器不敢殺的康泰就此結束了他的一生。

朱元璋聽說馮國勝受騙上當的消息後，惱怒異常，急令馮國勝返回應天，狠狠痛批了一頓後，讓他走路回到前線接著再打。馮國勝一瘸一拐回到高郵城後，把心中的所有怨氣都撒到對方身上。徐達在宜興城下擊敗了東吳軍，回師江北後也再次來到高郵，兩軍一鼓作氣，打破了城池，活捉了俞同僉。

徐達乘勝揮師對淮安等地發起進攻。淮安守將梅思祖、副樞密唐英、蕭成出城投降，明軍一下繳獲糧食四十萬石，其他各種物品不計其數。隨後興化、宿州、邳州，還有朱元璋當兵入伍時候的濠州都被一一攻克，整個淮東地區從此落入朱元璋的手裡，消滅張士誠的第一個策略目標勝利達成，前後只用了半年時間。

至正二十六年（西元 1366 年）五月，朱元璋釋出了討張檄文〈諭周榜文〉，列舉了張士誠八大罪狀。八月，任命徐達為大將軍，常遇春為副將軍，率二十萬大軍討伐張士誠。

部隊出發前，朱元璋召見徐達和常遇春這對「哼哈二將」，詢問他們的進兵方略，急先鋒常遇春說，逐梟和燻鼠會先搗毀巢穴，讓其離開自己的老窩，無處可歸。意思是直搗張士誠的老巢隆平府，拿下隆平府，不怕

第七章　成王敗寇

其他地方不歸降。朱元璋卻不以為然，他告訴常遇春，張天騏、潘元明等與張士誠是一起販運私鹽起家的過命兄弟，都是些亡命之徒，看到張士誠有難，必定死命相救。等他們合兵一處，打起來可就費勁了。與其如此，還不如先攻打湖州的張天騏和杭州的潘元明，即便他們要相互救援，也是疲於奔命，只要加緊進攻，就可將他們各自殲滅。這樣一來，等於砍斷了張士誠的臂膀，隆平府變成了一座孤城，要拿下它就易如反掌了。

朱元璋的老辣還不止於此，他發現從陳友諒舊部投降過來的一個叫熊天瑞的人眼神不太對勁。朱元璋是誰啊，化緣那幾年形形色色的人見多了，又有十幾年的統兵經驗，一眼就看出此人心懷鬼胎。他猜測這傢伙肯定會向張士誠告密，因此他要唱一齣反間計。他向徐、常二人面授機宜，要如此如此，這般這般。

八月初四，大將軍徐達、副將軍常遇春統率二十萬大軍浩浩蕩蕩從應天出發，打倒張士誠的戰爭開始了。在作戰前動員演說時，朱元璋還是老生常談：「城下之日，毋殺掠，毋毀廬舍，毋發丘壟。士誠母葬平江城外，毋侵毀。」

朱元璋軍一路上把聲勢造得大得要命，喊出的口號是打進隆平府活捉張士誠！那熊天瑞果然趁人「不備」在半路開溜，然後一路小跑地來到隆平，把朱元璋軍要進攻隆平府的情報告訴了張士誠。與此同時，徐達、常遇春派出的前鋒部隊已進入太湖，與張士誠的部隊接上了火，隆平府東面的崑山等地先後被朱元璋軍攻占。張士誠遂對朱元璋軍要進攻隆平的情報深信不疑，火速調集重兵保衛隆平。

東吳軍按張士誠的命令在東太湖邊嚴防死守，但除了小股朱元璋軍頻繁活動以外，就是不見有大股朱元璋軍出現。而這個時候徐達、常遇春已經率大軍悄無聲息地直抵南太湖邊上的湖州城外。八月二十五日，湖州守將張天騏見突然冒出那麼多敵人，馬上分三路出城迎敵。徐達也針鋒相

對，將隊伍一分為三分頭迎擊。猛將常遇春的南路首先告捷，其他兩路東吳軍聽說南路已敗，不敢再戰，迅速撤回城裡。朱元璋軍乘勢包圍了湖州城，湖州告急！

張士誠火速派司徒李伯升率部分軍隊前往湖州支援。湖州被朱元璋軍圍得水洩不通，有人告訴李伯升說，湖州城東有一條叫荻港的小河可以直抵城中，不為外人所知。李伯升城是進來了，但外面朱元璋軍依然把城圍得死死的。張天騏、李伯升心裡乾著急，隆平府內的張士誠比他們更急。湖州、杭州是他的左臂右膀，一旦失去了，就真如朱元璋所說，他只有坐以待斃的份了。於是又派了平章朱暹和王晟、同僉戴茂和呂珍、院判李茂及人稱「五太子」的張虹等率領六萬兵馬，號稱三十萬，火速救援湖州。

朱暹、呂珍等人率援軍趕到湖州城東的舊館後，構築五個營壘，恭候朱元璋軍「光臨」。徐達、常遇春連同從常州趕來的湯和分兵在舊館以東的東阡鎮構築了十個營壘，來個反包圍，切斷了舊館援軍的退路。張士誠又派他的女婿潘元紹從嘉興趕往東阡鎮東南方向的烏鎮，威脅朱元璋軍後方，以策應舊館援軍。徐達派兵去偷襲烏鎮，又乘黑夜襲擊了舊館呂珍的外圍援軍。張士誠的女婿潘元紹情場上是英雄，戰場上是狗熊，溫柔鄉裡聽說敵人襲營，嚇得撒腿狂奔。接著，徐達命令將舊館附近的小溝小河全部填滿，將東吳軍的水上補給線切斷，城內守軍更加慌亂起來。隆平府裡的張士誠坐不住了，親自帶兵馬趕往湖州，在城郊的皂林與徐達遭遇，手下官兵一觸即潰，有三千多人做了徐達的俘虜。

張士誠折騰了好大一陣，不但湖州救不成，還搭進去不少兵馬。更為不妙的是，朱元璋還派李文忠帶領一支水軍作為偏師，迅速攻占了浙北東部的富陽、餘杭等地後，又包圍了杭州。而湖州這邊，「五太子」張虹不甘心就這麼窩著，親自領兵出戰，結果下場很慘。逃回來的張虹與呂珍等人商量後，乾脆帶著六萬援軍投降了徐達。

第七章　成王敗寇

徐達讓他們好人做到底，和平爭取湖州城。十一月初六，張天騏、李伯升出城投降，張士誠失去湖州。

僅過了十天，杭州守將潘元明也步張天騏的後塵，兩萬多人馬以及二十多萬石糧食拱手送給了李文忠。緊接著，南潯、吳江、紹興、嘉興、海寧等地相繼歸降。至此，張士誠的主力部隊及隆平府的外圍地區全部喪失，他的滅亡也隨之進入倒數計時。

東吳政權滅亡

至正二十六年（西元1366年）十一月，朱元璋軍從南西北三面包圍了隆平，此時的隆平已是一座孤城。二十五日，圍困隆平的策略部署已全部就緒：徐達負責封門，常遇春屯兵於虎丘，郭興盤踞婁門，華雲龍在胥門，湯和於閶門，王弼在盤門，張溫在西門，康茂才在北門，耿秉文在城東北，仇成在城西門，何文輝在城西北。

在朱元璋看來，張士誠已成甕中之鱉，所以他並不著急。張士誠到了此時似乎也不急了，也許他又想起了當年高郵被圍的奇蹟，他相信「只要堅持下去就會有奇蹟」這句人生哲理。朱元璋曾寫信勸他向漢代竇融、北宋錢椒這些先輩學習，做個識時務的俊傑，並保證只要他放下武器，獻出城池，將來的富貴還是有的。但張士誠倔強地不予理睬。

朱元璋不急不惱，讓廖永忠代他到滁州把小明王韓林兒迎到應天來，用意很明顯，他要讓小明王見證他全取江南魚米之鄉的歷史時刻。可惜廖永忠思緒太過活躍，過度解讀了朱元璋的意思，當他帶著韓林兒行進到瓜州時，竟然跑入船艙一刀結果了這個朱元璋唯一的頂頭上司。然後又將船鑿沉，製造沉船事故，再迫不及待地跑回來覆命。

朱元璋對廖永忠的小人行徑很是不屑，雖然紅巾軍政權不復存在，他從此用不著再打「龍鳳」年號，但殺小明王的歷史黑鍋他是背定了。小明王就是個虛王，無兵無權，朱元璋根本用不著殺他，就算朱元璋要當皇帝，只需隨便給個王號再把他高高掛起來就行了，但人死不能復生，他還要用廖永忠為他衝鋒陷陣，所以沒有治廖永忠犯上作亂之罪，只讓他閉門思過幾天了事。

朱元璋見張士誠龜縮隆平，又讓張士誠的哥兒們兒、參與「十八條扁擔起義」之一的李伯升勸降，李伯升在信中動之以情曉之以理，說咱本來就是一販賣私鹽的走私犯，你所擁有的一切就好比是賭博贏來的，從別人手上贏來的東西，現在又輸給別人，道理是一樣的，這對你來說也沒什麼損失！這話說得很扎心，張士誠差點被說動了，他用無比深沉的語調對來者說：「你走吧，容我考慮考慮再給朱禿子答覆！」之後就再沒有了下文。

享受了多年榮華富貴的張士誠又再次展露其亡命之徒的本性，決心與朱元璋死扛到底。

朱元璋現在很忙，由於韓宋政權不復存在，紅巾軍的時代已經結束，他的軍隊也早已換裝，不再頭裹紅巾，因此，他宣布「以明年為吳元年，建廟社宮室，祭告山川，命所司進宮殿圖」。從至正二十七年（西元1367年）三月「始設文武科取士」，五月「初置翰林院」，八月「圜丘、方丘、社稷壇成」，九月太廟和新宮殿相繼落成。十月，置御史臺，定律令，正郊社、太廟雅樂等，為自己君臨天下做好前期準備。

從七月份起，隆平府城中的日子就不好過了，能吃的已經沒有了，不能吃的也快被吃光了，能挖地三尺抓到一隻老鼠已經是上天的恩賜了。張士誠還算厚道，沒有殺城中百姓充當軍糧，親自率領有綽號「十條龍」之稱的上萬親軍冒死突圍。出城後，看到城左朱元璋軍隊陣容龐大且嚴陣以待，心裡發怵，轉而向舟門闖來，正好撞到了常遇春的懷裡。常遇春常自

第七章　成王敗寇

詡給他十萬兵馬便可橫行天下，因此得了個「常十萬」的雅號，這是個地煞星轉世，東吳軍此番前來能有好果子吃嗎？張士誠帶來的所謂萬餘精兵有十分之三被殺，十分之七被逼到水裡淹死，連張士誠本人都幾乎溺水身亡。幸得親兵冒死將他撈起，扛著逃回了城裡。

張士誠回到城裡窩了有十來天，才算緩過勁來，咬咬牙一跺腳，又再次引兵從胥門突圍。兔子急了還咬人，被逼急了的東吳軍也玩命了，瘋了似的往前衝，打得正面攔擊的常遇春手忙腳亂。東吳軍難得勇猛一回，眼看突圍在望，在這關鍵時刻，成事不足敗事有餘的張士信卻將大好的機會白白葬送。原來站在城頭上的張士信腦子突然進水，說了一句「軍士打累了，可以歇兵」就敲響收兵的鐘聲。

正在作戰的張士誠等人不禁愣住了，就這麼一絲機會讓常遇春給抓住了，迅速指揮部隊重新撲了上來，結果東吳軍大敗而歸，從此張士誠再也不敢出擊了。

更加令人不可思議的是，儘管隆平府已到了危如累卵的時刻，張士信似乎沒有絲毫感覺，還是一如既往地擺架子。這天他在城樓上又擺上了，還頗有大將風度地與一幫死黨品嘗美酒佳餚。這時一位女子端給他一個非常大的水蜜桃，張士信默默欣賞數秒之後，剛把蜜桃送到嘴邊，城下突然發炮，一炮就將張士信的腦瓜子打了個稀巴爛，腦漿與桃汁一起飛濺。

其實像這樣的炮擊每天都有發生，除了朱元璋軍方面的以外，東吳軍在熊天瑞的幫助下，也製作飛炮對朱元璋軍予以還擊，讓朱元璋軍造成不小傷亡。

九月初八，朱元璋軍對隆平的總攻開始，徐達率先攻破了封門，常遇春也不甘落後，隨即突破了閶門新寨。朱元璋軍乘勝渡橋，一路推進到隆平內城的城牆之下，東吳樞密唐傑指揮士兵頑強抵抗。

張士誠親自來到內城門內，令參政謝節、周仁修築木柵以替代外城防

線。但唐傑、周仁、徐義、潘元紹等人不想作無謂的犧牲，情知大勢已去，全部放棄了抵抗。但張士誠依舊很頑強，看著朱元璋軍像螞蟻一樣紛紛登上內城牆，還命令副樞密劉毅帶領最後的三萬殘兵負隅頑抗，劉毅沒能撐幾下也舉手投降了。張士誠見狀，只好帶領著僅剩的幾名衛兵逃回了自己的王宮。

在隆平被圍之時，張士誠就曾對夫人劉氏說：「如果天不佑我，城破之日，妳們這幫娘們怎麼辦？」劉氏很堅定地說：「你別擔心，我們絕不會辜負你！」當城破的消息傳到王宮時，劉氏讓人把張士誠的所有小妾包括丫鬟全部趕到樓上，縱火焚燒，確認她們都活不成後，自己則找根繩子上吊了。這一幕就發生在張士誠策馬逃回王宮之時，現在的他真的成了孤家寡人了，身邊的人死的死、逃的逃，兩個小兒子也不見了蹤影。面對空蕩蕩的宮室，聽著外面傳來的喊殺聲，這位曾經驕橫無比的一代梟雄內心反倒一下子平靜下來。

徐達讓李伯升、潘元紹等人輪番洗腦，想讓張士誠說一句願降的話，他始終閉目不答，只好請他上船。張士誠一直拒絕進食，僵臥船中。到南京後，由中書省李善長親自訊問，張士誠像茅坑裡的石頭又臭又硬，始終一言不發，惹得李善長放下斯文大聲咆哮，被對方譏諷狗仗人勢。李善長大罵不止，最後說他是該死的大鹽梟，張士誠以挑釁的口吻說，別看今天罵得歡，你也不會善終。

最後朱元璋上陣，問：「你還有何話可說？」張士誠以極其傲慢的口吻回敬道：「沒什麼可說的，天日照你不照我而已！」朱元璋大為惱怒，命劊子手用弓弦將其活活勒死，成全了他的英名。

張士誠死了，死得很男子漢。其敗亡的原因是多方面的，但最主要是其統治集團的腐化墮落，他本人小富即安，把所有事務推給弟弟丞相張士信。張士信又有樣學樣，把工作分包給黃敬夫、蔡文彥、葉德新三個參

第七章　成王敗寇

軍，這幾位都是只知貪圖眼前富貴、毫無遠見的迂腐之輩。當時隆平就有民謠：「張王做事業，專靠黃蔡葉，一朝西風起，乾瘪！」打下隆平後，朱元璋命人把黃、蔡、葉三人做成人肉乾，掛在城牆上真的「乾瘪」，這也算是順應民意的一種極端方式吧。

張士誠想做皇帝，卻沒有圖謀天下的雄心，更談不上什麼遠大志向，能夠獨霸一方，讓跟他混的兄弟們有酒有肉，過上好日子，他就心滿意足了。從這點看張士誠是一個講義氣、善於施恩的好大哥，他對轄區的百姓施行仁政，深得百姓的認可。直至明朝建立後，蘇松一帶的百姓仍感念張士誠的仁德，稱之為張王。朱元璋對此頗為忌恨，就以沒收的那些富豪大戶的田產作為官田，以此為標準，對蘇州府和松江府的百姓收以重稅。當時全國稅糧總計兩千九百萬石，蘇州府每年夏稅、秋糧需繳納兩百八十餘萬石，占到了全國的近十分之一。松江府在南宋紹興年間，稅糧只有十八萬石，洪武年間提高到了九十八萬石，加上各種雜費，松江府總計需要繳納一百三十萬石。蘇松成了全國賦稅最重的地區。

這樣的重負，僅靠種糧顯然無法支撐，只能用其他物產代替。吳淞江流域的高地土質是沙土，粗而鬆，適於種植木棉。因朱元璋曾明令可以用棉布、棉花折納稅糧，「棉布一匹折（米）一石」「棉花一斤折米二斗」。這樣的政策極大地鼓勵了農家種植棉花和紡紗織布的積極性，促進了蘇松手工業的發展，蘇州大力發展絲織業，成為全國絲綢製品中心，松江則大力發展棉紡業，「上供賦稅，下給俯仰」，形成了松江棉製品「衣被天下」的局面。

降伏方國珍

　　明軍自至正二十五年（西元1365年）十月出兵兩淮，經過兩年浴血奮戰，終於一舉蕩平江東，消滅了宿敵張士誠。朱元璋下一步的重大決策就是布置北伐和南征，考慮到大軍開拔以後，後方必然空虛，因此還有一個很大的善後工作要急需處理，那就是十數萬東吳戰俘的問題。朱元璋對軍隊建設一向注重品質，而非數量，早在攻打張士誠的戰爭中，他就授意徐達等人可以就地處置戰俘，這與之前他為了收買人心、瓦解敵軍鬥志的做法是背道而馳的。至正二十六年（西元1366年）十一月，他接到舊館傳回的捷報後，就簽發了親筆密令，差內使朱明前往軍中，知會大將軍左相國徐達、副將軍平章常遇春：十一月初四捷音傳至京城，知軍中獲敵軍及首領人等六萬餘眾，然而俘獲甚眾，難為囚禁。今差人前去，教每軍中精銳勇敢的留一兩萬，若係不堪任用之徒，就軍中暗地去除了當，不必押送歸來，但是大頭目，一名名押送歸來。

　　朱元璋之所以這樣做，是因為他明白，張士誠一向以恩撫眾，手下都忠實於他，而自己則是以威撫眾，因此，那些人很難為他所用，至少短期難以將其改變過來。最快捷的辦法就是將他們全部鎮壓，既消除了隱患，又可以節省一大筆財政開支。十幾萬人要是無事生非起來可不是鬧著玩的，每天消耗的糧食也不是一筆小數目。

　　在張士誠死後不久，關押在高級戰俘營裡的二十四頭目殺死看守士兵，越獄逃跑。朱元璋氣憤之下又進一步明確指示，在即將進行的北伐戰爭中「就陣獲到寇軍及首目人等，不順押送歸來，就於軍中典刑」。

　　東征大軍凱旋後，朱元璋論功行賞，除了大賞有功將士外，還晉封李善長為宣國公，徐達為信國公，常遇春為鄂國公。他心裡已經盤算好了，下一步他打算將自己晉升為皇帝。

第七章　成王敗寇

為了能當得名副其實，更是為了這一天早點到來，至正二十七年（西元 1367 年）十月，朱元璋經過深思熟慮，又與一班文臣武將反覆論證，最後命令分成四路大軍，以威武、雄壯的勝利之師席捲全國：一、平章湯和為征南將軍，都督府僉事吳楨為副將軍，往徵方國珍；二、中書右丞相、信國公徐達為征虜大將軍、中書平章掌軍國重事，鄂國公常遇春統兵二十五萬北伐中原；三、中書平章胡廷瑞為征南將軍，江西行省左丞何文輝為副將軍，以湖廣參政戴德隨征，攻取陳友定所在的福建；四、湖廣平章楊璟、左丞周德興、參政張彬進取廣西。

四路大軍一路向北三路向南，盤踞於浙東沿海達二十年之久的方國珍首當其衝。方國珍是臺州黃岩（今浙江黃岩）人，論起來他是元末最早起來造反的人，比劉福通、徐壽輝等起義早兩三年，比郭子興起義早了四年。跟張士誠一樣，方國珍也是販賣私鹽的，並且還是祖傳的家族生意，有兄弟五人。

至正八年（西元 1348 年），有一個名叫蔡亂頭的同里（同一個村民小組），嘯聚當起了海盜，在海上打劫過往船隻的財物。負責前去追捕的官兵拿不到海盜無法交差，就亂抓老百姓頂替，冒名領賞。方國珍因仇家趁機告發他私通海盜，遭到官府的敲詐勒索，當長浦巡檢向他索要錢財時，他殺死巡檢，與二兄國璋及弟弟國瑛、國珉駕船入海，很快就聚集數千人，公開打劫元朝海運皇糧，變成了名副其實的海盜。

方國珍身材高大，面色黝黑，體白如瓠。他在與元廷打交道的過程中，角色來回轉換，一會兒是賊，一會兒是官。在張士誠、朱元璋渡江南下之前，他已經四叛四降元朝。

元朝政府雖然屢遭方國珍的戲弄，但對在海上神出鬼沒的方國珍也是無可奈何，紅巾軍一起，元惠宗更加頭痛，權衡之下還是覺得方國珍跟那些人有很大區別，他沒有推翻元朝的野心。後來張士誠又阻斷了河運，朝

廷只能走海運，所以不得不屢屢以高官厚祿安撫他。

方國珍是一邊接受冊封，一邊該怎麼搶還是怎麼搶，竟然被他搶下不少地盤，成為割據一方的勢力，占據浙東慶元、溫州、臺州等地。

吳元年（西元1367年）九月，朱亮祖進攻臺州，方國瑛抵擋不住，敗逃黃岩。十月，朱亮祖又追到黃岩，方國瑛再往海上逃匿。湯和率軍直取慶元，方國珍把被褥往船上一捲逃遁海上。朱亮祖又進攻溫州，方國珍的姪子方明善也帶上老婆舉家逃走。朱元璋軍不是元軍，廖永忠水師入海追著方國珍打。方國珍逃無可逃之下，不得不派兒子方明完跑到應天謝罪乞降，並帶了一封親筆信給朱元璋。信的大致意思是說自己就是庸才一個，又沒讀過什麼書，只不過因為發生變故為苟全性命才在海上起家，絕沒有爭奪天下的野心，只是想等待像湯武那樣的明君出現去依附於他，如今終於明白，您就是明君啊！當然，他在信中不忘把責任推給兒子、姪子和手下們，稱都是他們不懂事才發生了點誤會。

朱元璋開始還對方國珍的反覆無常惱怒異常，及至看過信後心裡別提多受用，說道：「方氏也有人才啊！」當即批准其投降的請求，親自回信安慰方國珍：「吾當以汝誠為誠，不以前過為過，汝勿自疑。」

吳元年十二月，當方國珍跪在朱元璋面前時，朱元璋隨口說了一句：「老方來得非常早呀！」方國珍以為朱元璋怪罪他投降得晚，戰戰兢兢不知所措。此時朱元璋正在籌備登基大典，心情倍爽，看方國珍長得很有特點，跟自己一樣都是人間極品，自然就有了惺惺相惜之意，不但沒有怪罪他，還授予他廣西行省左丞之職，但方國珍並不到任，在應天頤養天年，成為洪武朝時少數得以善終的高級將領之一。

搞定方國珍之後，湯和乘勝進攻盤踞福建的元將陳友定。陳友定是福建清流縣人，他的身世比朱元璋還慘，很小就成了孤兒，一頭癩痢，富戶羅財主好心收留，讓他到家裡幫傭，給他一口飯吃。有一天他放鵝丟了幾

第七章　成王敗寇

隻,不敢回去,躲在鄰居王家的門口過夜。老王夢見自家門口蹲著一頭猛虎,起床一看是陳友定,認定他不是等閒之輩,就把他招為女婿,並給他本錢做點小買賣。據說老丈人給了四次錢,四次都賠光,連老丈人的棺材本都搭了進去。陳友定只好仗著一身力氣,到明溪兵站當了一名搬運工。

陳友定為人勇沉,又講義氣,對軍事十分痴迷,談起行軍打仗頭頭是道,得到汀州地方官蔡某的賞識,就幫他轉正為軍人。至正十二年(西元1352年),南方紅巾軍起義,寧化縣的曹柳順也趁機拉起數萬人占據了曹坊寨。這天,他派了八十多人來明溪索討馬匹,陳友定耍了點詭計把他們全殺了。曹柳順大怒,親率步騎兵幾千人,放出狠話要血洗明溪。陳友定帶千多名壯丁下山,一下衝進曹柳順軍營,一路追殺到曹坊寨,竟然把曹柳順抓了回來。

陳友定由此當上了黃土寨巡檢,從此更加賣力,幾年工夫就把周邊的匪患一一肅清,又當上了清流縣縣令。

至正十九年(西元1359年),陳友諒部進攻汀州,被陳友定擊退,他也因功擢升為福建行省參政。在與陳友諒交手三年後,福建大部都到了陳友定手裡,當時的福建行省平章政事燕只不花碌碌無為,陳友定實際上就成了行省的實權人物。

至正二十四年(西元1364年)之後,因為軍閥混戰,南北交通中斷,元大都與各地方的通道大致隔絕,陳友定仍進貢不斷:每年透過海道將糧食運到登、萊等州,再轉送到大都,路中損失太大,十次貢物只有三四次能送到朝廷手裡。但陳友定堅持不懈,足見其對元廷的一片忠心赤誠。

至正二十五年(西元1365年),陳友定受命進攻過朱元璋的地盤處州(今浙江麗水)。朱元璋派參軍胡深前往救援,胡深擊敗陳友定,率部追擊至浦城。同年四月,胡深攻克松溪,俘獲陳友定的守將張子玉。胡深攻下松溪後信心滿滿地向朱元璋請求發動廣信、撫州、建昌三路的部隊,攻取

八閩。朱元璋也被勝利沖昏了頭腦，說道：「張子玉是員驍將，他被俘後陳友定肯定膽破，趁這個時候攻打，沒有攻不破的道理。」就命令廣信指揮朱亮祖由鉛山、建昌出發，左丞王溥由杉關出發，會合胡深一起進軍。最後由於輕敵冒進，導致胡深戰死。這可以說是朱元璋軍事中少有的敗績，也是朱元璋在對張士誠的作戰中堅持穩步推進、反對冒進的原因。

十二月，朱元璋軍以水陸兩路包圍夾擊的戰術：水路由湯和為征南將軍，「遂與副將軍廖永忠率舟師自明州（今浙江寧波）取海道入福建」；陸路由中書平章胡廷瑞為征南將軍、江西行省左丞何文輝為副將軍，率領安吉、寧國、南昌、袁州、贛州等地衛軍經杉關入閩。

平定華南

陳友定雖然甘願替元朝賣命，但漢人的血性讓他不甘心就此屈服。朱元璋軍方面曾派使者去招降陳友定，正好為陳友定送來了讓其表明心志的道具，他召集手下，像宰殺牲口一樣當眾放了使者的血，「取血置酒中盟諸將，慷慨飲之，誓以死報元」，並對諸將放出狠話：「如果還有誰三心二意想投降朱禿子，我不但要喝他的血，還要喝他老婆孩子的血！」

但陳友定的恐嚇沒發揮多大作用，進攻福建的朱元璋軍勢如破竹，相繼攻陷邵武、建陽、崇武、浦城等地。陳友定各地的守將心意不一，有望風而降的，也有戰至流盡最後一滴血的。湯和部向福州挺進。

陳友定隨即親赴福州巡視，命守軍高牆壁壘，嚴陣以待。不久，又傳來杉關失陷的消息，陳友定急忙把軍隊一分為二，留一部駐守福州，自己率領一部趕回延平，試圖固守北線，和福州形成掎角之勢。當湯和率領的水師抵達福州五虎門時，平章曲出引軍迎戰，朱元璋軍將其打得大敗，並

第七章　成王敗寇

追其到城下。福州堅城也沒能擋住朱元璋軍的進攻，士兵像螞蟻一樣沿南臺紛紛登城而入，南臺守將見勢不妙，轉身逃跑。朱元璋軍攻入城中，參政尹克仁、宣政使朵耳麻頑抗被殺，僉院伯帖木兒在樓下堆積柴火，殺死眾妻妾和兩個女兒後，自焚而死。

湯和乘勝進攻延平，陳友定因獸猶鬥，想據城頑抗。但他的手下並非個個都像他一樣甘願為元朝送命，有些滑頭的將領就以出城迎戰為名，帶著隊伍直接投奔了朱元璋軍。以致後來凡是提出要與對方作戰的將領，陳友定都懷疑他們要投敵，無差別地一概拒絕，甚至對團隊內部也產生了猜忌，竟至懷疑蕭院判而將其處死，惹得「將士怨甚」。不久，因軍器局失火引爆了火藥，城中爆炸聲震天。朱元璋軍誤以為有內應，急攻之下居然歪打正著，一舉破城。

陳友定與部屬訣別：大勢已去，我只有以死報國，你們繼續努力！整理衣冠，面北拜了兩拜，一手仗劍，一手舉碗，「仰藥而盡」。而他的部屬按照他的臨終囑託，真的很「努力」地跑去開門投降了。

當朱元璋軍抬著陳友定的「屍體」出城時，恰好下了一場雷陣雨，把陳友定澆醒了過來。在應天，朱元璋問他道：「元朝眼看都要完了，你在為誰效忠？」陳友定一副大義凜然的樣子說：「到了這個地步就別廢話了，除了殺死我，你還能怎麼著？趕緊給爺來個痛快的！」氣得朱元璋跳起腳大罵他村漢，倒好像他的出身有多高貴似的。有其父就有其子，陳友定的兒子陳海也是一頭犟驢，父親被俘後，他竟敲鑼打鼓主動前來送死。

消滅陳友定後，廖永忠、朱亮祖由福建繼續向兩廣推進，駐紮在江西贛州的陸仲亨進攻廣東，楊璟也從武昌千里南下廣西，形成三面包夾兩廣的態勢。

盤踞在廣州的軍閥何真很快繳械投降，朱亮祖又從廣東西進配合楊璟攻打廣西。楊璟在湖南、廣西遇到頑強抵抗，歷時四個月才拿下永州，然

後向靖州出發，兩路明軍會師於靖州城下，又用了兩個月的時間拿下靖州，隨後依次平定了廣西各地。至此，整個華南地區全部納入了朱元璋的版圖。

早在大軍南征之前，朱元璋就曾說過，南方的事我並不擔心，倒是進軍中原的問題馬虎不得，元朝已在中原經營了近百年，還是那句話，咱取代元朝是大勢所趨，但在具體行動方案上一定要切實可行，我們的北伐只能勝，不能敗！

為此，朱元璋在確定了總體策略方針後，又召集了一班文臣武將召開軍事會議，商討北伐事宜。這是他的一貫做法，很多時候他雖然有了自己的方案，但他喜歡聽一聽大家的看法，力求把問題研究透澈，把大家的思維統一起來，這樣實行起來就少了很多不必要的麻煩。

朱元璋開門見山地說：「各位，北定中原統一天下的時刻到了，眾兄弟們建功立業、名垂青史的機會也來了！雁過留聲，人過留名，到那個時候，在座的可都是新朝的開國功臣……」大家都知道朱元璋來年就要登基稱帝，聽了他的談話，禁不住歡欣鼓舞。

從元朝手中收復中原可是劉基夢寐以求的理想，偉大的歷史時刻擺在眼前，他心情激動卻又從容地發言道：「我們克復中原、統一全國的條件已經完全成熟，只要我大軍乘勝長驅中原，天下即可席捲而下！」

常遇春順著劉基的話站起來說道：「南方既已不足慮，我們就該直搗元都，以我百戰之師對付敵人的久逸之卒，直挺長槍而可以致勝！都城既克，定會勢如破竹，乘勝長驅，其餘皆可建瓴而下。」

對於這一文一武兩股肱的提議，儘管朱元璋不同意，但他並不生氣，劉基是策略家這點不容置疑，當初他提出的避免兩線作戰、各個擊破策略已得到驗證，但畢竟沒有具體參與過戰術指揮。常遇春更不用說，天生就是塊打仗的料，但策略上又有所欠缺。因此，朱元璋必須耐心仔細地做說

第七章　成王敗寇

服工作，把自己的思維貫徹下去，把大家的思維統一起來。

深謀遠慮的朱元璋已經有自己詳盡的北伐方略，概括起來就是：穩紮穩打、各個擊破、步步為營、逐次進取。現在要做的就是讓大家領會他的意圖，因此，他語重心長地說道：「元朝建國已經有了百年的歷史，大都守備必定異常堅固，如果真如你說的，我軍一路長驅到大都城下，一旦久攻不克，我們千里轉運糧餉，將難以為繼，而敵人的援兵再從四面殺來，到那個時候，我們進不能戰，退無所據，將是很危險的事啊！」

朱元璋看了大家一眼，繼續說道：「雖然現在元廷內部衝突重重，但他們共同反對我們是肯定無疑的，到時候他們會暫時停止紛爭，一致對付我們，那將是什麼局面，我不說大家也會明白，之前紅巾軍三路北伐的經歷就是前車之鑑！」

隨後朱元璋又帶大夥看了他命人製作的一個巨大沙盤，該沙盤將當時整個中國的地形地理全部囊括其中，所有重要的城市、山川、河流、關隘都一一標明，這樣一來，一眾人等對北方乃至全國的地形、地貌就有了更直觀的印象。行省郎中孔克仁拿著一根長竿，在沙盤上指指點點講解了半天，大家心裡更加有數了。

最後，朱元璋接過孔克仁手裡的長竿，連比帶畫地做總結：「這次北伐，總體策略意圖是，第一步充分藉助運河的便利，主力出兩淮，先取山東，撤掉大都的遮罩，使其暴露在我軍的兵鋒之下；第二步取河南，以斬斷大都的藩籬；這時候，我們就可以實施第三步了，第三步就是攻占潼關，然後派重兵把守好這道險要的關口，將關隴的精兵堵在關內，使其不能救援大都，最起碼不讓其切斷我們的後路……」朱元璋又提高聲調，慷慨激昂地說：「如此一來，整個局面都在我們的掌控之中！元大都必勢孤援絕，我們再揮師北上，其將不戰自克。大都既克，再鼓而西行，雲中、太原、關隴等軍事重地可席捲而下也！」朱元璋半白話半文言，他是既要

顯示學問，又要照顧那些教育程度不高的武將。

朱元璋的長竿又指向大運河，道：「此次北伐，大軍的後勤補給全靠這條大運河，只有保證這條生命線的暢通，我軍方可勝券在握。應天到大都有兩千餘里，如此遠距離作戰，在我軍還是第一次，定當慎之又慎！這是我們與元朝在中原的大決戰，收復中原、天下一統，在此一舉！」與會者無不豎起大拇指，高！實在是高！北伐大計就此拍板定了下來。

至正二十七年（西元 1367 年）十月二十一日，征虜大將軍徐達、副將軍常遇春統率二十五萬北伐大軍出征，朱元璋親自到龍江為大軍送行，龍江是連通應天內城與長江的水道。大軍要經由水路東下，由淮河進入黃河流域，再經大運河北上。

此時的龍江萬帆競起，空前壯觀，無論是出征的將士還是送行的官民，都禁不住一片歡騰。徐達難以抑制激動的心情，更是喊出了「吾王萬歲萬歲萬萬歲！」之後帶領全體將士一齊下跪向朱元璋辭行，這一刻，朱元璋陶醉了……

第七章 成王敗寇

第八章
明朝建立

平定山東

　　吳元年（西元 1367 年）十月二十三日，朱元璋釋出了由文膽宋濂主筆的討元檄文〈諭中原檄〉，該文作為北伐的綱領性文件，歷數了元朝統治的昏暴及人民流離的慘狀，斷定元朝已喪失天命，失去統治中國的資格；接著說明朱元璋乃是天命所歸的新主，必將削平群雄、一統華夏。

　　幾天後，北伐大軍進抵淮安，這是明軍北伐的第一次作戰，徐達有兩條進軍線路：一是由江淮北經沂州（今臨沂），直取益都；二由徐州北攻濟寧、濟南，再東取益都。徐達根據自己對戰場形勢的分析，採取了兩路並進、鉗擊益都的策略。

　　徐達派人手持檄文前去招降沂州守將義兵都元帥王宣、王信父子。王信的腦子轉得很快，一面向徐達表示願意歸順，一面又直接送了一封熱情洋溢的信函給朱元璋，祝賀吳王朱元璋前階段取得的偉大勝利。沒想到聰明反被聰明誤，他這多餘的動作引起劉基的警惕，再聯想到他們父子之前的為人，劉基告訴朱元璋王氏父子有問題，無事獻殷勤，非奸即盜。

　　朱元璋深以為然，迅速派人提醒徐達，讓他密切注意王氏父子的動態，謹防有詐，當率軍向沂州靠攏，以觀其變，並指示他：如果王信父子出城歸降，即將其父子及其手下眾將，連同家眷一起遣送到淮安安置。占領益都、濟寧、濟南後，可留王信部隊五千，與我軍萬人共同駐守，其他

人馬則分別調撥到徐州、邳州等地駐守，分散之後，仍要挑選其中的精銳隨我大軍北伐，凡有勇於閉門抗拒者，堅決予以最猛烈的打擊！

十一月初四，徐達按照最高指示率軍抵達下邳（今江蘇睢寧西北），分兵兩路：西路由都督同知張興祖率領宣武等衛軍從徐州北上，攻取濟寧、東平；東路由徐達和常遇春率主力北攻益都。兩路大軍進展都很順利，一路上敵人是望風歸附，只有坐鎮沂州的王宣、王信父子不見動靜。

原來朱元璋軍迅速北伐的行動大大出乎王氏父子的意料，打破頭也想不到朱元璋那麼短的時間就能發動北伐，以至於他們有點措手不及，為了爭取時間，他們一面暗中前往莒州、密州等地招募兵馬，準備對抗北伐軍；一面又派員外郎王仲剛等人以慰問勞軍的名義，繼續打拖延戰。

徐達有朱元璋的提醒，對王宣的花招瞭然於胸，當大軍逼近沂州時，王宣果然閉門拒守，徐達進而揮師圍攻沂州。

徐達清楚這是真正意義上的北伐第一仗，首戰必勝是每個將軍的用兵原則，既可壯自己的聲威，又可以極大地打擊敵人士氣。徐達望著沂州又高又厚的城牆，心裡暗暗思索，往後面對的要都是這種堅城的話，要付出的代價可就大了，耗費的時日更是不可預計，況且北方與南方不同，北方的冬天潑水成冰，他們把這招用於城牆上，對於南方將士來說將是致命的。

這時有副將提議把火炮拉上去轟城，看看他們的城牆有多硬，徐達說火炮固然厲害，但也得省著點用。隨即命令，火炮只能集中對準一個點轟，轟出一缺口就往上衝！

徐達剛回營帳，常遇春就為他帶來一個好消息。原來馮國勝在勘察外圍地形時發現沂水就從沂州的西邊流過，河水不只大，還不結冰，就派人傳話常遇春，請示大將軍徐達是否同意開壩放水，來個水淹沂州。

徐達一拍大腿:「天助我也,老子正為如何盡快拿下沂州而犯愁,老天就給我老徐這個機會!」常遇春馬上附和:「可不就是嘛,做吧老徐,我們可是王師啊,是為了拯救更多的人來的!」

馮國勝那邊還等著呢,聽到徐達批准了他的建議,當即命令開壩放水。第二天,徐達指揮部隊猛烈攻城,王宣見兒子募兵還沒有音信,自知再怎麼頑抗也是徒勞,不得不打出了白旗。但王宣沒有得到戰俘應得的待遇,徐達接到朱元璋的密令:既然王姓父子不知道馬王爺長幾隻眼,敢戲弄我們,那就讓他知道死字是怎麼寫的!

王信見老爸被殺,只好與他哥王仁一塊逃往山西,投奔到老上司王保保(擴廓帖木兒)的帳下。附近嶧州(今山東嶧縣)、莒州(今山東莒縣)、海州(今江蘇連雲港市西南)、沭陽(今屬江蘇)、日照(今屬山東)、贛榆(今屬江蘇)等州縣紛紛改換門庭,歸降朱元璋軍。

十八日,朱元璋又下達最新指示:「如向益都,當遣精銳扼黃河要衝,斷其援兵,可以必克。若益都未下,即宜進取濟寧、濟南。二城既下,益都、山東勢窮力竭,如囊中物矣。」

徐達命平章韓政扼守黃河要衝,阻敵增援,親率主力進攻益都。二十九日,益都守將普顏不花戰死,益都城破。徐達乘勝攻占壽光、臨淄(今山東淄博東)、昌樂、高苑(今屬山東高青)等縣。西路軍張興祖方面也是捷報頻傳,十二月初五,進逼東平,元朝平章馬德棄城逃遁,東阿、安山(今山東東平西)等地相繼歸降。初八,進圍濟寧,守將陳秉直不戰而逃,濟寧遂破。

東路徐達在益都稍事休整後,於十二月初七進逼濟南,元朝平章忽林臺、詹同、脫因帖木兒引軍而逃,濟南不戰而克。至二十六日已連克登州(今山東蓬萊)、萊陽等州縣,山東大部已基本平定。

北伐大軍在山東一路凱歌高奏,南征軍在福建也是捷報頻傳。年關將

第八章　明朝建立

　　至，朱元璋的心情非常迫切，按照先前的既定方針，文武百官在中書省左丞相、宣國公李善長（此前朱元璋已改革官制，由元朝尚右改為尚左，李即為百官之首）的率領下，第三次奉表勸進，表云：「天生聖哲，本以為民……若不正大位，何以慰天下臣民之望？昔漢高帝既誅項籍，群下勸進，亦不違其情，今殿下除暴亂，救生民，功塞宇宙，德協天心。天命所在，誠不可違，臣等敢以死相諫。」意思是，你就是救世主，你要是不當皇帝帶領大家拯救蒼生，今天我們就死給你看。對於這樣的「威脅」，只要是人都會陶醉和高興，而不會生氣的。

　　朱元璋為什麼要搞這種無聊的遊戲呢？原來他是要效仿古人，來個三請三讓，證明這是天意，是民意，自己只是順天恤民，不得已而為之。程序既已走過，朱元璋看在眾人「以死相諫」的分上，才「勉為其難」地接受勸進，不過官樣文章還得做，他說：「如今中原未定，前方還在打仗，咱的意思是等天下平定後，再予考慮。既然諸位屢請不已，那咱只好順從大家的意願，勉從興情了。不過呢，此事事關重大，草率不得，還勞煩諸位斟酌商定各項禮儀！」

　　一個新的王朝即將誕生，朱元璋既然以克復中華自居，元王朝的胡人舊俗、舊儀就不能再用了，必須推倒重來，依照華夏正統特別以唐宋舊制作為參照，重新制定一套禮儀、禮節，工作既煩瑣又艱鉅。具體到登基典禮的籌備工作，就要設計、彩排出一套活動中相應的儀式和禮節。

　　這些都難不倒博古通今的文人儒士，很快，一批關於宮廷禮儀的文件紛紛發表，計有《冊立皇后、皇太子禮儀》、《冊后儀》、《（皇后）受冊儀》、《百官稱賀（皇后）上表箋儀》、《皇后謁廟儀》、《冊皇太子儀》、《皇太子朝謝中宮儀》、《諸王賀東宮儀》、《百官進箋賀東宮儀》、《內外命婦賀中宮儀》等不可詳述。

　　朱元璋看到這東一個儀，西一個儀的，真按這些活動走下來還不得讓

人煩死。當即批示：排場太大，太繁！即位當天還要告祭天地、宗廟，忙都忙不過來，重新擬定，原則只有一條：盡量做到多、快、好、省！

劉基則帶著一幫術士在趕工，經過無數次論證，最終確定次年正月初四是個好日子，登基大典就選在那天舉行，朱元璋對劉基的能掐會算是深信不疑的，對他挑選的日子「欣然採納」。既然要做天的兒子，總得跟天打聲招呼，這項工作就由禮部負責，只見禮官對著上天，也不管老天爺是否答應，只顧高聲朗讀祭天文告：「唯我中國人民之君，自宋運告終，帝命真人於沙漠入中國為天下主，其君臣、父子及孫，百有餘年，今運亦終。其天下土地人民，豪傑分爭，唯臣帝賜英賢為臣之輔，遂戡定諸雄，息民於田野。今地周回二萬里廣，諸臣下皆曰：『生民無主』，必欲推尊帝號，臣不敢辭，亦不敢不告上帝皇只。是用明年正月四日於鐘山之陽，設壇備儀，昭告帝祇，唯簡在帝心。如臣可為生民主，告祭之日，帝祇來臨，天朗氣清；如臣不可，至日當烈風異景，使臣知之。」

大明國號的來由

至正二十八年正月初四（西元 1368 年 1 月 23 日），朱元璋的登基大典如期舉行。南方到了春天都是陰雨連綿，難得一個好天氣，多虧劉基憑著自己豐富的天文經驗，再根據曆法選了這麼個好天氣。不過在此之前，只有劉基自己心裡清楚，如果初四這天不如所願，他的麻煩說多大就有多大。謝天謝地，他賭贏了。朱元璋看到這個好天氣，也不禁暗暗高呼天佑我也！更加堅信自己是天命所歸，老天爺真的成全他做天子。前一天他出行時還被淋了一身溼，他思索今天會不會像昨天一樣，好在他經歷的事情太多了，並不擔心一個天氣就能說明什麼。

第八章　明朝建立

應天城，自六朝以來等待了八百年後，又一次迎來了登基大典，中國歷史上最後一個由漢族建立的大一統王朝——大明王朝誕生了。

朱元璋將自己的國號定為「明」，年號「洪武」。關於大明國號的來由，既可以說與之前紅巾軍的「明教」、「明王出世」有關，又可以說無關。我們知道，朱元璋此前已經跟明教、紅巾軍劃清了界線，說明教是妖教，紅巾軍是受妖言鼓惑的妖人。因此，他此處的「明」並非延續明教而來，而在明以前各王朝名稱的來由無非有如下幾種：一是託前代為名；二是以封號為名；三是因地為名；四是以誇耀德運為名。朱元璋集團內部那些文人學士很自然地根據各自的認知，分成了四派，分別為宋、漢、吳、明四派。

宋派認為，既然我們奉小明王為主，打的是大宋旗號，用的是大宋龍鳳年號，朱元璋又接受了「吳王」封號，就等於接續了大宋的帝統，國號應該繼續延用「宋」。但朱元璋認為宋雖然是華夏正統，但它早已退出歷史舞臺，韓山童、劉福通等人當初只是為了號召百姓，喚起漢人的民族情感才打出「日月重開大宋天」的旗號，借用宋為國號而已。我們建立的是一個新的王朝，新朝就要有新氣象，前人用過的國號沒必要再用了。

漢派認為，推翻元朝是要「復漢官之威儀」。漢是華夏的正統，以「漢」為國號再合適不過了。朱元璋認為漢朝已經是一千多年前的事了，況且歷史上那些偏安一隅的政權頻頻以「漢」為國號，什麼前漢、後漢、東漢、西漢的，國祚都不怎麼樣，更主要的是前不久陳友諒才剛剛用過。

吳派認為，新朝崛起於吳地，朱元璋又是吳王，國號應順理成章為「吳」，如漢王劉邦、唐國公李淵等都是以封號定的國名，況且還有童謠「吳家國」加以驗證。朱元璋嫌棄吳王的封號不是正統的中央王朝所封，加之「吳」所代表的是區域，偏居一隅，三國時的「吳」，五代十國時的「吳」都只是割據政權，顯然不適合用來做統一王朝的國號。而「吳國」聽

起來更不吉利,「無國」豈不是連國都沒有?

四派否決了三派,就剩下明派了。其實這個「明」也並非朱元璋的首選,據清張廷玉《明史》記載:明太祖初定天下,建國號,意在「大中」,既而祈天,乃得「大明」。可見在朱元璋心裡,「大中」才是他最初想定的國號,這可以從他稱吳王時鑄造的錢文「大中通寶」中得到線索。朱元璋〈奉天討元北伐檄文〉中也多次提到「中國」:自古帝王臨御天下,皆中國居內以制夷狄,夷狄居外以奉中國,未聞以夷狄居中國而制天下也。自宋祚傾移,元以北夷入主中國,四海以內,罔不臣服……當此之時,天運循環,中原氣盛,億兆之中,當降生聖人,驅逐胡虜,恢復中華,立綱陳紀,救濟斯民……蓋我中國之民,天必命我中國之人以安之,夷狄何得而治哉!予恐中土久汙羶腥,生民擾擾,故率群雄奮力廓清,志在逐胡虜、除暴亂,使民皆得其所,雪中國之恥,爾民等其體之!

可見朱元璋想建立的是一個「大中」國。但為什麼最後又改為「大明」呢?這個問題史學界一直有著不同的說法,按照張廷玉說的是透過祈天求得的「大明」國號。其實遠沒那麼簡單,綜合起來無非有如下幾點:

第一,新朝以明教起家,很多將士是從紅巾軍過來的,他們還都相信明王出世的說法,他們這麼多年堅持下來,為的就是夢想著有一天「明王出世」,為了讓這些人永遠活在夢中,就不能丟掉這個口號。丟掉這個口號,就驚醒了這部分人,也就會失去他們的心。朱元璋先把位置占了,用行動告訴人們,他就是大家苦苦盼望的明王,誰再想稱自己是明王已經沒希望了。

第二,明字由日和月組合而成,可以象徵日月同輝之意,中國自古就有祭祀「大明」的典禮:祭「天」、祭「日」、祭「地」、祭「月」,日月就代表了天,皇帝是天子,是「奉天承運」,用「大明」這兩個字更能展現自己皇權天授,其得天下是正當的。

第八章　明朝建立

　　第三，按照中國傳統五行學說，南方為火，北方為水。每個皇朝都占有五行中的一種德運，哪一種德運興盛，哪個皇朝就會興起，元朝起自北方，是玄冥，是水德，明朝起於南方，是火德，以火克水。而明和火是連在一起的。

　　第四，有文字記載：太祖本姓朱，本祝融。祝融，帝顓頊之子，為帝嚳火正，有大勳於天下，故別為祝融。太祖定鼎金陵，則祝融之故墟也。故建國號大明。意思是朱元璋為祝融之後，祝融為先民掌握火種的火官，朱元璋既是他的後人，就能給老百姓帶來光明。

　　朱元璋是依靠紅巾軍起家的，他的團體大體來自社會最底層，「明王出世」的觀念已經深入底層民眾和普通士兵的心，還有著極大的感召力。朱元璋必須顧及底層民眾的情緒，不但要把明教教義保留下來，還要創造性地將「光明」照射給他們。

　　同時又要照顧那些出身於地主家庭的知識分子的情緒，對於以上所說的那些東西，不光他們不信，連朱元璋本人都不信，那都是糊弄沒知識的人的。以劉基為首的知識分子對紅巾軍的「異端邪說」是不屑一顧的，傳統的儒家學說才是他們奉若神明的東西。為此，朱元璋又給了這些博古通今的專家學者型人物另一個發揮的空間。大明不是要取代元朝嗎？那就從大元的國號入手，引經據典在文化上擊敗他們。

　　元朝的國號源於怪僧劉秉忠的建議，寄託了開國者忽必烈的理想，取自《易經》「大哉乾元」之句，本意是對無始無終、無邊無際的宇宙的讚嘆，「元」有大、首的意思。但《易經》不止這句，它還有很多內容：「象曰：大哉乾元，萬物資始，乃統天。雲行雨施，品物流形。大明終始，六位時成，時乘六龍，以御天。乾道變化，各正性命……天也者，形之名也。健也者，用形者也。夫形也者，物之累也。有天之形而能永保無虧，為物之首，統之者豈非至健哉！大明乎終始之道……」你大元是「大哉乾元」，我

大明不就是「大明終始」嗎？你大元是天道，我大明就是統領天道，如此我大明不就比你大元更勝一籌嗎！

朱元璋承襲元制在中央設立中書省、大都督府和御史臺，三個機構並稱「三大府」。其中中書省為一品衙門，總理政務；大都督府和御史臺為從一品衙門，分別執掌軍事和糾察百官。李善長執掌中書省，為中書省最高長官中書左丞相（正一品），徐達為右丞相（正一品），其下為平章政事（從一品）、左右丞（正二品）和參政知事（從二品）。大都督府由李文忠掌管，劉基為御史臺中丞（正二品），但由於左御史大夫湯和（從一品）、右御史大夫鄧愈（從一品）都是掛名的，他實際負責御史臺。三府下有吏、戶、禮、兵、刑、工等六部。

朱元璋成了至高無上的皇帝，文臣武將都跟著晉升，雖然做的還是原來的差事，但那官職、官名聽起來順耳多了。立馬氏為皇后，世子朱標為皇太子，一眾皇親國戚，活著的加封，死了的追封，不一而足。追尊高祖朱百六為玄皇帝（廟號德祖）；曾祖朱四九為恆皇帝（廟號懿祖）；祖父朱初一為裕皇帝（廟號熙祖）；父親朱五四為淳皇帝（廟號仁祖）。

朱皇帝除了有個元璋的大名，還弄了個字叫「國瑞」，為避諱，很多人就得改名，比如馮國勝就直接去掉中間的國字，叫馮勝；胡廷瑞就改為胡廷美、後又改胡美；方國珍則成了方俗珍等。

收復河南

大明王朝的建立，對前方作戰的明軍士氣的鼓舞是不言而喻的。洪武元年（西元 1368 年）正月二十九日，朱元璋命駐紮在荊襄的鄧愈作為偏師率部出發進攻河南，以配合徐達部下一步在河南的行動。鄧愈是朱元璋的

第八章　明朝建立

愛將之一，這位年輕虎將坐鎮湖廣，把守西北門戶已有些時日，無論是帶兵打仗還是管理政權都十分出色。朱元璋對他的良好表現是相當滿意，如今動用他北上河南西部和陝南，以完成朱元璋消滅河南元軍，將陝西元軍堵在潼關以西的策略構想，為徐達、常遇春北上進攻大都製造條件。

山東的北伐大軍在登基慶典期間也暫時停止了行動，經過短暫休整後，於洪武元年二月在常遇春率領下攻克了東昌，附近各縣相繼歸降。二十五日，徐達再克樂安（今山東廣饒）。至此，整個山東已基本平定。

三月，徐達揮師直趨汴梁（今河南開封）。而此時，鄧愈已進兵直取唐州（今河南唐河縣），元守將劉平章棄城逃跑，鄧愈又一鼓作氣拿下了南陽。

徐達抵達陳橋時，還好奇地問馮勝，此陳橋是不是「黃袍加身」的陳橋，馮勝說咱進軍汴梁，這應該就是書上說的那個陳橋，隨後兩人都意識到話題太過於敏感，當即閉緊了嘴巴。

汴梁守將李克彝打算讓左君弼出城迎戰，左君弼在廬州頑抗過明軍，被明軍打得猶如喪家之犬，正在汴梁城避難。李克彝對他說：「左兄啊，你曾跟明軍交過手，還抵擋了他們幾個月，應該熟悉對方的戰術，我撥一支人馬給你在正面與他們交手，我率軍從側面策應，你看如何？」

左君弼此時已經萌生了投奔朱元璋的念頭，原來不久前，朱元璋知道他逃到汴梁後，將他的老娘小心地送了過來，令他十分感激。於是他當即拒絕：「承蒙李將軍看得起左某，不瞞將軍說，左某如今聽到明軍的威名就心裡發毛，不然也是不會落得到將軍處討飯吃的地步，哪裡還敢從命？」

李克彝左說右勸，左弼君就是不願出戰，完了還把徐達、常遇春神化了一番，反倒勸李克彝早作打算，抗拒是絕沒有好下場的！當真把李克彝嚇得失魂落魄，權衡再三，腳底抹油溜之大吉。左弼君把他嚇跑後急忙地

開啟城門,就跑過去迎接徐達一行。

朱元璋聞報汴梁輕鬆到手,龍顏大悅,左君弼給朕面子,朕要幫他記上一功!

徐達大軍繼續西行,向洛陽出發,接下來,他們將會迎來北伐以來遇到的一次像樣的抵抗。元將脫因帖木兒糾集了五萬人馬,在洛陽以北十五里處嚴陣以待。脫因帖木兒就是王保保的弟弟,不久前才從山東逃到河南。此前王保保已率領為數不多的心腹部隊屯駐在山西澤州一帶,才老實了幾天,聽聞朱元璋在應天稱帝,又派大軍北伐,不甘坐以待斃的他,覺得機會又來了,他要趁機渾水摸魚。山東、山西、河南由他父子兩代經營多年,因此很快拉攏到數萬人馬,他當然不敢找明軍,而是趁政府軍不備,一舉攻占了太原,把太原城的官員殺了個一乾二淨。

元朝廷盛怒之下,再次命令各路元軍討伐王保保。二月,王保保敗退到了平陽一帶,眼看已成甕中之鱉。而此時明朝大軍的前鋒已經殺奔河南,李思齊等人見大事不好,趕緊撤軍跑回關中老巢,以求自保。而元朝方面根本無視明軍北上的現實,還在催促各路人馬圍攻王保保。

脫因帖木兒雖然是王保保一母同胞的弟弟,但他並不支持哥哥對抗朝廷,並且以行動加以證明,因此受到朝廷的差別對待。由於河南的元軍都被抽到山西打內戰,加上長年混戰,河南早已十室九空,想抓壯丁也沒地方抓去,脫因帖木兒只拼湊到區區五萬人馬。

脫因帖木兒曾遠遠觀察過明軍,看到對方盔明甲亮、陣容嚴整的樣子,內心不由感嘆:朱明大軍果然名不虛傳,徐達、常遇春果真不凡!回頭再看看自己身後這群像叫化子一樣的士兵,心裡未免懊惱,真是山水輪流轉啊,如今倒成了人家是兵,自己是匪了!

其實脫因帖木兒身後還有一個上司,此人為統治河南的元大將詹同。脫因帖木兒見明軍勢大,士氣又盛,覺得不宜硬碰硬做不必要的犧牲,便

第八章　明朝建立

向詹同建議元軍迅速南下，封鎖洛水，等敵人半渡而擊之。

這本來是個很好的建議，沒想到卻遭到詹同的訓斥：「要奮鬥就有犧牲，什麼叫不必要的犧牲，你想臨陣脫逃嗎？」遇到這樣的領導只能認倒楣。

詹同敢如此說話是因為手裡握有一萬鐵騎，這是一支嚴格按蒙古本部方式訓練的部隊，當年蒙古人就是靠這樣的鐵騎橫掃天下，只不過現在的這支所謂鐵騎大多是由漢人、色目人組成，蒙古人占很少。詹同認為明軍一路沒遇到過像樣的抵抗，一路高歌猛進，其志必驕，所謂驕兵必敗，書上就是這麼說的。

詹同不是光說不練的人，他選擇在洛陽外圍的塔兒灣布陣，這一帶地勢開闊，可以充分發揮騎兵的優勢，他將一萬鐵騎部署在左右兩翼。脫因帖木兒則另有想法，他認為朱明的部隊久經戰陣，遠非南宋的軍隊可比，且人多勢眾，如此僵化的打法根本沒有勝算，因此，還未開戰他已暗地裡安排好了一條退路，偷偷吩咐自己的屬下，看情況不妙就趕緊撤！

徐達、常遇春率八萬主力由虎牢關方向開來，常遇春遠遠看見元軍已列陣以待，馬上興奮起來，連跟徐達打聲招呼的程序都省了，一馬當先就衝了上去。元軍陣中飛出一員戰將，可是幾個回合被常遇春打得失魂落魄，趕緊招呼同伴上來群毆，敵陣中一下衝上來二十多個手挺長槊的騎兵，常遇春怪叫一聲直接就迎了上去。那些元兵也算有戰鬥素養，他們知道常遇春勇猛，所以只是把他團團圍成一圈。常遇春往哪個方向突，那個方向的元兵就退，想消耗其體力再一舉擒殺，儘管如此，還是讓常遇春指東打西挑落了好幾個。

常遇春是朱元璋的心腹愛將，臨行前朱元璋曾一再叮囑徐達要看好他，不要讓他逞匹夫之勇。徐達生怕有失，令旗一揮，讓大軍掩殺過去，雙方步兵展開激戰，不到半個時辰，元軍逐漸不支。只見詹同在高處揮動令旗，蒙古鐵騎從兩翼殺奔而出。常遇春雖然在忙不迭地殺敵，但也時刻

注意整個戰局,見濃煙起處敵騎兵猛撲過來,當即收縮防線以抵擋騎兵攻擊。

徐達命火炮部隊點火,火器巨大的威力讓詹同的鐵騎沒能占到半點便宜,轉而嚮明軍兩側運動,試圖包圍對方。但他忘了對方也有騎兵,只聽徐達喊道:「傅友德、薛顯!」

「末將在!」傅、薛二人應聲出列。「命你們二人各帶五千騎兵,向兩個方向的敵騎兵發起反衝鋒,務必將他們打下去!」徐達下完命令又補充一句,「此戰的關鍵就看你們了,建功立業的時候到了,皇上在看著我們呢!」

事實證明徐達後面那句話純屬多餘,那傅友德、薛顯也不是吃素的,早就憋足勁,只等一聲令下了。只見兩人各率本部以雷霆萬鈞之勢直撲對手,很快將敵人的陣腳打亂,就在雙方殺得難解難分之際,突然颳起一陣東南風,這不請自來的東南風可讓元軍吃苦頭了,颳起的沙土讓他們睜不開眼睛,徐達乘機吹響了全線進攻的號角。

元軍陣形被衝得七零八落,詹同見勢不妙趕緊鳴金收兵。明軍哪裡肯放過他們,結果一口氣追擊了五十里,詹同只得帶幾個親兵往西北方向逃竄。早有準備的脫因帖木兒相對好點,帶著部分殘兵敗將逃往了陝州(今河南三門峽)。明軍戰果輝煌,殲敵過半,繳獲大量馬匹、武器。

此戰過後,明軍在整個北伐的過程大體沒有再遇上像這樣的大規模阻擊。洛陽的最高軍政長官是察罕帖木兒他爹、河南行省平章、梁王阿魯溫,他見元軍敗逃,絕望之餘投降了明軍。

幾天後,常遇春進兵嵩州(位於今登封市東南),元守將李知院主動投降;馮勝、康茂才直取陝州,脫因帖木兒望風而逃。鄧愈與徐、常大軍勝利會師後,和馮勝聯手向潼關進兵。李思齊、張思道本來都是善於用兵之人,他們也知道潼關的重要性,只是由於兩人相互不夠信任,都指望對

第八章　明朝建立

方出死力，結果大家都不出力。明軍輕而易舉占據潼關，扼住了三秦門戶，阻斷了駐紮在關隴地區的元軍與關外的聯繫，孤立了元大都。

隨著北伐的節節勝利，河南形勢一片大好。五月二十一日，朱元璋親自來到汴梁，這也是他這輩子所到過的最北的地方。他此行的目的官方媒體說是到前線視察，鼓舞前方將士，實則是來實地考察北宋故都汴梁城，應天雖然是六朝故都，但都是短命王朝，這給朱元璋的心裡投下了很大的陰影，他無時不在考慮遷都的事情。徐達他們拿下汴梁後，就有人提議搬到那裡去。

朱元璋汴梁之行得出的結論是，汴梁四周一馬平川，無險可守，不適宜建都。但為了應付那幫老學究「君天下者宜居中土」的提案，遂將汴梁改名「開封」，定為明朝的「北京」，應天則為「南京」，表明大明王朝有兩個都城，既照顧了中原人士的情緒，又暫時穩定了江南的人心。

徐達收復燕京

明軍橫掃河南，順利占據潼關，圓滿地完成了朱元璋提出的「先取山東，撤其遮罩；旋師河南，斷其羽翼；拔潼關而守之，據其戶檻」的第一階段策略目標。

洪武元年（西元1368年）五月，朱元璋親抵汴梁，聽取前線將領的軍事情況匯報，並討論下一階段的策略部署。根據元大都已陷入孤立無援的軍事態勢，徐達提出由臨清（今屬山東）直搗大都的建議，得到朱元璋的首肯。遂決定由征虜右副將軍馮勝留守汴梁，調江西行省左丞何文輝來坐鎮河南（今河南洛陽），鎮國將軍郭興鎮守潼關，徐達率大軍直取大都。

關於進取大都，朱元璋特別指出：北土平曠，利於騎戰，一定要有足

夠的準備。他擔心以騎兵見長的元軍會對明軍帶來不利,因此指示徐達以精銳先鋒為前導,沿東線進軍,他本人親率大軍水陸並進作為後援,趁大都外援不及、內部驚慌失措之際,一鼓作氣將其奪下。

在徐達看來拿下元大都已不在話下,但他擔心元惠宗會提前開溜,一旦讓他逃回了北方大草原將給今後北方邊境留下後患。因此,他請示朱元璋:「如果攻克大都之日,元帝北逃,要不要窮追?」按他的意思就算元惠宗跑進了閻羅殿也追過去一探究竟。

朱元璋對這個問題顯然早就考慮過了,他以「天命」做徐達的說服工作:「元起朔方,世祖始有中夏,乘氣運之盛,理自當興;彼氣運既去,理固當衰,其成其敗,俱繫於天。若縱其北歸,天命厭絕,彼自漸盡,不必窮兵追之,但其出塞之後,即固守疆圉,防其侵擾耳。」

徐達不這麼認為,還據理力爭道:「可是如果能將元帝父子控制在我們手上,對於未攻下的地區⋯⋯」

朱元璋推己及人,元惠宗不會傻到坐等你們去抓,看情形不對肯定會提前轉移,茫茫大草原上哪追去?就算費盡九牛二虎之力把他追到,勞民傷財不說,怎麼安置元惠宗也是個問題。按徐達的意思讓他說服未歸降的將領放棄抵抗?別扯了,他在位時下的聖旨都不靈,現在就更沒人聽他的了。要是把他抓回來處死,那還費那力氣做什麼?還不如各安天命,讓他自生自滅。因此他阻止了徐達,沒讓他說下去。

儘管徐達不認同朱元璋的做法,但他也明白,朱元璋已經是至高無上、一言九鼎的皇帝,再也不是當年一起共同議事的大哥了,很識趣地不再說什麼,表示堅決服從的同時還得裝作心悅誠服的樣子。

當明朝君臣在開封謀劃給元朝最後一擊時,在太原的王保保還在遭元廷的圍攻。雖然他一再向朝廷求和,但朝廷一直不予回應,卻收到了徐達派人送來的一封勸降信。說實話,他跟明朝方面打交道已不是第一回,最

第八章　明朝建立

早可追溯到他養父察罕帖木兒時期。當時察罕帖木兒戰河南、平山東，北方紅巾軍遭到毀滅性打擊，眼看就要威逼江南。朱元璋見勢不妙，趕緊派楊憲等人主動向察罕帖木兒獻媚。察罕帖木兒表示同意接納朱元璋，並讓朝廷授予其「榮祿大夫、江西等處行省平章政事」，元廷派戶部尚書張昶、郎中馬合謀和奏差張璉等人帶上委任詔書、官服印綬、御酒來到應天。

正在這節骨眼上，突然傳來察罕帖木兒被田豐、王士誠刺死的消息。由於在降元的事情上一直遭到很多人的反對，察罕帖木兒一死，朱元璋馬上改變主意，為表明自己與元廷徹底絕交的決心，他公開處決了朝廷派來的代表。尚書張昶因「智識明敏，熟於前代典故」而被朱元璋用一個死囚替換了下來，張昶也為朱元璋做了很多事情，尤其在指導登基儀式上更是不遺餘力，但由於動了楊憲的「蛋糕」，被後者耍點陰謀詭計，讓朱元璋以「身在江南，心思塞北」「彼決意叛矣，是不可赦」將其處死。不久朱元璋就意識到自己受楊憲矇蔽，錯殺了張昶，嘴上不肯承認，但心裡已開始警覺內部的權力之爭了，並對楊憲鄙視起來。

後來，王保保接替察罕帖木兒並被朝廷封為「河南王」，命其進剿江南時，還以中央要員的身分致書朱元璋，勸他看清形勢，早日接受招安。

如今時過境遷，論到朱元璋來招安王保保了。此時的王保保處境微妙，而且是朝不保夕，不想樹敵過多，於是就派心腹帶隊從太原送來三匹上等好馬、一大筆現鈔黃金等財物給徐達，先應付過這一關再說。徐達把馬留下，錢物原封退回。

王保保並無意降明，他認為朱元璋為人刻薄寡恩，連為他出生入死的徐達都不敢自作主張，其他人就更不在話下。他已經打定主意，實在不行就退到北方草原的苦寒之地，那可是令歷代中原政權頭痛的地方。眼前他需要做的是盡快擺脫困境，部將賀宗哲獻上一計：把朝廷打疼了，再表明

忠心，不怕朝廷不接納。

此時，還在奉旨圍攻王保保的正是他原來的老部下貂高、關保等人。王保保開始裝起可憐來，左一封信右一封信地讓昔日的部下看在往日的分上，放他一馬。暗中卻在積蓄力量，終於，在一個風高月黑的夜晚，王保保突然殺來，貂高、關保等人措手不及，大敗被生擒。

元廷接到貂高、關保兵敗的消息震驚不已，及至收到王保保的表忠書後，態度來了個一百八十度大轉彎，命他按軍法處死貂高、關保。王保保本來就不打算讓這兩個背叛自己的人再活在世上，朝廷當然也清楚這點，大家不過是做做官樣文章而已。

既然要做就做到底，朝廷隨即撤銷大撫軍院，恢復王保保河南王、太傅、中書左丞相的官爵，命他火速勤王。但王保保的幕府就要不要勤王爭論不休，有人在積極商討勤王的方略，有人卻提醒王保保：「朝廷開撫軍院，要置丞相於死，現在知道要勤王了，晚了！我們不如就駐軍雲中，靜觀其成敗再作下一步打算！」

朱元璋在開封逗留了一段時間，看看一切布置停當後，於七月二十八日返回應天。朱元璋前腳走，徐達後腳跟著就調兵遣將，由都督同知張興祖、平章韓政、都督副使孫興祖等率領益都、濟寧、徐州等地部隊前往東昌會合，薛顯、傅友德等各率本部兵馬渡河，繼續北伐。

從河南進攻元大都有兩條線路可供選擇：一是從開封渡河經過衛輝、彰德、大名、正定、保定等地抵達元大都；二是徐達先前提出的，順著衛河抵達臨清入運河，經德州、滄州、直沽、通州到達大都。第一條路線由於途中河流眾多，多有障礙，對於後勤供應帶來很大困難，而且王保保駐軍太原，因此不予考慮。

閏七月初一，徐達率領主力自中灣渡河進攻河北，由於兵連禍結，一路上人煙稀少，第二天即收到薛顯、傅友德攻取衛輝（今河南汲縣）的消

第八章　明朝建立

息。七月初三，徐達與薛、傅會師於淇門，兵合一處繼續北上。初五抵達彰德（今河南安陽），元守將龍二倉皇出逃，同知陳某則出城投降，徐達留下梅思祖守衛。初八進兵邯鄲，守將棄城逃走。初十攻克廣平（今屬河北），元平章周昱逃走。

十二日，徐達抵達臨清，隨即調兵遣將，實施第二階段行動，令東昌、樂安張興祖、華雲龍部率兵前來會師，參政傅友德帶俘虜的元將李寶臣連同都事張處仁為嚮導在前開路，以都督副使顧時疏通臨清至通州的水道，以保證大軍水陸並進。

閏七月十五日，平章韓政、都督副使孫興祖抵達臨清，徐達命韓政鎮守東昌兼撫臨清。在徐達大軍出發的前一天，常遇春已經攻克德州，生擒元參政哈剌馬納。徐、常德州同師後，揮師直抵長蘆（今河北滄州），長蘆青州（今河北青縣及天津靜海等地）守軍連夜奔逃，明軍進到直沽，也就是今天的天津。本來負責鎮守海口的元丞相也速先聽說明軍來了，嚇得連夜奔逃，大都震動。

同月二十五日，徐達軍至河西務（今天津市武清東北）。元廷養了那麼多的軍隊，終於有人敢拿起刀槍了，平章俺普達朵兒只進巴領兵與徐達交戰，雖然最後被打得大敗而逃，但比起那些搶跑將軍強多了。此戰生擒知院哈剌孫及將校三百餘人，繳獲戰馬六百匹、船隻百餘艘、糧二千六百石。

明軍繼續進抵通州城，徐達紮營於河東岸，常遇春在河西岸築營。次日，天起大霧，徐達讓郭英來到他的中軍營帳，他要給朱元璋的這個小舅子一個建功立業的機會。郭英接受任務後，先在路邊埋伏了一千兵馬，自己帶上三千精騎到通州城下叫陣。元朝知院卜顏帖木兒召集了一萬名敢死隊出城迎戰，濃霧籠罩之下，雙方在城下你來我往打得真像那麼回事。郭英率領手下比劃了一陣就帶頭先撤，其他人也隨之「敗退」。元軍真以為

他們的敢死隊發揮了作用,難得擊敗明軍一回,哪裡肯輕易放手,誰知卻中了人家的埋伏。明軍伏兵從旁殺出,一萬元軍逃回城的不到一半。

二十八日,就在明軍攻克通州的當晚,元惠宗於半夜帶著太子、後妃出健德門,由居庸關逃往上都開平(今內蒙古自治區多倫縣西北)。朱元璋認為他能識相地滾回北方,是順應天命的表現,因此給了他個「順帝」稱號。

洪武元年(西元1368年)八月初二,徐達率軍進占大都,至齊化門,令將士填壕登城而入。徐達親自登上齊化門樓,處死元朝監國宗室淮王帖木兒不花和右丞相張康伯一干大臣,俘獲諸王子六人,封存府庫圖籍寶物以及故宮殿門,派兵把守。嚴令各官兵不得搞打砸搶等擾亂秩序行為,並貼出安民告示,讓居民各安其業。同時派兵加強對古北諸處關口巡邏,把好北面門戶,命指揮華雲龍管理大都,負責戰後重建工作。

攻克大都,代表著北方的山東、河南、河北等地已控制在明軍之手,尤其是元順帝北逃,使整個北伐戰場發生了根本性變化,困據秦、晉地區的元朝地主武裝集團完全陷入了群龍無首的境地。

第八章　明朝建立

第九章
北伐之戰

進兵西北

　　明軍占領大都，代表著蒙古人騎在漢人頭上作威作福的日子一去不復返了。但戰爭還遠遠沒有結束，元軍在西部地區「引弓之士不下百萬，歸附之部落不下數千里」，還擁有廣闊的土地和資源，實力不容小覷。之前明軍按照朱元璋的部署，死死地堵住了他們東出和南下之路，現在是回過頭解決他們的時候了，只有解決掉西北的元軍，穩定北方的形勢，北伐才算完成。

　　洪武元年（西元1368年）八月十五日，按照朱元璋的指示，徐達、常遇春決定進剿西北，原來負責在潼關堵截元軍的馮勝、鄧愈由陝南向北攻擊，配合徐達大軍的行動。剛剛在華南地區完成「剿匪」任務的湯和見徐達他們在北方打得熱鬧非凡，又是建功又是立業，眼饞得要命，私底下找朱元璋開後門，說是要到北方「鍛鍊鍛鍊」。朱元璋很了解手下們的心情，為此，在批准湯和請求的同時，把閒得沒事的楊璟也一併調往北方參戰，統一聽從徐達指揮。

　　此時，常遇春率部分主力由北平（朱元璋改大都為北平）南下攻取河北保定、中山、真定，作為入晉的北路軍。徐達的部隊則駐紮彰德一帶，作為南路軍。湯和、楊璟統率所部心急火燎沿太行山一路打到了山西澤州（今山西晉城），澤州守將平章賀宗哲、張伯顏引兵逃遁，前鋒部隊順利占領了澤州。

第九章　北伐之戰

十月初，王保保派部將韓札兒、毛義率兵南下試圖奪回澤州，明軍楊璟、張斌率部前往增援，雙方在韓店不期而遇。楊璟從廣西到山西，一路高歌猛進，未遇強敵，此時又立功心切，在未占任何優勢的情況下與對方展開野戰，結果被打得大敗，損失慘重。

捷報傳到上都，元順帝大喜過望，當即晉封王保保為齊王，賜金印。但這個齊王不是白給的，元順帝把復興元朝的重任交給他，令他去收復大都。王保保當即集合主力，準備從山西北出雁門關，由保安（今河北涿鹿）經居庸關向北平出發，可見此時的王保保也頗有捨我其誰的英雄氣概。

徐、常得知這一情況後，兩人一致認為，與其回救北平，不如乘虛直搗王保保的太原老巢。當然這一決策是建立在對同袍的絕對信任的基礎上的，他們堅信孫興祖等人能夠堅守北平。

王保保進至河北懷來時，就得知了徐達要攻擊他據點的消息，他可沒有徐達自信，只得匆匆撤軍回救。他心裡比誰都清楚，北平尚在他人之手，能不能打得下來還難說呢，但太原一旦丟失，那他在中原再也難有立足之地，真的要滾回草原去吃草了。不過有一點他不清楚，徐達也冒著很大的風險，北平作為元朝故都，其政治意義遠大於軍事意義，一旦丟失，他真不知道如何向朱皇帝交差。

雙方鬥智鬥勇，徐達贏得了先機，然而因為明軍裝備甚多，北方不像南方有便捷的水路可供運載，行軍速度本來就不快，來回奔忙顯然不是上策。王保保則既占得天時又占了地利，他們的騎兵部隊在機動性上占有極大的優勢。

王保保的機動快速能力著實讓徐達吃了一大驚，明軍前鋒部隊才抵達太原城外，還沒來得及展開，王保保就趕回到了太原。不過他卻犯了一個錯誤，或者說失去了一次殲敵的絕好機會，明軍對他的突然出現毫無準

備，已經有點心慌了，但他只考慮到自己疲憊不堪，打算休息一晚再作打算。

就是這一念之差讓王保保嘗盡了苦頭。徐達經過短暫恐慌之後，馬上根據敵情做出新的調整，決定孤注一擲，夜襲太原城。打仗除了勇氣以外，有時候還講點運氣，徐達的運氣不是一般地好，跟元軍打了那麼多交道，王保保是徐達感到不同凡響的一個。就在他緊鑼密鼓地布置任務時，上天給他掉了個大餡餅，有人主動派人前來聯繫投降。

來人自稱是王保保的部將豁鼻馬派來的。豁鼻馬原先是奉命參與圍攻王保保的將領之一，後被收編，他不願意接受王保保的指揮，又眼看元朝已經崩潰，對前途感到悲觀，想重新找條出路，因此前來約降。

十二月初一夜，明軍悄悄接近王保保的大營，豁鼻馬命一部分人四處縱火，另一部分開啟四面城門。當時王保保正在燈下看書，見士兵們驚慌失措到處亂竄，正惱火他們打斷自己的雅興，走出去正要喝斥他們，卻看到了最不願看見的一幕：大批明軍如洪水般湧來。他慌得連鞋都來不及穿，撒腿就跑，在馬廄裡胡亂拉出一匹馬就騎了上去，最後只有十八騎跟隨，其餘四萬多官兵在豁鼻馬的威逼利誘下，全部投降。馮勝、湯和等人聞知徐、常大軍已經入晉，率部一鼓作氣連克平陽（今山西臨汾）、絳州（今山西運城市新絳縣）等地，基本掃平山西全境。

王保保先是逃到大同，常遇春帶兵追了一程沒追上，只得悻悻而返。而後王保保逃到了甘肅。洪武二年（西元 1369 年）正月，元順帝又任命王保保為中書右丞相，並多次催促他到上都赴任。但王保保寧願在中原當狗，也不願回到草原去做官，倒反過來勸元順帝盡早放棄上都和應昌（今內蒙古自漢區克什騰旗），往北逃到更安全的和林（今蒙古國哈爾和林）。

山西既下，下一步就是進軍關、隴。洪武二年（西元 1369 年）二月，常遇春、馮勝率先頭部隊西渡黃河進入陝西，他們的任務是由北向南攻

第九章　北伐之戰

擊。三月，徐達親率大軍由蒲州（今山西永濟市西南）渡河南下，再由潼關附近的櫟陽（今西安市臨潼區）、鹿臺（今陝西高陵西南）一帶進入陝西，自南向北進攻。

陝西有李思齊、張思道、孔興、脫列伯等軍閥計十餘萬元軍盤踞：李思齊駐鳳翔，張思道駐鹿臺以拱衛奉元。鄜城（今陝西洛川境內）守將施成迫於明軍威勢不戰而降，駐守鹿臺的張思道則逃往慶陽（今屬甘肅），明軍不戰而占有鹿臺、奉元，遂改奉元路為西安府。十二日，常遇春率部進逼鳳翔，李思齊逃往臨洮（今屬甘肅），鳳翔又不戰而克。參政傅友德攻克了鳳州（今陝西鳳縣）。

四月二日，徐達召集各路將領在鳳翔召開軍事會議，討論下一步作戰方案。由於明軍進展迅速，占領不少地盤，到處要分兵把守，無論是兵力配置和物資供應都令徐達感到捉襟見肘。會上他根據李思齊和張思道的兵力特點、臨洮和慶陽的地理形勢，本著先易後難的原則，擬定了先拿下臨洮，而後進取慶陽的方案。徐達命湯和留守鳳翔，大軍向隴州（今寶雞市西北）開拔。而這時朱皇帝來了一道手諭：命常遇春率領部分主力回師北平。

原來在明軍主力西進後，元丞相也速曾經帶上萬人馬進犯通州，通州守將曹良臣率僅有的千餘兵力巧妙周旋，才讓也速無功而返。此事引起了朱元璋的警覺，因此緊急調常遇春回防北平，同時指示他伺機進攻北逃的蒙元殘餘，搗毀元上都。

盤踞在臨洮的李思齊之前與明軍沒打過交道，前不久他曾收到朱元璋送來的勸降信。朱皇帝在信中承諾，只要李思齊「去夷就華」，我朝「當以漢待竇融之禮相報」。李思齊看過信後，當時就有了歸附明朝之意，只是受他的養子趙琦等人的矇蔽，一時猶豫，才逃到臨洮來的。當馮勝率兵逼近臨洮時，已經無心戀戰的李思齊抵擋了一陣後，無奈地打出白旗投降

了。後來朱元璋給了他一個江西行省左丞的空職，只掛名不到任，再後來被朱元璋派到王保保那裡當說客，讓他現身說法勸王保保歸降。

朱元璋對大軍順利占領臨洮、李思齊棄暗投明一點也不意外，除了通令嘉獎以外，還特意提醒徐達：「張思道兄弟多譎詐，如果張家兄弟來降，一定要小心對待！」但徐達認為西北地區已基本落入明軍之手，張思道兄弟處於孤立無援的狀態，頑抗只有死路一條，投降才是唯一的出路。因此，對朱元璋的提醒並沒有給予足夠的重視。

張思道聽說明軍占領了臨洮後，便一溜煙逃往了寧夏，把慶陽丟給了以驍勇善戰著稱被呼軍中「小平章」的弟弟張良臣。但令張思道意想不到的是，他才到寧夏就被王保保抄了後路，自己也被他控制。張良臣聽說哥哥被王保保抓了，一怒之下就主動向明軍約降。

徐達轉而進軍攻取慶陽附近的平涼、涇州等地，而命薛顯帶騎兵五千、步兵六千到慶陽辦理受降、接管工作。

正如朱元璋所料，此時的張良臣又有了變化。他聽說王保保不但沒有傷害哥哥，還承諾要做他的外援。張良臣見常遇春部已經東撤，西北戰場只有徐達一人，當下就後悔了。當薛顯等人興沖沖來慶陽時，卻遭到張良臣部出其不意地砍殺，毫無心理準備的明軍被打得四處奔逃。萬幸的是被朱皇帝誇讚為「勇略冠軍」的薛顯臨危不亂，在混戰中邊喊邊殺，很多久經戰場的將士聚集到了他身邊，薛顯帶著部分隊伍衝出了「屠宰場」，清點人數竟折去了大半，連他本人也掛了彩。

皇帝就是皇帝，徐達不得不佩服朱皇帝的英明偉大和遠見卓識，他沒有半點責怪薛顯的意思，而是後悔自己疏忽了聖意，對諸將長嘆：「聖上真是明見萬里之外啊！早就來旨警示我等小心今日之事，現在果如其言……張良臣的這種叛變，實在是自取滅亡！當與諸公盡全力剪除之！」隨即撂下狠話：不准放跑慶陽城一兵一卒！

第九章　北伐之戰

徐達的話迅速傳遍全軍，臨洮的馮勝、傅友德坐不住了，迅速率部趕到涇州前線，西安的湯和也率部趕了過來。

王保保沒有食言，為解慶陽之圍，他從七月底起兵分三路反擊明軍：一路進攻大同，威助太原；一路進攻鳳翔；一路進攻原州（今甘肅鎮原）、涇州，對明軍造成很大壓力，整個戰局為之一變。

徐達被迫暫時採取守勢，一面分兵扼守各處要點，一面加強對慶陽的攻勢。由於不像南方有水路通達，重火器運不上來，慶陽在被困三個月後，在彈盡糧絕且外援無望之下，張良臣再次登城高呼願意真心投降！

徐達的回答很乾脆：晚了！眼看再頑抗下去只會活活餓死，張良臣的部將姚暉、葛八等乾脆開啟城門投降，明軍一擁而上。張良臣見勢不妙，帶著他的親兒子、乾兒子投井自盡，但徐達沒打算留他全屍，命人打撈上來，將其碎屍萬段。慶陽被攻克後，各路元軍也被擊退，陝甘地區的故元勢力基本被消滅。

常遇春揚威大漠

徐達、常遇春被稱為黃金搭檔的生死同袍。在常遇春奉旨離開鳳翔開赴北平之時，徐達心裡是有點複雜的。這麼多年的出生入死讓他們結下深厚的友誼，他從不懷疑「常十萬」的能力，也從沒把他當下屬看，有事總是用商量的口吻徵詢他的意見，如今把他調開，徐達是真心替他感到高興。在他看來，朱元璋不過是把常遇春調往北平加強防衛，正好讓他好好休息一段時間，因為他近來總感到頭痛。

常遇春的看法與徐達正好相反，他認為朱皇帝把他調到北平，絕不是給元丞相也速不花面子，這種殺雞用牛刀的做法，顯然不是大手筆的朱皇

帝所為。因此，他已經做好了當第二個霍去病的準備。這也正是朱元璋的用意。不過為了保險起見，朱元璋又增調李文忠去往北平，臨行交代他此行的任務就是會同常遇春攻取元順帝的新巢穴——遠在北平千里之外的元上都開平，徹底掃除元朝殘餘勢力對北平一帶的軍事威脅。

這好像與之前朱元璋主張的穩步推進的用兵方略不符，其實這正是朱元璋審時度勢、不斷總結的結果，他很清楚，元軍殘餘中除了西北的王保保堪稱能與明軍一戰以外，當年曾令漢軍聞風喪膽的蒙古鐵騎，如今也淪落到了聞聽明軍到來就失魂落魄的地步。

在常遇春出兵之前，朱元璋按照慣例寫了一封「招撫」信給盤踞在遼東的遼東行省左丞、元廷太尉納哈出，勸他要認清形勢，天命所歸不可強求，元順帝退出歷史舞臺已不可逆轉，不值得繼續為他效命，等等。納哈出曾在至正十五年（西元 1355 年）朱元璋攻克太平時，當過明軍的高級戰俘，受到朱元璋的特別優待，最後還給了大筆路費將他釋放，納哈出回到元朝政府後不降反升，如今的地位就相當於「東北王」。這個納哈出是大有來頭，他是成吉思汗四傑之一木華黎的嫡孫，史載他繼承祖業鎮守遼東，「久之據金山（今遼河北岸），有眾二十餘萬，孳畜富於元主……元主官之太尉，不預朝會」。也就是說，遼東之地雖然名義上隸屬於元朝，但不需要向皇帝負責，甚至不必朝會皇帝。

對這股力量不能掉以輕心，常遇春所部兵力不足十萬，其中騎兵僅有一萬，步兵八萬，與他自信「率眾十萬即縱橫天下」的豪言只差一步，這對天不怕地不怕的常遇春來說已經足夠了。但朱元璋在他出發時，特意命他從遼東方向進軍，借道三河，經鹿兒嶺，向東迂迴到納哈出所在的大寧路逛一圈，此意有兩個目的，一是以武力警告納哈出不要輕舉妄動，二是迷惑元順帝。如果納哈出趁常遇春深入草原之際出兵北平，將讓十萬明軍失去了後方的支援，最後只能讓人家包餃子，而元順帝在通往上都的路上

第九章　北伐之戰

設定了一道屏障：也速駐守的全寧（今內蒙古自治區翁牛特旗）——皇太子愛猷識理達臘駐守的紅羅山（今小凌河上游）一線。

曾被明軍「羞辱」了一番的也速已經接到情報，那個令人聞風喪膽的殺神常遇春已經從西北調到了大都前線，讓他的神經高度緊張起來，真是怕什麼就來什麼。當常遇春大張旗鼓集結隊伍時，也速也迅速收縮防線，做了緊急動員，但不久卻收到常遇春出兵遼東的消息！這不是衝納哈出去的嗎？

但要說也速完全相信常遇春去攻打納哈出也不盡然，納哈出可是擁兵二十萬啊，常遇春不是胃口太大了，就是瘋了！不過他倒是真希望對方是瘋了。全寧畢竟毗鄰遼東，常遇春又是不按常理出牌的人，為慎重起見，他還是在錦川（今燕山北麓一帶）布置了一萬精騎，作為前沿觀察哨。

果然，常遇春到了松亭關（今喜峰口北十公里）之後，突然轉向錦川而來。錦川是明軍進軍全寧、遼東的必經樞紐，負責鎮守的江文清相當自信：明軍騎兵少得可憐，大多依靠步騎協同作戰，行動緩慢，他江文清有的是時間布防列陣，專等明軍乍到之際，以騎兵攻擊一陣再撤也不晚。

江文清按正常思維備戰，常遇春卻偏偏不按常理出牌，置步兵大隊於不顧，親率僅有的一萬騎兵孤軍疾進，在江文清意料不到的時間突然出現在他面前。等到江文清驚愕過來，要傳令列陣時，有超過半數的士兵還沒來得及把馬鞍放在馬背上就成了刀下鬼。明軍似乎從天而降，遮天鋪地而來不知有多少，江文清只得帶著殘餘士兵退守鹿兒嶺。

常遇春得勢不饒人，全然不理放下武器的俘虜，率軍乘勝狂追。江文清跑到鹿兒嶺連氣還沒喘勻，明軍已經殺了上來，一道天險就這樣拱手讓了出來。

待在全寧的也速陸續收到戰報：「報！常遇春率騎兵不要後方，已突破錦川！」「報！鹿兒嶺天險丟失！」「報！常遇春直奔全寧而來！」

也速被激怒了，好你個常遇春，你也太不拿本相爺當回事了，竟敢孤軍深入，不給點顏色你真以為我元朝沒人了！他決定集中兵力在全寧跟常遇春轟轟烈烈打一場。

全寧作為元末中書省重鎮，四面環水：北有潢河；東臨塗河；南面有挖扠河與落馬河兩道屏障；西面為潢河與落馬河交會處，等於四面都有天然「護城河」。這些河流雖然與全寧城都有一定的距離，但也正好適於重兵布防，全寧城外就是一塊大兵團決戰的絕好戰場。

也速不花是個辦事講效率的人，決心既下立刻進行部署：將主力鐵騎部署於塗河與落馬河的交會處西北十里左右地帶，不管明軍從哪個方向渡河來犯，元軍都會及時出現在他們面前，他本人也把指揮所設定在城外。常遇春是百勝將軍，從軍以來未遇過敗績，是真正的「獨孤求敗」，他作戰除了勇猛，帶頭衝鋒陷陣之外，還有極強的應變能力，他在率部抵達塗河與落馬河交會處時，並沒有如也速不花所預料的猛撲過去，而是使了點花招：分出一千人員大張旗鼓地順落馬河西上，找了一處看上去很適合強渡的地方，擺出一副要渡河的架勢；自己則親率主力沿塗河隱祕北上，讓部隊曉宿夜行，讓戰馬保持充沛的體力。

兩天後，常遇春率主力神不知鬼不覺地渡過了南北走向的塗河，從側後東北方向直插全寧城。

常遇春他們一路疾進，連元軍的影子都沒遇見。就在將士們以為全寧唾手可得之時，常遇春又突然下了一道奇怪的命令，大部隊隱祕休息，只派一千人馬到全寧城下，只需擺出一副要強行攻城的樣子，沒有命令，不許擅自攻城！

常遇春隨後又在各個方向派出觀察哨，告訴他們一旦發現有全寧城出來的輕騎散兵，不必驚動他們，只需遠遠尾隨，並派人立即回報！

這正是常遇春的高明之處，全寧城城高牆厚，騎兵攻城沒有任何優

第九章　北伐之戰

勢，即便硬拚把城池拿下，自己也會傷亡慘重，他可不想把為數不多的寶貝騎兵搭上，還指望他們奔襲上都呢！他這樣做的目的是要判斷也速不花的主力到底在哪。按照蒙古人的作戰風格，如果也速不花的主力在城內，他們必然出城迎戰，因為蒙古人不擅守城，他們要麼棄城而跑，要麼在野外決一死戰。而如果也速不花不在城內，那麼想要找到他，最簡單又省力的辦法就是讓他的通訊兵帶路。

常遇春很快就探明了也速不花的所在位置：東南方向！

於是馬上傳令偵察兵順著通訊兵的馬蹄印前進，全軍保持速度在後面跟上，弓上弦，刀出鞘，火銃填充好火藥鐵砂，做好隨時給予敵人致命一擊的準備。

此時隱蔽在全寧東南方向的也速不花，還在耐心等待對岸明軍費力地扎筏渡河，準備等對方半渡而擊之呢！但他這隻螳螂已經被黃雀牢牢盯上了，常遇春正指揮部隊有條不紊地從他背後摸了上來。

當也速不花聽到明軍已經到了全寧城下的消息時，一切都來不及了，猝不及防的元軍哨兵被呼嘯而至的明軍鐵騎砍翻。明軍居高臨下，數十尊火銃同時點燃藥熗，火藥爆炸的威懾力遠大於殺傷力，蒙古戰馬頓時脫韁狂奔，陣營頃刻就一片混亂。

也速不花畢竟是久經戰場的老油條，充分發揮蒙古鐵騎快速機動的能力，一馬鞭子下去：撤！

其他還能控制自己戰馬的元軍，跟著也速不花順落馬河向西狂奔。常遇春命令部隊從後面掩殺，雖然一路撿了不少戰利品，無奈蒙古人跑得太快，他們只能眼睜睜看著也速率部絕塵而去。

這時有部將建議回頭拿下全寧城，搗毀也速的據點，一來能讓我軍得到必要的補充，二來讓那也速短期內無法恢復元氣。

常遇春又做出一個令人不可思議的決定：放棄全寧，立即回師大寧！

而也速也不敢回師全寧，帶著剩餘的三萬兵士直接南下大興州，心中盤算著這回老子就龜縮在城裡，看你常遇春還有什麼花招！

也速之所以這樣想，是因為他斷定常遇春不敢再輕易西進了，明軍背後還有個大寧城，而駐守大寧的是自己的副手中書右丞脫火赤，那可是個貪功好戰的傢伙，肯定不會眼睜睜看著明軍西進而無動於衷。

事實證明，也速的判斷是錯誤的，此時駐守大寧城的脫火赤壓根就沒想過去追西進的明軍，這又是為什麼呢？

讓敵人聞風喪膽的「常十萬」

大寧路（今內蒙古自治區寧城縣西南）位於今天的河北北部、內蒙古東南部、東北地區西北部，元朝退出中原後，這裡就成為最重要的邊境地區之一，該城原本是遼東的地盤，但納哈出主動撤防，把兵力收縮到了錦州一線，脫火赤於是就奉也速之命接防了大寧。

官大一級壓死人，脫火赤與也速只是左右丞相的搭檔，關係本來就微妙，如今卻被也速當成手下推到邊境看守門戶，心中自然不爽，因此也速指望他在後面抄明軍的後路，就成了一廂情願。脫火赤已經想好了，大寧畢竟是遼東的地盤，也許可以借點他們的光，明軍一時半會兒不可能去招惹坐擁二十萬大軍的納哈出。也正是這個原因，常遇春才讓大寧存活至今。

脫火赤抱定各人自掃門前雪的心態，只要明軍不來打自己，他們愛去哪去哪，關我什麼事，你也速不是「上司」嗎？身為「下屬」沒有命令誰敢擅自行動不是？

第九章　北伐之戰

　　但千萬別因此就認為脫火赤是個貪生怕死之徒，一旦明軍膽敢進犯大寧，他會毫不猶豫地拿傢伙出去玩命，正是由於他的這個特性，讓李文忠充分利用而輕易拿下大寧。

　　常遇春向西擊潰了也速，納哈出又退到了錦州，因此他馬上回過頭來打算拔掉大寧這顆釘子。此前當明軍西去時，脫火赤就像看著一大批遊客經過一樣，目送他們遠去。只是後來明軍步兵在李文忠的帶領下，在大寧與全寧之間不走了，脫火赤明白，這是防著他去增援全寧的，因此他並不怎麼在意。

　　但最近幾天，偵察員不斷來報，李文忠正率部回頭緩慢向大寧移動，接著又收到也速兵敗的消息。脫火赤終於明白了，常遇春帶上騎兵去打全寧，留下李文忠帶領步兵監視自己，李文忠一定是得知常遇春打敗也速後想回頭吃掉自己。

　　脫火赤既然知道明軍要打自己，那他就不會坐以待斃，他要趁明軍騎兵沒有趕回來之前主動出擊，騎兵打步兵，不正是我們蒙古人打天下的看家本領嗎？因此他除了留下極少兵力外，要以雷霆萬鈞之勢給予李文忠迎頭痛擊，讓他們不敢再打大寧城的主意。

　　脫火赤想給李文忠一個迎頭痛擊，但李文忠不給他機會。蒙古鐵騎穩步推進到偵察好的明軍應該在的位置時，卻連鬼影都不見一個，只搜索到下午才找到的李文忠的大營：在一片丘陵高地上用樹木搭建起的一座龐大而又簡易的營寨。靠近一看，發現了一處明顯高於其他設施的工事，還不時有祕書、警衛之類的人進進出出，據此判定那就是李文忠的營帳！那可是朱元璋的外甥兼養子，是個王爺級別的人啊，呵呵，摁住了他，那就什麼事情都好辦了！

　　於是，脫火赤下令：全面出擊，目標對面高坡工事，要不惜代價！元軍進攻的號角一起，蒙古戰騎爭先恐後往前衝去。

但既不見明軍驚慌失措，又不見他們擊鼓應戰，當蒙古騎兵衝到半坡時，裡面萬箭齊發，還有數十支火銃一齊開火，無數馬匹紛紛倒下。當元軍鐵騎接近營寨時，無數滾木滾滾而來，第一輪攻擊就此敗退，卻不見明軍趁勢衝殺，這種不符合常理的作戰方式讓脫火赤很是無奈。他如今就像狗咬刺蝟，獵物在眼前卻奈何不了它。之後他又發動過幾輪攻擊，均被打了回來，眼看一天就要過去了，脫火赤是欲進不能，欲退又不甘，下令埋鍋造飯，先吃飽肚子再說。

飯剛做好，脫火赤正想命一部分人先吃，一部分人警戒。一個從大寧逃出來的士兵上氣不接下氣報告說大寧已經被明軍占領。

脫火赤一聽就涼了半截，當即下令：撤！

有部將問：「相爺，往大寧撤嗎？」「你沒腦子啊，大寧都被人家占了，回去送死啊？」

「那我們這飯不吃啦？」脫火赤恨不得把他吃了：「你想吃完這頓就上路還是怎麼的？這些人之前是為了拖住我們才沒動手，等他們知道大寧得手，肯定會前後夾擊我們，等我們吃完這頓飯恐怕都得死在這裡。快，往錦州撤，投奔納哈出太尉去！」

脫火赤說得沒錯，這是李文忠之前跟常遇春定好的計策，等全寧方向得手後，由李文忠擺出要圍困大寧的樣子，引誘好戰分子脫火赤出城，盡量拖住他，由常遇春的騎兵突擊大寧。這招果然奏效，一舉拿下這座重要的軍事補給基地，裡面的裝備糧草應有盡有。

一場本該慘烈無比的攻堅戰，就這麼輕而易舉結束了，脫火赤就像有勁沒處使的鬥士，輸得實在是窩囊，不過他在懊惱之餘又暗自慶幸：幸虧果斷撤軍，稍有猶豫，被那「常十萬」從背後掩殺過來，後果怎麼樣，他都不敢想。

脫火赤未免太把自己當根蔥了，常遇春根本沒有到大寧，此時的他正

第九章　北伐之戰

在新店好好地睡大覺呢!

新店位於大寧和全寧之間,常遇春騎兵回到此處後,按照與李文忠的約定派兵襲擊大寧。不過他只派出了兩千騎,其餘人馬就地休整,因為此處離上都不遠,他要騎兵主力養精蓄銳,一旦襲擊大寧得手,補充糧草後即可就地西進。

李文忠與回襲大寧城的騎兵匯合後,沒有過多停留,下令把大寧所有的裝備糧草全部打包,由步兵主力在後面護送,自己則帶上一支騎兵小隊先期趕到了新店。因為李文忠已經獲悉也速率餘部逃到大興州的消息,大興州原來就有上都丞相脫火赤駐防,如今再加上一個也速,其實力大增不言而喻,而大興州又是上都的一道重要屏障。

大寧一仗,讓李文忠又思索出了一套「遂鼠出洞」的方案,他急於來見常遇春就是為了實施下一步的行動,臨行已經布置停當:由常將軍派來的兩千輕騎負責開路,會同步兵全軍往大興州進逼,把所有旗幟集中到這兩千前鋒手裡,一路上把聲勢造得越大越好。

常、李匯合後,李文忠把自己深思熟慮的計畫說了一遍,常遇春當即鼓掌:「哈哈,皇上夠英明的了,沒想到你這小子也得了他的真傳!好計策,我們就把輕取大寧的辦法再用一回,免去圍困攻城之苦,分頭行動吧,我手中的八千輕騎打出元軍旗號,順著元廷的驛道兩晝夜就可趕到新開嶺!」

新開嶺位於今天內蒙古境內,是元上都開平東面的一片山脈,距離開平不遠,自然就成了一道天然屏障。

常遇春、李文忠兩位將軍正在算計大興州裡的兩位丞相的時候,那也速與脫火赤也在密切注視著從大寧方向直撲過來的明軍,絲毫沒有注意到有一支騎兵快速從他們的北面經過。不過說實話就算他們注意了,大概也不會在意,因為那是一支扛著元軍大旗的部隊。

蒙古人是以武力奪得的天下，他們就認準一條，誰的拳頭硬、實力大誰就有發言權，加上元朝實行兩都制，因此，有元一代他們的丞相特別多，像之前的察罕、羅勃、擴廓帖木兒等都先後當過丞相。如今的大興州就塞進了兩位丞相，但他們不會出現「一山不容二虎」的局面。

原來駐防大興州的脫火赤的部隊也就一萬左右，也速卻帶來了三萬多，再加上也速還有個梁王的頭銜，因此在大興州是也速說了算。也速此刻的神經是極度緊張，明軍一隊接一隊地湧來，原指望大寧的脫火赤能夠發揮點作用的，現在已經落空。

也速曾緊急派出多路人馬，探聽明軍方面的消息，但得到的都是令人擔憂的消息，有報告稱明軍戰馬多到不可計數的，有稱明軍人數多到長數十上百里的，旌旗遮天蔽日的，還有偵察員報告明軍行軍速度奇快，不久即可殺到大興州！

每接到一次報告，也速的肌肉就狂跳幾下，早就忘了之前要固守城池的誓言。根據敵變我變的原則，也速決定帶部隊往新開嶺轉移，走一步看一步，總比被困死在大興州強！

對於也速的決定，脫火赤沒有異議，也不敢有異議，只是對分配給他的任務在心裡暗罵，也速竟然命令他帶領所部殿後，擔任後衛警戒。

脫火赤一副捨我其誰的模樣，毅然接受了這項光榮的任務，心裡卻暗暗打定主意，明軍不來便罷，明軍一來，嘿嘿！看誰的馬快，想讓老子替你擋子彈？門都沒有！

也速前邊一走，脫火赤馬上聚攏本部軍官，暗中告訴他們，戰鬥一旦打起來，聽到本相進攻的號角就迅速搶渡北面的落馬河，往也速的據點全寧轉移，儲存實力，以利再戰！

大興州有很多裝備物品，為了保證部隊的機動靈活，也速命令放棄，也不准焚毀，以免明軍覺察大興州是座空城，同樣是出於保密，也速選在

第九章　北伐之戰

天黑以後才出城。

在新開嶺已經歇息了半天的常遇春、李文忠他們，早就為也速布下了一個口袋陣，考慮到己方兵力遠遠少於對方，常、李二人研究後，將僅有的八千騎兵分為八個屯，每屯一千騎，分別占據八個山包。八個山包正好圍著中間的一塊開闊的川地，並告誡各屯：聽到號令，統一行動，但只能於屯前馳騁吶喊，不能接近元軍，等敵人潰散，中軍發出總攻的號角時，才同時向敵軍衝殺！

也速的前期工作做得非常好，當天又是六月十五，月光明亮清澈，前幾十里的路程走得輕快迅疾。但六月天說變就變，忽然烏雲密布，天黑得伸手不見五指，騎兵不比步兵，夜行軍極其不便，考慮到已遠離危險之地，也速不得不命令部隊點火照明。好傢伙，幾萬個火把整齊劃一，不知道的還以為西南的火把節提前在北方舉辦了。

這個壯觀的景象令常遇春、李文忠驚奇不已，看著遠遠移動過來的火把隊，常遇春心想，蒙古人真配合啊，不但告訴俺老常他們毫無戒備，還把方位、人數毫無保留地告訴了俺。

當這群火把大軍進入明軍預設的伏擊圈時，黑暗中突然戰鼓大作，元軍對這鼓聲一點都不陌生，這是明軍發起衝鋒的鼓聲啊！

瞬時，戰鼓聲伴隨著吶喊從四面八方響起，元軍將士驚慌失措中異常迅速地滅掉了手中的火把，誰都不想當敵人的活靶子。天地瞬間漆黑一團，也速的心也掉進了無比黑暗的深淵。明軍只管朝黑暗中亂闖亂撞的元軍放箭，直到烏雲逐漸散去，天色朦朧才發起攻擊……

搗毀元上都

　　新開嶺一戰，明軍以區區八千騎兵擊敗了元軍四萬鐵騎，俘獲了元丞相脫火赤。脫火赤本來是擔任後衛警戒任務的，他的坐騎又是一匹千里良駒，在這場伏擊戰中是完全有機會全身而退的，但在部隊將要進入山區時，他認為安全了，已經無戒可警了，心裡一興奮就跑到中軍也速的身邊想拍拍馬屁。兩位正有說有笑地行進著，卻突然響起戰鼓聲，也速馬上讓他指揮列陣，誰知蒙古兵的腳下被明軍挖了無數的陷馬坑，他的千里良駒也被陷住，動彈不得，為避免被馬蹄踏成肉醬，他又不敢下馬，只好乖乖當了俘虜。

　　戰鬥一結束，常遇春和李文忠就馬不停蹄直撲元上都開平。開平是元世祖忽必烈的龍興之地，已有百年建都史。這座具有漢式宮殿樓閣和草原氈帳風格的都城曾經輝煌一時，只是十年前被關鐸、破頭潘所率領的紅巾軍一把大火燒了個精光，昔日的宮闕早已變成殘垣敗瓦。眼前的這座所謂都城，大體上沒有城牆，曾經的城牆早已大段大段坍塌。如今的開平是由一頂頂蒙古包組成的一片生活區，至於要派什麼用場，只需冠以某某宮、某某殿就行了。

　　正是基於以上情況，常遇春、李文忠才勇於以八千鐵騎遠途奔襲。當明軍奔馳了兩晝夜來到開平「城外」時，早已是人困馬乏。如果這個時候有支隊伍給予迎頭一擊，歷史將會改寫，可惜的是，歷史沒有「如果」。當時的情況是，元順帝不在開平，已經「北狩」到了應昌（今內蒙古自治區克什騰旗西北達裡諾爾西）附近的達里泊。

　　元順帝有兩大業餘愛好，一個是木匠活做得好，有「魯班天子」之稱，在建築工藝、機械工程等方面簡直就是一個天才。朱元璋見到他製作的宮漏，在稱讚其製作精巧後，說了句：「廢萬機之務，而用心於此，所

第九章　北伐之戰

謂作無益、害有益也。使移此心以治天下，豈至亡滅？」便將其搗毀，怕教壞自己的子孫，可是他老朱家後來也還是出了一位「木匠皇帝」。

元順帝的另一個愛好是喜歡一種男女一起修煉的氣功，它有一個很喜慶的名稱叫「大喜樂」，又名雙修法。據載元順帝修煉大喜樂時，帽帶金玉佛，手執數珠，讓宮女十六人首垂髮數辮，戴象牙冠，身披纓絡大紅綃金長短裙襖，雲裙合袖，天衣綬帶鞋襪，唱〈金字經〉，舞〈燕兒舞〉，稱之為《十六天魔舞》，更有甚者「男女裸居，或君臣共被」。

而作為「留守兒童」的上都大小官員們，看到明軍打上門來，不是想著如何禦敵，而是考慮如何盡快收拾家當跑路。已經累得夠嗆的常遇春、李文忠他們趕緊生火做飯，再好好地睡上一覺，準備養足精神，明天投入一場激烈的攻防戰。

但常遇春的願望落空了，原來等明軍一覺醒來，各自檢查武器裝備，準備發起他們認為能載入史冊的搗毀元朝夏都戰役時，卻發現已經人去城空，這未免讓人有點失望。這個時候如果不想空手而歸，只有追上去能逮幾個算幾個了，於是由李文忠率部追擊數百里，生俘宗王慶生、平章鼎住等，俘獲將士一萬餘人：車一萬輛、馬三萬匹、牛五萬頭。這是個值得銘記的又一歷史時刻：洪武二年（西元1369年）七月。

明軍這次千里奔襲至此宣告結束，對常、李兩位將軍來說沒能與元順帝打個照面，未免讓人感到有些沮喪，但就目前的戰局也只能如此了。元順帝太狡猾，他「狩獵」的地方應昌與開平之間隔著一段沙漠地帶，對南方人來說那可是死亡之地，輕易不敢涉足，況且朱皇帝交辦的搗毀上都的任務也大致完成了，儘管沒有什麼可供他們搗毀的，那些牛、羊皮搭成的生活區一把火便能輕鬆搞定。

在常、李二人等待步兵大隊期間，常遇春收到大將軍徐達的命令，讓他在完成東線作戰任務後，再趕回慶陽會合。西北的王保保人還在，心不

死,正在生事,慶陽城裡的張良臣就像茅坑的石頭,又臭又硬的,雖然被重兵圍困,但一時還拿不下來,讓他這個老搭檔過來一起滅了他們。

對常遇春來說沒有什麼比打仗更能讓他興奮的了,當即結束休整,緊急南返。他決定再會一會老對手王保保,但遺憾的是他此生再也沒機會跟王保保對陣了,上天沒給他機會。

洪武二年(1369年)七月,常遇春帶著一絲遺憾離開開平,率軍踏上了歸途。自從北平出征以來,由於千里奔襲,連番作戰,他早已疲勞不堪,再加上塞北早晚溫差較大,讓他時常感覺身體有些不適。可是他並不以為意,仍然堅持帶隊衝鋒陷陣。在回師之際,心情一下放鬆的常遇春面對一望無邊的大草原,心裡感到無比暢快,一路縱馬奔馳。

當大軍行進到柳河川(今河北赤城縣西)下馬時,常遇春突然感覺渾身燥熱,於是便解甲納涼,沒想到卻發起了高燒,渾身疼痛不止,李文忠趕緊命隨軍醫生緊急醫治。常遇春本來就有個頭痛的毛病,但一直查不出病因,如今他病來如山倒,軍醫更是束手無策,情急之下就杜撰了一個「卸甲風」的名稱,意思是脫卸戰甲時中了風。

常遇春自知不治,急喚李文忠及自己的副將入帳,簡單交代了幾句,就永遠告別了同袍!

這一天正是農曆七月初七,天上牛郎織女鵲橋相會之日,地下一代將星就此隕落,天妒英才!這一年,常遇春才四十歲。

李文忠震驚!全軍震驚了!遠在南京的朱元璋收到六百里加急也震驚了,一邊連呼不可能,一邊失聲痛哭:「柳河之川失我長城之將,使我如失手足。」強忍悲慟詔命李文忠接替常遇春的職務,盡快將他的靈柩送回南京。

八月,朱元璋到龍江迎接常遇春的靈柩,扶靈車慟哭,並在棺前賦輓詩一首:

第九章　北伐之戰

「朕有千行鐵液汁，平生不為兒女泣。昨日忽聞常君薨，一灑乾坤草木湮。」

命人開啟棺槨，最後一睹愛將遺容，脫下龍袍輕輕為其蓋上。又命選擇墓地於南京鐘山北麓，營墓建祠，追封常遇春為翊運推誠宣德靖遠功臣、開府儀同三司、上柱國、太保、中書右丞相，追封開平王，諡曰忠武，令宮廷畫師為其繪製身穿龍袍的全身像，配享太廟。

常遇春突然暴卒，把近十萬大軍丟給了年輕的李文忠。李文忠臨危受命，既是機遇，更是挑戰。對於他和常遇春，朱元璋曾對人說過「保兒是朕的骨肉，遇春是朕的心腹」，現在心腹沒了，這骨肉將如何帶領這支所向披靡的王師，大家都在拭目以待！

李文忠在跟隨常遇春北征中，深受其影響，甚至他以後的軍事生涯無不烙下了「常十萬」的影子。本來要到慶陽與徐達會合的李文忠，率領大軍行到太原時，聽偵察員報告說，大同被圍，情況危急！

李文忠立即將視線由慶陽方向轉向了大同，緊急派人打探大同實情，得知是「關中四將」中的脫列伯與孔興聯合進犯大同，其中孔興所部重兵已經圍困大同城多日。李文忠命令部隊：全軍停止西進，向北轉進，援救大同！

副手左丞趙庸提醒他：「都督，徐大將軍可是奉旨讓我們增援慶陽，擅自行動就是抗命啊，大同的事情本來與我們無關，但一旦貽誤了西線的戰機，吃罪不起啊！」

李文忠表情凝重地說道：「我們既然是受朝廷之命而來，只要遵循有利於國家的原則，自行決斷也沒什麼不可以，而今大同情況緊急，我們應該順路前去救援。『將在外君命有所不受』說的就是現在遇到的情況！」

話說到這個份上，並且句句在理，人家是大都督，更是皇上的親外甥，大家表示堅決服從命令！於是，大軍兵出雁門關，取道馬邑（今山西馬邑），向大同的西面開去。為什麼李文忠不直奔大同，而要走弓背由偏

西迂迴大同呢？

這正是李文忠的高明之處，他這樣做的目的有兩個，一是避開脫列伯與孔興可能在東南方向設下的埋伏，焉知敵人不是在玩「圍魏救趙」的詭計？二是繞到脫列伯的背後，打他個措手不及。正在行進之時，恰逢大同派往太原的通訊員，從其口中李文忠得到大同新的準確軍情：大同城下的孔興在等脫列伯的主力及其所攜帶的攻城器械，脫列伯正在趕往大同的途中。

李文忠讓通訊員想辦法潛回大同後，心中已經有了下一步的行動方案，接下來的戰鬥，與他和常遇春直搗元上都有著異曲同工之妙。

李文忠審時度勢救大同

李文忠打發走大同派往太原的通訊員後，命趙庸帶領步兵跟進，自己率騎兵先行，力爭在前面的白楊門一帶尋機阻擊脫列伯主力。很快，李文忠就遇到了脫列伯的一支小規模前鋒。這支前鋒的任務主要為後面的大部隊探路、遇到敵情就地阻擊等待後面的隊伍跟進，或者乾脆回撤將前方敵情報告給大部隊。

元軍顯然不知道明軍主力已經到來，發現李文忠他們時，帶隊將領不確定來的是哪支明軍，突然出現在此地的意圖是什麼，更不清楚對方有多少人。李文忠哪能給他時間去判斷，令旗一揮，三隊騎兵分左、中、右直撲對方，元軍還不知道該如何列陣，明軍已經衝到了面前，一場遭遇戰迅即變成了追逐戰。

這一戰下來竟俘獲脫列伯手下的一名平章劉帖木，劉帖木招供，他的後面就是脫列伯的主力，以騎兵為主，有三萬之眾。李文忠率騎兵進至白

第九章　北伐之戰

楊門（今山西朔州市馬邑北）時，天空下起了雨雪，這才是八月天，好在李文忠早有準備，當時軍隊已經紮營。李文忠根據敵情、氣候的變化，命令全軍向前移動五里於饅頭山上紮營。很多人急忙勸阻：「將軍，這饅頭山地勢雖高，但取水困難，一旦被困就成了死地，萬萬不可！」

「你們真把本少爺當成馬謖了，放心吧，我心裡有數！」大家都不明白這位年輕人到底唱的哪一齣，說是救援大同，卻丟下步兵孤軍跑到大同的側背，既然千里行軍到此，又不去奔襲敵人，脫列伯就在前面，他卻駐紮了下來，讓人思索不透。而且他駐紮的地點相當不妙，前有脫列伯，後有大同城下的孔興，如果兩股敵人前後夾擊，明軍一萬騎兵將如何抵擋？

其實這正是李文忠希望出現的局面，脫列伯接到逃回去的士兵報告，肯定會做出反應，一是出動主力對當面的明軍發起進攻，二是縮編部隊準備應付明軍來攻，三是率部逃離。當然第三種可能性不大，卻是李文忠最希望看到的，如此一來，就等於置大同城下的孔興於不顧，明軍就可以在大同內外夾攻，聚殲孔興部。

對第一種情況，李文忠採取冒雨主動迎上去的辦法。如果脫列伯採取收縮防禦的戰術，對李文忠來說也是有利的，自己龐大的步兵群就有時間源源不斷地趕來，就算孔興部也從大同趕來參戰，李文忠認為並無大礙，在大同被困已久的明軍豈會坐視孔興撤兵而無動於衷？他們肯定會出兵追，到時被夾擊的將是孔興。

李文忠按照自己的意願在排兵布陣，脫列伯會按照他設想的三種方案中的哪一個進行呢？

脫列伯聽完逃回來的士兵報告的情況後，一時也摸不清前方遇到的是何方神聖，只是聽士兵報告這股明軍相當蠻橫，連招呼不打就衝上來亂砍亂殺。久經沙場的脫列伯不用想就判斷出這是趕去救援大同的明軍。

脫列伯與孔興都是接到元順帝從應昌飛騎送來的聖旨才進軍大同的。

聖旨要求他們聽從「總督天下兵馬」的齊王王保保指揮，共同打通進軍大都的道路。功成之日，他們將裂土封王！

裂土封王，這可是人人夢寐以求的美事，但這兩位哥們不傻，皇帝老兒連上都都保不住，怎麼還會做收回大都的春秋大夢？這肯定是王保保的意思，他是在借皇帝之口讓大家聽他指揮。這王保保最近可是活躍得很，四處出動，兵臨原、涇二州，威逼鳳翔，覬覦蘭州，連傻子都明白，他是拚命地想解慶陽之圍！

唇亡齒寒的道理他們懂，慶陽由曾經結盟的張思道的弟弟張良臣在苦苦撐著，一旦慶陽不保，明軍下一步要打擊的目標不言而喻，再看在王保保還能顧點大局的分上，就暫且出兵，既是為了大局，更是為了自己。能夠打下大同，對兩人來說也是一次發財的機會，大同城裡可是囤積了不少的裝備糧草，兄弟們過冬所需要的物資就有了著落。

對當面遇到的這支援軍，脫列伯是這樣判斷的，東路軍的悍將「常十萬」暴斃，由年輕的李文忠帶領正經太原往慶陽方向趕，明軍想解大同之圍只能從圍攻慶陽的部隊中抽調兵力，張良臣的壓力必然大大減輕。還有一種可能，這股援軍就是駐紮太原城的明軍，他們的兵力本來就不多，如此一來太原就是一座空城了，如果這個時候去奪取太原城，豈不是唾手可得？想到這裡，脫列伯都有點手舞足蹈起來了，這是上天賜予的機會啊，不去實踐一回都對不起自己的智商，更對不起老天爺了！當即決定不去大同了，直接南下太原！

脫列伯集合隊伍作戰前動員，告訴全軍，以最快的速度，力爭全殲白天前鋒部隊遇到的這股敵人！

脫列伯不愧是「關中四傑」之一，率隊頂風冒雨就出發，部隊又全是騎兵，很快到達前鋒遭遇明軍的地方，只見空空如也，脫列伯馬上命令列陣，以防中了埋伏。這時從不遠處跑過來一個自己的士兵，根據漏網士兵

第九章　北伐之戰

的報告，脫列伯知道明軍只一萬人馬，往前面去了，大概已安營紮寨住下了。這下他更加堅信那是太原出動的明軍，如果是慶陽方面的援軍，徐達不會只派區區萬人，看來老天待咱不薄，現在天色已晚，又下著雨雪，猜測那些兵已經凍得躲進被窩進入夢鄉了，此時不去劫營更待何時？

脫列伯命令中軍負責襲擊敵人營寨，其他各部就地紮營，養精蓄銳，尤其注意為戰馬添足草料，天亮全體出動，蕩平當面之敵！

不能不說脫列伯考慮得非常周詳。他派出中軍前去劫營，卻又不指望其能夠一擊得手。他得留有後手，做到有備方能無患。即使前面夜襲部隊不能如願攻入敵營，等天明大軍一到，遭受一夜攻擊的明軍也已累得半死，只需一次衝鋒就能解決戰鬥。

跟脫列伯的預料不謀而合的是，李文忠讓大軍在饅頭山紮營後，除了安排好哨兵和巡邏警戒隊，就讓全體將士抓緊休息，迅速恢復好體力，養好精神，迎接明天即將到來的惡戰。他什麼都算過，就是沒有算到元軍會來夜襲。按照他的推算，脫列伯在其前鋒遭遇敵情後，必然會先查明情況，再做出下一步的決策。

等到自己布置在大營之外的暗哨發出敵人來襲的警報時，李文忠當即意識到自己輕敵了，但他並沒有驚慌失措，守城可是他的拿手絕活。他考慮的還是明天的戰事，因此他命令中軍衛隊負責在寨牆內警戒，敵人靠近就用弩箭、火銃招呼，不許出戰，其他各營照常睡覺！下完命令，他自己也躺下睡了，臨了還特別交代：「除非敵人打進大營，天亮之前不准叫醒老子，否則以軍法論處！」

對於李文忠的自信，有人深受鼓舞，有人深感擔憂，畢竟還是嫩了點啊，嘴上無毛辦事不牢！更多的人則是既來之則安之，主帥讓睡覺就安心睡吧，天塌下來有他頂著，他這萬鈞之軀都不怕，咱還有啥好怕的！

這一夜，明軍大營之外殺聲震天，大營之內鼾聲雷動，各忙各的，誰

也沒耽誤誰。

　　平心而論,從戰術安排來看,脫列伯做得相當漂亮,按照常理,就算前去劫營的中軍一時未能得手,等他主力一到,被襲擾了一整夜的明軍,不被嚇尿了也差不多了。但他實在太背,遇到比「常十萬」還要難對付的對手,李文忠膽大包天,卻又心思縝密,不但很輕巧地就化解了他的夜襲奇計,而且等他親率主力趕到時,李文忠又用在大寧城外對付脫火赤的辦法對付他。

　　所不同的是,當時李文忠手裡全是步兵,眼睜睜看著脫火赤給逃了,現在李文忠帶領的可是騎兵。他讓騎兵變步兵,僅用兩個營的兵力組成一溜的長槍隊,配合弓弩手、火銃手頂住脫列伯部一輪又一輪攻擊後,再讓等候多時的鐵騎分左右兩翼飛馳而出。

　　衝出寨門的兩支隊伍並沒從正面投入廝殺,而是從元軍兩側向前直衝,到了這個時候,別說是脫列伯,就是一個大頭兵也看出來了:明軍要包抄我們了!

　　脫列伯當然知道,但他不能下令撤退,那樣會變成潰敗,將成為被獵殺的對象。但他的士兵沒那麼想,這可是比拚速度的時刻,自己不但要比敵人跑得快,還要比自己人跑得更快,只有比別人先跑一步才有逃出生天的可能!轉眼間,戰場就只剩下脫列伯以及為數不多的親兵了,更倒楣的是,他的坐騎就在這當口中了一槍,無數明軍一擁而上,乾淨俐落地將從馬背上摔下來的脫列伯捆成個粽子似的。

　　失去了主帥的脫列伯殘部早已人困馬乏,最終還是未能逃脫覆滅的命運。還在大同城下等待脫列伯的孔興,等來的卻是其全軍覆沒的凶訊,立刻撒腿向西狂奔。李文忠得勢不饒人,一路狂追不捨,一直追到綏德,最終以孔興部將將其斬殺來降才罷休。

第九章　北伐之戰

第十章
二次北伐

王保保進犯蘭州

　　朱元璋收到李文忠傳來的捷報時,異常高興地說:「哈哈,保兒不負朕望,果然有遇春之雄風,朕的北方可無憂矣!」

　　不久,慶陽城破,張良臣被誅,圍攻鳳翔的賀宗哲聞訊逃往了六盤山。慶陽會戰的勝利,代表著陝西地區元軍勢力不復存在,朱元璋之前擬定的「先取山東,撤其遮罩;旋師河南,斷其羽翼;拔潼關而守之,據其戶檻,天下形勢,入我掌握,然後進兵元都,則彼勢孤援絕,不戰可克。既克其都,鼓行而西,雲中、九原以及關隴可席捲而下」的偉大策略目標已勝利完成。

　　此前,朱元璋已派都督僉事吳禎持敕書傳諭大將軍徐達:將來如攻克了慶陽,最好令右副將軍都督同知馮宗異掌總兵大印,統率全軍駐紮慶陽,以便指揮各鎮兵馬⋯⋯大將軍(徐)達、偏將軍(湯)和回京定議功賞,並且一併參加鄂國公(常遇春)的葬禮,這件大事過後大將軍再回甘陝前線確定守邊之策。可以將朕的意思轉達給諸位將領:都督僉事吳禎協同宗異(馮勝)駐守慶陽,平章李伯升協同都督僉事耿炳文守陝西。

　　賀宗哲的運氣還算不錯,費了九牛二虎之力沒能攻克鳳翔的他,一聽說慶陽城破就知道大事不好,沒有半點遲疑就撤了。也就是前後腳的時間,讓準備抄他後路的傅友德落到了他的身後,加上他選擇的逃跑方向

第十章 二次北伐

是六盤山區，一路上全是「一夫當關，萬夫莫開」的關隘，傅友德有所顧忌，他才安然逃脫。

不過，賀宗哲也不敢在大山裡滯留太久，大軍要吃要喝的，還要考慮過冬的問題。他不甘心就此回去與王保保會合，這次奉命出來，損兵折將不說，還一事無成，面子上掛不住。因此他非鬧出點動靜不可，為此他將目光瞄向了有「大河之濱的黃河之都」之稱的蘭州。

蘭州位於中國西北部，是漢代以來絲綢之路上的重鎮，取「金城湯池」之意而稱金城，素以「屏障中原、連繫西域、襟帶萬里」聞名於世，四月已由都督同知顧時進取，此時由明將張溫鎮守。

賀宗哲已領教過明軍的厲害，可不想再來一次鳳翔城下那樣的恥辱，他這次進軍蘭州的目的很明確，就一個字：搶！一路上見什麼搶什麼，吃穿用度包括人口，除了老弱病殘，全部擄掠而去。而張溫手下不足三千人馬，守城還感到吃力，哪還有能力阻止這股悍匪？只好向徐達緊急求援。

此時救援蘭州的最佳人選無疑是追到六盤山區的傅友德，可是傅友德部只有五千兵馬，要對付賀宗哲數萬之眾，勝算不大，因此指示右副將軍馮勝率領所部一萬七千步騎取道靖寧馳援蘭州，統一指揮蘭州的戰鬥。

馮勝馮老二比他死去的大哥馮國用還略勝一籌，有勇有謀，文武兼備，但毛病不少，其中一條就是好大喜功。由河南進軍山西時，他還是湯和的副將，由於不願與湯和分享戰功，而獨自率領本部推進。韓店遭遇中，湯和、楊璟慘敗，而馮勝卻一路高奏凱歌，被朱元璋提升到了湯和之上。

如今朱皇帝讓他代理徐達統率全軍，他更是要藉此機會打場漂亮仗，因此徐達的任務他只聽明白了上半部分就迅速出動，率本部出靖寧，經定西直趨蘭州。從單純救援蘭州來說，馮勝此舉無可厚非，只是他有意忽略了徐達的下半部分內容：圍殲賀宗哲所部！

按照徐達的意思，馮勝部作為步騎混合部隊，應該布置在賀宗哲退走時的必經之路進行攔截，發揮傅友德部騎兵的高機動能力，擔任奔襲任務。但馮勝卻沒有協調其他各部，只顧著自己一路前行，結果由於動靜太大，賀宗哲沒等他靠近蘭州就帶著搶來的人口、牲畜、財物從容渡過黃河，揚長而去。

不過馮勝的運氣還不錯，有人為他準備了一個安慰獎。原來賀宗哲的親信崔知院等人不願再回到塞外過那種苦寒的生活，就聯繫了二十七個同事趁機向馮勝投誠，被馮勝將其連同二十四匹戰馬當成了戰利品，也算是這次出師蘭州「大獲全勝」的見證。不過馮勝的這次表現沒能瞞天過海，雖然徐達沒說什麼，但逃不過朱元璋的法眼，特地頒旨賞賜傅友德黃金兩百兩，以此告訴馮勝：別跟我耍心眼，你那點花招我清楚著呢！

但這個時候馮勝還不知道，他還要把心眼耍下去。朱皇帝把徐達、湯和召回京城做什麼？議定封賞啊！自己從至正十四年（西元1354年）跟隨皇上打江山已有十五個年頭，戰功卓著，是回報的時候了。在這個節骨眼上，在不在皇帝身邊，關係可大了。於是他要趁這次「大獲全勝」之機班師回京，回去向皇帝獻俘。

為此，本來是代理徐達的馮勝，又讓都督僉事吳禎代理自己「總制軍事」，留下少量部隊，就率領三軍踏上了回京之路。當然，他是不會請示的，倒不是為了給皇帝一個驚喜，而是怕朱皇帝拒絕，那樣，他回京的願望就泡湯了。

馮勝意料得沒錯，如果朱元璋知道他這一瘋狂的行動，是絕不會答應的。後來的事實是，馮勝這次利令智昏的千里「凱旋」導致被凍死凍傷的士兵不計其數。朱元璋見到馮勝時，恨不得擰下他的腦袋，只是正是論功行賞的高興時刻，加上朱元璋還要用人為他四處征戰，還未到卸磨之時，只得暫且忍下，口頭責備是免不了的，他當眾詰問馮勝道：「你說你跑回

第十章 二次北伐

來幹什麼？撂下西北一大攤子事，出了問題誰來負責？」

到了真正論功行賞時，朱元璋就沒那麼客氣了，說：「右副將軍都督同知馮宗異，澤州之役，與平章楊璟妄分，彼此失陷士卒。及代大將軍總制大軍，時當隆寒，擅自班師，致士卒凍餒，不在賞列。」

考慮到馮老二畢竟是軍中第二號人物，朱元璋還是替他留了點面子，說：「念其初與大將軍平定山東、河南、陝西諸郡，量與白金兩百兩，文幣十五表裡。」算是功過相抵。

但是馮勝帶來的惡劣後果是難以估量的，在寧夏的王保保探知明軍主力已經南歸後，馬上又於洪武二年（西元1369年）拼湊了十萬大軍，經由甘肅殺奔剛剛被賀宗哲洗劫過的蘭州而來。這樣，才頂風冒雪回到南京的北伐大軍又不得不馬不停蹄地趕回西北前線，數千里來回奔波，勞民傷財是肯定的。馮勝為了自己的一己之私，讓大明政府付出了沉重的代價，讓已進入尾聲的首次北伐不得不重新啟動。

蘭州守將張溫也是條硬漢，面對來勢洶洶的元軍，絲毫沒有膽怯，他開誠布公地向眾官兵說明了現在的局勢，他說：「王保保帶了十萬大軍襲擊我蘭州，我們蘭州城有多少兵力想必大家也清楚，根本沒本錢跟他死打硬拚。」

人人神情肅穆，都感覺到了大戰之前的巨大壓力，但張溫話鋒一轉道：「韃子雖然人多勢眾，但他們是遠道而來，又不清楚我們的虛實，不如趁夜出城打他一傢伙，滅滅他們的威風，就算不能將韃子打退，也有利於我們固守待援！」

王保保不是莽漢，早已打探清楚蘭州城兵力不過三千，離蘭州最近的援兵遠在幾百里之外的鞏昌，他告訴部下，蘭州已經是一座孤城，只要我們的大軍一到，他們除了獻城投降，就只有等死了。

因此其前鋒部隊認定城內守軍絕不敢輕舉妄動，抵達蘭州城下就放心大膽地安營紮寨，等待後續部隊陸續趕來。此時的明軍將士個個都豪氣沖天，說他們以一當十一點都不為過。就在元兵忙著鋪開攤子紮營之際，大批明軍突然從城內殺了出來，元軍被打了個猝不及防，丟下千里迢迢運來的木料和帳篷，全軍退卻，而那些建棚材料被明軍一把火燒了個精光。

元軍首戰失利，竟然懷疑起王保保所說的蘭州城兵微將寡的話來。為慎重起見，主動後退了幾十里，避免被敢打敢衝的蘭州明軍再次襲擊。

王保保率領主力到達之後，聽了前鋒將領的匯報後，也不由自主地犯起了嘀咕：難道是情報有誤？如今的情報分子太不講職業道德了，若是蘭州城內真的只有三千兵馬，用來固守這偌大的蘭州城都顯得捉襟見肘，哪有多餘兵力出城野戰？

他分析只有兩種可能：要麼是城內兵力雄厚，明軍有恃無恐；要麼就是守城的張溫又是一個常遇春式的人物，一個膽大妄為又不按套路出牌的人。

兩種可能都說明，蘭州絕對是塊難啃的骨頭，要做長遠打算，於是，王保保指揮大軍把蘭州重重包圍了起來。

鎮守鞏昌（今甘肅省中部一帶）的鷹揚衛指揮於光見蘭州被圍，在沒有命令之下就率所部馳援蘭州。進兵至馬蘭灘時，與元軍遭遇，援軍大敗，於光本人被俘。王保保讓於光到陣前向蘭州城喊話，告訴城中軍民，援軍已經被打敗，放下武器投降才是唯一的出路。當於光被押到蘭州城下時，他對著城上大喊：「蘭州城的軍民們，我是懷遠將軍於光，不幸被韃子俘虜。你們務必堅守城池，大將軍徐達馬上就會率領大軍前來破敵，堅持就是勝利啊！」

於光的慷慨就義極大地激發了蘭州城軍民的鬥志，張溫帶領軍民在城頭遙祭烈士，拔刀刺股發血誓，誓與蘭州城共存亡。

第十章　二次北伐

期間，王保保在蘭州城四面大搞土方工程，挖了好幾道壕溝，用挖出來的土築成了兩座城，一座位於東關坡上，用來抵禦東來增援的明軍；另一座在鎮遠橋東北，是用來控制黃河渡口的。擺出一副活活困死城中守軍的架勢，他要學徐達圍困慶陽的做法。這兩座城後來人稱其為「王保保城」，雖經六百多年的風沙，但其遺跡至今仍依稀可辨。

在這場比拚意志和耐力的對峙中，王保保最終還是成了輸家。原因有三：一是王保保陽謀陰謀全用過了，包括偷襲、強攻，葬送了無數士兵的生命也沒能啃動蘭州這塊硬骨頭；二是不知蘭州城內有多少存糧，反正自己已經沒有隔夜糧了；三是南京的援軍已經出動。還有一條，應昌的元順帝越來越沒有安全感，多次下旨讓王保保到應昌擔任保衛工作。這條雖然對王保保沒什麼約束力，但多少也算是條理由吧。因此王保保決定撤軍，撤軍之前元軍又來了一次三光政策，據載：「王保保入侵蘭州，城中堅守，保保兵無所得而去。至是，乃縱遊兵四出虜掠，民頗被其擾。」

「當世奇男子」敗走漠北

朱元璋收到蘭州方面的告急文書已經是洪武二年（西元 1369 年）年底了，他連掐死馮老二的心都有了，但現在不是追究責任的時候，只得先把帳記下。隔天，朱元璋召開御前會議，商討緊急援救蘭州的軍事行動。

朱元璋先向大家通報了當前面臨的形勢，然後談了自己的看法。他說王保保進犯蘭州，無非是其身後還有個元主，只要元主存在一天，提供給他精神上的支持和馬匹、兵員上的援助，他就會心存僥倖，不斷地襲擾我北部邊境。正所謂凡是反動的東西，你不打他就不倒，朕打算再次出師北伐，今天我們君臣暢所欲言，大家都談談自己的看法！

「當世奇男子」敗走漠北

朱皇帝的話音剛落，馮勝就首先發言，這傢伙知道自己闖了大禍，雖然皇帝嘴上不說，但自己不能不有所表示。他先是自我檢討了幾句，然後表明自己願意將功補過，最後表示一切唯皇上之命是從，實質問題他半句都不敢說。

不過在這種大場面他能有這番表態，朱元璋還是很歡迎的。既然朱元璋一開始就已經定了調，眾人都爭著與其保持一致，紛紛發表了自己的意見，看似挺熱鬧，大家都「暢所欲言」的，其實歸納起來就一點：王保保進犯邊境，是因為韃子皇帝還在，只要我軍深入大漠直搗應昌，把韃子皇帝給滅了，看他王保保還有什麼作為！

朱元璋這時卻一反常態地反省起自己，他說：「唉，朕之前以為只要元主安於天命、朕守好自己的國門，彼此就相安無事了！但如今看來，是朕過於天真了。朕幾番致書元主與王保保等輩，皆泥牛入海，朕也算是仁至義盡了……不徹底解決王保保的問題，朕的西北邊陲將永無寧日，只能再辛勞眾將士了！既然我們君臣意見一致，朕打算把大軍兵分兩路，我們在出兵大漠的同時，首先要解決西北的問題，否則就是捨近求遠，不知曉戰事的輕重緩急，殊非上策也！」

朱元璋既是一言九鼎，又分析得頭頭是道，一個偉大策略家的言行躍然紙上，包括劉基在內的文武百官無不心服口服。朱元璋最後命令：大將軍徐達率主力作為西路軍，由潼關出西安直搗定西（位於今蘭州東南，通稱隴中），目標王保保；由左副將軍李文忠率領一支偏師為東路軍，出居庸關北上，深入沙漠，目標元主！

朱元璋對軍中的人事安排做了細微調整：全軍主帥還是右丞相兼太子少傅、信國公征虜大將軍徐達，第二號人物是浙江行省平章、左副將軍李文忠（此時李文忠已經脫離了徐達的指揮，是一支獨立的北伐之師了），捅了大婁子的都督馮勝依然為右副將軍，跌到了第三位。

第十章　二次北伐

　　配給李文忠的副手是右御史大夫左副將軍鄧愈，不過鄧愈並沒有跟隨李文忠出征北漠，而是隨徐達去了西線；馮勝的副手則是左御史大夫湯和，軍中職務為右副將軍，隨馮勝出征沙漠。

　　洪武三年（西元1370年）正月初三，經過緊急動員，明朝兩路大軍再次踏上征途。朱元璋在派出西征、北伐兩路大軍的同時，還下達命令給大同衛指揮使金朝興、山西行都督府僉事汪興祖，讓他們對山西、河北北部的元軍殘部發起進攻；北平都督華雲龍進攻雲州，策應主力作戰。不久，廖永忠從福建趕來，朱元璋把他調到了李文忠處，一塊參加北伐。

　　李文忠一直在北平主持大局，沒有回南京，因此東路軍在二月率先出發，出野狐嶺（今河北張家口市萬全區）。這是由漠北到中原的主要道路，也是元軍第一次與金軍主力較量的地方，當時蒙古人以十萬對陣女真人四十萬，結果蒙古人大獲全勝，從此開啟了滅亡金國之路。因此明朝前期，大軍多選擇由此出擊漠北。

　　李文忠進至五百里外的興和（今內蒙古自治區興和縣）時，元守將不戰而降。在繼續進軍之時，李文忠命廖永忠直接進攻興和西南千里之外的察罕腦兒城。元世祖曾建行宮於此，廖永忠的兩萬人馬就形同東西兩路大軍之外的中路，發揮了策應東、西兩路人馬的作用。

　　徐達的西路軍用了近三個月的時間才於三月底抵達定西，此時，王保保撤離蘭州已經有半個月了，所以蘭州能夠堅守到最後，與朝廷的援軍沒有直接聯繫，是蘭州城的全體軍民自己救了自己。王保保的十萬大軍退到定西以後，在當地劫掠，等待明軍到來，他已擁有一支強大的生力軍，且多半是騎兵，又養足了精神。與之相反的是，徐達的部隊千里行軍，疲憊不堪。

　　徐達必須應對兩大問題：首先要盡力避免進入王保保預設的圈套，其次才是如何頂住王保保的突襲，對方畢竟有先到之利，又是以逸待勞。

　　王保保確實找了一塊好場地，只等明軍到來就給予痛殲。這就是今天

定西的車道嶺至譏口關、平西砦、沈兒峪方圓幾十里的地方。

車道嶺是平涼、天水通往蘭州的咽喉要道，是一條西北、東南走向的黃土山梁，長約五十里，寬約六里，這道山梁地勢高於其他地方，形同一道天然屏障，易守難攻。山梁上的元軍兵力可以全數展開，而來到山梁前的明軍卻要處於被動挨打的局面，是一塊與徐達生死決戰的理想之地。

王保保之前也想過要伏擊明軍，但考慮到徐達非常人可比，萬一他不上當，或者來個將計就計，吃虧的還是自己，再說明軍的部隊那麼多，就算伏擊成功，最多也只是殲滅他的前鋒，於整個戰局無多大影響。因此他將部隊收縮到車道嶺，搶先占領了有利地形。

王保保布置停當後，就蹺著二郎腿「恭候」徐達的到來。但徐達進抵定西後，就不再向前了，只派左副將軍鄧愈在離車道嶺不遠不近的地方構築防禦工事，並就此安營紮寨。他則帶主力到沈兒峪一帶駐紮，把王保保晾在一邊。

王保保精心設計的藉助有利地形給遠道而來的明軍致命一擊的計畫徹底泡湯，惱怒之下就拿鄧愈所部出氣，但鄧愈高掛免戰牌，遠了不理睬他，近了就以柵寨為掩護，弓弩、火銃一齊伺候。王保保又領教了一招，徐達是用少量兵力來牽制他，為大部隊爭取休整時間。

王保保明白了徐達的意圖後，不得不調整自己的戰術，原先的以逸待勞構想落空，再這麼等下去，就等於讓明軍休養戰力，並且還不知道要等到什麼時候，等徐達一切準備就緒，自己會更加被動。因此，他將部隊重新推前到沈兒峪，爭取盡早與明軍交戰，不能給對方太多的時間養精蓄銳。

雙方不知不覺間，主客的地位已經互換，徐達成功化解了之前所擔心的兩個問題，既沒上王保保的圈套，又避免了以疲憊之師投入戰鬥的危險。

第十章　二次北伐

王保保之前考慮欠周，現在也不見得聰明。當他急急忙忙令大軍推進到徐達的營地不遠處時，又發現情況跟自己預想的大相逕庭。徐達所建構的營寨前橫亙著一條西南、東北走向的深溝，想發起突擊顯然不可能了。

雙方只能隔溝相峙，明軍處於溝的東南，元軍在西北。一幅顛覆人們戰爭觀的畫面出現了，作為救援蘭州的明軍，本應是主動攻擊的一方，要不惜代價衝破敵人的阻擊，趕去救援才對；而元軍只需構築好防禦工事，不讓對方得逞就算成功了。但徐達知道蘭州之圍已解，自己又有源源不斷的後勤供應，他不著急了，王保保現在卻遇到了一個天大的難題——沒有後勤保障，先前靠四處搶掠還能維持，但附近已經被搜刮得差不多了，再拖下去，不用別人打，自己都得餓死。因此，王保保就反過來成了主動求戰的一方，徐達卻深溝壁壘，等著王保保一日數次不惜冒險越溝挑戰。不過王保保的挑戰可不是光罵幾句，或者虛晃幾槍而已，而是實實在在打得相當激烈，以至於雙方的主帥都分不清楚究竟是佯攻還是真打。

這樣的戰鬥持續了五天，元軍很有規律，早上號角一響準時出工，明軍馬上列陣投入戰鬥；傍晚一聲令下收工回營，明軍則出動騎兵追殺一陣也回營吃飯。雙方死傷都差不多，元軍依靠馬踏人填，竟然在壕溝裡闢出了數條供騎兵通行的道路。

到了第五天晚上，輪到明軍反擊了，但這種反擊卻有點匪夷所思。他們不是拿武器越溝去攻擊元軍，而是像調皮搗蛋的小孩子般進行胡鬧。

徐達按三班作業的辦法，徹夜不停地在溝邊敲鑼打鼓，進行噪聲騷擾戰，好像是告訴王保保，你白天不讓我好過，我晚上不讓你安寧！

這種小兒科的玩意兒，竟然讓元軍緊張了一個晚上，當第二天例行式的戰鬥結束後，王保保傳令：不必理會明軍的夜間騷擾，任由他們胡鬧去，我們塞緊耳朵睡覺，保持充足的睡眠，明天好繼續作戰。

這樣的鬧劇一連持續了三夜。雙方主帥這些天所做的一切，都出於同一心理：形成對方的習慣性思維、習慣性動作，目的都是刻意麻痺對方。四月八日夜，徐達的鼓樂大軍還在溝邊製造習慣性思維的時候，王保保召集了一支千餘人的精兵，悄悄繞道襲擊了明軍的東南營壘，結果竟讓王保保得手。該營壘的主將是胡大海的養子、左丞胡德濟，他也算是身經百戰的將領，但在敵人的突然襲擊下，一時間竟亂了陣腳，眼看就要潰敗。徐達臨危不亂帶上親兵趕了過來，大家看到主帥出現才一鼓作氣將敵人打跑。

王保保自派出了夜襲隊後，就密切注視徐達的中軍，打算一旦明軍亂起來回救後軍營寨，他就揮師猛撲過去。但等了很久，既不見明軍有躁動的跡象，也不見期待中的明軍後營火光沖天，反而是明軍的鑼鼓隊敲得更加起勁了。讓他不得不佩服徐達帶兵有方，心裡哀嘆這些明軍真不好對付呀！

讓王保保哀嘆的還在後頭，他這次不成功的偷襲招致了全軍覆滅。原來徐達趕到後營時，是準備全殲勇於偷營的元軍的，後來靈機一動：既然元軍能找到小路襲擊我們，我何不以其人之道還治其人之身呢？這嚮導不是現成的嗎？遂於暗中命令網開一面，派人遠遠跟著潰逃的元軍，做好明天夜襲的準備！

等探好了路後，徐達白天一反常態，派騎兵不斷越過溝去攻擊王保保的營寨。元軍頭天晚上就枕戈待旦了一夜，根本沒合過眼，白天又要應付明軍的攻擊，直到傍晚才稍稍消停，但明軍的鑼鼓隊又上班了，並且還加上了秦腔，分貝增加了好幾倍，簡直不勝其煩。連王保保都覺得先睡一覺再說，愛怎麼胡鬧，胡鬧去吧！

王保保畢竟是一軍之主，別人能像死豬一樣睡，他卻不能，多年的軍旅生涯讓他練就了睡覺都睜一隻眼的習慣。才睡到三更，就聽後營傳來明

第十章 二次北伐

軍的號炮聲，當即命人前去檢視速回報！回報很快傳到：不好了，明軍襲擊後營！

王保保側耳一聽，營前的明軍還在照常製造噪聲，他表現得比任何時候都鎮定，這一定是徐達昨晚吃了虧，今晚報復來了，既然你徐達能處亂不驚，我就不能？因此下令各營派一半人支援後方，看好前門，其他人繼續睡覺，明天還有作戰任務！

命令剛下完，就聽對面的明軍吹響了號角，那分明是進攻的號角！王保保渾身一抖，意識到大事不好，徐達這是玩真的了，有了上次太原的教訓，這回他把靴子放床頭，幾乎是抱著睡覺了，總算把靴子穿上了。但明軍已像潮水般湧進了大營，他們分明早有準備，到處縱火，尤其是馬棚，早已火光沖天，戰馬亂竄，更糟糕的是自己的很多將士還在半夢半醒之間，根本來不及抵抗就成了刀下鬼，有的乾脆舉手投降。

王保保的反應還是很快的，當即命令親兵：給我頂住！他自己從後帳割開一條縫鑽了出去，臨走還抱上兒子、拉上老婆毛氏。可憐手下那些軍官，聽不到主帥到底是該堅守營帳，還是拚死突圍的號令，只能像無頭蒼蠅一樣。那些失去戰馬的士兵都成了待宰的羔羊，只聽周圍響起一片喊聲：徐大將軍有令，凡是扔下武器投降的一律不殺！這個時候誰還不扔掉武器投降？

明軍的喊聲王保保也聽到了，此時他正一家人同騎一匹馬往車道嶺走去。沈兒峪完了，但車道嶺還有他的四萬部隊，由郯王等人率領，只要到了那裡，自己還不算輸得精光。

其實抄小路奇襲元軍後營的騎兵並沒有突入營寨，王保保不去救是對的，只是他沒料到徐達會發動大軍突然襲擊。徐達從前營打到後營，與騎兵會合後，馬上奔襲車道嶺、平西砦等處。還在固守後營的元軍此刻正納悶，明軍半夜就來偷襲，磨蹭到現在光吆喝卻不見動手，到底唱的哪齣？

由於天黑敵情不明，不敢貿然出寨作戰，好不容易忍到天明一看，外面全是明軍，黑壓壓不知有多少，只聽他們齊聲高喊：大將軍有令，投降者免死！

事到如今，都明白是怎麼一回事了，抵抗就是死路一條。徐達這邊開打，一直與車道嶺對峙的鄧愈當然不會閒著，全軍出動，人手一面旗幟，向車道嶺四周湧去。這一景象被準備逃奔車道嶺的王保保遠遠看在眼裡。車道嶺去不得了，王保保帶著老婆兒子往北逃竄，到了黃河邊上，卻沒有可供渡河的船隻。「當世奇男子」王保保可不是浪得虛名，竟然找了根木頭全家抱著漂過了黃河天險，創下的紀錄至今無人能破。他不但是游泳健將，還是冬泳好手，須知黃河上游水流湍急、大西北的初春寒風刺骨啊。由此可見他的老婆兒子也絕非泛泛之輩，能承受得起冰冷刺骨的黃河水。

定西一戰取得了北伐以來的空前大捷：生擒元郯王、文濟王及國公閻思孝、平章韓扎兒、虎林赤、嚴奉先、李景昌、察罕不花等官員一千八百六十五人，將校士卒及家屬在內凡八萬四千五百餘人，獲馬一萬五千二百八十餘匹、橐駝騾驢雜畜無數。

至此，甘肅境內已無元軍主力，明軍分派各軍攻掠各地。鄧愈克河州（今臨夏市），大批吐蕃部落歸降，明政府依照元代舊制，把歸降的部落首領分封為土司。

李文忠千里奔襲元新都

徐達的西征大軍取得全殲王保保十萬元軍大捷之時，李文忠率領的北伐主力也逼近了北元上都開平。此前李文忠曾派大都督府副使孫興祖、海寧衛指揮副使孫虎作為左右兩翼向北推進，不想東邊的孫虎進兵到開平東

第十章　二次北伐

部落馬河一帶時，遭遇了北元太尉買驢的數萬鐵騎，結果，「明軍全軍覆沒，孫虎戰死」，先折一臂。接著又收到西北方向孫興祖同樣是全軍覆沒的消息，史載孫興祖「遇胡兵，力戰皆歿於五郎口」。由於史料不全，對北伐軍這兩場敗仗的詳細經過沒人能說得清楚，不過李文忠卻清楚接下來該怎麼辦了。

從進兵之初的安排來看，他還是力爭像舅舅那樣謹慎用兵、穩步推進，但現在不得不改變策略，因此，在距離察罕腦兒還有三天路程時，果斷派出一萬輕騎兵直插上都開平。

察罕腦兒守將為北元平章竹貞，這不是重點，重點是在位於察罕腦兒西北方向處還有一座白駝山，山上駐著北元太尉蠻子（人名）的三萬鐵騎。兩股元軍形成掎角之勢拱衛著開平，不打掉這兩隻「看門狗」就無法搗毀開平，所以李文忠必須以迅雷不及掩耳之勢拿下察罕腦兒才能避免腹背受敵。

竹貞聽說自己身後出現大量明軍騎兵，而且是直奔上都而去，正在疑惑不定之時，又聽偵察員報告，前方開來大批明軍步騎混合部隊！

竹貞曾率兵五萬駐守大同，在常遇春率部進軍大同時棄城而逃，不但沒有受到任何處分，反而得到元順帝的誇讚，說他為朝廷儲存了實力，下旨晉升為中書平章，駐守察罕腦兒。見大軍壓境，他再次採用老辦法——為朝廷保實力。

竹貞不敢往開平撤，那裡有明軍騎兵，他打算去與蠻子太尉合兵一處，因此在派人前去聯繫後，大軍就開拔了。誰知被李文忠前後一夾，就很識時務地接受了李文忠的招降，投降就投降了吧，他還要出賣自己人——帶明軍去白駝山抓捕蠻子。

白駝山位於察罕腦兒西北約六十里處，兩座主峰幾乎拔地而起，遠遠看去，就像一頭臥著的駱駝。因其海拔較高，山上一年有近六個月的時間

李文忠千里奔襲元新都

處於積雪狀態，因此得名「白駝山」。地勢本來就險惡，再加上蠻子太尉的苦心經營，把白駝山打造成了一座固若金湯的堡壘，兩座主峰中間只有一條進出的通道，而且一路都是陡峭山坡，兩側還修築了無數的防禦工事，當真是一夫當關，萬夫莫開！

白駝山是一個難得的屯兵的好地方，終年積雪不愁沒水，山間草場豐茂，是天然的牧場，牛羊馬隨便放牧，再加上蠻子太尉從開平運來的大量糧棉，就算遭到圍困，不用外援也能堅守個一年半載不愁吃喝。

蠻子在接到竹貞要前來投奔的消息後，並不覺得有什麼不妥，反倒覺得非常有面子，自己的隊伍大發展，在朝廷更有分量，兩支部隊一合併就有五萬之眾，五萬鐵騎釘在白駝山，向前可以擋住明軍進攻，向後可以切斷明軍的退路，明軍還敢輕易進犯上都嗎？上都無虞，新都（應昌）不就安穩了嗎？

基於以上考慮，蠻子吩咐要辦一場隆重的歡迎儀式，歡迎竹貞率部加入白駝山，場地就定在本部中軍的一個大草場。不久，蠻子聽下屬請示：竹貞已率部來到山下，是否允許他們列隊進來？

蠻子發話：除了值班站崗人員外，全體到中軍帳前草場集合，列隊歡迎，著竹貞所部列隊進入草場，本太尉要現場一併檢閱、訓話！

蠻子太尉端坐軍帳中看著竹貞的部隊徐徐開來，卻見行軍佇列鬆鬆垮垮，進入這麼嚴肅的場合，卻沒有表現出應有的莊重，反而許多人湊在一起東奔西竄，這樣散漫的部隊能有什麼戰鬥力，非花大力氣整頓不可！蠻子正搖頭嘆息之間，只見竹貞在一群親兵的簇擁下向中軍大帳走來，太不成體統！

蠻子正要開口訓斥，那幫「親兵」卻已經亮出了彎刀，由先前的走變成了衝刺，幸虧蠻子太尉的中軍護衛反應迅速，立即拔刀相迎，拚命保護太尉，明軍智取白駝山的好戲上演了。堡壘最容易從內部攻破，這場從敵

第十章　二次北伐

人心臟發起的戰鬥，結果可想而知，蠻子太尉在親兵的拚死掩護下奪馬狂奔。

主帥一逃，白駝山的戰鬥很快就結束了，大多數人還是「識時務」的，李文忠以極小的代價，接連搞定了兩支北元鐵騎，摧毀了兩處軍事重地，為大軍繼續深入大漠掃清障礙的同時，還籌措了充足的軍需物品。

離上次攻占開平還不到一年，李文忠又再次兵臨城下。此時的開平還是老樣子，由北元平章尚都罕在此駐守，其實他的職責主要是守衛糧草裝備，手下雖然有兩萬人馬，但大多為老弱殘疾，毫無戰鬥力可言，開平的安全實際上全繫於南面的察罕腦兒與白駝山。

尚都罕並非不知明軍再次大舉北伐，只是自恃有察罕腦兒和白駝山兩道屏障，讓他如同吃了放心丸。至於明軍會不會故伎重施，像去年一樣繞道從東北方向進攻，元軍方面自然是經一事長一智，太尉買驢早已在落馬河一帶嚴加防備。此前已有戰報說，從那個方向進犯的明軍孫虎部已被全殲，東部可以放心了。

可是當尚都罕聽到報告說城外出現明軍騎兵時還是吃驚不小，急忙一面派人往察罕腦兒及白駝山送信，一面讓人務必打探清楚明軍到底來了多少人。當得知明軍人數不超過兩千，而且是清一色的騎兵時，他不禁納悶：沒聽到有關察罕腦兒與白駝山方面失守的消息啊，這些明軍是從哪裡冒出來的？莫非是小股明軍滲透防線，或者誤打誤撞撞到上都來了？如今的他面臨著三個選項：Ａ主動出擊；Ｂ堅守城池；Ｃ棄城走人！

對於選項Ａ，尚都罕是萬萬不敢的，自己的隊伍自己清楚，就那幫老弱病殘還不等於是送給人家練刀法的！？選項Ｃ也很快被自己否決，敵情未明，說不定真如自己判斷的，只是一股流竄到這裡的散兵，就這麼拱手讓出堆積如山的裝備糧草豈不可惜？再說了，不還有察罕腦兒與白駝山兩支鐵騎嗎？就算明軍主力來了，兩支鐵騎會合從後面掩殺，未必就不能打

敗他們！那就剩堅守城池一條路了，走一步看一步吧，等有了蠻子太尉和竹貞平章的確切消息再做打算。

尚都罕左等右等等不到蠻子和竹貞方面的回音，卻等來了大明左副將軍李文忠的一封親筆信，信中勸他要認清形勢，不要執迷不悟，如今天命所歸，殘元氣數已盡……這些都沒能打動尚都罕，要命的是信中告訴他，竹貞平章已經是大明的座上賓，蠻子太尉已兵敗逃走，生死未卜。

可憐的尚都罕傻了，又驚又疑地策馬繞城轉了一圈，見滿山遍野都是明軍，只得仰天長嘆：「皇上啊，不要怪微臣不忠，上都軍民的性命也是命啊，尚都罕只能上對不起您老人家，下對不起列祖列宗了……」

李文忠再次進占開平，北元新都應昌已經完全暴露在明軍的兵鋒之下，只要再努把力就能將其搗毀，但李文忠卻命令全軍在開平休整，這又是為什麼呢？

前面已經說過，應昌雖然離開平不遠，但從開平到應昌卻必須穿過一片真正的沙漠地帶，不但人需要適應，馬也需要適應，如果不做好充分準備，人和馬一旦貿然闖進去，十有八九會集體變成木乃伊。

李文忠大軍在開平休整期間沒有受到半點干擾，這是極不正常的，那麼北元朝廷在幹什麼呢？原來就在李文忠忙著籌劃進軍應昌之際，原大元王朝皇帝、北元第一任皇帝惠宗孛兒只斤·妥歡帖木兒因病醫治無效，已於西元1370年5月23日（農曆四月二十八日）不幸逝世，享年51歲。

國不可一日無君，太子愛猷識理達臘終於是「多年的媳婦熬成婆」，成了北元新一代領導人，是為元昭宗。新領導上任，就面臨著權力重新分配的問題，元昭宗要組建自己的團隊，那幫老臣自然就得靠邊站，但有一個人例外，這就是剛從定西兵敗逃回來的王保保。雖然他把十萬大軍敗了個精光，但他永不言敗的戰鬥精神和對元朝的忠誠是有目共睹。因此，這對既是老朋友又是老冤家的搭檔，又緊密連繫在了一起。

第十章　二次北伐

關於元順帝的死訊，遠在南京的朱元璋比近在開平的李文忠知道得還早，朱元璋在五月初就收到元順帝逝世的消息，還親筆寫了一篇祭文，其中有一句：「今聞君歿於沙漠，朕用惻然。」而李文忠知道元順帝死翹翹的消息則是在進軍應昌的途中，才離開開平不到兩天的路程，前鋒抓住了北元政府派往開平報喪的蒙古騎士，這就說明應昌方面並不知開平已經淪陷。李文忠當即丟下步兵主力，像常遇春一樣，親自率領一萬精銳騎兵，風馳電掣般地直插大漠深處。

李文忠當然不是為了爭分奪秒趕去參加元順帝的追悼會的，因為從審訊中得知，那老皇帝已經死了二十多天，至於為什麼到現在才發喪，不用說也是出於政治上保密的原因，這個暫且不管，李文忠考慮的是如何利用這難得的時機，打對方一個猝不及防。

李文忠的一萬鐵騎在蒙古嚮導的指引下，在茫茫沙漠之中疾行了兩天之後就遇到了北元的第一道防線。也是唯一的一道防線，李文忠沒打算與對方糾纏，下達的命令只有三個字：衝過去！

元軍看見遠處揚起漫天黃沙，等主將下令吹號角集結兵力準備迎戰之時，明軍已經衝到了面前。戰鬥短促而又激烈，衝殺過後留下橫七豎八的屍體和斑斑血跡，明軍騎兵絕塵而去，北元將士恍如做夢。

元軍守將稍稍從夢中驚醒後，第一反應不是回頭追擊敵人，或派人抄近路跑回應昌報信，而是讓士兵收拾殘局，裝作什麼都沒有發生，繼續堅守職位。應該說他們都是堅守職位的模範，一直堅守到明軍大部隊到來，隨意地做了幾個抵抗動作之後，就乖乖地當了戰俘。

應昌就在眼前，李文忠他們不是來做客的，儘管穿越沙漠弄得個個像泥人一般，但沒必要顧及儀容儀表什麼的，一萬騎兵左右分開，把應昌圍攏了起來。令人意想不到的是，作為北元首都的應昌，並沒有想像中的重兵把守，甚至連像樣的城防部隊都沒看見。

李文忠率先帶隊衝進了應昌，結果卻令他大為沮喪，應昌早已人去城空，元昭宗竟然溜了。說起來，元昭宗能躲過一劫純屬偶然，新上任的他剛剛忙過一陣後，總感覺心裡不踏實，這種不踏實到底來自內部還是外部，一時還理不出頭緒，於是就帶數十騎出城散心，當看到遠處塵土飛揚，一支明軍鐵騎從天而降時，便帶著身邊僅有的數十人馬成功逃離了戰場。

李文忠從俘虜口中得知元昭宗漏網後，豈肯善罷甘休，當即帶上精騎兵就往和林方向追，這當然是憑感覺。一直追到北慶州（今內蒙古自治區巴林右旗境內），無奈茫茫大漠一直沒能找到元昭宗的蹤跡，只好窩著一肚子火悻悻而返。不過他這次北伐，戰果卻是極其輝煌：驅逐北元政府繼續北移，俘獲了元昭宗的兒子買的里八剌，還有其皇后、妃嬪、公主、宮女，北元的王公貴族、省院級高級官員等都一鍋端了，「搜得宋、元玉璽，金寶玉冊，鎮圭、大圭、玉斧等級物，並駝馬牛羊無數」。

意想不到的驚喜還在後頭，李文忠領得勝之師高奏凱歌在回師途中經過興州時，先前在錦川被打得屁滾尿流的北元將領江文清覺得跟著元昭宗沒前途了，主動帶領興州三萬六千多軍民前來投誠；大軍再到紅羅山時，元將楊思祖又率部眾一萬六千餘人主動接受收編。

至此，朱元璋滅元之戰宣告一個段落，但大明王朝與北元之間的戰爭遠遠沒有結束，只因跑了一個愛猷識理達臘，逃了一個王保保，就為大明的邊境安全留下了極大的禍患，幾乎陪伴了整個大明王朝的始終。

第十章　二次北伐

第十一章
制度改革

統一全國過程簡介

　　朱元璋於洪武元年（西元 1368 年）正月登基稱帝，建立了大明朝，到洪武三年（西元 1370 年）六月李文忠遠征北漠，迫使元朝殘餘勢力從應昌北撤，明朝北邊防禦相對穩定。但是統一大業還未完成，之後又花了二十年時間掃平各地的割據勢力，到洪武二十年（西元 1387 年），除漠北、新疆外，才基本完成統一全國的大業。

　　其中主要勢力有三股：一是四川夏政權，二是雲南的梁王，三是東北的納哈出。這三股勢力中有兩股屬元朝遺留的，還使用元朝年號，夏政權則是由原先天完政權徐壽輝的部下明玉珍所建立，明玉珍死後，由他兒子明升繼位。洪武二年，朱元璋稱帝後，需要大量營建樓堂管所，就以宗主國的身分向明升索要產自四川的千年大樹，明升自知國小力弱，不敢得罪大明，不僅照單接受，還超額完成任務。但朱元璋並不滿足於此，他要把這個地方變成自家後院，因此就派平章楊璟入川，要明升順從天命，歸降大明，明升回覆「研究研究」。

　　徐達、李文忠西征北伐後，消滅夏政權的議題正式放在日程表上。洪武四年（西元 1371 年），朱元璋將滅夏的重任交給曾經在四川工作過的傅友德，讓他從陸路進攻，另派湯和、廖永忠率水軍從長江三峽西進。

　　夏國君臣在面對明軍進攻的問題上，意見並不統一，分成主戰和主降兩派，明升夾於兩派之間，就採取折中的辦法，先抵抗，實在打不贏再作

第十一章　制度改革

打算。說實話，就算他們齊心協力、眾志成城都打不過戰無不勝的明軍，何況是抱著這種消極的心態打仗？結局可想而知！

明升被押送到南京後，朱元璋表現得很「大度」：明升還是個孩子，事情都由臣下做主，他也是受矇蔽者，算了，朕沒必要跟一個孩子過不去！隨即封明升為歸義侯，賜給府第。第二年，即將他與陳友諒的兒子陳理一塊遣送到了高麗。

夏國滅亡後，朱元璋的目光很自然就投向了雲南。在歷史上，由於地處西南邊陲的雲南與中原之間山川阻隔，交通不便，客觀上使其長期獨立於中央王朝之外，唐有南詔、宋有大理。元世祖忽必烈西征雲南後，滅大理國，建雲南等處行中書省，封其孫甘剌麻為梁王，為雲南的最高統治者，鎮守雲南，統治中心在昆明一帶；在原大理國設立大理元帥府，仍由大理段氏世襲總管，以維持當地的平穩。

雲南實際上還是處於半獨立狀態，因為除了這兩股勢力外，還有南部思普一帶的許多少數民族，也就是通常說的土司地區，包括如今的貴州西部等未開化之地。就這三股勢力而言，那些土司相對安分點，只要不被侵犯太多的利益，他們就不去招惹官府。而同樣是中央政府所委任的梁王和大理都元帥府的段氏則不時發生衝突，元朝退出中原後，這對爭戰多年的冤家才摒棄前嫌，將槍口共同對準大明朝，互抱取暖。

平定四川後，朱元璋於洪武五年（西元1372年）正月派翰林院待制王禕到昆明勸說梁王巴匝剌瓦爾密歸順，巴匝剌瓦爾密不但不聽，還殺了使者王禕。

之後，朱元璋又兩次派了代表去勸降巴匝剌瓦爾密，先是已經降明的威順王之子伯伯，但伯伯到了昆明，就等於重新回到了家裡，直接投入了梁王的懷抱。洪武八年九月，朱元璋又派湖廣行省參政吳雲出使雲南，同行的還有原梁王手下鐵知院等二十多人。鐵知院是在奉命前往和林時被徐

達俘獲的，朱元璋讓他們陪同吳雲一同去昆明，就是讓他們現身說法規勸梁王投降，誰想鐵知院是個養不熟的白眼狼，半路就將吳雲殺了。

朱元璋連吃悶棍，早就想討伐雲南了，只是礙於事情太多，又忍耐了六年。洪武十四年（西元1381年）九月，朱元璋任命傅友德為征南將軍，率左副將軍藍玉、右副將軍沐英，率步騎三十萬出征雲南。

元梁王得知明軍來襲，當即緊急動員，積極聯合大理段氏，雙方組成聯軍一致對外。明軍兵分兩路，分別從東、北兩個方向向雲南逼近，北路由都督郭英、胡海洋、陳桓等率兵五萬人，從四川南下趨烏撒（今貴州威寧彝族回族苗族自治縣）；東路由傅友德親率大軍從廣西、貴州逼近雲南曲靖，該處乃雲南東部門戶、水陸交通要道，梁王已派平章答里麻率十萬大軍在此設防。

洪武十四年（西元1381年）十二月十六日，明軍趁大霧進抵曲靖東北白石江。霧散天晴，答里麻看見河對岸突然冒出大批明軍，大為吃驚，急忙調遣精兵強將扼守江岸。傅友德採納沐英建議，擺出一副正面強攻的勢態，卻派出小股部隊從下游渡江，繞到元軍背後，在山谷林間搖旗吶喊，大造聲勢，守軍見勢驚恐萬狀。沐英乘勢揮師渡江，大敗守軍，俘答里麻以下兩萬餘眾。明軍大敗梁王十餘萬精兵後，東路軍一分為二，一部由藍玉、沐英率領，直趨雲南（今雲南昆明）；一部由傅友德親自率領揮師北向烏撒，策應北路軍。梁王見敗局已定，投滇池自盡，右丞觀音保獻城投降。

梁王敗亡後，段氏仍倚仗山高水遠、道路崎嶇負隅頑抗。段氏在這一帶的統治有著悠久歷史，已得到當地民眾的廣泛支持，有著很強的生命力，多次遭到外敵入侵仍然能夠得以保全，就連打遍天下無敵手的蒙古人也沒能改變這種格局。

但明軍在沐英的指揮下水陸並進，一路過關斬將，於洪武十五年（西元1382年）閏二月，攻克大理，段氏就擒。繼而克鶴慶（今屬雲南）、麗

第十一章 制度改革

江（今雲南麗江納西族自治縣）等地，至此平定雲南全境。

隨後沐英在此設官立衛，建立了統治機構，緊接著又與傅友德會師滇池，分道平定烏撒、東川、建昌、芒部等地，設立烏撒、畢節二衛。不久土酋楊苴等煽動糾集諸蠻二十餘萬進攻明軍，企圖將他們趕出雲南，被沐英率軍鎮壓下去，剿捕了六萬多人。

雲南局勢穩固後，朱元璋命傅友德、藍玉率征南大軍班師回朝，留養子沐英鎮守雲南。此後，沐氏子孫世代承襲，經營雲南近三百年，直至明朝滅亡。

明朝對遼東納哈出用兵是在洪武二十年（西元1387年），因為朱元璋明白，和梁王比起來，納哈出更為棘手，因此他秉承先易後難、逐個解決的一貫做法。

關於納哈出，前面已略有介紹，太平一戰被朱元璋釋放後，又回到其祖籍封地遼東，擔任遼陽行省左丞相。但他用事實證明自己絕非啃老族，值紅巾軍大舉北伐時，破頭潘的中路軍一度打進了高麗境內。但這支強悍軍隊，在碰上納哈出後，卻是連敗數十次，最終被納哈出悉數消滅。

元順帝向北逃遁後，朱元璋不改初心，一如既往地派人到遼東做納哈出的說服，希望能和平收復東北。納哈出對朱元璋的招撫充耳不聞，並趁明朝無力東顧之機，擴充自己的勢力，部眾發展到了二十餘萬，形成了與明朝對抗的東北割據勢力。已逃回草原老家的元順帝忙不迭地委任他為太尉、署丞相，封為開元王，以期拉攏納哈出為反攻中原賣力。由於從成吉思汗時代起，木華黎家族就沒有保護大蒙古汗國的義務，納哈出對元順帝的「好意」同樣置若罔聞。

此後，朱元璋用安撫與軍事並重的方式，想逼迫納哈出有朝一日能「幡然悔悟」，但納哈出非但不悔悟，還屢屢進犯明朝邊境。最輝煌的一次是洪武五年（西元1372年）冬，成功偷襲了明軍設在牛家莊（今昌圖鎮）

的軍需倉庫，燒毀糧草十多萬石，殺死駐守該地的明軍將士數千人。

洪武十九年（西元1386年），隨著西南地區的日漸穩定，朱元璋終於要騰出手解決讓他充滿期盼又恨得牙癢癢的納哈出了。年末，朝廷徵用了二十萬民夫，將一百二十三萬石糧草送到松亭關（今長城喜峰口北）、會州等地。

洪武二十年（西元1387年）正月，朱元璋命馮勝為征虜大將軍，傅友德、藍玉為副將，統兵二十萬北攻納哈出，與此同時，派出降將乃剌吾勸說納哈出歸順。

馮勝率軍由松亭關出長城，駐兵於大寧、寬河、會州、富峪四城。切斷元中路軍殘部與納哈出的連繫。大軍從北面包圍納哈出的大本營金山，使納哈出完全孤立。

明軍勢如破竹，步步逼近納哈出大本營金山。同年農曆六月，納哈出部將觀童歸降，馮勝大將軍又遣使招撫納哈出。當時，納哈出的各個部族均厭惡分裂割據，嚮往統一。面對眾叛親離、孤立無援、明軍壓境的局面，納哈出被迫派代表與馮勝談判。

馮勝委派副將軍藍玉到一禿河（今伊通河）受降時，卻發生了意想不到的變故：受降儀式上，為了表示誠意，藍玉脫下衣服相贈，納哈出不知出於何意，卻死活不肯接受。這時常遇春的兒子、藍玉的外甥常茂看他那樣，血氣方剛地抽刀就給他一刀，納哈出的手臂當即血流如注，臉當場就掛不住了，命令正在接受收編的部眾回去拿武器。緊急關頭，馮勝讓先前投誠的觀童進行調解，才消除了誤會。

一場風波過後，盤踞遼東三十多年的納哈出終於歸順了明朝，東北地區最終得以統一。馮勝將納哈出所部二十餘萬將士全部南遷，納哈出本人則於洪武二十一年（西元1388年）隨傅友德出征雲南時，不幸死於武昌的船中。

第十一章　制度改革

朱皇帝留下的爛尾工程

　　一個王朝的建立有三個要件，那就是國號、年號和定都。大明朝國號和年號都有了，但關於把首都定在哪裡的問題，卻頗讓朱元璋感到為難，當年選擇應天為根據地，是以其作為發展王業的基地使用的，當時是適用的。南京有長江天險，向北有兩淮可發展，向南可以控制江南，經濟上靠近富庶的蘇杭之地。可是之前定都在南京的王朝，都是偏安江南的小王朝，存續的時間都不長，這在朱元璋心裡是有陰影的。再者，在明軍占領大都，宣告元朝統治退出中原後，如何對於廣大的北方地區進行管控也是個問題。

　　早在進軍元大都之前，朱元璋就專程去了一趟汴梁，除了召開前線軍事會議外，再有一個重要事項，那就是對北宋故都汴梁進行實地考察，看看能不能撿個現成。

　　考察的結果大失所望，除了無險可守以外，經過多年戰火的摧殘，原先富裕繁榮之地，已經淪為貧困地區，經濟基礎極其薄弱，原有的皇宮大院完全損毀。朱元璋遂放棄了建都汴梁的念頭，但為了迷惑眾人，就把汴梁定名為北京，當然少不了讓人大興土木，做點基礎性建設什麼的，稱應天為南京，這時就有了南北二京「其以金陵為南京，大梁為北京，朕於春秋往來巡守」（〈洪武元年八月己巳朔〉）。後來，朱元璋突發奇想，何不把首都建在自己的老家臨濠？把老家建成全國的政治、經濟、文化中心，家鄉人民不就過好日子了嗎？

　　洪武二年（西元 1369 年）九月，朱元璋下詔在臨濠營建中都，建都事宜由左丞相李善長實際負責。可是等工程真正大規模攤開以後，問題卻接踵而至，臨濠這地方太窮了，當龐大的施工隊伍開進這個「前江後淮，以險可恃，以水可漕」的小城時，連吃飯都成了問題。據說，整個工程大約

動用了工匠九萬人、軍士十四萬人、民工五十萬，加上南方各省、州、府、縣和外地衛、所負責燒製城磚的工匠，各地採運木料、石材、供應糧草的役夫等總數達一百多萬人。

為了扭轉人煙稀少、田土荒蕪的局面，朱元璋還下令遷了十四萬江南富戶至此。此舉除了彌補臨濠地區人口短缺外，更重要的原因是，東南地區之前為張士誠所占據，這裡的許多人都曾為張士誠出過力，朱元璋實際上是要打擊東南地區的文人和地主階級，並規定遷徙過來後就不准隨便離開臨濠。

建立首都這樣的重大工程必然涉及大量的土地占用問題，政府在徵用土地的過程中，不可避免存在強徵強拆，再加上那些王公貴族從中倒買倒賣，當地物價飛漲是肯定的，失去土地的農民無以為生，來參加工程會戰的人也苦不堪言。

朱元璋的初衷是要讓家鄉的人過上小康生活，人人有肉吃、有酒喝，吃飽喝足了才有精力對他這皇帝老鄉歌功頌德，沒想到適得其反，家鄉人民比他當皇帝前還要苦。之前劉基就極力反對在臨濠建都，看來這次沒聽他的是真錯了，都怪自己一時衝動，考慮不周，落下那麼個爛尾工程。朱元璋痛定思痛，毅然喊停已進行了六年的中都專案，時間是洪武八年（西元1375年）四月。

對於朱元璋突然下令中止耗費了難以計算的錢財、眼看就要大功告成的中都建設問題，歷史學家眾說紛紜，莫衷一是。有一種說法廣為流傳，說朱元璋決定立項建設中都後，曾兩次親臨視察。第一次是洪武四年（西元1371）二月，主要是視察中都的興建情況，也就是這一次視察後，朱元璋做出了移民中都、充實中部人口的決定。

朱元璋第二次來臨濠是四年後，史書對朱元璋此次行蹤有詳實的記錄，他先到了滁州，暢遊了琅琊山，乘興寫下了〈感舊記有序〉，文曰：

第十一章　制度改革

「予因督功中都，道經滁陽，乘春之景，踏青西郊。細目河山，城雉如舊⋯⋯」頗有功成名就、故地重遊的意思。這次臨濠之行，朱元璋主要做了兩件事：一是詳細檢查了中都的施工情況，二是祭祀了皇陵。《鳳陽新書》卷五記載，朱元璋在臨濠期間，就住在「皇城內興福宮」。由此推斷，當時一座嶄新的都城已初具規模，眼看就要大功告成。

但誰也沒有想到，朱元璋返回南京後卻突然下旨停建中都。原來，他在視察宮殿時，得到了一條重要消息：工匠們由於工作繁重、肚子又吃不飽，為了發洩內心的不滿，就在施工時做了手腳，方法極其惡劣，竟然在宮殿殿脊上製作、畫刻一些咒符，這種東西信則有，不信則無，這不是公然謀害皇室成員嗎？朱元璋勃然大怒，下令追查，雖然後來將一批參與作案的工匠就地正法，但朱元璋在感到氣悶難受的同時，心靈也受到了強烈的震撼，意識到元朝的統治剛剛被推翻，人民還沒有從戰爭中解脫，統一戰爭還在進行之中，此時大規模營建中都確實是個重大的失誤。再聯想到以李善長、胡惟庸為首的淮西勳貴的所作所為，朱元璋不得不重新審視自己所倚重的淮西勳貴和定都臨濠的決策，促使他拋棄鄉土觀念，以壯士斷腕的氣魄讓中都工程及時下馬。中都之事就此作罷，他也從此再沒有回過已經更名為鳳陽的老家。

朱元璋解釋停建中都的理由是勞民傷財。但這其中顯然還有更深層的原因，他身邊的勳貴功臣大多是鳳陽同鄉，這些人居功自傲，常有違法亂紀之事（定遠侯郭英就私自役使營建中都的工匠為自己建造宅第），且在朝中結黨謀私、排除異己，建都鳳陽後，豈不更加助長這部分人的勢力？

朱元璋既已意識了問題所在，就必然要改變自己的用人之策，由倚重淮西鄉黨逐步轉向任用來自各地的人才。洪武十一年（西元1378年），朱元璋正式下詔，以南京為京師，多年懸而未決的定都問題才算正式告一段落。

朱元璋在稱帝之初，就已經大興土木建造南京城牆和皇宮。據說南京城建好後，朱元璋興致勃勃地率領文臣武將登上紫金山，俯瞰南京城的氣派，不無得意地問群臣：「我的都城建得怎麼樣啊？」群臣自然都順著他的意思，極盡溢美之詞。唯獨十四歲的四皇子朱棣說：「紫金山上架大砲，炮炮擊中紫金城。」朱元璋定睛一看，不禁冒出一身冷汗，這給朱元璋的心裡又添了一塊心病。

洪武二十四年（西元 1391 年），朱元璋派太子朱標巡視關中，頗有遷都關中之意。當時，明朝的主要威脅是來自漠北元殘餘勢力。遷都西北，是為了加強對北方地區的控制。北平之所以未予考慮，是朱元璋偏心眼，要留給最喜愛的四子朱棣作封地。朱元璋的次子秦王對此極為不滿，關中是他的封地，把都城遷過去，他的封地就沒了。要不是朱標替他求情，差一點就被朱元璋廢掉了他的秦王。

朱標對西安和洛陽都進行了詳細考察，比較兩地的地形，回來後向朱元璋獻上陝西地圖。朱標個人比較傾向於選擇西安為國都，因為西安曾經為西漢和唐朝國都，王氣十足。

然而天有不測風雲，朱標第二年就病死了。白髮人送黑髮人，年近古稀的朱元璋受到了沉重的打擊，再也沒有精力和心情考慮遷都的事情。朱元璋在當年年底親自撰寫的一篇〈祀灶文〉中，表達了萬般無奈的心情：「朕經營天下數十年，事事按古就緒。維宮城前昂後窪，形勢不稱。本欲遷都，今朕年老，精力已倦，又天下初定，不欲勞民。且興廢有數，只得聽天。唯願鑑朕此心，福其子孫。」一副聽天由命的樣子，聽起來真是異常悽涼。

一生都是贏家的朱元璋最大的憾事，莫過於太子早逝和沒有解決好國都問題，並且很快就帶來惡果。他死後四年，四子朱棣就輕而易舉地將他的繼承人惠帝朱允炆趕下了臺，朱允炆本人更是下落不明。

《大明律》的制定

朱元璋從二十五歲參加抗元到四十一歲稱帝，整整奮鬥了十六年，深知政權來之不易，常常思考元朝滅亡的原因。執政之初就召集文武大臣探討新朝的治國方針，廣泛徵求意見，大臣們各抒己見，暢所欲言，其中劉基提出的見解「宋元以來，寬縱日久，當使綱紀整肅，然後才能實施新政」深得朱元璋的認可，或者說是與朱元璋的想法不謀而合。

朱元璋很早就有了立法的意識，據載「太祖初渡江，頗有重典⋯⋯命（李善長）與中丞劉基等裁定律令，頒示中外」（《明史・刑法志》）；「太祖平武昌，即議律令⋯⋯十二月書成。凡為令一百四十五條，律兩百八十五條」（《明史・李善長傳》）。由此可見，朱元璋在渡江占據南京後，就已經開始著手法律的制定工作，而到了吳元年（西元1367年），立法工作顯得更加迫切。這年十月，朱元璋命中書省以《唐律》為藍本，著手制定《吳元律令》，簡稱《律令》，以左丞相李善長為總裁官，議律官由楊憲、劉基、陶安、徐本、范顯等二十多人組成。

朱元璋就立法原則做了明確的指示：「立法貴在簡當，使言直理明，人人易曉。若條緒繁多，或一事而兩端，可輕可重，吏得因緣為奸，非法意也。夫網密則水無大魚，法密則國無全民⋯⋯」「務求適中，以去繁弊」。《律令》內容以《唐律》為標準，經過適當增減後，共計律兩百八十五條、令一百四十五條。

由此可見，此時制定的《律令》，還不是後來所說的《大明律》，而是分「律」和「令」兩個互不相屬的法律規範。

為了便於大眾理解，朱元璋又讓大理寺卿周楨等人編撰了一部《律令直解》，頒行於吳國控制的長江中下游地區。洪武元年（西元1368年），又

對《律令》進行了修訂和完善，朱元璋親自進行增刪。洪武六年，先頒布《律令憲綱》，後又命刑部尚書劉唯謙詳定，篇目還是以《唐律》為準。

洪武七年（西元1374年），刑部尚書劉唯謙、翰林學士宋濂在〈進明律表〉中宣稱大明律「篇目一準之於唐……合六百有六條，分為三十卷，或損或益，或仍其舊，務合輕重之宜」。至此方命令頒行，這就是最初的《大明律》，總計六十條，分為三十六卷。其中與老百姓生活密切相關的部分均以通俗口語形式寫在《律令直解》中，其目的就是讓民眾能看懂，使之家喻戶曉。

但是，朱元璋對法律的修訂工作並沒有停止，洪武二十二年（西元1389年），又命翰林院會同刑部再次修訂《大明律》，將《名例律》冠於篇首。至此，幾經修訂的《大明律》共分三十卷，四百六十條。為了將《大明律》普及到全社會，讓法律意識深入人心，朱元璋不辭辛苦，於洪武十八年（西元1385年）親自編成了《大誥》，是模仿《尚書·大誥》寫出來的一部官民犯罪案例及懲治貪官的紀錄，以警示官民。又稱《御製大誥》，之後又連續編寫了《御製大誥續編》、《御製大誥三編》。

為了教育民眾，讓大家警鐘長鳴，朱元璋要求每家每戶都必備一本《大誥》，規定：家裡有一本《大誥》者，犯了法可以罪減一等，如果沒有，就要罪加一等。《大明律》和《大誥》共同構成了大明王朝的法律基礎。

《大誥》三篇是學校的必修課程。為了鼓勵人們學習《大誥》，朱元璋規定：誦讀滿三年，老師可以帶著學生到禮部背誦《大誥》，政府根據師生背誦內容的多少給予不同的獎賞。洪武三十年，進京背誦《大誥》的師生有近二十萬人之多。

朱元璋採取的一系列措施，無非是要透過律令的教育和宣傳方式，使臣民服從封建統治。當官就老老實實上班，當農民就踏踏實實種田，讀書人則學好忠孝仁義，商人販運貨物以通有無，手工生產者專心做好技藝，

以達到大明王朝的長治久安。

《大明律》雖然以《唐律》為藍本，但在內容上，經濟、軍事、行政、訴訟方面的立法更為充實。在定罪判刑上，展現了「世輕世重」、「輕其輕罪，重其重罪」的原則，事關典禮及風俗教化等事，定罪較輕；賊盜及有關帑項錢糧等事，定罪較重；其中對謀反的懲處特別嚴厲，不分主犯、從犯，一律凌遲，從祖父到孫子、兄弟甚至是同居的人，只要年齡達到十六歲，都要處斬。

朱元璋親自主持和參與制定的明朝律令，尤其是《大明律》，經過長達三十年的醞釀編制修訂，到最後定型頒布天下，真可謂殫精竭慮。它是中國封建社會一部較為完善的法典，有許多自己的特色，如條目簡於唐律，精神嚴於宋律，按六部立篇目等，同它以前歷代的律相比，無論形式或內容都有新的發展，明律的內容大多為清律所沿襲，對清代產生了深刻的影響。

嚴刑與寬政

朱元璋在制定、推廣、普及法律方面不遺餘力，在執行法律方面也是毫不捨糊。早在至正十八年（西元 1358 年），明軍攻占了婺州時，鑑於當時糧食短缺，朱元璋就下了禁酒令。但很多地方都沒有認真執行，特別是一些官員更是不把其當回事，以為只是說說而已。此時，有人撞到了槍口上，竟然不顧禁令私自釀酒。

帶頭違反禁令的人叫胡三舍，是朱元璋手下猛將兼愛將胡大海的公子。朱元璋毫不猶豫地下令將胡三舍逮捕法辦，當時胡大海正帶兵征戰，很多人看在戰功赫赫的胡將軍面子上，紛紛出面求情，甚至有人擔心胡

大海方面的反應。朱元璋回答得很乾脆：「寧可使大海叛我，不可使法不行！」最終還是按軍法處死了胡三舍。

消息傳開，全境震驚。從此，朱元璋所頒發的一切法令，再也沒人敢輕忽。經過幾個時期的整頓和建設，朱元璋所治之內逐漸趨於條理化，朱元璋和他的軍隊在江南的聲望及影響越來越大。

朱元璋對於貪汙腐敗的懲處創歷史之最，出身於社會最底層的朱皇帝，深知百姓疾苦，對官吏盤剝百姓的行徑深惡痛絕，他曾痛心疾首地對身邊工作人員說：「我以前在民間時，見到州縣官吏多不愛民，往往貪財好色、飲酒廢事，凡民間疾苦，視之漠然，我心裡恨透了，如今要立法禁，官吏凡是貪汙危害百姓物，嚴懲不貸。」因此，在其執政期間，只要確認有貪贓枉法行為者，都要發配到北方荒漠地帶充軍，這可不是當初他在伽藍佛的背後寫寫而已。

凡是貪汙數額達到白銀六十兩以上者，不管涉及何人，也不管他的功勞有多大，一律斬首示眾，情節嚴重者還要被剝皮，用稻草填充後，放到該犯曾任職的衙門前，以警示繼任官員。朱元璋當政，就以這部嚴厲的法律為依據，並且以身作則，堅決依法治國。他的女婿、駙馬都尉歐陽倫，是馬皇后最小的掌上明珠安慶公主的丈夫，他仗著自己的尊貴身分，藐視國家法律，向陝西販運私茶，結果被一個小官吏告發。本來罪不至死，但朱元璋接到舉報後，異常氣憤，毫不留情地將歐陽倫處死，誰求情都無濟於事，包括他一直敬重的馬皇后，還重賞了不畏權勢的正直小官吏。湯和與朱元璋的關係應該算是很要好了，從小到大一直對朱元璋這位大哥是畢恭畢敬，立下過赫赫戰功，被封信國公，他的姑父仗著有湯和這座靠山，在常州大肆倒賣土地，還偷稅漏稅，被檢舉揭發後，朱元璋照樣不給面子，把犯案人員全部誅殺。

朱元璋執政三十多年，親自處理過的貪官汙吏案件多得不勝列舉，其

第十一章　制度改革

中最大的有兩起，一起是空印案，另一起是郭桓案。

大明立國後規定，每到年底，地方上都要派人到戶部考核各府、州、縣的土地、人口、賦稅等。戶部在考核中如果發現某地的數字與戶部所掌握的不符，那麼來京送核人員就要將申報文書帶回原單位更改，重新填寫蓋上官印後，再送來京城。由於路途遙遠，又受交通條件的制約，為了更改一個數字，甚至一個小數點來回跑一趟，近的地方可能十天半個月，邊遠的地方可就難了，少則幾個月，多則要一年。為了免去舟車之苦，那些具體辦事的官吏經過分析，發現問題出在蓋印那個環節上，於是有人想出絕招，多帶幾份加蓋了公章的空白文書在身，以備隨時更改、填寫之用。其實這個創意從元朝就開始了。因此帶空白文書到京師對帳就成了一條潛規則，大家都心照不宣，只有一個人被矇在鼓裡。

這個人就是朱皇帝，洪武九年（西元1376年），朱元璋得知官吏們竟然以空白文書在京城自己的眼皮底下閉門造冊，當然有理由認為所有的官員都是在欺瞞自己，營私舞弊，把自己當冤大頭，一怒之下把各地衙門掌管印信的官員及用空白公文作案的長吏全部處死，與此事相關的其他人員一律打了一百棍子，發往邊遠地區充軍。

後人對「空印案」一直存在爭議，平心而論，使用空印實屬不得已而為之，這是客觀原因，但這一做法的確為貪汙舞弊埋下了隱患，為不法之徒製造了便利。

據說，這次空印案處死者達數百人，受杖戍邊者達數千人之多。為杜絕此類事件再次發生，朱元璋下詔，規定府、州、縣錢糧冊全部實行半印勘合行移制度，以杜絕空印舊弊。

關於郭桓案，《明史．刑法志》記載：「郭桓者，戶部侍郎也。帝疑北平二司官吏李彧、趙全德等與桓為奸利，自六部左右侍郎下皆死，贓七百萬，詞連直省諸官吏，係死者數萬人。核贓所寄借遍天下，民中人之家大

抵皆破。」

該案是從朱元璋懷疑北平省左布政使李彧、提刑按察使趙全德開始的。為什麼呢？這就可能涉及太子朱標了，因為協助燕王朱棣主政北平的大將軍徐達去世了。此前圍繞著太子的士大夫集團對北平方面存有戒心，礙於明朝開國功臣徐達的面子，更確切說顧忌其勢力——他畢竟是大明王朝軍中第一號人物——一直隱忍不發。

徐達一死，就透過朱元璋之手，想揭開鍋蓋一探究竟，但並沒有將矛頭直接指向朱棣，而是要先拿李彧、趙全德開刀。

於是就有了御史余敏、丁廷舉提交的關於戶部侍郎郭桓利用職權，勾結李彧、趙全德等共同貪汙、侵吞國家財產的犯罪事實，主要有如下三項：

一、私吞太平府、鎮江府等府的賦稅，降低朝廷稅收。

二、私吞浙西的秋糧，浙西秋糧本應該上繳四百五十萬石，郭桓只上繳兩百多萬石。

三、徵收賦稅時，巧立名目，徵收多種水腳錢、口食錢、庫子錢、神佛錢等，中飽私囊。

真是不查不知道，一查嚇一跳，這還得了？朱元璋當即指示成立專案組，要一查到底！專案組組長由審刑官吳庸擔任，經過吳庸等人的大力追查，又牽扯出更大範圍內的社會經濟問題！因此，說這個震驚當時、影響後世的貪汙案是無心插柳之舉也實不為過。朱元璋本意是一窺朱棣與其老丈人徐達在北平的隱私，沒想到後來的事情大大出乎他的意料，也讓朱棣躲過一劫。

隨著調查的深入，又牽出了禮部尚書趙瑁、刑部尚書王惠迪、兵部侍郎王志、工部侍郎麥志德等人有嚴重經濟問題。

第十一章　制度改革

　　舉國轟動，依據口供，層層追查，案中案迅速蔓延，但蔓延方向並非意想中的北平省，而是首都南京附近的江浙地區。一揭蓋子，一幕幕經濟醜聞被大白於天下！戶部財政竟出現了高達兩千四百餘萬石糧食（相當於當時一年的國家財政收入）的巨大虧空！

　　朱皇帝震怒了，決心在全國範圍內進行一次反貪汙運動，指示專案組要層層追贓，徹查到底，結果好幾萬人被關進監獄或處死，被攤派到的納稅大戶也跟著遭殃，受株連抄家的不計其數。經過這樣一番嚴刑峻法，明朝初期的吏治十分清明，社會秩序得到穩定，老百姓也逐漸安定下來。

　　朱元璋對官吏極其嚴厲，但對弱勢群體的老百姓卻充滿了愛心。立國之初，朱元璋就曾告誡手下官員：「天下新定，百姓財力困乏，像新生的鳥兒和剛栽的樹苗，拔不得毛，也動不得根，重要的是安養生息。」規定：農民開荒種植的，不限畝數，一律免去三年租稅，無論這些田地以前是誰的，現在誰開墾就歸誰所有。你原先逃荒除了身上穿的以外，一無所有了，放心，由政府提供耕牛、農具和種子，這一措施使得許多貧苦農民得到了土地，有了安身立命之本。

　　本著求穩定、謀發展的原則，在用法律穩固自己統治的同時，朱元璋開始實行休養生息政策，解決老百姓的溫飽問題。元朝時期，達官顯貴蓄奴成風，有的人家奴僕竟多達數千。元末農民起義雖然解放了不少奴隸，但仍有相當多的人在戰亂中淪為土豪劣紳、地主的奴隸。對此，朱元璋於洪武五年（西元1372年）下詔：禁止普通地主蓄養奴婢，違者杖刑一百；已經蓄養的奴婢均放為良民；因饑荒而賣身為奴的人，由政府代為贖身，使許多奴隸獲得了自由，解放了大量農業勞動者。與此同時，朱元璋把矛頭對準了自己之前的老行業──寺廟，與此相應的還有庵堂，對這些組織的內幕他太了解了，採取的辦法是控制其人數，遣散部分僧尼，迫使他們還俗，成為自食其力的農業生產者。

除此之外，朱元璋還採取集結移民、調整人口分布的辦法，把農民從人口稠密之地遷移到人口凋敝、土地荒蕪的地方。從洪武元年到洪武末年，朱元璋不斷地遷富民到濠州、京師等地，一方面是為了打擊豪族地主的勢力，一方面是為了發展濠州及京師的經濟，使之與其政治地位相適應。

從洪武三年開始，朱元璋就已經有系統地把山西民眾遷徙到河南、河北、安徽等地。這是由於這些地區受戰亂影響最大，徐達北伐滅元之時，所過之處「道路皆榛塞，人煙斷絕」。有的地方「積骸成丘，居民鮮少」，因而「田多未闢，土有餘利」，而山西相對受戰亂影響較小，「人口眾多，地狹人稠」。「問我故鄉在何處，山西洪洞大槐樹。祖先故居叫什麼，大槐樹下老鴰窩」，這是一首自明朝以來，就開始在黃河下游地區廣泛流傳的民謠，是山西大量移民的真實寫照。

洪武三年六月，遷蘇州、松江、嘉興、湖州、杭州無業農民四千多戶到濠州，又徙山後民一萬七千戶屯北平。洪武四年，遷北平山後民三萬五千多戶散處各府衛，軍籍者給衣糧，為民者給田地，又徙沙漠遺民三萬兩千戶到北平屯田，置屯於大興、宛平、良鄉、固安等縣。對於遷移之家，朝廷給予耕牛、種子、路費，還免去三年賦稅。邊區人口內遷，既是為了發展經濟，也有和敵對勢力爭奪人力資源、鞏固國防的目的。

朱元璋特別重視賑濟災民，規定凡各地鬧水旱災歉收的，減免賦稅。豐年無災傷的，也要挑選一些地瘠民貧的地方給予特別優免，災重的地方除了免交稅收之外，還由官府貸米，或者是賑米、施布、給鈔。各地設有預備倉，由地方耆老經營，準備大批糧食救災，災傷州縣，如地方官不報告的，特許耆民申訴，處地方官以死刑。洪武八年正月，朱元璋命相關部門調查貧民，給予房屋衣食。洪武二十六年，規定地方官有權在饑荒年頭，先發庫存米糧賑濟，事後呈報，立為永制。根據《明史‧太祖本紀》

第十一章 制度改革

記載：朱元璋在位三十一年，賞賜民間布鈔數百萬、米百萬多石，下詔減免租賦和賑濟災民達七十多次。

一個令皇帝感到討厭的部門

朱元璋用嚴刑和寬政穩固了大明江山後，開始將目光投向了體制改革方面，目的在於加強中央集權。元朝時期，設定中書省總理全國政務，也稱都省，中書省就相當於朝廷的宰相府。相應地，在地方上則設立行中書省，那麼行中書省就成了中書省派駐地方的分支機構，掌控一個省的軍政、民政、財政和司法，職權非常大。朱元璋自己就做過韓宋政權的行中書省丞相，對其中的弊端深有體會。

洪武九年（西元 1376 年），朱元璋下令廢除行中書省，分設承宣布政使司、提刑按察使司和都指揮使司，分管行政（包括財政）、司法和軍事，三司長官地位平等，既相互獨立又相互牽制，都聽命於中央政府。這就不可避免地引發君權與相權之爭。

朱元璋稱帝建國之時，設有左、右丞相，分別由李善長和徐達擔任。李善長主政事，徐達主管軍隊，是朱元璋的左膀右臂。當年李善長投奔朱元璋之時是在滁州，後來透過認真看書學習，朱元璋知道了宋太祖趙匡胤與趙普的典故後，認定李善長就是上天給自己送來的趙普，將其視同心腹。

李善長也沒有辜負朱元璋的厚望，以蕭何為榜樣，在駕馭諸將、後勤保障等很多方面，發揮了重要作用。在和州時，有一次朱元璋親自襲擊雞籠山寨，只留下少量兵力給李善長守城，臨行附囑他，萬一元軍來襲，千萬不要出擊！

世上的事就那麼詭異，朱元璋的擔心很快「夢想成真」，當元兵真的來襲時，老李為了好好露一手，設計打了一場漂亮仗，讓朱元璋愈加刮目相看。吳元年（西元1367年）九月，滅張士誠後，朱元璋大封功臣，李善長論功被封為宣國公，並改官制，尚左，故李善長由右相國改稱左相國，居百官之首。

洪武三年（西元1370年），徐達、李文忠北伐班師回朝，朱元璋功績進行了總結並論功行賞。朱元璋按照古代「公、侯、伯、子、男」五個等級，封了六公二十八侯二伯，六公為：韓國公李善長、魏國公徐達、曹國公李文忠、宋國公馮勝、衛國公鄧愈、鄭國公常茂。常茂是常遇春的兒子，朱元璋念及常遇春的功績，特許他的兒子襲封為鄭國公。

李善長居六公之首，也是唯一的文職人員，其他五人都是衝鋒陷陣、戰功赫赫的武將。朱元璋對此解釋說：「善長雖無汗馬功勞，然事朕久，給軍食，功甚大，宜進封大國。」因而晉升太師中書左丞相，封韓國公，歲祿四千石，子孫世襲；予鐵券，免二死，子免一死。李善長經這次封賞不僅獲得了榮華富貴，更是達到了其仕途的最高點，真正是一人之下、萬人之上。

李善長位極人臣，深得朱皇帝的倚重和信任，他就容不得任何人對自己藐視，或者挑戰自己的權威。放眼朝野，除了以劉基為首的浙東文士集團，已經無人能望其項背，為此，在洪武元年（西元1368年）五月兩人就有了第一次交鋒。

當時朱元璋離開南京到汴梁視察，臨行前將南京的事務託付給了劉基和李善長共同打理。這期間發生了「李彬案」。李彬當時是中書省都事，這傢伙竟然把李善長搬進新落成的丞相府後空置的舊宅改造成一個上等娛樂場所，將從張士誠處俘獲回來的嬌姬美妾叫來拉攏官員，腐蝕其心志，從中進行權錢交易、買官賣爵。

第十一章　制度改革

　　這可算是犯到御史中丞劉基手上了，此案不管對於李善長還是劉基來說，都可以睜隻眼閉隻眼。但李善長覺得如果不將李彬保下來，他這個大丞相面子上掛不住，權威必將大受影響，而且正好趁機試探劉基對自己的態度，於是就向劉基打了「招呼」。

　　劉基不但不買帳，還想藉機深挖下去。他不相信一個小小祕書長的李彬會膽大妄為到如此程度，但李彬一口咬定全是他一個人所為，至死沒有牽扯任何人。

　　李善長坐不住了，只好放下身段，跑去找劉基把話挑明：「伯溫啊，我們同朝為官，都是為皇上辦差的，得饒人處且饒人，我淮西派與你浙東派一向是精誠團結，你老兄可不要帶頭破壞安定團結的大好局面啊！」

　　這應該是劉基第一次聽到「淮西派」、「浙東派」的提法，他明白了，是自己不斷向朱元璋推薦江浙一帶的文人入朝為官，當然也包括其他地方的一些高級知識分子，讓李善長認定他劉基就是浙東文士派的領袖。

　　事實上不管劉基承不承認，當時的文人集團，除了淮西出身的以外，都自覺不自覺地以他為核心，而劉基也有意無意地在立場上傾向於非淮西系的文人們。

　　劉基是什麼人？整個中國歷史上除了諸葛亮，他的聰明才智無人可及。因此很從容地應對道：「丞相大人言重了，我劉基不過是在你的帶領下，遵照皇上的指示，按原則辦事而已！」

　　「伯溫兄，你堅持原則，秉公執法，本相我是看在眼裡，非常值得肯定，但我們倆在朝中的分量大家都清楚，李彬畢竟是我的人，你就從輕發落一次，下不為例，回頭本相一定嚴加管教！」

　　話說到這種程度，應該是很重的了，但劉基軟硬不吃，最終還是判處李彬死刑。顏面掃地的李善長豈肯善罷甘休，等朱元璋一回到南京，他的

案頭上就堆滿了彈劾劉基的奏章。朱元璋心裡明鏡似的，他知道劉基沒錯，但是眾怒難違，尤其是自己所倚重的淮西勳貴集團。

劉基也明白自己的處境，雖然皇帝在表面上還竭力維護著他，但怎麼看那氣氛都不對勁了。恰好上天給了他和朱皇帝一個臺階下——劉基的夫人不幸去世了，於是他趁機向朱元璋打報告請長假回了老家。

朱元璋批准劉基的報告後，開始意識到，隨著外敵逐漸被消滅，內部的權力爭鬥也開始活化、明朗起來，而這還只是個開始，以李善長為首的淮西舊勳已經結成一個強大的勢力同盟，這是他今後工作中需要解決的問題。

楊憲祖籍是山西太原，從小就隨在江南做官的父親生活，也算是個江南人士，所以政治派別上屬於浙東集團。龍鳳二年（西元1356年），朱元璋占據應天之初，楊憲與儒士夏煜、孫炎等人一同前來求職。因人長得帥，辦事幹練而受到器重，被朱元璋留在身邊掌管文書，曾多次出使張士誠、方國珍等部，歷盡危難而又矢志不移，逐漸成為朱元璋的主要親信之一。朱元璋分布在各地的耳目多由他掌管，也就是情報組織頭子。

楊憲的確有幾分歪才，廖永忠前往滁州迎接小明王之前，曾徵求過他的意見，得到他的暗示後才下定決心製造水上交通事故，讓小明王消失的。朱元璋準備登基前原本想讓他參與籌備，無奈他從來沒見過宮廷裡的那套程序，對文物掌故、典章制度等方面也只是從書本上看來的。這時就不得不佩服朱元璋的遠見卓識了，馬上啟用了之前用死囚換下的張昶，這是朱元璋身邊的所有官員中，唯一接近過朝廷權力中樞的人，對宮廷禮儀那一套，就算他沒親自主持過，起碼也親眼看見過，並且張昶又學識淵博，才能不在宋濂、汪廣洋、楊憲、章溢等人之下，被朱元璋任命為行中書省都事，不久升參政。

這就讓楊憲很不爽了，正好朱元璋安排他到和州去檢查軍馬場的餵養

第十一章　制度改革

和繁殖工作，於是楊憲就以「好朋友」的身分讓張昶寫封家書給他還留在元朝的家眷，說他可以代為轉交。張昶不知是計，就寫了一封表示思念家人的書信交給楊憲。

楊憲如獲至寶，馬上把書信上交到朱元璋處，作為檢舉揭發其「裡通外國」的罪證，朱元璋一時衝動，竟下令將張昶處死，等到反應過來，張昶的腦袋已經搬了家。朱元璋嘴上不說，但心裡已開始鄙視楊憲的為人了，於是把他外放河南，頗有點以觀後效的意思。

再後來，當北伐軍打下山西後，朱元璋徵詢劉基誰去主政山西合適時，劉基認為楊憲是山西人，就推薦了他。誰知楊憲到了山西以後，卻趁機結黨營私，培植自己的勢力，朱元璋還打算用他，但又不能不有所警示。

揣摩朱元璋的心思是李善長工作的一部分，他恰逢其時地送上參議李飲冰、楊希聖徇私舞弊等不法行為的資料，為什麼要兩個人一起上報呢？這就是高明之處了，單送一個楊希聖太過明顯，兩個一起送就屬正常工作職責。朱元璋早就想修理一下楊希聖了，也是基於某種原因不好明說，接到報告後，當即指示在兩個混蛋的臉上作點記號，俗稱黥面，就是在人的臉上劃上字什麼的，再潑上墨水，一輩子也洗不掉。

楊憲是朱元璋手下的特務頭子，李善長推測他不知向主子告了自己多少黑狀，他要藉機報復一下，覺得還不解氣：「陛下，是不是量刑過輕了，我朝建立伊始，若不加以重罰，恐怕無法發揮警示作用！」

朱元璋不耐煩了，揮了揮手道：「好了，這種小事就別煩朕了，你們中書省看著辦吧！」

這就好辦了，中書省不就是他李善長一個人說了算嗎，處理的結果是，李飲冰先是黥面，後被割去雙乳，羞憤而亡；楊希聖則被生生割掉鼻子，五官不全地被下放到了淮安。

原來，朱元璋與楊希聖之間還有一段爭風吃醋的小插曲。朱元璋聽說熊宣使有個漂亮的妹妹，就想收編到自己的後宮裡。員外郎張來碩勸說：「陛下，熊氏女已經許配人家了，未婚夫就是參議楊希聖，要是明娶會讓人笑話的！」朱元璋一聽就火了，命侍衛用刀把張來碩的牙齒敲了下來，叫你多嘴！

朱元璋更氣的是，楊希聖幹麼不出面否認，索性成全了自己，要知道世上最美的人不是西施、楊貴妃，而是想要又得不到的女子。朱元璋就把帳記到了楊希聖的身上，後來楊希聖也不敢娶熊氏。

楊憲聽說弟弟的不幸遭遇後，丟下工作趕緊跑回南京主動向朱元璋認罪，他不敢對朱元璋有半點不滿，卻對李善長恨之入骨。

面對日漸跋扈起來的淮西集團，朱元璋感到不宜令李善長一人主宰中樞了，就打算再次啟用對自己還算忠心的楊憲。朱元璋本身就是權力欲極強的人，當然明白權力傾軋是不可避免的，越有野心的人越渴望權力，而那些沒有野心的人，又缺乏能力。因此，既要用有野心的人來為自己辦事，又要防止和抑制他們的權力過大，中間就是他如何來平衡這個標準的問題了。

洪武二年九月，朱元璋將楊憲調回南京出任中書省右丞一職，算是為李善長配了一個副手。朱元璋此舉大家都心知肚明，表面上是為了安撫楊憲，實則是要在中書省安一枚棋子，用以掣肘李善長的相權，就看接下來各方如何應對了。

第十一章　制度改革

第十二章
驚心動魄的權力之爭

特務頭子楊憲

楊憲重新回到中央工作後，更加目中無人了，誰都忌憚他三分，如今又遷中書省左丞，讓他覺得更加了不起了，視同僚如草芥。他既然一心要與李善長抗衡，就勢必要拿出渾身解數，向上拚命巴結好皇帝，方法無非是透過手下的爪牙像高見賢、夏煜等人四處打聽，一天到晚忙著檢舉揭發別人，並且創造性地把風聞之事加以匯總整理一一報告給皇帝。以至於朱元璋常稱讚他們「執法不阿」，對自己忠心耿耿，並揚揚得意地說：「有此數人，譬如惡犬則人怕。」因此，很多人，包括位極人臣的李善長都懼怕他們。

凡事都有兩面，有人害怕楊憲，有人則從中看到了機會。楊憲在中書省則採取排斥異己、任用親信的做法，將原先的舊吏全部邊緣化，取而代之的是自己圈子裡的人，很快就拉攏了一大批趨炎附勢之人。為了區分陣營，他別出心裁地效仿唐宋帝王的做法，製作了一個類似於現代人簽名的叫「花押」的玩意兒，刻上「一統山河」四字。

楊憲就以他的花押作為區分敵友的試金石，拿給僚屬們看，凡是能對他的花押大加讚賞，並能就此說出一番讓人雞皮疙瘩掉滿一地話的人，就是自己人，就能得到提拔和重用，否則通通靠邊站，頗有點「指鹿為馬」的意思。

第十二章　驚心動魄的權力之爭

　　有一個叫陳梿的翰林院編修聽說此事後，特地跑到楊憲的家裡，說是要觀賞一下楊丞相的寶貝花押。不用說，這是主動向自己靠攏的，看不看已經無關緊要了，但楊憲還是命人拿出花押，走了個程序。

　　陳梿的表現讓楊憲十分滿意，楊憲拍著他的肩膀說：「陳編修啊，你要求進步，這很好嘛，以你的才幹，做個編修太屈才了，我要增加你肩上的擔子，能者多勞嘛，是人才就該充分發揮自己的才幹！」幾天後，陳梿即升任翰林待制。

　　一段時間以來，朱皇帝不斷接到地方暴亂的奏章。他本身就是靠造反起家的，自然對此萬分警覺。除了指示各地方政府嚴加防範，協同駐軍嚴加鎮壓以外，朱皇帝對中書省和官僚集團的不滿又提升了幾個等級。

　　朱元璋不傻，他當然清楚民眾反抗除了由於朝廷用兵過多，導致老百姓負擔過重以外，主要原因還是民眾對地方政府不滿，這就說明自己制定的一系列方針政策，尤其是關係民生民計的優惠政策尚未充分地貫徹和實施，甚至還可能存在著新生的貴族及地方官僚剝削、欺壓百姓的現象，從而活化了社會衝突。

　　另外，朱元璋更加清楚，有些人起來鬧事也並非受到什麼剝削和欺壓，而是對自己能登上至高無上的皇位不服。細想起來，自己出身於社會最底層，沒有任何背景，一個雲遊四方的和尚靠兩手起家，很容易讓人找到自信；即使擁有如今的地位，自己的出身、學歷、口碑等都不足與人道，天下動盪了那麼久，民心不穩，很容易被那些不安分的人利用，這不但要引起自己的高度警惕，而且還要做到警鐘長鳴。

　　這天，朱元璋把楊憲找來發洩了自己的不滿，說道：「好不容易推翻元朝建立新政權，這屁股還沒坐熱，就民亂四起，倭寇又來襲擾，讓朕寢食難安，頭痛不已……你說，你們中書省是幹麼的？」

　　楊憲一聽，呵呵，機會來了，滿臉委屈地回答：「回陛下，臣罪該萬

死,辜負了陛下的厚望,中書省的工作由李相全面主持,李相又是工作極度盡職的人,事無鉅細一把抓,臣是心有餘而力不足啊,望陛下見諒!」先是承認錯誤,再明誇暗貶地把責任推給李善長,等皇帝的下一步表態。

朱元璋很不滿地對他說:「朕讓你到中書省協助善長工作,就是看中你的能力,看你勇於堅持原則才讓你去嘛,你要發揮自己應有的作用,擔負起自己的職責,該堅持原則的地方就要堅持,該據理力爭的就不要讓步!」

楊憲彷彿有萬般的無奈和委屈,說道:「陛下的旨意臣不敢不遵,只是您有所不知,中書省由李相一手把持,說好聽的,他是鞠躬盡瘁,說不好聽的,他是獨斷專行,成了一言堂,臣實在插不上嘴啊!」

朱元璋聽了楊憲的苦衷,不置可否地說:「善長跟隨朕兢兢業業十幾年,如今上了年紀,精力也不如從前了,你們可要多擔待著點啊,做好自己分內的事情就是了!」

不久又有匿名信呈到朱元璋手上,狀告李善長「柔奸隱匿,尸位素餐」。李善長黨羽尚書郎某被人揭發放肆為奸、貪汙受賄等不法行為,被朱皇帝下令處死。在郎尚書案的處理過程中,朱元璋發現其之所以有恃無恐,完全是倚仗李善長的勢力,從而又增加了對李善長的不滿。

楊憲眼見火候已差不多了,就串通檢校凌說、高見賢、夏煜等人一同去見朱皇帝,提了不少關於李善長的問題,說是在李善長缺席情況下的一場批判大會也不為過,主題只有一個:「李善長無大才,不堪為相。」

朱元璋雖然對李善長不滿,但對楊憲他們今天的表現更不滿,李善長這個丞相是我任命的,按你們的說法,是我的眼光有問題,用人不當?這不是打我臉嗎?但朱元璋沒有發作,只是對他們說:「善長就算沒有當宰相的才能,但跟朕是同里,自朕起兵以來,就跟朕出生入死,歷盡艱難,勤勞簿書,功勞大了去。如今朕既然當家做主,當然要用功勳舊臣,善長

第十二章　驚心動魄的權力之爭

就代表著朕,這樣的話今後就不要說了。」

楊憲碰了一鼻子灰,不過他知道心急吃不了熱豆腐,謠言傳得多了就有人把它當真理,更何況所說的並非謠言。李善長家整天門庭若市、高朋滿座的,難道皇帝會真的無動於衷?

政治爭鬥是很殘酷的,官場上的事是很微妙的。楊憲他們的一舉一動自然逃不過淮西集團的眼睛,既然楊憲已經亮劍,淮西集團當然要接招。這時有一個人挺身而出,此人名叫胡惟庸,現任的職務為中書省參知政事。

胡惟庸是李善長的定遠老鄉,早在龍鳳元年(西元1355年)朱元璋在和州之時就投奔了朱元璋,被授為元帥府奏差。隨著朱元璋的事業不斷發展壯大,胡惟庸也憑自己的精明能幹,歷任寧國主簿、知縣、吉安通判、湖廣僉事等。吳元年,胡惟庸時來運轉,被召為太常少卿,繼而進本寺卿。不過很多人私下裡議論,說他賄賂了李善長兩百兩黃金才走到今天,果然不久又擢升為中書省參知政事。

這天,胡惟庸匆匆來到李善長的丞相府,一進門就說:「恩相啊,最近風頭不對啊,您可要當機立斷!一旦讓姓楊那小子陰謀得逞,我們這幫人都沒有好日子過了!」

李善長正為楊憲上竄下跳發愁呢,見有人主動向自己靠攏,心裡開朗了很多,不過一個上司的尊嚴還是要保持的,就安慰他說:「胡老弟多慮了,只要這皇帝還姓朱,他不用我們淮西人,還依靠誰,他又信得過誰?」

胡惟庸不無擔心地說道:「話雖如此,卑職還是要提醒恩相,您沒看出來嗎,姓朱的把姓楊那小子安插到中書省,其用意不是明擺著嗎?如果不是事出有因,姓楊的會無緣無故地如此張狂?」畢竟是自己人,胡惟庸說話也放肆起來,敢稱「姓朱的」,這可是掉腦袋的事。

廖永忠與楊憲攪到一塊的事李善長早已掌握了第一手資料，因為前者每次從前線回來都會跑到後者的家裡待上幾個時辰，只見他對胡唯庸說：「永忠那個小子怎麼跟姓楊的攪到一塊了，他這是手肘往外拐啊，不過估計他只是一時犯渾，不足為慮……倒是皇上，近期對我是諸多不滿，這我心裡有數，我在這個位置不會待太久了！只是我離開之後，由誰繼任才是關鍵所在，這個問題一直令我寢食難安啊！」

　　胡唯庸的馬屁跟著就來，他說：「恩相您可是我朝的中流砥柱啊，您為朱家王朝所做的貢獻誰人不知，誰人不曉？皇帝離不開您，我們淮西人更離不開您啊！依卑職看皇帝是拿您當自己人才對您特別嚴苛，就您這身子骨，再做他個十年二十年也不在話下！」

　　「現在就我們倆，就甭來這套了，我跟你說正事呢！我也土埋到半截的人了，做了半輩子，也該歇歇、享享清福了，我考慮離開之後，這副擔子可要交給老弟你了，希望你……」

　　儘管這是胡唯庸夢寐以求的事情，但沒想到幸福來得那麼突然，一副受寵若驚的樣子，道：「卑職何德何能，敢受恩相如此重託……」

　　李善長不想跟他玩虛的，說：「說你能你就能，現在有資格擔任這一職務的人選就那麼幾個，你老弟算一個。而真正對你構成威脅的，也不過那姓楊的一人而已，只有想辦法將他弄走，才能確保無虞啊！」

　　接著兩人就如何對付楊憲嘀嘀咕咕地密謀起來，直到後半夜，胡唯庸才躊躇滿志地離開了相府。

第十二章　驚心動魄的權力之爭

丞相人選風波

　　朱元璋對李善長的猜忌之心日益嚴重，光是淮西貴勳們有事沒事總往他的相府跑這一條就讓他難以容忍。隨著李善長與楊憲之間衝突的公開和日趨激烈，在保李還是保楊的問題上，朱元璋覺得是應該盡快做決斷的時候了。因此，他找來已被加授為弘文館學士的劉基，在他的心目中，劉基是丞相的不二人選，他為人公平正直，唯一的問題是國家還未統一，他朱元璋還要用淮西那幫武將衝鋒陷陣，怕劉基駕馭不了他們，他要徵求一下劉基本人的意見。

　　君臣見面後，免不了先聊一會其他話題，之後朱元璋直奔主題道：「老先生，李善長的精力大不如從前，他為朕操勞了十幾年，朕不忍心看著他太累，想讓他回老家享享清福，你覺得誰接替丞相一職最合適？」

　　劉基雖然對老李不滿，也覺得其能力有限，但人家老李畢竟有優勢：淮西集團都聽他的，尤其是那些戰功赫赫的將領，他們中絕大多數人又都在朝中具有職務，徐達就是右丞相，換其他人上來恐怕很難鎮得住這幫武將。

　　劉基就事論事地說道：「陛下，李相是功勳老臣，能夠協調諸將關係，請陛下慎重！」

　　「跟老先生坦白吧，朕是經過慎重考慮才找先生商量的！」

　　既然皇帝主意已定，劉基只好打了個比方道：「換丞相就好比換柱子，必須用大木頭才行。如果用小木頭，房子會塌的。」

　　朱元璋說：「先生說的朕自然明白，你覺得楊憲怎麼樣？」

　　楊憲也算是劉基的半個門生，他也一直在拉攏劉基，對劉基相當客氣，但劉基是個大公無私的人，並不因此說違心話：「楊憲此人雖有相才，

卻沒有相器,不適合做宰相。」

朱元璋知道,由於工作使然,楊憲得罪的人多了去,在朝中素有惡名,聽劉基如此一說,只得將其排除,又問:「那你覺得汪廣洋如何?」

汪廣洋是高郵人,既不屬於淮西集團,也不屬於浙東集團,但與浙東集團走得近些。至正十五年(西元1355年)朱元璋渡江,攻下採石磯,召為元帥府令史、江南行省提控,後又任都諫官,並相繼調升為行省都事、中書省右司郎中。他在山東任參政時,以廉明持重贏得一致好評,後又調任陝西參政。前陣子李善長請了病假,朱元璋便召回汪廣洋做了中書省左丞,代理李善長處理軍國大事。

朱元璋看中的是汪廣洋的老實勁,但在劉基眼裡汪只是個碌碌無為、一心只想保住官位,不敢向上直言進諫、一味敷衍了事之徒。因此劉基以不容置疑的口吻加以否定道:「不可,此人比楊憲還要偏頗淺薄!」

這點跟朱元璋的看法一致,朱元璋也清楚汪廣洋是個什麼樣人,他已經是退而求其次地選擇了。淮西集團最近又竄出一個胡惟庸,儼然已成了該集團的第二號人物,朱元璋對此人的精明能幹還是頗感興趣的,不得不高看他一眼,又問:「那胡惟庸又如何?」

劉基沉默了好一會兒才說了句晦澀的話:「譬之駕,懼其僨轅也。」意思是說胡惟庸雖然精明能幹,但此人秉性不純,就好比駕車,弄不好會把車開到溝裡去。

朱元璋並不以為然,心想我要是連一個胡惟庸都駕馭不了,能有今天嗎?你劉基說這話是什麼意思,你是說我朱元璋無能?於是語中帶刺地說:「看來朕的宰相之位,非先生莫屬了!」

劉基開始冒汗了,趕忙叩首道:「臣疾惡太甚,又不耐繁劇,為之且孤上恩。天下何患無才,唯明主悉心求之,目前諸人誠未見其可也。」意

第十二章　驚心動魄的權力之爭

思是我這個人眼裡容不得沙子，又沒有耐心去處理繁雜事務，天下有的是人才，只要陛下悉心訪求，肯定會有合適的人選。現在這幾個人真的不適合做丞相。

劉基說的也是實情，他加入大明集團以來，真沒做過幾件實質性工作，大多是在耍嘴皮子，因此朱元璋給了他個「誠意伯」，食祿兩百四十石，比李善長的四千石可是天壤之別，朱元璋完全是按「多勞多得」的原則分配的，沒毛病。

朱元璋雖然說會好好考慮劉基的意見，但內心並不認可他的觀點，還是打算按自己的既定方針辦，實踐出真知，是真理是謬論留待實踐來檢驗吧！

之後，朱元璋在自己選定的三個人身上狠狠地「實踐」了一遍，一邊安慰李善長說，身體是革命的本錢，既然身體有恙該住院住院，該休養休養；一邊把中書省的人事做了調整，由汪廣洋任左丞，楊憲為右丞。

朱元璋的這次人事調整，讓已經膨脹起來的楊憲極為不滿。楊憲的資歷和官品一直都比汪廣洋高，如今汪廣洋卻超越了自己，他一下子弄不明白朱皇帝的意思，竟然猜測皇帝是要給李善長一個面子，因為若由自己主政，必定加重李的病情。

而汪廣洋的表現令朱元璋有點失望，他在地方上的政績沒得說，但一到中央卻判若兩人，上任左丞一職後更是無所作為，大事小事任由楊憲處理。但楊憲還是覺得他礙眼，決心將他擠走。

儘管汪廣洋平日裡謹小慎微，但人無完人，要真想捏造他幾條罪名也並非難事，別忘了他楊憲是做哪行的。

很快，侍御史劉炳等人就出面彈劾汪廣洋，說他諂媚將帥，曾經為一批將帥的親屬安排了官職；另外一條是「奉母無狀」，原來汪母去世時，

汪廣洋本著從簡的原則，簡單操辦了喪事。這與朱皇帝標榜的「以孝治天下」格格不入，證據確實充分，汪廣洋也供認不諱，朱元璋不好袒護，一紙免職書，讓他回家反省。可是楊憲並不打算就此放過汪廣洋，他要「追窮寇」，因此，唆使劉炳奏請加強處理的力度，要將汪廣洋發配到當時的蠻荒之地海南。

隨後楊憲更是親身上場，說：「陛下，汪廣洋多行不義，罪在不赦，應該將其當作典型，明正法典才能警醒後人！」

朱元璋之前就懷疑是楊憲在背後搞鬼，如今他自己浮出水面，馬上就反感起來，但他不想過早暴露自己的意圖，只是說道：「汪廣洋跟隨朕很久了，沒有功勞有苦勞，就讓他回家頤養天年去吧！」

雖然沒能如願以償地將汪廣洋置於死地，但把他擠出中書省的小目標還是達到了，這讓楊憲的野心更加膨脹起來。

刑部侍郎左安善一向瞧不上楊憲，馬上又受劉炳的彈劾，罪名是其執法不公、冤枉好人，人為製造冤假錯案。

就在楊憲揚揚得意、大肆擴大打擊面的時候，以李善長為首的淮西黨，終於出手了，他們上書彈劾楊憲「排陷大臣，放肆為奸」，一時引起朱元璋的高度重視。劉炳隨後被隔離審查，按說此案應該由既非淮西黨又非浙東黨的第三方審理才是，但劉炳卻落到了胡惟庸的手裡，胡惟庸略施手段就讓劉炳乖乖就範，為求自保，劉炳不但全部招供，還迅速改換了門庭。

楊憲的好日子終於到頭了，除了劉炳的供詞外，檢舉揭發楊憲的資料像雪片一樣飛到朱元璋的案頭上，令所有人都沒想到的是，劉基這時卻成為壓倒楊憲的最後一根稻草。

劉基為什麼要踩楊憲一腳呢？有人說他是為證明之前的預言，其實最

第十二章　驚心動魄的權力之爭

主要的原因應該是看不慣楊憲小人得志的做派，才乘機揭發了楊憲種種陰謀和不法行為，尤其是拿張昶一案做藉口。朱元璋明白這是牆倒眾人推，縱然有心想保這個「惡犬」也不可能了，所謂眾怒難犯，只好丟車保帥，將楊憲等人收押，交由群臣共同審議。

如此一來，楊憲與劉炳他們想不死都難了，一是人們歷來都有痛打落水狗的習慣，二是人們對專門打小報告之人深惡痛絕，所以群臣的態度基本一致：楊憲等人不死不足以平民憤！朱元璋此時還想放楊憲一馬，楊憲的直接後臺就是他朱皇帝啊。無奈楊憲做的缺德事太多，把人都得罪光了，要求殺他的呼聲是一浪高過一浪，朱元璋無奈之下只得簽署了處死楊憲的手令，時間是洪武三年（西元1370年）七月。

為了平息眾怒，朱元璋乾脆將楊憲的黨羽凌說、高見賢、夏煜等人一塊除掉，反正殺一個是殺兩個也是殺，這些人可都是他的鷹犬啊，可見朱元璋為了自己的目的，不但要殺敵人，殺起自己人來連眉頭也不皺一下，哪怕他們之前對自己死心塌地、忠心耿耿。

楊憲一死，失去制衡的淮西集團更加有恃無恐，勢力比之前有過之而無不及。朱元璋只好召回汪廣洋，試圖壓制一下淮西集團的氣勢，並準備任用他為丞相。

洪武四年（西元1371年）正月，被朱皇帝冷落了很久的李善長識趣地提了一份退休報告，對於他的「開竅」，朱皇帝還是給予肯定的。李善長離開後，朱元璋迅速調整汪廣洋的職位，但沒有一步到位，而是讓他出任中書省右丞相，胡惟庸則被提拔為中書左丞。

劉伯溫之死

　　李善長雖然離開了職位，但他在朝堂上的影響力絲毫沒有減退，各個部門為首的人大多是他的老部下，人事關係盤根錯節。主政中書省的汪廣洋，工作根本無法開展，處處受制。胡唯庸身為淮西集團新的代言人，根本不把汪廣洋放在眼裡，各部門有事也直接找他。因此，中書省的好多事情，胡唯庸自己就拍板做決定，高興了或者是無關緊要的小事最多也只是向汪右丞相口頭「匯報」一聲。

　　汪廣洋見自己成了裝飾，又不敢得罪淮西派，就乾脆睜隻眼閉隻眼，得過且過，對中書省的事務概不過問，任由胡唯庸處置。這樣一來，胡唯庸高興了，朱元璋卻惱火了，這傢伙看來真是扶不上牆啊，先前讓他壓制楊憲，自己反倒被逐出京城；讓他主持政務，又拱手將權力讓給了胡唯庸。

　　洪武六年（西元 1373 年）正月，朱元璋實在忍受不了汪廣洋的不作為，遂以「無所建白」為由免去其右丞相的職務，將他打發到廣東行省當參政。左丞胡唯庸就名正言順地將中書省的全部工作，確切地說應該是將權力抓到了手裡，七月，即升為中書右丞相，頂替了汪廣洋。

　　汪廣洋以為這回能離開權力漩渦，可以過逍遙自在的日子了，但朱元璋偏不讓他逍遙。僅過了一年，朱皇帝就又想起了汪廣洋的種種好處，覺得他政治上可靠，還是個可用之人，準備再給他一次機會，於是再次下詔將其召回京城，出任左御史大夫一職。汪廣洋性情懦弱，處處明哲保身，朱皇帝不知出於什麼考慮，竟然讓他擔任這一職務。

　　在此期間，胡唯庸與李善長走得更近了，雙方為了表明心跡，乾脆來了一場政治聯姻，以訂親的方式，讓李善長的姪子李佑娶胡唯庸的姪女為

第十二章　驚心動魄的權力之爭

妻，胡、李兩家就變成自己人了。既然是一家人，資源同享也是應該的，胡惟庸支使起李善長的舊部來也更加得心應手。

李善長人雖然離開京城，但他對權力和財富的欲望並沒有絲毫減弱。朱皇帝也明白他的心思，為了安撫他那顆不甘寂寞的心，在營建中都的工程開工後，命他督建臨濠宮殿，既給他了份工作，又讓他從中撈點好處。

到了洪武七年（西元1374年），朱元璋念及他的功勞，又破格提拔他的弟弟李存義為太僕丞，李存義的兩個兒子李伸、李佑擔任府州官員。

第二年，長女臨安公主成年後，朱元璋又將她下嫁給李善長的兒子李祺，封李祺為駙馬都尉。在準備操辦喜事時，他通知李善長可以進京主持兒子的婚禮，當年的丞相又成了皇帝的親家翁，「光寵赫奕，時人豔羨」。然而就在李家父子被幸福沖昏腦袋之際，汪廣洋終於醒悟該做點事了，不然實在對不起那份豐厚的薪水了。他聯合御史大夫陳寧上疏，將矛頭直接指向了李善長父子，指責他們：「善長狎寵自恣，陛下病不視朝將近十天，也不來問候。駙馬都尉李祺六日不上朝，宣至殿前又不謝罪，大不敬，請付官員議處。」

朱皇帝太需要這樣的奏疏了，心裡還欣慰這個汪廣洋終於開竅了，於是馬上下令削減李善長歲祿一千八百石。這竟然是汪廣洋這個左御史大夫在任上唯一一次彈劾他人的奏章。而汪廣洋放著任上丞相胡惟庸的結黨營私、專橫跋扈等種種行為視而不見，卻針對一個「因病」卸任的前丞相，可見也只是為了表示一下態度，僅此而已。

平心而論，胡惟庸此人謀略和才幹兼備，在開始藉助李善長勢力之初，還謹小慎微、盡職盡責地把中書省的工作處理得有條不紊，各項工作做得有聲有色，得到朱元璋的認可。洪武十年（西元1377年）九月，朱元璋升胡惟庸為左丞相，把空缺了數年的丞相之位給補上了，同時再把汪廣洋調來任右丞相，把他們之間的位置互換，以期達到制衡作用，改變胡惟

庸一人獨相的局面。

此時的政治氣候較之前更糟，完全是淮人的天下，被逼上馬的汪廣洋乾脆以酒精麻醉自己，醒了就寫幾首歪詩自娛自樂，事事調和，隨波逐流，根本沒有發揮應有的牽製作用。朱皇帝曾多次找他談話，但汪廣洋當面點頭，唯唯諾諾，過後依然我行我素，讓朱皇帝極為失望。

胡唯庸經過多年的歷練終於迎來了人生的頂峰，成為一人之下萬人之上的頭號官員。像所有的腐敗分子一樣，身居高位的胡唯庸，慢慢滋生了官僚主義、享樂主義的風氣。更重要的是他想不腐敗都不行，想升官的、想發財的，或者出於各種需要的，都一個勁兒地送錢、送物給他，不收就是不給對方面子，盛情難卻之下，胡唯庸是來者不拒，而作為回報，只好在幹部的選拔、任命、調動上幫他們一把。錢收得多了，胡唯庸也感到麻木了，唯一能讓他興奮的是玩弄權術了。朝廷規定，各部和地方上報的文件、資料，先由中書省取閱後再呈報給皇帝。因此，在眾多資料中，凡對自己有利的，就上報讓皇帝知道；對自己不利的，則到此為止，扣壓不發；其他的看著辦，「生殺黜陟，或不奏徑行」。這是跳過朱元璋直接決定生殺廢黜大事，是在挑戰天子的權威！

如果說挑戰皇帝的權威還有所顧忌，做得有點膽顫心驚，那麼胡唯庸針對下一個要對付的人就完全是為所欲為了，而他所要對付的這個人當然不是那些小魚小蝦，那實在提不起他的興趣了，他要將矛頭指向浙東集團的精神領袖劉基。

後人將劉基與諸葛亮相提並論，這顯然是抬舉了劉基，光看諸葛亮在蜀漢的地位就讓劉基望塵莫及。但有一條，他知道朱皇帝坐穩天下後，是會卸磨殺驢的，因此，在李善長致仕以後，他也回家養老了。但終究還是放不下對權力的欲望，時不時地向朱皇帝提點建議，搏版面，事實上這也是劉基唯一能與朝廷溝通的管道了。李善長擁有大批親信，足不出戶都能

第十二章　驚心動魄的權力之爭

源源不斷得到有關朝廷的消息，劉基除了與朱皇帝關係親密外，再也沒有外援了。所以劉基雖然表面聲稱隱居山林，但實際上他並非不問政事。朱元璋有時也透過書信向劉基徵求意見，劉基不僅給予明確的答覆，還透過其長子劉璉，繞過中書省直接向皇帝上書，繼續維持著密切的君臣關係。

這一切都沒能逃過胡惟庸的耳目，胡惟庸要做的就是蒐集資料，給予劉基致命一擊，並很快就讓他找到了機會。原來，在浙江與福建交界處有一條狹長的地域叫談洋，該地區是鹽販、盜賊聚集的地方，方國珍便是從這起兵反叛的。劉基上書朱皇帝，建議在該地設巡檢司將其進行有效管理，然而真正實施起來卻遭到當地民眾的阻撓，原因當然是涉及搬遷問題，引發了衝突。

胡惟庸馬上抓住此事大做文章，指使心腹刑部尚書吳雲彈劾劉基圖謀不軌，說是劉基已看出談洋踞山臨海，有王者之氣，他想霸占這塊地方建造劉家的墓地，遭到當地百姓的反對後，假借設立巡檢司的辦法驅逐百姓，才導致該地區形勢惡化的。

王氣這東西看不見、摸不到，胡惟庸把劉基精通風水的特長與百姓的反抗情緒巧妙地結合起來，既讓朱元璋深信不疑，又讓劉基百口莫辯，這簡直就是為兩人量身打造的一條理由。

朱元璋對劉基徹底失望了，想不到他表面對自己忠貞不渝，背後竟然包藏禍心，把希望寄託在子孫後代身上，一氣之下將他那少得可憐的兩百四十石俸祿也取消了。劉基被嚇得連夜跑到南京，想當面向皇帝謝罪陳情，但朱元璋又全然不過問此事，劉基既辯白不成，就乾脆留在南京不敢再離開皇帝的視線，讓別人有機可乘。之前當他聽到胡惟庸升任左丞相後，知道要壞事，曾憂慎地說道：「使我言不驗，蒼生之福也。」如今預言成真，他只能透過這樣的方式以求自保。

劉基在南京沒幾個月，憂憤加鬱悶使他很快被疾病擊倒。朱皇帝派胡

唯庸帶上御醫前去探視，從表面看相當禮遇，其實暗藏殺機，據說劉基吃了御醫所開的藥後，就感到有拳頭大小的硬物堵塞在胸口。劉基強撐病體，找機會向朱元璋反映了自己的狀況。朱元璋除了口頭安慰讓他安心養病外，並沒有實質性行動。捱過三個月後，病情更加惡化。朱皇帝才派人前去問候劉基，在得知其已不能起床，時日不多時，又特批他乘坐傳送公文的船返回青田老家。劉基到家不久就與世長辭，享年六十五歲，時間為洪武八年（西元 1375 年）三月。

胡唯庸的毀滅

　　劉基之死與其說讓淮西集團的李善長、胡唯庸等人快意恩仇，出了一口氣，不如說讓朱皇帝也卸下了一塊壓在心中的石頭。雖然這麼多年他認為劉基提出的意見都很中肯，但這其實是一把雙刃劍，一旦其心生異志，將貽害無窮。因此，劉基之死未必不是件好事，從此不必再顧忌他而投入新的整頓工作中去。

　　此時，權傾一時的胡唯庸風光無限。胡唯庸在定遠老家的一口水井突然冒出了石筍，高出水面數尺，一些阿諛奉承之輩藉機大肆吹捧，說是天降祥瑞，更有別有用心之人說看到胡唯庸祖墳在黑夜裡發光，是大富大貴的徵兆，把胡唯庸吹捧得渾身舒坦，飄飄然幾乎找不到方向，進而以為真的是那麼回事。

　　這些人的一舉一動都逃不過朱皇帝的火眼金睛，眼看著胡唯庸的權勢越來越大，圍在他身邊的人越來越多，朱元璋準備把繩索慢慢收緊了。胡唯庸一手遮天的權臣之路眼看就要到盡頭了，而沉溺其中的他卻還渾然不知。

第十二章　驚心動魄的權力之爭

洪武十年六月，朱元璋召集群臣，發表了重要談話，抱怨自己的視聽不靈，他說：「凡是清明的朝廷，都是上下相通，耳目相連；凡是昏暗的朝廷，都是上下隔絕，聰明內蔽。國家能否大治，其實和這點有很大的關係。我經常擔心下情不能上達，因此不能知道治政的得失，所以要廣開言路，以求直言。」胡惟庸對皇帝的這番講話並不以為然，覺得不過是老生常談，歷朝歷代以來，皇帝與臣屬之間再怎麼上下相通、廣開言路，所有的表章奏疏都是由中書省轉承，丞相（宰相）先過目的。

然而一個月後，一個新的部門宣告成立，新成立的部門叫通政使司，這是朱元璋的創意，他認為政務就如水一樣，需要流通，故命名通政。朱元璋明確規定「凡在外之題本、奏本，在京之奏本，並受之，於早朝匯而進之」，這個舉措代表著朱皇帝邁出了在制度上削弱相權的第一步。

按照之前的制度，各地、各部門的所有表章奏疏都是先到中書省，一般性的事務就由中書省直接處理了，丞相批示後下發六部以及大都督府和御史臺等各相關職能部門；若是重大事項，則要呈給皇帝，由皇帝裁決。所有奏章都不能直接呈給皇帝，什麼內容該給皇帝看，什麼內容不能讓皇帝看，全由中書省自行決定，這就是丞相（宰相）制度最大的權力所在，這也是朱元璋最不能容忍這個制度存在的根本原因。

通政司的設定，就是要改變這個在中國歷史上實行一千五百多年的制度。但通政使司成立之初，由於舊習慣使然，它的職能倒成了中書省的祕書處，收來的奏章還是要送到中書省，由丞相大人決斷，沒有達到朱元璋預期的效果。

洪武十一年，朱元璋決定進一步深化改革，為此，他又召集六部官員發表講話：「做皇帝的人深居獨處，能明見萬里，主要是由於他兼聽廣覽，了解民情。胡元之世，政令都出於中書省，凡事必先關報中書，然後才奏聞給皇帝，元朝又多昏君，所以民情不通，以至大亂。這是我們要深以為誡的。」

胡唯庸的毀滅

這次會議之後，朱元璋下詔，今後諸司奏事不用報經中書省，由通政使司直接呈報皇帝即可。這樣，中書省不光處理文書的職能被取消，連知情權也被剝奪了。

除了在制度上加以制約以外，朱元璋還不忘警告丞相胡唯庸。胡唯庸有個不爭氣的兒子，大概是仗著老子當大官就無法無天的公子哥，沒事愛在京城的大馬路上飆車，有一天終於出了車禍，從馬車上摔下，一命嗚呼。胡唯庸把氣撒到保養車輛的車伕身上，把他殺了為兒子償命。朱元璋接到舉報後發話了：殺人償命！胡唯庸請求願拿錢了事，皇帝態度很明確：自古殺人償命，此事免談！

胡唯庸開始感到背後涼颼颼的，但他不甘心就此認命，這麼多年被奉承多了，讓他產生了錯覺，以為自己有能力跟朱元璋抗衡了。於是，他馬上找來御史大夫陳寧密謀準備造反。御史大夫是主管監察的領導，陳寧能走到今天，也實屬不易，之前朱元璋曾以其有「禽獸之行」要將他處斬，後念及他的才氣放了他一馬。後來擔任蘇州知府時，陳寧秉承皇帝的好惡，對蘇州這個張士誠的地盤實行橫徵暴斂，以至於常用燒鐵烙人的方式催收賦稅，因此得了個「陳烙鐵」的稱號。

朱元璋發現了陳寧的酷吏潛質後，準備將他調回京城幫助整頓吏治，胡唯庸揣測出了皇帝的心思，搶先跟陳寧打了招呼。不久陳寧出任御史中丞，這讓他悟出了道理，盡量迎合皇帝，又不能得罪丞相。因此，陳寧在任上對官員嚴苛到不惜得罪眾臣僚的地步，雖然朱元璋當著眾人的面多次責備他過於「嚴苛」，但他的官卻越當越大，直至左御史大夫的高位。

陳寧得到皇帝的賞識，卻受到兒子陳孟麟的指責。陳孟麟對自己老子的做法實在看不下去，常常加以規勸，有一次說到動怒處，陳寧令家丁將其拖到院子實行家法。家丁當然不敢動手，這是你父子間的事，萬一打出什麼意外，我們可擔不起責任。陳孟麟也是個倔種，當著眾家丁的面依然

259

第十二章 驚心動魄的權力之爭

繼續數落陳寧的不是，陳寧一怒之下掄起大棒就是一頓狂揍，竟然將兒子活活打死。

朱元璋疼愛兒子是出了名的，他聽說陳寧竟然狠心將自己的兒子打死，就私底下對身邊的工作人員說：「陳寧對待自己的骨肉尚且如此狠毒，他眼裡哪還有父母、君王呢？」

這話很快傳到陳寧的耳朵裡，他細細揣摩皇帝的話，覺得自己的死期不遠了，之前朱皇帝就曾對自己的屬下茹太素說過：「金盃同汝飲，白刃不相饒！」因此，胡、陳兩人算起來也是同病相憐，既然大家都沒有退路了，不如放手一搏，成王敗寇，成功了繼續享受榮華富貴，失敗了不過一死，總比束手待斃強。據載，參與密謀的還有一個叫塗節的御史中丞。

所謂「秀才造反，三年不成」，說的大概就是胡惟庸這類人，他們還在籌劃之時，朱元璋這邊已經決定動手了。洪武十二年（西元1379年）九月，占城國（今越南東南部地區）派使者前來進貢。外交無小事，按老的正常程序，中書省接到禮部的報告後，應該上報給皇帝；但按照新的指示，是應該由禮部直接向皇帝報告的。然而當時的情況是，兩個部門都沒有向皇帝報告此事。朱元璋得知此事竟是一個外出辦事的宦官回來當作新聞匯報給他的。

朱元璋馬上抓住此事大做文章，三番五次強調要確保消息暢通，這麼大的事你們竟敢瞞報，這不是明目張膽地跟我對抗嗎？再不處理幾個，皇帝的威嚴何在？於是下令徹查。

胡惟庸近來很忙，他到底忙什麼，只有他本人最清楚。所以當皇帝問他這是怎麼回事的時候，胡惟庸雖然很委屈，但他不能把責任推給皇帝，就解釋說：「啟奏陛下，此事是由禮部負責的！」

好好先生汪廣洋很長時間以來都是渾渾噩噩地混日子，他根本沒反應過來，除了磕頭謝罪，嘴裡說不出一句完整的話來。禮部的人一聽，不行

啊，眼看龍顏大怒，這鍋可不能背，被責罰一頓事小，腦袋搬家可不是鬧著玩的，於是又把皮球踢了回去，說此事已向中書省報告過了！

看著他們互相推諉，竟沒有一個人承擔責任，朱元璋更生氣了，老子沒工夫聽你們互推責任，一聲令下把相關人員全部抓起來，直到案子查個水落石出為止。

塗節一看整個中書省都進去了，覺得坐收漁利的機會來了，就趁機向朱皇帝告發胡唯庸指使御醫下毒害死劉基。而汪廣洋知情不報，犯有包庇罪，朱元璋就此質問汪廣洋，汪廣洋大喊冤枉，說自己什麼都不知道。

朱元璋火冒三丈，高官厚祿養著你，你一口一個不知道就完了？將其斥責一頓後，流放海南。汪廣洋正慶幸自己解脫之際，朱元璋又想起他當年在江都包庇朱文正、在中書省又對楊憲等人的所作所為視而不見，沒有向自己匯報，數罪追加，下詔將其賜死。當使者拿著詔書追趕汪廣洋時，船才到太平，於是一杯毒酒讓汪廣洋徹底解脫了。

汪廣洋死就死了，朱元璋並不打算連累他的家人，但汪廣洋有個痴情的小妾，得知汪廣洋被賜死的消息後，在家自殺殉情了。古時丈夫死了，沒有子女的妻妾從死，是貞潔的行為，很多帝王都會加以表彰，但這個陳氏女的死卻又牽扯出了另一樁違法犯罪案件。

原來這個陳氏身分有問題，她是犯官的女兒。陳氏的父親曾經是個縣令，因觸犯了法律，女眷全部被充為官奴。按照明朝法律，犯官的女眷只能賞給功臣，而能稱為功臣的一般都是衝鋒陷陣的武將，汪廣洋一個文官竟敢私藏犯官的女兒做妻妾，讓朱元璋極為憤怒：官奴向來只能賞賜給功臣之家，汪廣洋這樣的文官怎麼能納之為妾呢？

朱元璋立刻下令官員展開調查，於是從胡唯庸到六部各官員人人自危，很多人都感覺到了皇帝對胡唯庸的不滿已經達到了極限。只是汪廣洋私藏犯官女兒的案子還沒查完，胡唯庸已經掉了腦袋，畢竟這樣的小事和

第十二章　驚心動魄的權力之爭

謀反大事比起來，實在算不了什麼，於是這樁案子就這麼無疾而終，不了了之。

塗節的原意是想來個一箭雙鵰，但是朱元璋只懲治了一個汪廣洋，而沒有動胡惟庸。他不甘心事情半途而廢，遂決定再添一把火，給胡惟庸最致命的一擊。於是向朱皇帝告發胡惟庸意圖謀反，這枚超級炸彈一丟擲，其效果之顯著是所有人都意想不到的。原御史中丞商暠因不久前被胡惟庸撤職，降為中書省的一名小職員而懷恨在心，這時也趁機揭發了胡惟庸其他一些不法行為。朱皇帝要的就是這個效果，他並不需要真相，只需要殺人的理由。

朱元璋以雷霆萬鈞之勢把胡惟庸抓了起來，還沒等塗節高興過來，就被胡惟庸反咬了一口，說他也是一夥的，也參與了密謀。在定罪時，廷臣認為：「塗節本參與預謀，見事不成，始將變亂上告，不可不誅。」

洪武十三年正月初六，新春佳節還沒過完，朱皇帝就將胡惟庸、陳寧、塗節三個陰謀叛亂的首要分子推上了斷頭臺。

處死一個百官之首，總得有個說法，於是在隨後釋出的文告裡，胡惟庸的罪名是「擅權枉法」，從肆意打壓自己的對手到私扣奏章，從收受賄賂到專權獨斷，乃至於沉湎於聲色犬馬之中，幾乎是無所不包。

在大臣們還沒反應過來的時候，到了正月十一日，又有兩道聖旨釋出——廢除中書省！廢除大都督府！

兩道聖旨把中書省和大都督府的後事安排得十分詳盡，內容之縝密、細緻，使朝中大臣們終於明白，朱皇帝釋出的這兩道詔令絕非一蹴而就，而是經過了長期醞釀的傑作。

中書省作為大明朝最高行政機關的歷史從此退出了政治舞臺。整個中書省的官員編制幾乎全部撤銷，僅保留了純粹記錄官性質的中書舍人一職。原本屬於中書省的權力全部收歸皇帝一人掌控，吏、戶、禮、兵、

刑、工六部尚書的地位相應上升，各自直接對皇帝負責，王朝政務的決策者和實行者之間再無任何阻礙。同時，朱元璋還告誡群臣——今後他的子孫，都不能再說設立丞相的事情，臣子們也不能請求設立丞相，否則以奸臣論處！

而大都督府則被分割成中、左、右、前、後五軍都督府，這五軍都督府掌管軍旅之事，隸屬於兵部，曾經和中書省分庭抗禮的大都督府編制就這樣消失了。

第十二章　驚心動魄的權力之爭

第十三章
朱皇帝無奈殺功臣

「文臣之首」教子無方受株連

朱元璋殺胡唯庸的初衷是要廢丞相，撤銷中書省，以達到集皇權與相權於一身的目的，因此，雖然已經知道胡唯庸涉嫌謀反，但在公布其罪名時卻以「枉法誣賢」、「蠹害政治」等罪名示眾。這是因為朱元璋明白，作為謀反案，沒有武將出場是不符合邏輯的，這個時候他還不想牽涉太多的人。

那些幫助他奪取天下、功勞卓著的武將，朱元璋自認給足了他們殊榮和優厚的待遇，以及應有的一些特權，他相信一個小小的胡唯庸還不至於把他們都拉到其陣營裡，即便有個把上了賊船的，也是一時受矇蔽，只要給他們時間，相信他們自己會回到正確的軌道上來的。

可是有一個人卻是朱元璋不肯原諒的。此人就是曾被他譽為「開國文臣之首」，學術界稱為「太史公」的宋濂。說起來宋濂也真是不幸，都已經年過古稀得到皇帝批准退休的人了，卻因為次子和長孫捲進了胡唯庸的案子而受到牽連。

宋濂，金華浦江人，與高啟、劉基並稱為「明初詩文三大家」，又與章溢、劉基、葉琛並稱為「浙東四先生」。很小的時候就由於為人聰明、記憶力超強，被人稱為「神童」。

至正十八年（西元1358年），朱元璋攻取婺州（今浙江金華），就請名

第十三章　朱皇帝無奈殺功臣

聲在外的宋濂出山。但朱元璋起初並沒有十分重視宋濂，因為在戰火紛飛的年代，占主導地位的是槍桿子，唱主角的是那些緊握槍桿子的武將。宋濂是一個純儒生，沒有劉基的謀略，也提不出朱升那樣「高築牆，廣積糧，緩稱王」的政見，朱皇帝只是將他作為太子的家庭教師兼自己的私人顧問留在身邊。宋濂的突出貢獻是在大明朝建立以後，如果說他的筆桿子在朱元璋奪取天下發揮過作用的話，就是幫助朱元璋起草了那篇在當時影響極大的〈討元檄文〉。

宋濂雖然不善於砸碎一個舊世界，但在建立一個新世界的過程中發揮了舉足輕重的作用，因為他滿腹經綸、熟悉典故。

宋濂沒有擔任過重要的行政職務，除了為太子和諸王教授經學外，主要的工作就是主持編纂《元史》，此外還為皇帝起草各種公文。朱皇帝要大舉封賞功臣時，召宋濂前來商議怎樣封五等爵位。宋濂依據漢、唐的先例，向皇帝提出了許多很有建設性的意見。由於工程浩大，牽涉人數眾多，又要照顧到各方面，那段時間宋濂吃住都在官府裡，通宵達旦地工作。

國家的各項禮儀制度，從祭祠宗廟和各種神祇的典禮，到上朝、宴會、法律、曆法以及百官衣冠的制度，及外國使臣進貢和賞賜的禮儀，甚至連元勳大臣去世後的諡詞等，凡是和典禮、文章有關的事宜，朱元璋都交由宋濂負責。因為在文化建設方面才能出眾，再加上擔負教育太子、為皇帝傳道解惑的重任，宋濂自己也必須不斷地充電，真正的活到老學到老，「自少至老，未嘗一日去書卷，於學無所不通」，被推為文臣之首。

朱皇帝曾諮詢過宋濂道：「愛卿認為作為帝王哪些書是最值得研讀的？」宋濂首先推薦了南宋著名理學家真德秀所編撰的《大學衍義》。於是朱皇帝讓人將《大學衍義》全書抄下來，貼在大殿兩側的牆壁上，專門召集群臣讓宋濂講解《大學衍義》中司馬遷論黃、老之學中的一段。宋濂講完後，朱皇帝發表即席講話：「漢武帝沉溺於方技之說，一改文帝、景帝

的節儉之風,民力既已疲憊,而又以嚴刑來監督。人主能以仁義來治理民心,異端邪說就不會傳播,以學校來治理百姓,禍亂就不會發生,所以刑罰並不是要優先考慮的問題。」

朱元璋喜歡宋濂是因為他身為皇帝的侍從學士,朝夕相處有的是說話的機會,但他從來不說假話瞎話。朱元璋疑心很大,對誰都信不過,當上皇帝後廣插耳目,派出大量檢校監視眾文武官的行為,對接觸最高機密,尤其是皇家隱私的宋濂就更不用說了。

據說有一天宋濂剛剛上班,朱皇帝見面問他道:「愛卿昨晚沒喝兩杯嗎?」宋濂說喝了。原來頭天宋濂家來了幾位客人,他設宴陪客人喝了幾杯。朱皇帝接著問他來人都有誰,吃的什麼菜,喝的什麼酒,宋濂一一如實說了一遍,連上菜的秩序都不差分毫,朱皇帝聽後撫手大笑道:「愛卿果然不欺朕也!」

朱元璋是想透過這樣的方式告訴宋濂,做老實人,辦老實事,管好自己,你的一舉一動都在我的掌控之中。這點宋濂是清楚知道的,他在客廳的醒目位置掛上「溫樹」二字,「溫樹」一語出自西漢御史大夫孔光的一則典故:孔光為官幾十年,有一次,他的一幫大小老婆聽說長樂宮裡蓋了一間溫室,用來栽種各種奇花異草和名貴樹木,出於好奇就問孔光:「溫室中都栽種些什麼樹木呀?」孔光嘿嘿一笑,顧左右而言他,把話題岔開,沒有透露半個字。後人就此讚嘆:「忠慎有餘逾溫樹。」「溫樹」就成了為官謹慎、嘴巴嚴實的代名詞。

宋濂在孔光的基礎上進一步提升,他嚴守祕密,從不洩漏和皇帝的談話,向皇帝提交書面意見之後,馬上焚毀底稿。有客人上門,不管是有心還是出於無意,哪怕是涉及朝廷一丁點的事兒,他就指指「溫樹」二字,絕口不談。他深知皇家無小事,自己不經意的一句話就有可能引發一場海嘯。

第十三章　朱皇帝無奈殺功臣

閒聊時朱元璋也曾向宋濂詢問過群臣的善惡優劣，宋濂只是列舉那些表現優異的大臣，並一一指出他們的賢能。朱皇帝要他舉出幾個表現欠佳甚至是小人之類的典型，宋濂回答：「賢良的人與臣有來往，臣了解他們，那些跟臣沒有來往的，臣不了解他們，所以臣不知道誰是小人。」對宋濂的操守，朱皇帝是給予充分肯定和高度讚揚的：「景濂（宋濂號景濂）事朕十九年，未嘗有一言之偽，誚一人之短，寵辱不驚，始終無異。」

在教育太子方面，宋濂十幾年如一日，真正把「園丁」精神發揮到了極致。太子朱標受其影響很深，言必稱「我師父如何如何」「我師父說應該如此如此」。宋濂對此很是欣慰，雖然從事的工作無權又無利益可言，但他寧願固守清貧，也要堅守在這個職位上，以發揮自己的光和熱，更是割捨不下這份師生情。

洪武六年（西元1373年）九月，朱元璋對宋濂說「卿可參大政」，打算讓他出任政務官。宋濂頓首力辭道：「臣沒有其他長處，只會用文墨為皇上做點事，一旦出任政務官，恐怕辜負了皇上，能在皇上身邊聽命就很知足了。」令朱皇帝大為感動，繼續將他留在了身邊。所以一直到洪武十年（西元1377年）退休，宋濂仍然是侍從學士而已。

宋濂近乎完美的表現，也讓朱元璋對他給予了異乎尋常的寵愛，每次接見，必備好座椅，好茶招呼，白天必定留飯。洪武十年，宋濂退休時，一向吝於獎賞的朱皇帝，破天荒地拿出《御製文集》和綢緞衣料作為賞賜，對六十八歲的宋濂說：「將此衣料收藏三十二年，作百歲衣！」

宋濂哽咽著連連叩頭謝恩。如果故事到此結束，一生謹言慎行、俯仰無愧，被人們尊稱為「太史公」的宋濂，從此可以安度晚年，等著消受御賜的「百歲衣」了，也顧全了君臣之間罕見的一段佳話。

可是，由於朱元璋愛屋及烏，要恩及其子孫，由於其長子宋瓚早逝，就將宋濂的次子宋璲召為中書舍人，宋瓚的兒子宋慎也被錄用到儀禮序

班。宋氏祖孫三代同在內廷當差，成為最接近皇帝的官員，這份殊榮令人羨慕不已。

宋濂自身的表現無可挑剔，然而他卻沒能管好自己的子孫。宋璲叔姪自由出入內廷的便利條件，終被別有用心的人盯上，宋慎被牽連到「胡惟庸案」，以「胡黨」的罪名被處死，宋璲則受到「連坐」一併處死。

史書上沒有關於「胡惟庸案」涉案人員犯罪的詳細紀錄，宋氏叔姪實際犯的什麼罪不得而知。按照一般的常識，謀反行動是極其隱祕的，大部分活動都是以口頭的方式進行，不會留下太多文字上的線索，這本身就為查證工作帶來很大的困難，所以，光憑參與密謀，或者知情不報就可以定罪。具體到宋氏叔姪來說，他們極有可能是被別人供出來的。雖然沒有證據顯示宋璲、宋慎是否答應了胡惟庸，準備利用工作和職務之便陰謀毒害朱皇帝，但僅憑其知情不報，沒有揭發胡惟庸的陰謀這一條，就足夠定他們死罪了。

朱元璋還將被自己譽為「純臣」的宋濂押到南京，準備開刀問斬。馬皇后知道後，大為驚訝，勸諫道：老百姓家為子弟延請教師，尚且能夠以禮全始終，何況天子！而且宋先生早已回鄉家居，必不知情，希望手下留情。

馬皇后清楚，此時的朱元璋根本聽不進她的話。因此在第二天帝后用餐時，馬皇后不碰葷腥，朱元璋詢問緣故，馬皇后回答道：「妾為宋先生作福事。」一向對皇后敬重有加的朱元璋聽後，終於動了惻隱之心，免去宋濂的死罪，改為流放，發配茂州。

宋濂雖然逃過一死，但是千里迢迢的流放，對於自詡為「俯仰無愧」的君子而言，簡直是奇恥大辱。年逾古稀的他，還沒有到達茂州，就鬱悶地死在了夔州（今重慶奉節）途中。享年七十三歲，時間是洪武十三年（西元 1380 年）九月。

第十三章　朱皇帝無奈殺功臣

對於宋濂的死，長期以來很多人都為他喊冤，事實上從朱元璋的角度來說，他的罪行比別人還要大。身為太子的老師，更該加倍維護皇家的利益，況且他和皇帝的關係密切，感情深厚。由於對他的偏愛，朱元璋讓他的子孫自由出入禁宮，然而卻被人利用來達到其不可告人的目的，成了自己身邊的一枚定時炸彈，這是讓人難以接受的。因此，不管宋濂是否知道自己的子孫參與密謀造反，其本人都不可避免地要負連帶責任。

朱元璋雖然因宋濂的子孫涉及謀反而懲治了他，卻並沒有讓他貼上謀反的標籤，史書也沒有記載宋濂被流放茂州的具體原因，直到十年之後，大興黨獄時才將他列入「胡唯庸案」的名單。由此可見朱元璋還是念及其所做的貢獻，珍惜君臣之間的情誼的。也許這個時候的朱元璋還沒有動屠殺功臣的念頭，可是接著要出場的一個人，情勢就大不一樣了，他的死直接引起了朱元璋對功勳貴族的重新審視。

朱侯爺自取滅亡

元朝末年時，廣東是地方軍閥何真的地盤。何真歸降以後，廣東一直處於軍事管制之下。當地駐兵有著超乎尋常的特權和地位，不但民眾怕當兵的，就是地方官員也是談「兵」色變。

地方政府除了提供軍隊正常的需求以外，還要承擔他們巧立名目設定的各項不合理開支，那些當兵的稍不如意，對縣衙官吏非打即罵，地方官員是敢怒不敢言。朱亮祖坐鎮廣州後，更是變本加厲，其本人作威作福，手下橫行霸道，如果光是這樣就罷了。但朱亮祖卻越發放肆，竟與地方豪強沆瀣一氣，魚肉百姓，欺壓良善，充當地方黑惡勢力的保護傘，走上違法犯罪的道路。

朱亮祖自寧國歸順朱元璋後，血戰鄱陽湖、征討方國珍、征南平定兩廣等戰役無不留下他征戰的身影，洪武三年（西元1370年）因功被封永嘉侯，食祿一千五百石，賜鐵券丹書。次年參與伐蜀戰役，雖有戰功，因擅殺軍校，功過相抵，沒有得到獎賞。本來像朱亮祖這樣的權貴一般的人是不敢惹的，但朱皇帝偏偏調了個不一般的人來廣州任縣令。此人名叫道同，是河間府人，先輩為蒙古族。

道同於洪武初年被舉薦任命為太常司贊禮郎，如今被朝廷派到因軍隊蠻橫，被視為難治之地的番禺（當時管轄廣州）縣任縣令。道同到任後，堅決按原則辦事，對不合理的要求和行為予以抵制，使軍校們的囂張氣焰有所收斂，當地民眾的生活稍稍得以安定。

當時廣州城裡有一股黑惡勢力，這些不法之徒欺行霸市，強買強賣。商人們稍有不從，他們就栽贓誣陷，稱對方販賣走私物品，或者用偽鈔、假鈔加以陷害，將人弄到兵馬司，輕則沒收貨物，重則嚴刑拷打。商人們為求自保，只能忍氣吞聲，以「退財消災」的心理安慰自己。

為了狠狠打擊黑惡勢力的囂張氣焰，還人民一片天空，這一天，道同布置警力趁那些黑社會成員敲詐勒索之際，將他們人贓俱獲，帶了回來。那些地痞流氓的家屬馬上跑去找朱亮祖，讓他出面搭救。

朱亮祖收取好處費後，當即派人將道同「請」到帥府設宴款待。酒過三巡，朱亮祖很「不經意」地問道：「聽說縣令大人抓了幾個買賣東西的人，不知這是為何？」

道同心平氣和地回答：「是的，只不過他們不是尋常的買賣東西之人，而是……」

朱亮祖粗魯地打斷說：「不管他尋常不尋常的，只要是買賣東西就沒什麼大不了的，我看就把他們放了吧，縣令大人非常忙碌，何必跟他們計較呢？」

第十三章　朱皇帝無奈殺功臣

　　道同先將那些人之前的所作所為向朱侯爺做了通報，然後說道：「侯爺，道同蒙皇上聖恩，榮任一縣之令，自當為皇上效力，維護一方平安，造福一方百姓，豈敢隨意釋放惡人呢？」

　　「不瞞縣令大人，他們當中有本帥府上的親友，還請貴縣高抬貴手！」

　　「侯爺此言差矣，所謂王子犯法與庶民同罪，莫說是貴府的親友，就是侯爺的親戚，卑職也不敢徇私枉法呀！」

　　朱亮祖咄咄逼人道：「縣令大人說得固然在理，但法律不外乎人情，況且這裡山高皇帝遠，難道就不能看在本侯的面子上通融通融嗎？」

　　道同不卑不亢地說：「不是道某不給侯爺面子，你我同為朝廷效力，聖上的教誨道某不敢淡忘，還望侯爺海涵！道某說句不該說的話，聖上派侯爺出鎮南疆，是希望侯爺保境安民的，可千萬不要受人蠱惑，辜負聖意啊！」

　　朱亮祖一聽道同不但不給面子，還教訓起自己來了，撂下一句「那你就走著瞧吧」，就拂袖離座。

　　雙方不歡而散。過後朱亮祖越想越氣，決定採用軍人最簡單、最有效的方式來達到目的。第二天親自帶人來到縣衙前，被抓來的幾個無賴正戴著高頭帽掛著牌子在縣衙前跪地示眾，他們一見救星朱侯爺來了，大喊冤枉。

　　朱亮祖命親兵驅散圍觀的人群，對那幫地痞說了句「本侯知道你們是冤枉的」，當即命令手下：「把人都給我放了！」那些士兵不由分說，上前就鬆綁，負責看管罪犯的衙役眼睜睜地看著人家放人，連屁都不敢放。

　　朱亮祖一開始還覺得自己非常威風，但走了一段路後，聽到沿途民眾的譏笑和諷刺聲，這才意識到自己太過輕率魯莽了，堂堂一個侯爺，掌管一方的最高軍事長官，竟然在大庭廣眾之下，親自去解救幾個小流氓，尊

嚴何在？

朱亮祖越想越生氣，竟然把怨恨歸咎到道同的頭上。等地方官員按常規拜見他這位封疆大吏的時候，朱亮祖指責道同「禮節不周，藐視大臣」，不由分說，命人拖下去就結結實實地打了二十大板。

朱亮祖當眾釋放惡人、毆打縣令的「壯舉」迅速傳遍整個番禺，更多不法之徒紛紛前來巴結，送錢送物，朱亮祖以「下不為例」一一笑納。吃人嘴短，拿人手短，如此一來朱亮祖表面上成了土豪劣紳、流氓惡霸的大佬，實際他成了別人驅使的一條狗還猶不自知。

一家姓羅的財主先用金錢巴結，再將自己如花似玉的女兒獻給朱侯爺做小老婆。朱亮祖財色兼收，自然大喜過望，跟羅財主就成了一家人。羅家本來就是當地一霸，現在成了侯爺的丈人，更加有恃無恐，為所欲為了。

羅家不僅強占別人的田地、房產，強搶別人的妻子、女兒，還帶著一幫惡奴尋釁滋事，橫行鄉里，百姓們對羅家是恨之入骨。狀告羅氏的資料如雪片似的飛到縣衙裡，不少民眾甚至在路上攔轎喊冤。

道同明知老虎的屁股摸不得，但正義心驅使他非要懲治羅氏一門不可。於是，他下令逮捕了羅家兄弟。朱亮祖聽到報告後大發雷霆，一聲令下讓士兵包圍了縣衙，硬生生將羅家兄弟搶了出來。

簡直是無法無天了，道同一個小小縣令雖然無法正面抗衡統轄一方的大員，但他有權向皇帝上書，當今皇帝一再倡導廉潔，嚴懲貪腐，並鼓勵地方官吏控告權貴。對，就參他朱亮祖一本，朱亮祖的種種不法行為，一條條、一樁樁都是現成的，信手就來。

但當道同把奏章寫好後，冷靜過來一想，朱亮祖是炙手可熱的侯爺，是皇帝作為親信派來彈壓地方的大員，皇帝會聽信一個七品芝麻官的彈奏，處置一個朝廷勛爵嗎？就算朝廷派人調查，下來調查的人又敢為百姓

第十三章　朱皇帝無奈殺功臣

去得罪權貴嗎？到時還不是自找難堪，甚至還會搭上自己的老命！

道同思量再三，又考慮到既然已經在太歲頭上動了土，他朱亮祖豈肯善罷甘休，隨便找個理由就可以將自己置於死地，既然如此，乾脆豁出去了。倘若皇帝看到自己一腔熱血的奏摺有所感悟，既可以為民除害，又能保住自己一條小命，豈不是好事一樁！

道同當然不敢奢望能扳倒朱侯爺，但姓朱的卻要放倒他了。朱亮祖手下那幾個舞文弄墨的幕僚，這幫吃飽了專門思索事的傢伙認為，按道同的倔脾氣，肯定會向朝廷打報告，因此他們向朱亮祖建議，與其被動等著別人來告，不如先發制人。於是一封彈劾番禺縣令的奏章就以六百里加急的速度，飛往南京。

軍隊的優勢在這個時候就充分展現出來了，道同的奏摺還在路上，朱亮祖的奏章就已經擺在了朱皇帝的案頭上。一個地方大員居然有閒工夫去彈劾一個小縣令，讓朱元璋想不重視都難，一看內容，果然非比尋常：番禺縣令道同目無長官，以下犯上，排擠大臣，還以蒙古後裔自居，勾結何真舊部聚眾滋事，魚肉百姓，其情可疑，其心可誅！

不得不佩服寫奏章的槍手，字字戳到朱皇帝那敏感的心窩裡。這還了得，朱皇帝拍案而起：殺！

一道「斬立決」的手諭迅速交到執行人手裡。朱亮祖安插在京城的眼線當即買通前去廣州的使者，棄船就陸，提供驛站的馬匹，六百里加急。

朱元璋接到道同的奏摺時，寫奏摺的人已經身首異處，做了五天的鬼了。這位剛正不阿、不畏強權的縣令列舉的永嘉侯朱亮祖貪汙受賄、賞惡罰善、助紂為虐、為害百姓的種種罪行，每條每款都條分縷析、有理有據。奏章的最後，道同將自己因為打擊黑惡勢力，得罪了朱亮祖而遭到其鞭笞凌辱，以及百姓身處水深火熱而投訴無門的悲慘處境，字字血、聲聲淚地告訴了皇帝。

朱元璋把奏章反覆看了三遍，一切都真相大白了，一個封疆大吏跟一個七品芝麻官過不去，原來如此。朱元璋在嘆息：道同官卑職微，在遭到達官顯貴的圍攻時，卻勇於與黑惡勢力抗爭，實在是難能可貴！那朱亮祖竟然膽大包天，捏造謊言，利用職務之便惡人先告狀，實乃死有餘辜。當即命令派飛騎追回之前發出的手諭，並傳道同一同進京見駕。然而，一切都晚了，使臣趕到廣州，道同已經去了另一個世界。

　　朱元璋仔細推算了一下日期，馬上得出結論，朱亮祖從中搗鬼！怒不可遏的他，當即又下一道諭旨：鎖拿朱亮祖及其兒子朱暹一同進京！朱暹當時正擔任廣東衛指揮使。

　　洪武十三年（西元1380年）九月初三，朱亮祖鐐銬叮噹地被帶進了午門。一見充滿肅殺之氣的皇帝，朱亮祖害怕了，急忙膝行向前，以頭撞地，哀聲哭求寬恕道：「陛下，臣知錯了，臣罪該萬死，求您看在臣跟隨您老人家東征西討、出生入死的份上，就饒臣父子一命吧！」朱暹也跟著一起哭求。

　　朱元璋再也壓制不住心中的怒火，狠狠地說道：「留下爾等性命，只會瞞上欺下，為害百姓，殘害清官！」隨即大手一揮：「來啊，給朕狠狠地打！」

　　那幫凶神惡煞的打手，就像惡犬聽到主人的招呼一樣，猛撲上去將朱家父子打翻在地。一頓催命棍過後，朱家父子血肉橫飛，氣絕身亡。

　　朱亮祖死後，朱元璋並沒有忘記他的功績，下令以侯爵的待遇進行安葬，並親自撰寫墓誌，評價其一生功過。

　　而對於道同的冤死，朱元璋感到十分惋惜，番禺百姓則是萬分痛惜，都在家中設立他的牌位祭祀。

第十三章　朱皇帝無奈殺功臣

因「謀反」被誅第一人

　　朱亮祖被杖殺了，但他並不是第一個因「謀反」而死的功臣，「拔得頭籌」的是資歷更老、功勳更加卓著的德慶侯廖永忠。

　　廖永忠是巢湖水師舊部，是與他兄長廖永安一起隨巢湖水師歸附朱皇帝的。當時廖永忠在眾多將領中年紀最輕，朱元璋得到這支水師後，興奮之情溢於言表，饒有情趣地問廖永忠道：「你年紀輕輕，難道也想要獲取富貴嗎？」廖永忠很會說話：「獲事明主，掃除寇亂，垂名竹帛，正是在下的生平志願！」他的這番極有遠大抱負的回答，得到朱元璋高度讚揚。廖永忠本人也為自己的理想努力奮鬥，最終封侯。但一個人把理想定得太高、願望過於強烈，往往會壞事，至少在別人看來是有野心的表現。

　　巢湖係勢力加盟朱元璋軍事集團後，就成了朱元璋嫡系中的雜牌。因為他們是集團性加盟的，在組織和情感上與淮西舊部肯定會有一定的距離感。廖永忠兄弟與馮勝兄弟的情況極其相似，他們都得到朱元璋的器重，尤其是身為兄長的馮國用和廖永安更是被引為心腹。馮國用文武兼備，幫助朱元璋確立了謀定天下的大計，為親軍都指揮使，後又幫助朱元璋擺脫郭子興走向獨立。廖永安則協助朱元璋成功兼併了巢湖水師，並剷除異己分子李扒頭等人，積功授管軍總管。

　　朱元璋占領南京不久，馮國用病死，廖永安在與張士誠手下悍將呂珍的交戰中被俘。說起來朱元璋也有點不厚道，當時張士德就在他的手中，張士誠提出用廖永安交換，但朱元璋寧願看著廖永安去死也不同意。就有人私底下議論，如果換作是淮西系將領被俘，情況可能會有不同。雖然兩人的死，朱元璋都表現出了一副悲痛欲絕的樣子，但到底有幾分真誠，只有朱元璋自己清楚，不過明朝建立後，兩位先烈都被追封為公爵，一個封郢國公，一個為鄖國公。

廖永忠和馮勝開始都被哥哥巨大的光環所掩蓋，都是在哥哥死後取代他們的位置，而嶄露頭角的。

隨後，廖永忠征戰四方，戰功赫赫，明軍水師打到哪，哪就有廖永忠矯健的身影，尤其在鄱陽湖血戰以及武漢圍攻戰中更是有著上好的表現。朱元璋親筆手書「功超群將，智邁雄師」八個大字，做成牌匾送給廖永忠，以示嘉獎。

在戰爭年代，廖永忠的表現和忠誠令朱元璋挑不出半點毛病，只是他忠誠得有點過了頭，以至好心辦了一件連朱元璋都感到不齒的事。朱元璋到安豐救回小明王之時，由於當時應天宮殿正在建造中，加上接一個皇帝到自己的身邊也是礙事，所以朱元璋暫時將其安置到滁州。朱元璋恭恭敬敬地對小明王說，等應天宮殿建成，一定迎請他到應天居住。朱元璋經過一系列動作，如自立為吳王等，表示已經擺脫了龍鳳政權後，為兌現諾言，就派廖永忠去迎小明王。

不想廖永忠過度解讀了朱元璋的用意，為了邀功請賞，竟然在半路謀害了小明王，讓朱元璋無端背上了弒君殺主的黑鍋，落下千古罵名。因此，在洪武三年（西元1370年）大封功臣時，作為巢湖水師僅存的一面旗幟，本該封公的廖永忠只被封了個侯爵。朱元璋對此的解釋是：「廖永忠在鄱陽湖作戰時，忘我抗敵，可謂奇男子。但卻派與他要好的儒生窺探朕意，所以封爵時，只封侯而不封為公。」

這是檯面上的話，說他「派與他要好的儒生窺探朕意」指的是他跟楊憲非同一般的關係，也許他真的透過楊憲為其「美言」試圖達到封公的目的，但真正的原因是廖永忠到滁州迎接小明王前，曾找楊憲密謀過。楊憲與劉基又走得很近，劉基對紅巾軍懷有刻骨之恨，朱元璋要去救安豐時就遭到他的極力反對，所以，殺害小明王的主謀到底是誰已經成了謎案。而公布功臣名單之前，楊憲已經被誅殺了，廖永忠很可能受到了影響。

第十三章　朱皇帝無奈殺功臣

廖永忠是艱苦樸素過來的，他將小明王沉入了水底，卻沒捨得把他的一應用品讓水沖走，而是帶回了應天。朱元璋當時雖然生氣，但大概只是口頭嚴厲責備了幾句，沒有做進一步處理，就將廖永忠帶回的物品挑了部分留下，其餘的讓身邊親近的大臣各取所需拿回去自己用了。廖永忠近水樓臺先得月，大概小明王用過的好東西沒少往家裡搬，這就等於把一顆顆定時炸彈搬回了自己的家中。

本來以為辦了大功一件的廖永忠卻適得其反，儘管後來也參與了平定兩廣、平滅蜀夏等一系列戰役，但他始終是作為副將跟隨湯和、徐達作戰，再也沒有單獨領兵的機會了。蜀地全部平定後，朱元璋寫成〈平蜀文〉對參戰人員進行表彰，其中有「傅一廖二」的評價，但對廖永忠除了「獎賞甚厚」外，沒有給他更高的頭銜。

廖永忠失落之餘只有在家偷偷穿繡有龍鳳圖案的服裝，使用皇家器皿以自慰。這種事情在封建帝王統治的歷朝歷代都是犯罪行為，是不能觸碰的底線。

洪武八年（西元1375年）三月，廖永忠終於被人檢舉揭發。對於這個有前科之人，朱皇帝一直不敢掉以輕心。至於為什麼偏偏在此時遭到檢舉，據考證，此前朱皇帝患了一場大病，對於很少生病的朱皇帝來說，每次患病都帶給他一種深深的恐懼感，考慮問題就特別多而複雜，在對抗病魔的這段日子，有一個名字時常出現在他的腦海裡，這個名字就叫廖永忠。

因為當時的廖永忠異常活躍，常常跑到太子那裡履行其「輔佐」老師的責任。這可犯了朱皇帝的大忌了，他從來不喜歡武將與文人攪在一塊，更加忌諱武將插手朝廷事務，所以，「不安分」的廖永忠是該被警告了。

當廖永忠被五花大綁推到朱皇帝面前時，他知道自己的末日到了，因為他親眼看到皇帝派去的人員把他的家裡裡外外都翻了一遍，把之前小明

王留下的遺物全部當成罪證，其中包括床上用品、器皿、鞍轡、靴鐙等。病懨懨的朱元璋問他：「廖永忠，你知罪嗎？」他直直地看著皇帝那張比普通人長出三分之一的臉，那張以前總是遠遠仰視，從不敢近距離仔細打量的帶有威嚴而又充滿殺氣的臉，很平靜地回答：「以前不知，現在知道了！」

朱元璋以為廖永忠還有其他不被掌握的「罪行」，當即打起精神問道：「那你說，自己所犯何罪？」

廖永忠的嘴角泛起一絲古怪的笑容，說：「古語云『太平本是將軍定，不許將軍見太平』，如今天下太平了，臣自然有罪了！」

朱元璋見他如此回答，知道對方已經明白了自己的用意，但他不想輸在道義上，於是故意用揶揄的口氣說道：「你當自己是韓信，朕是漢高祖？你問問自己配嗎？朕又是那種人嗎？」

伸頭是一刀，縮頭也一刀，廖永忠也沒什麼好顧忌的了，說：「臣配不配當淮陰侯，天下人說了算，陛下是不是漢高祖，後人說了算。今日之事，陛下心裡清楚，臣也明白，算是君臣心有靈犀吧，也不枉臣跟隨陛下出生入死那麼多年！」

這話太扎心了，朱元璋揮揮手示意將廖永忠帶下去。廖永忠說得沒錯，自從在定遠李善長提出要效仿劉邦之時，這麼多年來他朱皇帝處處以漢高祖為榜樣，他的很多想法和行為都在有意無意地師承劉邦，這對跨越一千六百多年時空的帝王竟然成了師徒。

不管怎麼說既然邁出了第一步，就得把文章繼續做下去，於是刑部趕緊將從廖府蒐集來的物品列成清單，以「僭用龍鳳諸不法事」的罪名張榜公布。

德慶侯廖永忠畢竟是有免死鐵券的功臣，除了謀反罪，不能直接判處

第十三章　朱皇帝無奈殺功臣

死刑，刑部將他丟進天牢折磨得奄奄一息後，秉承皇帝的諭旨將其重責四十大板，再勒令他回家反省。可嘆曾經金戈鐵馬、叱吒風雲的一代名將，回家沒幾天就死不瞑目地撒手人寰。

廖永忠事發之時，他的親密同袍、親家翁，同樣是難兄難弟的湯和正在中都施工現場督工，等他得知消息趕回南京打算替同袍求情時，廖永忠已經處於彌留之際，好歹見了最後一面。廖永忠一入土，湯和趕緊返回鳳陽，免得又落下一身不是，這麼些年來，他也是如履薄冰。他知道自己那個兒時玩伴，疑心病越來越重，而且是抓住辮子就永遠不放手的人。那還是在駐守常州時，聰明一世的湯和卻犯了一次糊塗，當時，他有事情請示朱元璋，遭到朱元璋無情否決。湯和愛喝酒是出了名的，心裡不痛快的他幾杯黃湯下肚後，想到一塊光屁股長大的哥兒們竟然連點面子都不給，不免發起了牢騷：「我湯某鎮守此城，就如同坐在屋脊之上，顧左則左，顧右則右！」這句極其隱晦的牢騷話最終還是傳到了老朱的耳朵裡，常州是朱元璋與張士誠勢力的接壤處，難道你湯和想做牆頭草不成？

朱元璋讓自己的義子嚴密注視湯和的同時，還把帳對湯和記下了，這一記就是一輩子。湯和是很久之後，才了解事情的緣由，想到這句將要糾纏自己一生的醉話，湯和從此夾緊尾巴、管住嘴巴，不敢再有絲毫的大意，皇帝的眼線二十四小時地盯著自己呢。

在幕僚的提醒下，湯和將家裡幾件作為紀念品留存的龍鳳器物燒的燒、埋的埋，徹底「銷屍滅跡」。但有人不像湯和做得那麼徹底，其中就有一貫小心謹慎的長興侯耿炳文，他認為既然是皇帝賞賜的物品，毀之不敬，就將之封存起來，以為自己不用就沒事了。到永樂皇帝朱棣上臺後，耿炳文又成了因「僭用龍鳳御品」而死的人，這是後話。

第十四章
朱皇帝的家務事

痛失愛侶

朱元璋自十七歲那年父母兄長在短短幾天內相繼死亡大哭過一場後,在之後的歲月裡,如果說還有人讓他流過一滴真誠眼淚的話,愛將常遇春算一個。但接下來這個人的死,卻真真切切地讓朱皇帝痛徹心腑,以至於影響到他後半生的各方面。

這個人就是陪伴朱皇帝走過了三十年風風雨雨,相濡以沫的馬皇后。這個善良、聰穎、勤儉卻並不漂亮的女人,在朱元璋創業之時,始終如一地給予他最大的支持,成就大業後,就順理成章地成了皇后。

在朱元璋事業的起步之初,也正是大戰不斷的艱苦時刻,馬皇后始終相隨身邊,除了照料朱元璋的飲食起居外,還承擔起機要祕書的工作,替他掌管文件。凡是朱元璋口授、交辦之事,馬皇后都記錄得非常清晰、準確,將各類事務打理得井然有序。凡是朱元璋想要尋找的資料,只要一問她便會知曉。還時常敦促、提醒朱元璋,為他的事業提供了極有力的幫助。

朱元璋渡江時,把將士的家眷留在和州,拿下太平後,官兵們興高采烈地搶糧食、搶布匹,準備帶回江北接濟忍飢挨餓的妻兒老小,一時人心思歸。朱元璋一紙命令,讓所有家屬到太平團聚。

當時,長江交通線被元軍切斷,和州孤立,馬皇后鼓勵將士、撫慰眷

第十四章　朱皇帝的家務事

屬，為穩定後方而奔忙。接到朱元璋的手令，馬皇后又擔負起渡江總指揮的工作，讓好幾萬的老弱婦孺井然有序地安全渡過長江天塹，率領全軍將士的家屬順利抵達太平，令人刮目相看。

到應天府後，由於戰事頻繁，軍需供應緊張，馬皇后親自帶頭，集結朱元璋的眾多姬妾，不分晝夜地為前方將士縫衣做鞋。陳友諒率兵東下，直逼江寧，朱元璋親自領兵抵禦。強敵兵臨城下，城中的官員、居民都在尋找後路，有人忙著窖藏金銀、囤積糧食，有人收拾行囊準備跑路。馬氏卻鎮定自若，把自己的金銀首飾全部拿出來犒賞士兵，穩定了軍心，為朱元璋一舉擊敗強敵做出重大貢獻。

隨著事業不斷發展壯大，朱元璋的脾氣也日漸見漲，皮帶好好掛著說明沒事，皮帶往下一按，就要壞事，馬皇后看在眼裡，急在心上，總會及時想辦法把隱患消除。此外，馬皇后會選擇時機私下裡規勸朱元璋，希望他在用人上做到用其所長、避其所短，不要求全責備，應該愛惜他們的生命，不要動輒就施以酷刑，這樣才有更多賢人共同治理國家。

當初和州守將參軍郭景祥的兒子被人舉報，說他要殺害自己的父親，朱元璋一怒之下就要派人去殺了那個不孝之子。馬皇后說：「使不得，和州是重要之地，郭景祥只有這麼一個兒子，殺了他兒子，就等於把那地方拱手送人了。戰亂之時的消息未必可靠，調查清楚再做處理！」派人一調查果然是誤傳，既保住了和州，又保全了郭家父子。

李文忠鎮守嚴州時，由於年輕力壯、精力充沛，經不起誘惑犯了一次道德問題的錯誤，將一個姓韓的交際花帶回了家裡。朱元璋對手下官員的嫖娼行為是深惡痛絕的，聽派出的密探報告了外甥的風流豔事後，當即派人去嚴州將韓姓女子處決了，然後下令：李文忠即速趕回應天，聽候處置！

馬皇后勸阻說：「嚴州是敵我交界重地，將帥不宜輕易調動，保兒一

向忠實可靠，只是犯了點年輕人容易犯的錯誤，責備一頓讓他改了就算了，年輕人誰沒犯個錯？你現在將他治罪，換別人去守嚴州，恐怕一時半會兒難以服眾。」朱元璋覺得有道理，於是放了李文忠一馬，讓他繼續鎮守嚴州。朱文正的事情前面的章節已經介紹過，他之所以不死也是多虧了馬皇后的努力規勸，這樣的事例多到不勝枚舉。

馬氏被冊封為皇后時，朱皇帝就高度評價說：「家有良妻，如國家之有賢相！」這是朱皇帝發自內心的讚嘆。在朱皇帝納妾以至後來納嬪、納妃的問題上，馬皇后不但不干預，而且還表現出了極大的寬容和理解。據說郭子興漂亮的女兒郭惠，算起來也是她的妹妹了，朱皇帝看她的眼神就如同餓狼盯上了獵物，馬皇后親自勸說妹妹，又親手將她送到朱皇帝的懷裡，讓老朱感激不盡。

朱元璋對皇宮的要求是歷代皇帝中最為嚴格的，他堅決不允許嬪妃干預朝政，更不准她們奢侈腐化。馬皇后身為六宮之主，處處做出表率，能力和氣度無不令人欽佩萬分。

由於從小父母雙亡，馬皇后對娘家人的渴望程度可想而知，朱元璋出於關心，幾次要為她察訪親屬，以便加官晉爵。是非分明的馬皇后知道皇帝的想法時，立即給予謝絕。她認為歷朝歷代那套「任人唯親」的做法，存在很大的弊端，於朝廷不利。朱元璋嘆服之餘，只得改變主意，收回預定的官爵。

有了馬皇后的率先垂範，其他嬪妃就是有此心，也沒膽量敢藉著自己的恩寵，為娘家人謀利益了。朱皇帝對此曾經當著文武眾臣極力誇獎馬皇后，說她是自己的賢內助兼得力臂膀，堪比唐太宗的長孫皇后。

儘管朱皇帝妻妾眾多，但後宮在馬皇后的打理下，大家和睦相處，一片和諧的氣氛，這與馬皇后善於處理複雜的人際關係密不可分。當年朱元璋在郭子興麾下時，就很好地處理了與養父母及其丈夫的關係；後來，朱

第十四章　朱皇帝的家務事

元璋收了二十多個義子，馬皇后待他們如自己親生，也很好地處理了與丈夫、子女、養子的關係；做皇后以後，更是以「待人以寬，責己以嚴」的原則去處事，各種關係料理得妥妥貼貼，讓朱元璋完全沒有後顧之憂，一門心思關注在朝政上。

馬皇后有五子二女，雖然對子女極其仁愛，但在子女教育問題上要求很嚴，要求他們生活簡樸，凡有比穿衣服、用物的，加以教誨，又把宮中利用舊布料織成的被褥送給他們，並解釋說，你們生長在富貴家庭，不知紡織的難處，要愛惜財物。其中小兒子朱橚性格放蕩不羈，後來被封周定王，封地在汴梁。馬皇后擔心他到封地為王後無法無天，臨行時派江貴妃隨往監督，當面把自己身上的舊布衣脫下來交給江貴妃，再交給其一根木杖吩咐說：「周定王如有過錯，可以披衣杖責。如敢違抗，馳報朝廷。」此後一見到慈母的舊布衣，周王便生出敬畏之心，不敢胡作非為。對寧國公主、安慶公主，馬皇后同樣要求她們勤勞儉樸，不能無功受祿。

馬皇后對自己的要求可說是到了嚴苛的程度，身為尊貴無比的國母，即便適當享受也無可厚非。但馬皇后卻一如既往地保持艱苦樸素的生活作風，從不講排場，更不講奢華，衣服是「新三年，舊三年，縫縫補補又三年」。連身邊的人都看不下去，勸她要注意身分和形象，言下之意讓她不要太苛刻自己。她語重心長地回答說：「蓋奢侈之心易萌，崇高之位難處，不可忘者勤儉，不可恃者富貴也。勤儉之心一移，禍福之應響至。每念及此，自不敢有忽易之心耳。」

但她對朱元璋卻極好，每次用餐都親手安排，盡量讓朱元璋吃得高興，吃得舒心。嬪妃們看著心目中的「大姐」忙碌的身影，勸她要愛惜身體，讓她手下的「姐妹」替她做些事情。馬皇后解釋說：「不是大姐不信任妳們，皇上日理萬機，心情難免有煩躁的時候，萬一有不周之處，就會責罰妳們，我這當大姐的於心不忍啊！」

馬皇后所說的「不周之處」確實曾發生過。有次朱元璋下朝吃午飯時，把工作情緒帶回了家，飢腸轆轆地拿起湯匙就喝了一口湯。由於下班時間晚了，湯有點涼，當場就把湯匙狠狠摔進湯盆裡。羹湯四濺，弄了馬皇后一頭一臉，她伸手摸了摸湯盆，說：「這湯確實是涼，待我再去熱一熱。」

等她端著湯再回來時，朱元璋望著兩鬢添霜、神情憔悴，卻還在為自己操勞的皇后，這個鐵石心腸的漢子竟差點淚奔，愧疚地柔聲說道：「辛苦妳了，剛才朕不該發火的！」

「是臣妾粗心，沒注意到湯涼了，惹皇上不高興了！」馬皇后平靜地對他笑了笑。

朱皇帝動情地拉過皇后那雙如同樹皮般粗糙的手，用發自肺腑的聲音說道：「皇后，妳真是朕的好皇后啊，遇上妳是朕此生最大的福分啊！」

站在一旁觀摩的嬪妃、宮女和伺候的人員，看到這對老夫妻恩愛的情景，不知做何感想，多多少少有所觸動和啟發吧！

還有一天晚上，一個宮女伺候朱皇帝洗腳，洗腳水可能比平時熱了些，皇帝的臭腳剛沾到水他就殺豬般地嚎起來：「燙啊，妳個混帳東西，存心要燙死朕啊！」伴隨而起的是宮女被一腳踹翻，洗腳盆也隨之飛到了一邊。「來人，把這不知死活的東西拖下去，給朕狠狠地打！」

癱在洗腳水裡的宮女眼看就在劫難逃，馬皇后聞訊趕過來，一副義憤填膺的樣子指著宮女斥責：「不用心侍候皇上就該狠狠地打！」轉身對朱元璋說：「皇上，這事臣妾也有責任，處罰的事就不勞皇上費心了，交由臣妾懲治就是了！」

朱元璋雖然生氣，但見皇后主動承擔責任，她又是後宮之主，倒想看看她這當上司的如何處置下屬，於是問道：「皇后打算怎麼處置這該死的宮女？」

第十四章　朱皇帝的家務事

馬皇后大聲下達命令道：「來啊，把犯錯之人送到官正處按條例處置！」又吩咐重新打來熱水，親自指點伺候皇帝洗腳。朱元璋雷霆過後就問皇后道：「宮女犯錯，皇后為什麼不親自處罰？」

馬皇后抓住時機發表了以下意見：我們是帝王之家，身處權力之巔，不能喜而加賞，怒而加刑。人在喜怒時行賞罰，難免出自喜怒。而交付專管此事的官正，就可以平靜對待，按律酌處。朝廷的事，也應當如此。皇上在外廷要定人罪過時，不也是交由三法司去辦理嗎？

朱元璋明白這是宅心仁厚的馬皇后在藉機規諫自己，真是用心良苦啊，不由敬佩地讚道：「上天待朕不薄，讓妳做朕的皇后，真不知是哪輩子修來的福分！」

洪武十五年（西元1382年）流年不利，受萬民愛戴的馬皇后從上半年開始就感覺渾身懨纏，總提不起精神，御醫們使出渾身解數也毫無起色。等到秋風蕭索、黃葉滿地的季節時，馬皇后已是水米難進了。

面對朱元璋寢食不安，群臣「請禱祀山川，遍求名醫」的局面，馬皇后懇切地對朱元璋說：「自古生死有命，富貴在天，不必再找郎中了，一旦找來的郎中藥石無效，皇上會因愛臣妾心切而怪於郎中，豈不是再賠上幾條性命，又增加了妾身的罪過？！」

朱元璋緊握著她的手，聲音哽咽地說道：「不，朕絕不能眼睜睜看妳受罪而無動於衷……」

馬皇后用微弱而堅定的聲音打斷他的話：「往後臣妾不再喝那些藥了！」隨後就無力地閉上了眼睛。從此，果然拒絕喝藥。儘管朱元璋信誓旦旦地表示不會怪罪郎中，勸她吃藥，但馬皇后深知他喜怒無常的秉性，還是堅持不再吃藥。

洪武十五年（西元1382年）農曆八月二十四日，一位偉大的女性、洪

武大帝朱元璋的夫人馬皇后因病不幸逝世，享年五十一歲。馬皇后在彌留之際，留下臨終遺言：「願子孫後代以百姓為念，珍惜民力，不可為非作歹。」歷史給予她八個字的評價：母儀天下，慈德昭彰！

後宮那點事

朱元璋失去了一個相濡以沫的好伴侶，悲慟之情無以言表。從此不再冊立皇后，表示對斯人的敬重和懷念。雖然馬皇后駕鶴西去後，他大辦法事，為其追薦亡靈，並予以極大的尊榮，但無法排除心中的悲痛和思念。

不管相信與否，每當朱元璋的家裡出現變故，老天爺似乎總要跟他開個玩笑。馬皇后出殯的當天，一早起來就狂風大作、電閃雷鳴、暴雨如注，絲毫不亞於當年他下葬父母時的情景，整座南京城一片汪洋，仿如澤國一般。令悲傷之中的朱皇帝未免又增添了幾分憂愁和不安，與當年求助無門不同，如今的他身為一國之尊，有權主宰一切，於是就將主辦法事的僧人宗泐叫來責問：「你說，今天是皇后封安的日子，為什麼天公不作美？」

宗泐深知眼前這個「老同行」是個喜怒無常的人，言語稍有不當就可能招來殺身之禍，可但凡裝神弄鬼之人，自有一套蒙人的說詞，眼珠一轉，鬼話張口就來：「阿彌陀佛，貧僧有四句偈語，不知皇上是否願意聽？」

朱皇帝不耐煩地說道：「你不妨說來，讓朕聽聽！」

宗泐嚥了口唾沫，清了清嗓子，氣沉丹田地念道：「雨落天垂淚，雷鳴地舉哀。西方諸佛子，同送馬如來！」

第十四章　朱皇帝的家務事

朱元璋當年出家時，這個宗泐還不知在哪裡，當然不相信這個和尚的信口胡言，正待發作，那和尚又接著圓謊道：「皇上，這可不是貧僧自己說的，乃昨晚貧僧迷糊之時，忽然見到菩薩降臨，對貧僧唸完這四句偈語後就飄然而去，誰知今早果然天降大雨。」

朱元璋雖然不信宗泐的鬼話，可見他念的四句偈語非常吉利，且天地變化無常，非人力可以抗拒，自己雖然管得了天下的臣民，卻奈何不了天地，只好揮手讓宗泐退下。

隨著朱皇帝的逐漸平復，天空也配合著逐漸放晴，不一會就雲開雨散，恢復秋高氣爽的本來面貌。朱元璋心裡咯噔一下，莫非那和尚真的見到菩薩了？這麼一想，竟然高興起來，認定馬皇后真是轉世成了馬菩薩，已經榮登極樂世界去了。

普天之下莫非王土，率土之濱莫非王臣。朱元璋貴為一國之君，雖然一再標榜自己憂心國事，無暇迷戀女色，以一副道貌岸然的樣子示人，其實隨著勢力不斷壯大，他就開始金屋藏嬌，從不缺少女人。每占領一個地方，他都會暗中吩咐親信搜求美色，更有那些善於察言觀色、阿諛奉承之輩，出於各種目的主動將美色送上門。

據吳晗《朱元璋傳》所說，朱皇帝的嬪妃來源有三種管道：一是從民間挑選，當然有自願的，也有強迫的；二是收編陳友諒的嬪妃和宮女；三是從元順帝的後宮裡選取，其中不乏來自蒙古、高麗等少數民族的美女。而關於朱皇帝後宮到底有多少妃嬪，他本人一向諱莫如深，外人無從知曉，史學界推測有數百之眾。朱皇帝駕崩時，為他殉葬的妃嬪就達四十六人。

其中胡充妃是朱皇帝單相思的初戀情人，早在朱元璋出家之前，年紀輕輕的胡氏就守寡在家，她的容貌大概是相當出眾，否則不會讓朱皇帝垂涎欲滴地託人提親。但這門婚事卻遭到胡母的無情拒絕，原因無非有二：

一是朱家太窮，上無片瓦，下無插錐之地；二是朱元璋長得太過另類，是醜男中的醜男。

人生無常，朱元璋占領應天後，派人四處打聽令他念念不忘的夢中情人。那幫手下也不是光吃不做事的，很快把消息傳回來，胡寡婦已隨家人躲避戰亂流落到了淮安。當時淮安是紅巾軍李均用的地盤，於是朱元璋寫了一封極其煽情的雞毛信（緊急傳送的特殊公文或信件）給李均用，請他看在往日的情分上，務必成人之美，將胡氏送過來。

李均用天生就是做缺德事的人，真的把胡氏跟她母親一塊綁了送來。雖然胡氏早已不是當年的美少婦，但對男人來說，世間最美的不是西施、楊貴妃，而是想要又得不到的女人，朱元璋終於得償所願。後來胡氏為他生下了第六子朱楨，恰好剛剛平定武昌，朱元璋高興之餘說道：「子長，以楚封之。」朱元璋稱帝後，立胡氏為充妃。

再後來，胡充妃因年老色衰被晾在了一邊。如果不是一件偶發事件，朱元璋也許再不會想起這個曾令他魂牽夢縈的老女人，胡充妃也會默默地了此一生，因為她的年紀比朱元璋大得多。

卻說在楚王朱楨離開南京到封地武昌後，朱元璋的後宮爆出了一樁醜聞案。一天早上，負責清掃的太監在撈取御河中的枯枝敗葉時，竟撈到了一個不足月的死嬰。不用說是宮裡有人墮胎，為了消除罪證偷偷將之扔進了河裡。

宮裡嬪妃、宮娥能得到寵幸懷上龍種，是一件很榮幸的事情，生下皇子、公主，身為母親將身價倍增，就算已經有了皇子的人，誰也不會嫌子女多。這其中必有蹊蹺，顯然是有人在穢亂宮闈。

是誰如此膽大包天？暴跳如雷的朱元璋下令徹查，凡是有嫌疑的人員一律處死！隨即一條線索回饋到了朱皇帝處：此事乃一個姓胡的妃子所為。朱元璋的第一反應就想到了胡充妃，這個當初仗著幾分姿色不願嫁給

第十四章 朱皇帝的家務事

自己的妖婦，肯定是因為受了冷落，故意報復而做出這等醜事。

朱元璋完全被怒火燒得失去了理智，抄起寶劍就直奔胡充妃的懿德宮而去。胡充妃好久見不到皇帝的面了，聞報他突然光臨，正歡天喜地出來迎接，沒想到朱皇帝見面就是一穿心劍，可憐這位昔日的美少婦，到死都不知道所為何事！

等冷靜過後，朱元璋才慢慢意識到可能殺錯人了。胡充妃自打跟了自己後，一向中規中矩，從無半點輕佻之色，況且都五十歲的老女人了，怎麼會做這種齷齪之事呢？看來十有八九是冤枉她了！

衝動是魔鬼，後悔藥沒地方買啊！朱元璋正在懊惱之時，遠在武昌的朱楨聽到母親的遭遇後，不管有旨沒旨（藩王無詔不得擅自離開封地）就奔了回來。憤怒的心情可想而知，但他不敢對父皇發洩，只是一個勁地跪在地上大聲哭喊著媽媽！

朱元璋做了虧心事，也不好治楚王未奉召而入京的罪，一本正經地安慰著滿腹怨恨的兒子，勸他盡快趕回武昌去。朱楨最終只把母親的衣冠帶回武昌安葬。

打發了朱楨，朱元璋又把懷疑的目光投向了胡順妃。胡順妃是胡美的女兒，他投降過來後，為了向朱皇帝表忠心，將自己的千金送給他做妾，後來就成了胡順妃。胡順妃是官二代，出身高貴，長得千嬌百媚，顧盼生輝。沒見她之前，朱元璋並不介意，只是為了穩住胡美才「笑納」他的女兒，及至一見之下，頓時兩眼發光，視之如尤物，並生下湘王朱柏。

據查胡美曾帶著他的女婿多次祕密潛入後宮，不知密謀何事。朱元璋既已認定溺嬰案非胡充妃所為，那麼必定另有其人。胡順妃既姓胡，又叫順妃，那就活該倒楣，順理成章地成了溺嬰案的又一個犧牲品。接著胡美的女婿被祕密處決，胡美本人也被賜自盡。

胡美本來就是有功之人，想表忠心當皇帝的老丈人卻當出不是來了。直到後來「胡惟庸案」擴大化，處置了李善長後，才把胡美列入「胡黨」名單，並公布了他們翁婿「淫亂後宮」的罪行。

孫貴妃是早期跟隨朱皇帝的女人之一，她是原青巾軍元帥馬世熊的養女。馬世熊投靠朱元璋後，覺得他勢大，又與其他起義軍不同，斷定其能成就大業，就忍痛割愛獻給了朱元璋。

孫貴妃不但人長得漂亮，在馬世熊的調教下，識文斷字，還頗有謀略。朱皇帝渡江之初，馬皇后不在身邊，她就頂替馬皇后照顧朱皇帝的一切，活捉陳野先就是朱元璋採納她的意見上演的一齣好戲。事後連朱元璋都感到驚訝，稱她為女中豪傑。

太平城遭元軍圍攻時，危急時刻又是她挺身而出力勸朱元璋拿出全部積蓄，她帶上丫鬟親臨第一線分發給眾將士。全體人員看到漂亮的小夫人親臨前線犒賞，士氣倍增，接下來的戰鬥是人人爭先、個個奮勇，竟然把圍攻的元兵打得潰不成軍，太平城轉危為安。

孫貴妃集美貌與智慧於一身，早期堪稱朱元璋的半個智囊，自然讓朱元璋感恩不盡，因此被冊封為貴妃，地位僅次於馬皇后。可惜她命運不濟，沒有生下兒子，只生下一個懷慶公主，而且於洪武七年（西元 1374 年）因病而亡，年僅三十二歲。

由於沒有兒子，自然就沒人為孫貴妃穿孝衣，朱元璋決定破舊立新，從我做起，讓曾受孫貴妃撫育的周王朱橚算作親子，為孫貴妃行慈母禮，戴孝三年，太子及諸皇子則戴孝一年。此舉卻遭到眾皇子的反對，太子朱標甚至與朱皇帝發生了面對面的頂撞，氣得朱元璋破口大罵：「不孝孽子，你敢抗旨，老子今天就廢了你！」說著拔劍就衝了過來，朱標一看不像是嚇唬的，撒腿就落荒而逃。

經過老師的嚴厲教訓，朱標主動穿上孝服向父皇認錯，才平息了風

第十四章　朱皇帝的家務事

波。眾皇子在太子大哥的帶領下紛紛穿上孝服為孫貴妃送葬。

郭寧妃是朱元璋的同鄉，據說她爹是能掐會算的看相先生，因此，在朱元璋發達之前，就讓女兒侍奉他了，算早期下注的人。郭寧妃後來生下朱元璋的第十子魯王朱檀。她的兩個兄弟郭興和郭英更是為朱元璋打下江山而出生入死。

馬皇后逝世後，後宮由李淑妃執掌，但李淑妃也壽命不長，於是管理後宮的重任就落到了郭寧妃的肩上。但郭寧妃有資歷沒能力，很多妃嬪都不服她，其中最突出的是李賢妃、葛麗妃，此二人也是生育有皇子的，李賢妃生唐定王朱桱，葛麗妃生伊歷王朱彝。兩人都自恃身分貴重，聯手跟郭寧妃互相抗衡。郭寧妃覺得自己的權威受到挑戰，就時不時跟朱皇帝抱怨，不屬於小報告，乃是正常的工作匯報，就如同一個部門經理向上級反映情況一樣，屬正常的職責範圍。

在馬皇后和李淑妃在的時候，朱元璋未曾為後宮操過半點心，如今聽她叨叨個沒完，又盡是些婆婆媽媽的煩心事。有天不知吃錯什麼藥，一時煩躁起來，為圖耳根清淨，竟讓人將郭寧妃拖出去砍了。

處死郭寧妃後，朱元璋乾脆讓李、葛二妃跟著一起陪葬，三個女人一條街，讓你們到另一個世界繼續吵去。

接下來簡單說一下關於明成祖朱棣的生母問題。碩妃是朱皇帝眾多妃子中的一個，但關於這位女子的資料就像謎一樣，翻遍明朝的官方史料都沒有任何記載，給人神龍見首不見尾之感。

為什麼會出現這種情況呢？答案就出在朱棣身上。朱棣發動靖難之役，從姪子朱允炆手中奪取了皇位。但朱允炆是朱元璋欽定的皇太孫，是合法的皇位繼承人，朱棣搶奪他的皇位於禮於法都顯得名不正言不順。

由於太子朱標、秦王朱樉和晉王朱棡三位兄長都離開了人世，朱棣為

了在道義上站住腳，就採取竄改歷史的方式，製造輿論說他與太子朱標以及朱橚、朱楠、朱櫨都是馬皇后所生，證明自己的嫡子身分，以嫡子的名義傳檄天下也就有信心多了。但長期以來，史學界一直認為朱棣並非馬皇后所生，碩妃才是他的生母。

關於碩妃其人，史學界眾說紛紜，莫衷一是，有人說她是高麗人，有人認為她是蒙古人。還有一種更離譜的說法，說她是元順帝的妃子，是懷著身孕被朱皇帝收編的，朱棣其實是元順帝的兒子。這種說法顯然過於荒謬，中國人歷來很注重血統，更何況是帝王之家，以朱元璋之精明狡詐，絕不會讓混進一個異類而不自知。

不管怎麼說，朱棣既然有心掩蓋自己的身世，經其竄改過的歷史就不會讓人輕易找到線索。因此關於他的生母是誰，就成了一段歷史公案，所有的所謂真相，都不過是後人的某種猜測。

朱皇帝和他的兒子們

朱元璋對功臣勳將、嬪妃宮女稍有不滿就大開殺戒，視他們如同螻蟻，但對自己的親生骨肉，卻從來不忍心下手。這當然是指他的直系子孫，對於那些嫁出去的公主，受傳統觀念影響極深的他，認為是潑出去的水，她們過得好與壞，是不太放在心上的。不過身為他女婿的那些駙馬，只要稍有不敬或不忠的嫌疑，他則會像處理外人那樣，毫不猶豫地處死他們。

朱元璋在當時屬於晚婚晚育的族群，到元至正十五年（西元1355年）二十八歲時，才有了第一個兒子，到六十八歲為止，四十年的時間裡，共收穫了二十六個兒子，十六個女兒，合計四十二人，其中第九和第二十六

第十四章　朱皇帝的家務事

子早夭，第十、第十三女早亡，長大成人的有三十八人。

朱元璋對自己年輕時沒有機會接受教育深為遺憾，很多史書把參加紅巾軍前的朱元璋描寫成一介文盲，說是馬皇后幫他識字的。其實不然，朱元璋對文化的渴望和追求比任何人都要強烈，回顧他認識馬皇后前的經歷不難發現，朱元璋開始獨立思考人生，是從雲遊開始的。之前雖然家裡窮，但至少他有爹娘，有哥嫂，餓了有碗糠菜粥給他吃，累了困了有個窩給他睡；在皇覺寺裡，雖然苦點累點，但同樣有口飯吃，有個棲身之處。

而當他隻身走上討飯之路，生命沒有任何保障，過了今天不知道明天還能不能生存，一切只靠自己的時候，便有了些很現實的、不得不思考的問題。幾年雲遊生涯，一路所見所聞，為什麼人有三六九等，為什麼有人高高在上、作威作福，有人卻任人宰割，生活在死亡線上？這些問題都促使他去思考，去尋找答案。這些問題的答案當然沒有人會告訴他這個討飯的小和尚，從而讓他不放過任何機會去學習，當然他習得最多的應該是社會實踐知識，讀萬卷書不如行萬里路，這段苦難的經歷留給朱元璋的財富是不可估量的。

朱元璋重回皇覺寺後，就一心專注到學習文化知識上，只不過他能找來的書籍都是佛教方面的典籍，但有書總比沒書好，至少能提高教育程度。對一個自覺要求學習的人來說，其熱情和吸取知識的能力是驚人的，不懂的地方寺裡有老和尚可以請教。應該說這段時間朱元璋的教育程度是有很多提高的，如果生活就這樣過下去，以他的學習精神，說不定真能成為一代高僧。

後來的朱元璋更是從未放鬆過對知識的追求，不可否認，他肯定從馬皇后那裡學到一些系統性的東西，夫妻之間互相學習、互相幫助本來就很正常，畢竟他之前都是自學的，所接觸的東西也有限。隨著勢力不斷壯大，朱元璋對知識的渴望愈加強烈，每到一個地方就要尋找當地的知識分

子，也就是俗稱的名儒，與他們交往，虛心向他們請教。從早期李善長、馮國用等人身上，朱元璋就學習到了許多東西，才有了之後的拜訪朱升，力請劉基、宋濂等一系列舉措，從此他的幕府就沒斷過儒生和名士，如范常、陶安、夏煜、孫炎、楊憲、秦從龍、陳遇、孔克仁、葉儀、劉基、宋濂等。經過十幾年的薰陶，他不再是一介草莽，而是一個博古通今、滿腹韜略的偉人。

朱元璋事業有成之後，決心為他的後代聘請最好的老師，創造一流的學習環境，對孩子實施嚴格的教育。他親自任校長兼德育老師，讓諸皇子接受超豪華教育。朱元璋是很注重道德品格教育的，他認為育人最重要的是要正心，心正了，什麼事都好辦，心不正，各種私心雜念便會乘虛而入。為此，他親手編寫了《皇明祖訓》、《大誥》等教材。

在物質層面上，朱元璋一改勤儉節約的作風，不惜花重金在宮殿中修建大本堂，類似於現在的國家圖書館，搜取古今典籍存放其中，以供諸皇子聚集在此讀書學習。在師資方面則聘請天下名師傳道授業解惑，這其中就包括很多學貫中西、滿腹經綸、德高望重的名師、名家，比如宋濂在元代就是很有名望的大儒，詹同與陶凱等人是當時著名的翰林書生。此外，還讓李善長、徐達、常遇春等開國功臣悉心輔導。前後十餘年，向諸子講解「四書五經」，教授治國理政。

用朱元璋的話來說：「人有精金必求良冶而範之，有美玉必求良工而琢之。至於子弟，有美質而不求明師教之，豈愛子弟之不如金玉邪？」同時還告誡老師要做榜樣，要因材施教：「蓋師所以模範小學者，使之成器，因其才力，各俾造就。」

孩子的想法很單純，很容易受環境和周圍人的影響，所以歷史上才有了「孟母三遷」，朱元璋懂這個道理，將來孩子成為什麼樣的人，跟他兒時的玩伴有很大關係，所以他特地挑選了一批成績優異的學生到大本堂來

第十四章　朱皇帝的家務事

伴讀，像國子生國琦、王璞、張傑等十多個品行端正、學習成績突出的人作為伴讀生。後來又讓一些開國元勛的子弟，如徐達的兒子徐允恭、常遇春的兒子常茂、康茂才的兒子康鐸等，加入伴讀的行列。朱元璋也在百忙之中抽出時間，經常到大本堂與師生們談經論道、填詩賦詞，交流學習心得。

在尊師重教方面，朱元璋在老師面前沒有皇帝的架子。《明史·劉崧傳》記載：洪武十四年（西元1381年），崧為國子司業，帝賜鞍車，令朝夕見，見輒燕語移時，未旬日卒。疾作，猶強坐訓諸生。及革，敬問所欲言，曰：「天子遣崧國子，將責以為功，而遂死乎！」朱元璋對劉崧敬業的精神大為讚賞，對他愈加尊重，通知各相關單位：劉崧來了不用通報，隨時可以見朕！

劉崧得知後，更加盡心盡力，一心專注在工作上，直到累倒在講臺上，臨終前沒有一句提到自己或者家人的事，而是始終牽掛著教書工作上的事。朱元璋感念他的師德，親自為他寫了悼詞，祭奠他的亡靈。

一些老師名氣大，脾氣也大，特別是那些專家級的高級老師，他們對學生的管教是相當嚴厲的。有一位叫李希顏的著名儒士，博覽群書，教育學生以嚴厲著稱，如有學生上課調皮搗蛋，偷懶或冒犯老師，就會受到責罰，通常是用手中的戒尺敲他們的腦門，這叫長記性。雖然當了皇二代的老師，卻依舊改不了他的臭毛病，有的皇子實在太調皮，捱打次數多了，腦袋上難免痕跡斑斑，舊痕未去，新跡又來。

朱元璋看見自然心痛，暴脾氣一上來就要治李老師的罪。馬皇后就從旁勸道，人家李老師以聖人之道教導我們的孩子，你發什麼脾氣啊？一句話就提醒了朱元璋，嚴是愛，鬆是害；教不嚴，師之惰。這些道理怎麼一下子就忘了呢？朱元璋竟轉怒為喜，非但沒有責怪李希顏，還升了他的職，提高他的待遇。放眼歷朝歷代帝師，敢無視皇家的天威，對他們的子

弟進行體罰，並得嘉獎的，恐怕只有李希顏一人了。

朱元璋的教育理念是非常超前的，他不想把兒子培養成溫室裡的花朵，他要的是德智體全面發展的人才。諸皇子年齡滿十八歲，都要放他們出去就藩，經受鍛鍊。從洪武十年（西元 1378 年）起，他就讓太子朱標嘗試處理政事，下令凡今後的政務先交到太子處，然後才向皇帝奏聞。從次年開始，陸續讓諸皇子到封地就藩，次子秦王朱樉在洪武十一年到西安就藩，三子晉王朱棡去太原就藩。同時命四子燕王朱棣、五子周王朱橚、六子楚王朱楨、七子齊王朱榑四兄弟到鳳陽守祖陵一年，到先輩曾生活過的地方體驗貧困生活，然後再送他們到各自的封地就藩。十七子寧王朱權就藩喜峰口外的大寧（今內蒙古自治區赤峰市寧城縣），在邊遠地區帶兵守衛邊疆。從洪武二十三年（西元 1390 年）始，朱元璋便試著把兵權交給諸皇子，讓他們領兵打仗，如讓晉王朱棡、燕王朱棣率兵北征故元丞相咬住，由潁國公傅友德陪同。

朱元璋就是要透過這樣的歷練，讓成年的兒子們在實戰中管理部隊，提高指揮作戰的能力，從而在政治、軍事領域上取代之前由他人掌控的局面，真正實現朱家天下的目的。

朱元璋的兒子除朱標被指定為太子外，全都封了王，他們都有著極豐厚的待遇：年俸萬石，外加大量的土地和各種賞賜，皇族子孫不受一般法律約束，不歸當地官府管轄。同時又規定，皇族子孫不得干涉地方政府，不得參加科舉考試做官，不准經商，不准種地，等於將他們當寄生蟲養了起來。在完全沒有了工作和生活壓力的情況下，那些曾經接受過嚴格教育的皇子，不少變成了醉生夢死、為禍一方的惡少。但也有人潛心研究學問，成為飽學之士，如五子周王朱橚不僅著有《元宮詞》百首，還是植物學方面的專家，他寫的《救荒本草》將四千多種能食用的植物繪成圖譜，加註文字說明，為百姓度荒提供了便利；第十子魯王朱檀是個「好文禮

士，善詩歌」的才子；十一子蜀王朱椿博覽群書，才高八斗，被朱元璋稱為「蜀秀才」。更有文武全才的，如四子燕王朱棣就文韜武略，智勇雙全；十二子湘王朱柏「性嗜學，讀書每至夜分，喜談兵，膂力過人，善弓矢刀槊，馳馬若飛」。

第十五章
功臣勳貴的不同結局

李文忠之死

當年李文忠跟隨他爹李貞到滁州投靠朱元璋時才十四歲，見到舅舅的那一刻，他就撲在舅舅的懷裡大哭。讓朱元璋悲喜交加，畢竟是血肉相連呀！朱元璋撫摸著外甥的小臉蛋安慰說：「外甥看到舅，如同看到母親。你既然到了舅舅這裡，今後生活就算是有了依靠了。你就隨我改姓朱吧，今後我們以爺倆相稱，你做我的義子，有福同享，有難同當！」

後來朱文忠這個名字用了相當長的一段時間，朱元璋專門為他與同時期找過來的姪子朱文正聘請了范祖乾、胡翰做老師。李文忠好像天生就是讀書的料，領悟特別快，並且能夠觸類旁通，很快就通曉經義、能詩善歌。

至正十七年（西元1357年），十九歲的李文忠以舍人的身分，率領朱元璋的親軍赴援池州，初次作戰就立了戰功，擊敗在池州的趙普勝，又攻下青陽、石埭、太平、旌德四個縣。之後又會同鄧愈、胡大海由徽州進入浙江，從元朝手中奪取建德，隨之升為親軍都指揮，鎮守建德（後改名嚴州），收降苗帥楊完者的舊部三萬多人。

在朱元璋統一江南的過程中，李文忠主要轉戰在南線。這條戰線的情況相當複雜，呈犬牙交錯狀，東與張士誠接壤、西與陳友諒接境、東南與方國珍比鄰，苗軍、元軍以及親元的青巾軍，各種勢力在此交會。

第十五章　功臣勳貴的不同結局

　　朱元璋慣用的手法是讓大將攻城略地，打下城池再派自己的親戚或者養子去駐守。儘管當時南線有胡大海、鄧愈等名將，但朱元璋還是有意培養初出茅廬的李文忠成為南線的最高軍事統帥，因此，鎮守嚴州的重任自然就落到自己最信得過的李文忠肩上。

　　李文忠也沒有辜負朱元璋的期望，儘管後來朱元璋軍與漢軍在西線打得你死我活時，張士誠想收點漁利，曾派二十萬大軍在南線發起進攻，但被李文忠打得全軍覆沒，吳軍主將李伯升僅以身免，繳獲裝備糧草無數。

　　朱元璋聞報大喜，特地將李文忠召回，設宴慰勞，大加犒賞，賞賜御衣名馬，再讓他返回軍中。朱元璋此舉有藉機炒作，為李文忠造勢之嫌，目的是要提高他的人氣，確立其在南線的地位。令朱元璋萬萬沒有料到的是，他這種偏心的做法，卻讓李文忠產生了驕氣，一下得意忘形起來，以至犯下了差點不可挽回的錯誤。

　　由於李文忠與朱元璋的特殊關係，巴結討好他的人自然不在少數。李文忠年紀輕輕，正是熱衷於玩樂的年齡層，有心巴結他的人就投其所好，為他送來一個美貌異常的小妾，李文忠經不起誘惑，天天沉溺其中不可自拔。

　　這是朱元璋絕對不能容忍的，如果因此壞了大事，就可是要命的。嚴州是軍事要地，萬一那小妾是敵方，比如說張士誠派來的女間諜，那後果將不堪設想！

　　朱元璋聽派去監視的僉校報告此事後，迅速派人將那小妾殺死的同時，也把李文忠押回應天問罪。朱文正已經令朱元璋失望透頂，沒想到他一向看好並寄厚望的李文忠居然也做出這種糊塗事，怎不令他急怒萬分？

　　李文忠一到，朱元璋是吹鬍子、拍桌子，聲嘶力竭地揚言要將他與朱文正等同處理。李文忠除了瑟瑟發抖地跪地認錯以外，連句完整的話也說不出來。多虧了舅媽馬皇后出面求情：「男孩嘛，哪能不犯一兩次這種渾

事？文忠這孩子本性不壞，只是經不起誘惑，好在這次犯錯沒有釀成惡果，就饒他一次吧，知錯能改就是好孩子，讓他吸取教訓，下不為例！」

雖然有舅媽的袒護，但一番嚴厲的訓斥是免不了的，最後朱元璋警告說，下次再犯錯誤，兩罪並罰！

李文忠返回嚴州後還驚魂未定，心想自己全心全意為舅舅打拚，就因為這點小事，他就不依不饒，要治自己的大罪；說不定什麼時候自己一時大意再犯下什麼樣的過錯，到時候豈不是真的要像文正表哥那樣死無葬身之地？

替主帥分憂是那些謀士的職責，李文忠身邊的兩位謀士就在恰當的時間、恰當的地點提出了恰當的建議：「大都督，這次去應天您還能僥倖回來，要是下次再叫您去的話，恐怕就沒這麼幸運了，希望大都督還是早做打算為好啊！」

這倆是李文忠帳下的參謀，分別叫趙伯宗和宋汝章，要是在此之前有人敢說出這樣的話，他會毫不猶豫地斬下他們的頭，但現在想到舅舅那張拉得比驢還長的臉，和冰冷得讓人渾身發抖的態度，他沉默了。

再想到不久前，在處置謝氏兄弟的問題上，朱元璋更是令他難堪到無地自容。原來諸全守將謝再興因不滿朱元璋的刻薄寡恩，毅然反叛投靠了張士誠。謝再興對賺錢有著異乎尋常的興趣，而張士誠那邊的蘇杭地區是富得流油的地方，自古以來商賈雲集。謝再興看準了這個商機，就暗中派軍士私下挾帶銀兩到敵占區杭州買些熱賣商品帶回來高價賣，從中賺差價。這事被朱元璋知道後非常生氣，在他看來這與裡通外國毫無二致，當時念在謝再興是淮西舊將，又是姪子朱文正岳父的分上，朱元璋沒有直接對謝再興下手，而是拿他的兩個心腹部將左總管、糜萬戶開刀。把人殺就殺了，他還偏要將左、糜二人的頭顱掛到謝再興面前，這事擱誰心裡都不會舒服。

第十五章 功臣勳貴的不同結局

接下來的一件事，更是讓謝再興無法容忍，朱元璋連招呼都不打一聲，就將他的二女兒作為獎品，賞給了心腹愛將徐達做小老婆。之前他硬將大女兒許配給自己的姪子，那畢竟是正室夫人，謝再興不說什麼，這次實在是太過分了。

張士誠對屬下寬容是有目共睹的，他手下的將領就算是喪師失地都不會受責罰，對經商賺錢、喝酒把妹這種小事更是連問都不問。謝再興決定換個主子過幾天舒心日子，他知道朱元璋的耳目厲害，就連兄弟都不通知，祕密與東吳方面取得聯繫後，殺死知州欒鳳，改弦更張，掛上了東吳的旗號。

李文忠前來平叛，駐守餘杭的謝再興弟弟謝三、謝五事前並不知道哥哥投敵叛國，到李文忠大軍壓境才在城上大喊：「大都督，我們並不知情，如果大都督能保證我們的生命安全，我們願開啟城門迎接大軍進城！」

李文忠拍著胸脯，又指天指地地打包票道：「我以老人家的名譽發誓，保你們不死！」

朱元璋令謝三等人回應天，李文忠派人隨同帶上報告將事情的經過說明清楚，並著重提出自己的看法：不要失信於人，免得將來無人再肯投降。朱元璋振振有詞地說：「謝再興是我的親家，卻背叛我去投降張士誠，絕對不可寬恕。」將謝三等人凌遲處死……

這一切不愉快的事情令李文忠一時轉不過彎來，竟然鬼迷心竅地指使趙、宋二人祕密與杭州方面聯繫。趙伯宗回來後，李文忠與部下郎中侯原善等人擬定了一份給對方的議降書。就在這個節骨眼上，朱元璋的一封言辭親切的親筆信送到了李文忠手上，李文忠的心都提到喉嚨了，看過之後才安下心來：原來舅舅的氣全消了，說他很後悔那次對外甥如此刻薄，自己在世的至親骨肉本來就沒幾個了，而你保兒又是出眾的人才，應該是倍加愛惜的股肱之臣才對啊！信中還說要再回一趟應天，爺倆再聚一聚。

李文忠從應天返回嚴州後，非常後悔自己的魯莽。這次應天之行朱元璋不僅好言好語地跟他說起了家常，回憶起他的二姐夫與二姐，即李文忠的爹娘很多往事，臨返回嚴州時還賜予好馬錢財，拍著他的肩膀鼓勵他用心鎮守城池，那殷切的目光令李文忠感受到了前所未有的溫暖。

「我幾乎被你們給害了，此事該如何處理？」李文忠找來侯原善等人，不無怨恨地對他們說，「這事要是洩露出去，讓我有何面目見人？」

侯原善一臉怪異地說道：「好在書信還沒有送過去，懸崖勒馬還來得及，大都督要迅速決斷啊！」

為了保密，更是為了自保，一向厚道的李文忠不得不果斷採取措施，指派心腹將趙伯宗、宋汝章等知情人全部祕密誅殺。後來李文忠攻克杭州，將東吳方面接觸過和可能接觸過此事的人全部滅口。這才稍微鬆了一口氣，但事關重大，牽涉到的人太多，又是透過口頭的方式祕密進行的，要想完全滅跡是不可能的。此事就像一塊沉甸甸的石頭，壓在李文忠的心頭幾十年，令他從此不敢再馬虎行事。

不久，朱元璋就恢復了李文忠的本姓。在他登基的時候，武將們都在前線拚殺，唯獨李文忠被召回應天參加開國大典。之後甥舅倆進入了相當長的蜜月期，之後，李文忠開赴北方，開始了他傳奇般的軍事生涯。

洪武三年朱元璋大封功臣，李文忠被授為開國輔運推誠宣力武臣，特進榮祿大夫、右柱國、大都督府左都督，封為曹國公，參與軍國大事，每年的俸祿三千石，並被授予世襲憑證。

史載李文忠器量深沉而宏大，人莫能測。平定天下閒居家中時，為人恭敬謹慎，頗有文人儒士之風。由於愛好文學，就在府上養了一些文人墨客，這些渾身書卷氣的文人對政治一竅不通，只是憑自己的一廂情願讓李文忠向皇帝上書進諫。朱元璋歷來是嚴禁統兵的武將蓄養幕僚和收養義子的，早在浙江時，楊憲就向朱元璋反映李文忠收用幕僚過多，朱元璋將那

第十五章 功臣勳貴的不同結局

些幕僚一殺了之,並嚴厲警告過李文忠。也許是性格使然,李文忠過後依然故我,在統一全國的戰爭中,沿途收養了不少孤兒。

李文忠本著對國家負責、對舅舅負責的赤子之心曾上書勸說朱皇帝減少誅殺,說人才難得,人命關天,你把那些功臣都殺光了,一旦邊境有事,誰來保衛國家?一旦內部有事,誰又來穩定局面啊?在此之前,朱元璋對李文忠的進言還是樂於聽取的。但現在他對這位親外甥、曾經的養子,自己先前視為股肱之臣的任何言語都反感起來了。

原來嚴州之事雖然過去了十多年,但在剷除胡惟庸餘黨的過程中,還是無意中被扯了出來。這令朱元璋大為震驚,想到朱文正和李文忠都是自己一手精心培育的至親骨肉,自己待他們恩同父子,不料兩人都是一有風吹草動就背叛自己,真令他又傷心、又痛恨。

而還絲毫不知的李文忠過了些日子,又趁朱元璋要裁減宦官之機,再次上言表示完全支持裁減宦官,但他覺得力度還不夠大,宮裡宦官數量還是過於龐大,應該增加裁減數量。

這本來是順著朱元璋的思路上書的,沒想到卻被找來當面狠狠斥責了一番。李文忠不知道問題出在哪裡,只好狠狠地扇自己的耳光。連續幾天,李文忠一直都異常鬱悶,不知皇帝舅舅何以對自己判若兩人?這時卻突然來了一群武士,將他府上的幕僚和文士全部帶走,後來聽說連審都不審就全被處死了。

幾十年的磨練,李文忠無論是政治、軍事素養都相當好,馬上意識到十幾年前的案子東窗事發了!經此折磨,李文忠一下病倒了。

捱到洪武十七年(西元 1384 年)春,李文忠的病情愈發嚴重。朱元璋先派太子前來探視,宅心仁厚的朱標不知道表哥何以至此,只是一個勁兒地安慰。朱元璋聽太子介紹了情況後,責成淮安侯華中負責組織醫療小組,全力診治曹國公李文忠。無奈李文忠之病是因驚懼憂慮而引起的,這

種心理疾病，就是扁鵲再世、華佗重生也束手無策了。

正月二十七日，朱皇帝駕臨李府探視，李文忠見皇帝舅舅到來，枯槁的臉上掠過一絲光彩。強打精神示意家人扶他起來，朱元璋連忙制止，隨後坐在床邊，向醫護人員詢問起病情來。

李文忠費力地示意其他人出去後，斷斷續續說道：「舅舅……孩兒……不孝……不能再……為舅舅盡孝了！」

朱元璋安慰他說：「不，保兒，你會好起來的，舅舅要讓他們尋訪天下名醫！」

李文忠凹陷的眼窩滾下了兩行熱淚，費力地說道：「有件事壓在孩兒……心裡十幾年了，當年在嚴州……孩兒做過一件愧對舅舅的事情……」李文忠嘴角抽搐，艱難地說著。

「保兒，別說了，舅舅知道，舅舅什麼都明白，事情過去那麼多年了，舅舅不怪你了，你安心養病盡快好起來！」朱元璋不讓他說下去，留下幾顆據說是御醫調製的保春回陽丹，叮囑了幾句話就走了。

站起來時看到李文忠還在說話：「孩兒，感謝舅舅……再造之恩……」

朱元璋擺擺手又制止說：「保兒別說了，你想說什麼舅舅都知道，等你好了我們甥舅倆慢慢聊，你靜心養病吧，舅舅走了！」轉身匆匆離去，很多人都看到皇帝神情憂戚，眼含淚珠。

李文忠感到前所未有的輕鬆，壓在心底多年的大石頭一朝搬掉，他已經了無牽掛。家裡人更是倍感榮幸，皇帝駕臨，還送來了靈丹妙藥，醫護人員不敢耽擱，趕緊服侍李文忠把「仙丹」給服了下去。

洪武十七年（西元 1384 年）農曆三月，曾經金戈鐵馬、叱吒風雲二十載，立下赫赫戰功的大將軍、大都督李文忠，因病醫治無效與世長辭，享年四十六歲。

第十五章　功臣勳貴的不同結局

噩耗傳出，舉國哀痛。更加令人哀痛的是那些為李文忠看病的醫護人員及其家屬一百多口人，全部被抓起來判了死刑，淮安侯華中被降低爵位，與其家屬一道被逐至建昌衛（今四川西昌）。

朱元璋親自為李文忠寫文致祭，追封李文忠為岐陽王，諡號武靖，配享太廟，肖像掛在功臣廟，位列第三。

徐達、湯和之死

如果說李文忠的死讓朱元璋的感情有點複雜的話，接下來這個人的健康狀況確實牽動了朱元璋的心，他就是被朱元璋高度評價為「出將入相，才兼文武世無雙」的明朝第一功臣徐達。李文忠喪葬期間，朱元璋得知留守北平的徐達得了背疽病（一種生在背部的毒瘡），歷史上項羽的謀士范增、北宋時期的宗澤等都是得背疽而死的，猜測當時聽到「背疽」就與聽到惡性腫瘤差不多。朱元璋隨即讓徐達長子徐輝祖到北平將他接回南京治療，不管怎麼說京師的醫療條件總比其他地方強，朱皇帝也想就近能隨時關心這個兒時的夥伴、而今的股肱的病情。

朱元璋在打天下的時候人才濟濟、戰將如雲，在那些封公、封侯的功臣中，如果說李善長靠動手，劉基靠動嘴的話，那麼衝鋒陷陣的戰將靠的就是青春和熱血了。而其他所有武將的戰功加起來都不及徐達和常遇春的一半，他們是最耀眼的兩顆將星。

徐、常二將在朱元璋心目中的地位，恐怕連他本人都難以用言語表達，兩人的地位和戰功都非常接近。朱元璋稱徐達為韓信，給了常遇春「雖古名將，未有過之」的評價，可見常遇春更受朱皇帝喜歡，只是資歷比徐達稍遜一籌，只能屈居第二。在眾多文臣武將中，常遇春是唯一敢在

徐達、湯和之死

朱皇帝面前暢所欲言的人,雖然有時候言語未免失當,但朱元璋也從未在內心上真正責怪過常遇春,就算是斥責也是出於關心和呵護的斥責。而他對徐達的寵愛和信任則是另外一種情形,因為徐達太完美了,完美到讓人幾乎挑不出毛病來。

徐達與李善長身為朱元璋的左膀右臂,從朱元璋稱吳王起,一個為左相國,一個為右相國,一個主內,一個主外。三人緊密合作,共同駕馭諸將,開創了一個時代。徐達與其他功臣最大的區別在於他時刻保持著清醒的頭腦,從不居功自傲。朱元璋給他待遇越高,越是大會小會地讚揚他,他就越小心地警醒自己,把君臣關係理清楚,保持著適當的距離。

徐達「以智勇之資,負柱石之任」被封為太傅、中書右丞相、魏國公,長女為燕王妃,次女為代王妃,三女為安王妃,可謂是位極人臣,又是皇親國戚,但他每次「功成而還,拜上印綬,待命於家,略無幾微矜伐之色」(《明太祖實錄》)。而每次上交將印,朱皇帝都要留他喝上幾杯,酒桌上朱元璋彷彿又回到兒時,談笑風生,口稱兄弟,這種時刻,徐達總是誠惶誠恐,從不敢附和。

都說將在外,君命有所不受,但徐達領兵在外遇到重大決策,從不自作主張,總是在請示了朱皇帝後,再嚴格執行。雖然朱皇帝說過:「將軍謀勇絕倫,故能遏亂略,削群雄。今事必稟命,此將軍之忠,吾甚嘉之。然將在外,君不御。軍中緩急,將軍其便宜行之,吾不中制。」但徐達從不當真,一旦真的「便宜行之」那後果將會大大地不妙。

更加難能可貴的是,徐達徹底擺脫了傳統的束縛,不搞派系,不成群結黨,沒有捲入黨派之爭。他對李善長和劉基同樣敬重,胡唯庸見徐達功勞大、威信高,而且似乎忘記自己是淮西人,就想把他拉回淮西的陣營裡。徐達既看不上他的人品,又不願捲入他們的是非之爭,不予理睬。胡唯庸就收買徐達家的保全福壽企圖加害於他,福壽忠心耿耿,把情況告訴

第十五章　功臣勳貴的不同結局

了徐達。徐達不願搞打擊報復，只是提醒朱皇帝：胡惟庸人品不行，不適合當丞相！後來，胡惟庸謀反被殺後，朱元璋想起徐達的話，更加敬重他的為人。

相比於戰功，徐達更令人敬佩的是他的人品，元末群雄紛爭之中，有槍就是草頭王，許多人一旦手裡有權有勢，就「多取子女玉帛，非禮縱橫」，過起窮奢極欲的生活，還振振有詞：戰爭使天下男人死得差不多了，我們這些倖存的男人不負起拯救婦女的責任，怎麼對得起蒼生！但徐達潔身自好，不貪美色，不圖貨利，攻克平江「封姑蘇之府庫，置胡宮之美人財貨無所取，婦女無所愛」，攻克大都「封府庫，籍圖書寶物，使宦者護視諸宮人、妃、主，禁士卒毋所侵暴。吏民安居，市不易肆」。朱元璋稱讚其：「令行禁止。不居功自傲，不貪圖女色財寶，處理問題不偏不倚，沒有過失。當世有此美德者只一徐達。」他在南京的家只是一所普通的小房子，朱元璋幾次指示相關部門要為大將軍換一所較好的房子，他卻推辭說：「天下未定，皇上還節衣縮食，我怎敢以家為計？」朱元璋想把原來的吳王府舊邸讓給他，徐達堅決推辭。朱元璋把徐達約到舊邸，說咱哥倆好好喝兩杯，將他灌醉後，命宮女把他抬到床上，蓋好被子。徐達酒醒後連忙跑到朱元璋面前大呼死罪，朱皇帝十分高興，認為徐達是大大的功臣，沒有野心。徐達的政治水準確實不一般，吳王府是隨便住的嗎？你想當吳王造反啊？朱元璋就是從吳王華麗轉身為皇帝的，口頭上雖然叫你住，一旦你真住進去，後果說多嚴重就有多嚴重！

朱皇帝一高興就命相關部門在舊邸前面幫徐達另蓋了一個宅院，並立了一個牌坊，上書「大功」二字。徐達是圍棋高手，朱元璋時常邀徐達到莫愁湖的皇家別墅下棋，徐達每次都故意輸棋。朱元璋姓「朱」但他一點都不「豬」，知道自己的棋藝還沒高到每盤必贏的程度，一次對弈前，讓徐達不必多慮，拿出真本事來。一盤下完，朱皇帝果然輸了，看到皇帝那

張拉長的豬腰臉，徐達指著棋盤說：「陛下請看！」朱皇帝一看棋盤上的棋子赫然走成「萬歲」二字，龍顏大悅，當即把莫愁湖賜給了徐達。人們將君臣對弈的別墅稱為「勝棋樓」。

徐達從北平回到南京後，就在勝棋樓養病，李文忠之死讓他更加謹小慎微，除了謝絕會客外，整天大門不出，二門不邁，就在莫愁湖釣魚讀書、看看新聞，聊以打發時間。

洪武十八年的二月初二，這天是龍抬頭，朱皇帝當然也要在這天「抬頭」，就按照慣例賜宴群臣。徐達因臥病在家，沒有參加宴會，朱皇帝特地選了幾道美食讓太監送了過去，連帶還讓太醫院的御醫前去探視。此舉無論是身為兒時的兄弟、之後的同袍，還是如今融洽的君臣關係都是極其正常的。

不正常的是，幾天以後，戎馬一生的徐達突然病情惡化，竟至不治身亡。據坊間傳聞，朱元璋送去的菜餚裡面有一道蒸鵝（徽菜以清蒸為主），徐達吃過以後，導致背疽發作，才不治而亡的。這讓朱皇帝跳進黃河也洗不清，說成是他故意置徐達於死地。要命的是，沒人敢跟他說，他連澄清的機會都沒有，背上黑鍋還渾然不知，並且一背就是六百多年。時至今日人們還在爭論不休，到底是不是他送的蒸鵝要了徐大將軍的命。

洪武十八年（西元1385年）二月，為大明帝國建立了不朽功勳的大將軍魏國公徐達因病逝世，享年五十四歲。朱元璋聽到噩耗，悲痛不已，宣布罷朝三天，停止一切娛樂活動，親自出席葬禮，把徐達列為開國第一功臣，追封為中山王，諡號武寧，贈三世皆王爵，賜葬鐘山之陰，御製神道碑文。

徐達之死難免勾起朱元璋對往事的懷念，徐達去世之時，他的另一個結拜兄弟湯和正在貴州思州平息蠻族土司叛亂。在所有的文臣武將之中，沒有人比湯和更了解朱元璋的了，自打小時候打架被朱元璋陷害了，湯和

第十五章　功臣勳貴的不同結局

就知道這位大哥講義氣的同時，還心狠手辣，從此對他是敬畏有加。當年在濠州郭子興部時，身為千戶長的湯和對大頭兵朱元璋畢恭畢敬，朱元璋不僅坦然接受，還對他頤指氣使，令見慣了等級森嚴的官兵們大惑不解。

後來，湯和鞍前馬後為朱皇帝平定天下立下了汗馬功勞，以他的資歷和功勞，完全有資格封公的，但在洪武三年（西元1370年）論功行賞時，只得了個中山侯的爵位，一向謹小慎微的湯和連聲都不敢吭，但朱元璋在詔書中明確指出：「如御史大夫湯和，與朕同里閈，結髮相從，屢建功勞，然嗜酒妄殺，不由法度……止封為侯。」湯和這才知道，朱元璋揪住自己當年的一句酒後狂言不放。

湯和明白這是在警告自己，從此更加夾緊尾巴做人，遇事更加沉著冷靜，不敢再做錯一件事，也不敢再說一句狂言，要讓皇帝再抓住一次，可不像小時候求饒就能了事的。

直到洪武十一年（西元1374年），湯和因參加了滅蜀夏、平定雲貴等一系列作戰，讓朱皇帝覺得再揪住這位四弟的辮子不放，也過意不去了，遂晉封他為信國公，加封左柱國、左都督、議軍國大事。一派冰釋前嫌的樣子，但朱皇帝對他當年常州的過失，卻是牢記在心，並將其鑄到傳諸子孫後代的鐵券上，讓湯和在歡喜之中又如芒刺在背。

朱皇帝天天在殺人，他一想殺人就把對方往「胡黨」、「藍黨」裡面扯。湯和一看乾脆交出兵權，告老還鄉，你還當我想打仗呀，那可是把腦袋別在褲腰帶上的工作，是要死人的！

湯和此舉不但保全了自己，也讓朱皇帝大為寬慰，雙方都心照不宣。但擺上桌面上的話都很得體，湯和說：「陛下，老臣已年老體衰，不能再為陛下效力了，請陛下見諒！為此老臣懇求陛下恩准告老還鄉！」

朱元璋內心稱讚湯和識時務，表面卻一副惋惜的樣子，說：「朕真捨不得愛卿離開呀，但如今我們都老囉，再驅使愛卿就顯得朕不仁義了！朕

讓人在中都鳳陽再為你另起一套別墅,再賜你一筆退休金,到那裡安度晚年去吧,什麼時候想見朕,可以隨時過來!」

湯和如獲大赦,猛磕響頭,說:「謝謝陛下!謝謝陛下能體諒老臣!」

「起來吧,你下去後替朕轉告其他老臣,有願意解甲歸田的,朕一律准了他們,也同樣賜予府第金錢讓他們安度晚年!」朱皇帝這句話有兩重含義,一是安撫湯和,表示對他的做法感到滿意;二是釋放消息,讓更多的人效仿湯和。

朱元璋滿以為自己善意的訊息釋放以後,會有很多人向湯和看齊,交出兵權回家養老,結果令他非常失望,從而更加感到湯和難能可貴。

湯和回家一年後,沿海倭寇猖獗,朱元璋再度召他出山,抗擊倭寇。此時湯和已年過花甲,但皇帝的詔命不可違,加上是為國為民之事,更是一名老將的使命感在驅動,湯和義無反顧地以老邁之軀再次披掛上陣。

湯和不辱使命,率三萬部隊不但驅逐了倭寇,還著眼未來,命令部隊在江浙一帶沿海地區築城五十九座,又在民眾中集結五萬多兵勇,對他們進行嚴格的軍事訓練,發給他們一定的糧餉,一旦倭寇進犯能夠自保。果然,在湯和回南京後,又有倭寇來犯。結果被集結起來的兵勇依託城池予以擊退。朱元璋接到地方的奏報後,對湯和大加讚賞,他要的就是像湯和這樣招之即來、來之能戰、戰之能勝,又識大體的領軍人物。

湯和離京時,朱皇帝領著文武百官為他送行,獎勵了大筆金錢和寶物,無奈這場別出心裁的送別秀依然沒能喚醒那些沉迷於權力之中的臣屬。湯和賦閒後的表現讓朱元璋深感滿意,他絕口不談政事,每天就與他那一百多名妻妾嘻嘻哈哈地過日子。為此朱元璋恩准他每年到京師參加年初一的新年慶賀大典。

晚年的湯和突然得了急症,不能言語又走不了路。朱元璋聽說之後,感慨萬千,他已經成了真正的孤家寡人,湯和是僅存的唯一好友了。當即

第十五章 功臣勳貴的不同結局

命人趕製了一輛安全實用的安樂車，他要即刻見到湯和。

當湯和被推進謹身殿時，朱元璋的兩行熱淚滾滾而下，忘了自己也是六十好幾的人了，跟蹌著快步迎了上去，一把抓住湯和的手，哽咽著一時說不出話來。湯和更是感動得嘴角直抽，鬍鬚顫抖，老淚橫流。

朱元璋蹲在安樂車旁，一對老哥們兒淚眼相對傻笑著。內侍搬來椅子後，朱元璋情不自禁地回憶起了童年往事，一個滔滔不絕地講，一個靜靜地傻笑著聽，彷彿又回到了孤莊村，回到了當年放牛的山坡上。每當講到那些趣事和糗事的時候，朱元璋總會拍著湯和的手背問他聽清了沒有，是否還記得！湯和則以點頭回應，還時不時地咧開嘴巴。這一刻，誰會懷疑鐵石心腸的洪武大帝沒有柔情的一面？只是這樣的場面極其罕見，朱元璋與湯和的這次見面就定格在了歷史的瞬間，也成了他們之間最後的一次見面。

洪武二十八年（西元 1395 年）八月二十八日，久病在床的信國公湯和溘然長辭，享年七十歲。朱元璋下令厚葬，追封其為東甌王，諡襄武，埋葬在鳳陽曹山（今屬蚌埠市龍湖公園）。

一顆將星進入皇帝的視線

在第十四章時，曾簡單介紹了明軍收復遼東、納哈出歸降的經過，當時以馮勝為大將軍，傅友德、藍玉為左右副將軍，率二十萬大軍往征。大軍凱旋時，馮勝命都督僉事濮英率三千人殿後。馮勝是江山易改性難移，貪功邀賞的老毛病讓他只顧著興沖沖往回趕，根本沒有做好各部的協調工作，導致濮英的後衛與大部隊脫節。納哈出雖然投降，但他手下還有大量的逃散無統屬的兵士，這些人過慣了劫掠加游牧的生活，他們看到明軍班

師，就打算趁機撈一把，濮英的三千明軍就成他們打擊的對象。據說當時聚集了數十萬之眾，濮英所部遭伏擊後，他本人被俘。元軍打算把濮英當人質，勒索更多的贖金，濮英趁人不備，搶過蒙古人的腰刀剖腹壯烈犧牲。

大軍凱旋損失了一名高級將領和三千士兵，這個責任肯定要有人來背。身為一軍主帥的馮勝自己不做一點反省，就將責任推給了常茂，說他在受降時無端活化衝突，將他列為罪魁禍首，五花大綁帶回京覆命。

常茂是常遇春的長子，又是藍玉的外甥，還是馮勝的女婿，論起來這些關係夠親的了，但馮勝為什麼要把責任歸咎於他呢？原來常茂這個啃老族（承襲他老子的爵位）根本不拿自己的岳父當回事，娶了人家的女兒，卻對人家傲慢無禮，不服從管教還常常出口頂撞。不管是從岳父還是大將軍的立場出發，都令馮勝感到憤怒，因此，這次趁機拿他當代罪羔羊。

常茂也不是好惹的，趁機揭發馮勝私藏名貴好馬、強納敵方女眷、派人向納哈出夫人逼要美酒及金錢珠寶等不法行為。朱皇帝各打五十大板，將常茂貶至龍州（今廣西龍州縣）安置，收回馮勝大將軍印綬，勒令回老家鳳陽停職反省。

明軍對逃到漠北的北元政府雖然予以多次打擊，但都沒有從根本上解決問題，第一次常遇春、李文忠聯手出擊，打到元上都時被元順帝逃了；第二次李文忠打到元新都時，又讓元昭宗給溜了。這裡還要簡單補充一下，洪武五年（西元1372年）時，塞外各地故元殘餘勢力經過一年多的苟延殘喘後，又再次活躍起來，並不斷南掠。

這給剛想喘口氣的明朝君臣出了道難題，朱元璋主張採取守勢，以魏國公徐達為代表的武將主張採取攻勢。經過論證，朱元璋接受了武將們的意見，遂於洪武五年正月二十二日，命徐達為征虜大將軍、曹國公李文忠為左副將軍、宋國公馮勝為右副將軍，各率兵五萬人，分三路對北元展開打擊。

第十五章　功臣勳貴的不同結局

朱元璋的策略構想是以徐達為中路，北出雁門關，擺出往和林急速前進的架勢，大造聲勢穩步推進，誘使元軍出戰，聚而殲之；李文忠東路為奇兵，出居庸關經應昌直插和林；馮勝西路為疑兵，出金蘭向甘肅推進。這個以中路為正，東、西兩路為奇，奇正並用、三路合擊的策略部署不能說不完美。

但無數事實證明，太過完美的計畫實施起來往往都不怎麼完美，尤其是在戰場上。因為決定戰爭的因素在人，朱元璋把軍中的一、二、三號人物悉數派了上去，導致的結果是三位重量級人物各自為戰，而且一個比一個衝得快，生怕落了下風。

先是徐達的中路軍於春季越過了沙漠，前鋒藍玉在土剌河（即今圖拉河，位於蒙古烏蘭巴托南）輕鬆擊敗了王保保，隨之又在嶺北（元朝嶺北行省）再敗元將賀宗哲。在接下來的一個月裡，元軍東躲西藏，誘使明軍在茫茫大漠裡消耗體力和糧草。一生用兵謹慎的徐達不得不放棄穩步推進的策略，急於尋找元軍主力。就在明軍被拖得疲憊不堪之時，永不言敗的王保保抓準時機，突然出現。一生未嘗敗績的徐達終於被手下敗將王保保打得丟盔棄甲，損失一萬多人，被迫收攏部隊且戰且走。七月十一日，偏將湯和在斷頭山（今寧夏寧朔東北約三百里處）遭敗績，指揮同知章存道戰死，王保保一洗前恥。

東路的李文忠也遇到了與徐達類似的情況，元軍先是示弱逃遁，故意丟棄牛馬裝備無數，誘其深入。進至臚朐河的時候，李文忠再次拿出之前兩征北元的法寶，留部將韓政守護裝備跟進，自己親率大軍輕裝急進，每人只帶二十日口糧。元軍幾次吃虧，他們也在戰爭中總結經驗，當李文忠疾速進至土剌河、阿魯渾河（即今鄂爾渾河，位於蒙古烏蘭巴托西北）一帶時，發現元軍在此聚集了大量兵力，李文忠見先機已失，當即停下腳步斂兵據險自固。

考驗李文忠的時刻到了，擺在面前的形勢是：如果不當機立斷撤離就會陷入重圍，如今是深入草原遠離後方，援軍是無法指望了；但如果倉促撤離的話，對方就會追著屁股趕，到時就會變成一場追殺。李文忠的聰明才智和臨危不亂的處事風格，成功地拯救了自己，拯救了他的軍隊。他下令將俘獲來的馬畜散放開來，讓士兵驅趕得滿地亂竄。指揮這次戰鬥的元將蠻子由於吃虧上當多了，以為李文忠又要什麼陰謀詭計，命令元軍稍稍向後撤退，以保持安全距離。

李文忠抓住這難得的時機，一鞭子下去：撤！撤開馬蹄狂奔，蠻子竟然眼睜睜地目送他們遠去而無動於衷。也許他根本沒想到對方會撤，而他的任務是保衛元主的安全，從這個角度說他也算完成使命，可以交差了。

李文忠的東路軍一仗，雙方死傷都差不多，明軍損失了宣寧侯曹良臣和指揮使周顯、常榮、張耀等多名戰將。雖然回去後，李文忠多方誇大對方，但朱元璋從此對他不感興趣了。

西路軍由於阻力較小，進至蘭州以後，潁川侯傅友德率五千騎驍勇敗元將失剌罕於西涼（今甘肅武威）。進至永昌（今屬甘肅），再敗元太尉朵兒只巴於忽剌罕口，獲裝備牛馬甚眾。與馮勝主力會師後，於掃林山（今甘肅酒泉北）又打了一仗，斬元軍首級四百多，擒其太尉鎖納兒加、平章管著等人。六月初三，逼降元將上都驢，獲吏民八百三十餘戶。師抵亦集乃路（今內蒙古額濟納旗東南），守將伯顏帖木兒舉城降，繼敗元軍於別篤山口，獲元平章長加奴等二十七人及馬駝牛羊十餘萬頭，從此河西走廊納入大明王朝的版圖。

西路的勝利為朱元璋挽回點面子，但馮勝的表現又讓他很生氣，原來馮勝貪小便宜，竟然私吞戰利品。朱元璋令其全部退贓，來個功過相抵，既不獎賞也不處罰他。

此次北伐的失利，讓朱元璋修改了對北元的方針，改為以守為主，不

第十五章　功臣勳貴的不同結局

再輕易踏足草原。洪武八年（西元 1375 年），讓朱元璋高看一眼的王保保終於帶著滿腹的遺憾和不甘走完了人生最後一步。到了洪武十一年（西元 1378 年），元昭宗愛猷識理達臘也撒手人寰，這讓朱元璋感到放心，北元已無力反攻中原，雖然期間北方邊境仍有戰事，但規模都不大。

　　成功迫使納哈出歸降之後，朱元璋又重新將目光投向了大漠深處的北元政府，此時的領導人已經換成了元順帝的孫子脫古思帖木兒（史稱元益宗）。朱元璋要在自己的有生之年徹底解決這個北方邊患，為兒孫們創造一個穩定的外部環境，並決定將這副重擔交給長期跟隨主帥南北轉戰累積了不少實戰經驗，一直都衝勁十足的藍玉。

　　藍玉，定遠人，常遇春的小舅子，一開始在常遇春帳下效力。每逢征戰衝鋒陷陣從來不甘人後，並且「所向皆捷」，頗有他姐夫「常十萬」之風。常遇春經常在朱元璋面前提起自己的小舅子如何如何，讓朱元璋開始注意起這個長身赤面、儀表堂堂的大漢來。後藍玉因功屢屢升遷，由管軍鎮撫到千戶，再到指揮使，至大都督府僉事。

　　洪武四年，藍玉隨傅友德平滅四川明氏政權；洪武五年，跟隨徐達出征西北，以先鋒官身分在野馬川擊敗了王保保的散兵遊騎，接下來又在土剌河擊敗王保保率領的大軍，迫使王保保落荒而逃；洪武七年，藍玉單獨帶兵出戰，攻克了興和，擒獲北元國公貼里密赤等五十多名北元將領；洪武十一年，藍玉與沐英平定西番叛亂，被封永昌侯，俸祿兩千五百石，賜世襲爵位金卷；洪武十四年，以左副將軍的職位隨傅友德征討雲南，因功勞顯赫，加俸祿五百石，其女被冊封為蜀王妃（朱元璋十一子朱椿之妻）。

　　征戰遼東納哈出時，藍玉以征虜左副將軍身分披掛上陣，大軍抵達通州時，聞報慶州有元軍駐屯，時逢天降大雪，藍玉一馬當先率領騎兵突襲元軍，殺平章果來，擒獲其子不蘭奚，乾淨俐落，一氣呵成。

　　歷史上沒有關於藍玉年齡的記載，不過既然他是常遇春老婆的弟弟，

年紀大概比那幫開國老將要小好幾歲，年紀小就意味著資歷淺，所以儘管能力出眾，卻只能充當配角，跑跑龍套。但機會總是留給有準備的人，為了這一天，藍玉始終保持著旺盛的精力在奮鬥著。機會終於來了，皇帝命他擔任北伐的總指揮，目標是徹底消滅元益宗的北元政權！情報顯示，北元朝廷已游牧到喀爾喀河、貝爾湖、克魯倫河一帶。朱皇帝給藍玉的最高指示是：「肅清沙漠，在此一舉。」

擔任主帥，對藍玉來說是大姑娘上轎頭一回，心情激動是免不了的，但他沒有說出諸如感謝聖上信任、臣願肝腦塗地之類的豪言壯語，而是一副捨我其誰的表情。也許是等待時間太久，真的夢想成真時，反倒不見有多麼興奮。他暗暗告誡自己：藍玉呀，藍玉，幾十年的努力沒有白費，軍人的榮耀就在眼前，是英雄是狗熊就看你的了！

藍玉深入北漠犁庭掃穴

洪武二十一年（西元1388年）三月，經過一個冬天的準備，大將軍藍玉率十五萬大軍從大寧出師北伐。朱元璋的用兵原則是，要麼不動，動則要收到預期效果。為此，他為藍玉配備了一個豪華陣容，除以延安侯唐勝宗、武定侯郭英為左右副將外，隨軍出征的還有申國公鄧鎮、定遠侯王弼、南雄侯趙庸、東川侯胡海、鶴慶侯張翼、雄武侯周武、懷遠侯曹興等名將，幾乎把當時最能戰、還能為他所用（至少他這樣認為）的開國將領悉數派了出去。

有些人天生就是將才，有的人經過千錘百鍊，從無數的血和火的衝殺中，才練就成一個將軍，藍玉是兼而有之。雖然是第一次統兵，但他清楚地知道，草原畢竟是蒙古人賴以生存的大本營，他們對地理環境了然於

第十五章 功臣勳貴的不同結局

胸,要想找到元益宗一行絕非易事,一旦有風吹草動他們就會跑得沒影,十五萬人的軍事行動,要想絕對保密是不可能的,這就必須掌握標準的問題,行動慢了會失去戰機,行動太快會嚇得對方逃之夭夭。因此,大軍緩慢進至慶州(今內蒙古自治區巴林右旗西北)時,得到元益宗屯駐捕魚兒海的確切情報後,藍玉命令:加快行軍速度,直撲捕魚兒海!

捕魚兒海不是海,只是個湖泊的名稱,位於今天的貝爾湖一帶。元順帝雖然被趕出了中原,但他依然是蒙古大汗,所以他的孫子元益宗就是北元第三位皇帝、蒙古國第十七位大汗。據史學家多方考證,元益宗脫古思帖木兒就是李文忠攻破應昌時俘獲的元昭宗愛猷識理達臘的嫡長子買的里八剌,押到南京後被朱皇帝封為「崇禮侯」,後來朱元璋感念元昭宗「父子隔絕,未有後嗣」,而於洪武七年(西元1374年)將他送回蒙古。

元益宗雖然繼承了老祖宗傳下來的兩個至高無上的頭銜,但境況卻是江河日下,如今所待的地方正是當初成吉思汗按照蒙古游牧貴族的傳統分封親族時劃給同母弟哈赤溫後裔的封地。捕魚兒海就是哈赤溫後裔的勢力範圍,元益宗把此地作為棲身之處,帶領北元政府的人馬轉移到了這裡,說明哈溫赤後裔還是忠誠於脫古思帖木兒大汗的。

藍玉率大軍經過一個月的急行軍,「人不御甲、馬不離鞍」,一路保持高度戒備,隨時應付可能發生的戰鬥。茫茫草原是蒙古人縱橫馳騁的天下,蒙古鐵騎以高機動快速著稱,善於遠距離奔襲,於明軍而言,說不定在哪個時間、哪個地點就會冒出一支意想不到的強敵。

雖然一路行進並沒有遇到這種情形,但身為主帥,藍玉不得不防,稍有疏忽,就會全軍覆滅,不是他去找人家,而是人家索他的命來了。當大軍行進到遊魂南道時,部隊又累又渴,如果不能盡快找到水源,整支部隊將活活渴死在一望無垠的大漠深處。關鍵時刻,還得看熟悉北漠生活的蒙古人,這時歸順明軍的蒙古軍官觀童幫助部隊找到一處能挖出泉水的地方。

明朝出動大軍找他麻煩的消息，元益宗早就收到了，只是他覺得，自己所處的位置離中原何止千里？別說明軍不一定知道自己的藏身之所，就算知道又能奈我何？就憑他們那瘦瘦弱弱的小身板，一路風霜雪雨，不累死也得把他們渴死。因此他一點都不擔心，每天該吃吃，該喝喝。

元益宗氣定神閒，藍玉卻忙得不可開交。四月十一日，明軍克服重重困難到達距捕魚兒海只有四十里的百眼井時，依然沒有發現敵人的任何蹤跡，莫非情報有誤？或者敵人嗅到了氣味早已逃之夭夭？此時大軍所帶的糧餉已所剩無幾，若不能找到敵人戰而勝之，後果將不堪設想。

為此，藍玉召集部將召開緊急軍事會議。當然，這種會議是沒有多少意義的，最終還是得自己拍板。因為凡是帶有討論性質的會議，都免不了有各種不同的意見，大家輪流說了一通以後，往往讓你無所適從。有的人既說明了繼續前進的困難和利弊，又闡述了後撤可能帶來的惡果，這種人長篇大論，說得似乎頭頭是道，但等他說完了你卻發現，那全是廢話，等於什麼都沒說。

藍玉本身就是個大老粗，又是第一次擔任軍事主官，會議是開了，他的腦子也更亂了。正在他不知道該如何決斷的時候，副將王弼會後找到了他，單獨對他說：「大將軍難道忘了皇帝的最高指示啦？」

一句話提醒了藍玉，也堅定了他前進的決心。目前的局勢他比任何人都清楚，大軍糧草匱乏，已堅持不了幾天了，只有一往無前找到敵人才能得到補充；如果就此撤軍，就意味著崩潰，十幾萬大軍生還者將寥寥無幾，絕大多數會餓死在路上。皇帝豈能饒了自己？想到皇帝那張拉下來比驢還長的陰沉沉的臉，還有那瘮人的眼神，人高馬大的藍玉竟然不寒而慄，反正都是死，不如死在前進的路上，還能保全家人。想到這裡，藍玉橫下一條心，決定賭一把，不成功便成仁，繼續派出偵察兵，命令他們擴大偵察範圍，務必找到脫古思帖木兒，否則都不用回來見本將了！

第十五章　功臣勳貴的不同結局

　　同時命令全軍開拔，繼續向大漠深處挺進！不得不說朱元璋確實打造了一支鐵軍，全軍沒有任何異議，命令一下大家依令而行。隨之又一道命令下來：全軍保持肅靜，各部埋鍋造飯，要挖深坑，在坑裡做飯，防止蒙古人發現煙火，如有暴露行蹤者，殺無赦！

　　當明軍搜索到捕魚兒海南岸時，好消息從天而降，偵察兵回報，發現在捕魚兒海東北方向約八十里處有大片蒙古包，猜測是北元朝廷所在地！呵呵，功夫不負有心人啊！藍玉當即興奮起來，管他是不是北元朝廷，先打他一傢伙再說，能逮住元益宗最好，如果不是他們一夥，等搶點物資填飽肚子再去找他！

　　一些知道消息的將士熱血開始沸騰，一個多月了，再不沸騰，北漠的天氣能把人凍成冰雕。看著大家摩拳擦掌急不可耐的樣子，藍玉把擔任前鋒的任務交給之前給了他正確意見的王弼。

　　王弼得令，率部絕塵而去。此時連老天都眷顧他們了，一場大風呼嘯著不期而至，捲起的漫天黃沙把大地籠罩得一片昏暗，幾十步開外看不到前方。偵察人員的情報很準確，王弼他們要進攻的地方正是北元朝廷所在地。他們也在外圍布置了警戒哨和巡邏隊，可是這種鬼天氣，巡邏隊是不會巡邏了，哨兵也找地方躲避去了，反正不管什麼原因都不重要了，重要的是蒙古人做夢也沒想到明軍會突然出現。素有「雙刀王」之稱的王弼提著雙刀首先發難，瞬時殺聲四起……

　　身經百戰的太尉蠻子首先反應過來，倉促之間集結隊伍抵抗，但那些伴隨著風沙源源不斷湧來的明軍個個面目猙獰，亂砍亂殺。蠻子集結起來的那點人馬一下被殺得七零八落，蠻子也在混戰中被郭英當場揮刀砍殺，拿有武器的元軍頓時成了被追殺的對象。更多的明軍則是成群結隊逐個帳篷進行洗劫，蒙古人最聰明的做法就是抱頭蹲下，明軍騎兵對凡是夠得著的目標都是一刀，完全不管你抵不抵抗。

待在皇宮裡的元益宗聽到禁衛軍來報：「報皇上，明軍已殺進營帳！」他也透過呼嘯的風聲隱約聽到了喊殺聲，第一時間就是帶上太子跑路，身邊幾位重臣知院捏怯來、丞相失烈門等十幾個也分頭從後帳逃了出去。

藍玉找不到元益宗，當即率領精騎直追，追了上千里，無功而返。元益宗雖然沒有他爺爺、老爹跑得從容，但終究還是暫時逃過明軍之手。

元益宗一行往西逃得氣喘吁吁，就考慮回到和林投奔丞相咬住。當他聚集上百騎來到一個叫土剌河的地方，正停下歇息之時，死神已經向他靠攏。

元益宗氣還未喘勻，索命的人就來了，來人名叫也速迭爾，是阿里不哥的後裔。也速迭爾也不廢話，揮手就讓屬下官兵一擁而上，元益宗及太子天保奴雙雙斃命。也速迭爾就站在他們父子的屍體上宣布自己即蒙古大汗位，成為第十八任蒙古可汗。

元益宗脫古思帖木兒之死，代表著穩定的北元不復存在，蒙古高原從此進入紛繁複雜的汗位更迭和群雄逐鹿的內亂之中。而大難不死的知院捏怯來、丞相失烈門及另一個丞相咬住都一起投降了朱元璋。

這些情況藍玉並不知道，返回捕魚兒海清點戰俘和物資時，發現這一網真撈到不少「大魚」：包括元益宗次子地保奴及故太子必里禿妃併公主等一百二十餘人，官屬三千，軍士七萬。物資方面，共計獲馬牛駝羊十五萬頭，車三千輛及寶璽、圖書、金銀牌印等。

藍玉一面派人向皇帝報捷，一面將敵人的帳篷燒個精光後，爽歪歪班師回朝。這次大捷對於藍玉來說，意味著他的軍事生涯已達到了頂峰，狂傲之情溢於言表。當他興沖沖率領得勝之師回到喜峰關口時，天已黃昏，守關的官吏看到黑壓壓的部隊，當然要問清楚情況。

藍玉不耐煩了，命令士兵攻城硬闖，那些守門官兵知道是藍大將軍，

不敢還手，眼巴巴看著城門被拆了下來，就差沒把長城的磚頭給拆了。不過一封告狀信是少不了的，不然也不好交差啊！

第十六章
鐵血誅功臣

李善長惹火燒身還渾然不知

　　朱元璋在勤政方面堪稱中國帝王界的楷模，很多事情都不肯假手於人，為此他不惜對自己施壓，恨不得一個人把大明江山挑起來，從登基到去世，他幾乎沒有休息過一天。正如他在遺詔中所說：「三十有一年，憂危積心，日勤不怠。」據載，從洪武十八年（西元 1385 年）九月十四日至二十一日，八天之內，朱元璋批閱內外諸司奏札共一千六百六十件、處理國事計三千三百九十一件，平均每天要批閱奏札兩百多件、處理國事四百多件。

　　如此大的工作壓力，真不是一般人能承受得了的，儘管朱元璋不是一般的人，但如今他已年過花甲，長期滿載地工作讓他漸感不支，以致出現輕微的神經衰弱，常常夜不能眠，好不容易睡著，總做些稀奇古怪的夢。這天午休時就做了一個，一會兒夢到有手握重兵的武將向他索要爵位，一會兒又夢到有文臣集體上書要他禪位，後來則是文臣武將齊上陣要拉他去砍頭。急得他開口大罵，一覺醒來全身都溼透了，宮娥們幫他換衣服的時候，他還心有餘悸。這時傳來了藍玉在捕魚兒海大捷的消息，朱元璋才慢慢回到現實中來。

　　藍玉派人送回的捷報，無疑是令人高興的，但此時的朱元璋卻顯得很平靜，也許是夢中的情形還歷歷在目。本來打算給藍玉一個梁國公爵位的朱元璋，不久卻收到喜峰關口送來的情況報告，臉一下又拉長了。打了大勝仗得

第十六章　鐵血誅功臣

意忘形，這點朱元璋可以理解，但無視規章制度強行破關未免也太狂了點，但跟藍玉剿滅北元殘餘的大功比起來，畢竟是小事，朱元璋打算原諒他。

再接下來的一件事，就讓朱元璋老大不快了。原來朱元璋又收到了派往軍中的情報人員傳回的一封密信，說藍玉俘獲了元益宗的宮女嬪妃以後，看到其中的一名妃子長得漂亮，竟強暴了她，那妃子也算剛烈，羞憤之下抹了脖子。

按照朱元璋以往的脾氣，這兩件事夠殺藍玉兩回的了，但他決定還是忍了，不能不說藍玉此時的運氣是出奇地好。據說朱元璋連續接到了兩份報告後，只將梁國公改成了涼國公，也許是想讓他涼快涼快，醒醒腦子。

藍玉是個粗人，這種文字上的遊戲，於他就是對牛彈琴，根本體會不到皇帝的心思，該幹麼就幹麼。北伐大軍載譽歸來，朱元璋還笑呵呵地隆重擺了慶功宴，筵席上朱皇帝在致辭中不惜溢美之詞，褒獎了藍玉的豐功偉業，說他是當代的衛青和李靖，英勇善戰，是上天派來幫自己安邦定國的擎天柱。隨後朱皇帝首先舉杯向有功人員表示祝賀，這可是天大的恩寵和至高的榮耀啊！

身為此次出征的主帥，又是主要的表彰對象，藍玉本該感激涕零、叩頭謝恩，說些肝腦塗地之類的話，但他似乎被勝利沖昏了頭腦，又被奉承得不知姓啥，連站立起來這點起碼的步驟都省了，大模大樣地坐在原位端起酒杯一飲而盡，用袖子抹了一把嘴大大咧咧地說道：「這點小事何足掛齒，掃滅那些塞外殘敵，對俺老藍來說，是手到擒來的事！」

藍玉如此傲慢無禮，令在座的一眾人等無不驚駭萬分，有人看到皇帝臉上雖然還掛著笑容，但那是極其勉強堆出來的，如果說這也算是笑的話，那只能是奸笑，眼睛已經露出了不易覺察的凶光。沒錯，朱元璋心裡已經老大不快了，那些個能臣武將當著自己的面竟敢如此，背後的所作所為可想而知。由此他又想到了六公之首的李善長。

李善長惹火燒身還渾然不知

朱元璋是個睚眥必報的人，那是胡惟庸死後五年的洪武十八年（西元 1384 年），吏部向他報告說，李存義的管家檢舉揭發他家主人李存義及李佑，父子倆曾夥同前丞相胡惟庸共同策劃謀反，檢舉人已交由宗人府看管！

朱元璋不由皺緊了眉頭，這可是李善長的親弟弟和親姪兒呀，他們竟然參與謀反？那張長臉頓時變得鐵青起來，當即讓人把宗人府的趙成召來。趙成早有準備，從公文包裡掏出管家的供詞，裡面時間、地點、人物、事件的發生和經過都交代得非常詳實，用當代的話說是有圖有真相。

朱元璋瞪大了眼睛，咬緊了嘴唇，他相信資料是真的，但卻破天荒地發了一道令人不解的聖旨：「李存義父子免死，流放崇明島！」

這是朱元璋念在李善長功高蓋世的分上有意放他們一馬。謀反，不管在哪個朝代都是株連九族的死罪，朱皇帝皇恩浩蕩給了李善長一個天大的面子。按理說年過古稀，又在政壇而且是高層混了幾十年的李善長應該表個態才是，但他卻暈了頭，既不上書謝恩，也沒有站出來劃清界限，哪怕是違心地認個錯也好啊。

李善長連個屁都不放，讓朱元璋覺得很沒有面子，本來還想與他打好關係，等過幾年他老死入土為安，成就一段君臣佳話，沒想到這老傢伙越老越放肆了！想到這裡，朱元璋不免有些憤憤然，把帳記他頭上了。

朱皇帝憤憤然，李善長這邊也極為不爽。自從胡惟庸被誅後，身為開國元勳之首的他受到了疏遠和冷落。當聽說皇帝將自己的弟弟和姪兒流放後，一則怨恨管家，二則怪皇帝偏聽偏信，竟然相信一個下人的胡言亂語。

李善長這個極不理智的思維，為自己招來了滅頂之災。朱元璋指示錦衣衛安排得力幹將對李善長祕密實行二十四小時不間斷監控，他要隨時準備抓住這老傢伙的把柄，給他點教訓。

第十六章　鐵血誅功臣

原來，朱元璋撤銷中書省、廢除丞相制，真正大權獨攬後才發現，之前的自己對很多事情幾乎是一無所知，意識到在胡唯庸的帶領下，整個官僚集團都在有意識、有目的地向他隱瞞甚至是封鎖消息，其意圖是想完全架空自己，達到他們不可告人的目的。

由此，朱元璋不遺餘力地花費大量的時間和精力，暗中派人進行深入細緻的調查。隨著時間的推移和調查的深入，朱元璋逐漸意識到，光廢除丞相還遠遠不夠，丞相專權固然是一個方面，而整個官僚集團都在做同一件事情那才是最可怕的。

朱元璋做事喜歡從根本上解決問題，他要從機構、制度入手來強化君權，消除隱患。因此他覺得很有必要另外建立一套獨立於現有官僚體系之外的監察機構，以擺脫被人當聾子、瞎子的局面。在處理胡唯庸兩年之後的洪武十五年，朱元璋下令裁撤親軍都尉府與儀鸞司，改置錦衣衛，負責監督百官，集偵查、逮捕、審問和審判的權力於一身。

錦衣衛的首領稱為錦衣衛指揮使，由皇帝指定的親信武將擔任，不必經過任何部門，避免了與文人為主的官僚集團發生利益關係，從而產生新的利益共同體。錦衣衛直接向皇帝負責，不需要透過六部或御史，可以逮捕任何人，包括皇親國戚，並進行不公開的審訊。

錦衣衛設立以後，透過不斷深入追查，胡唯庸謀反案及其背後的整個官僚群體的種種問題開始曝光：結黨營私、貪汙腐化、瞞上欺下、陰謀發動政變……一樁樁浮出水面，其中還有一些涉及他之前一直器重和信任的開國元勳李善長的內容。

洪武二十三年（西元 1390 年），已經七十七歲的李善長雄心不老，計劃建造一座高規格的府邸，但他一向占慣了公家便宜，連工錢都不想掏，就寫了張便條讓信國公湯和調三百名衛士充當建築工人。湯和看在老交情的面子上不好推辭，又怕皇帝怪罪私自調動部隊，就將此事報告給了朱皇

帝。有人說湯和不道地，是小人行徑，其實湯和也很為難，退一萬步說，就算湯和不報告，朱元璋也肯定會知道此事。

朱元璋要抓李善長的辮子，這可是個千載難逢的機會。此事可大可小，要是在以前，朱元璋可以大事化小，呵呵，李善長這老小子就是愛占公家的便宜，算了，那些衛兵閒著也是閒著，讓他們鍛鍊鍛鍊也好，幫老丞相做點私人工作，也變相等於為國家做貢獻。現在朱元璋要把文章做大，性質就不一樣了。

考慮到李善長的歷史功績和特殊地位，朱元璋需要慎重，他從來都不是魯莽行事的人，凡事都要周密計劃好了，再按部就班施行。一向善於揣測聖意的李善長也許是老了，也許是忙著興建新宅忙昏了頭，朱皇帝這邊磨刀霍霍，他卻渾然不知，還以為自己是德高望重、備受皇帝器重的老臣，遂以老朋友、老部下的口氣寫了封情真意切的問候信給朱元璋。信中除了問候皇帝、敘敘舊情以外，還很不順便地提到他有一個叫丁斌的親戚，因受牽連，已列入下批發配邊疆的名單裡，希望聖上看在自己這把老骨頭的面子上，給他個改過自新的機會，老臣將感激不盡！

這是洪武二十三年（西元1390年）四月的事，李善長信中提到的丁斌，有人說他是李善長的外甥，有人說他只是李善長八竿子才夠得著的遠房親戚。總之不管怎麼說，跟李善長是非親即故，要不然李善長也不會倚老賣老地放棄原則為他求情。

朱元璋意識到其中必有緣故，李善長不惜親身上場為丁斌求情，說明丁斌與他的關係非同小可。朱元璋當即指示對丁斌重新展開調查，不查不知道，一查不得了。這丁斌與胡唯庸家有著很深的瓜葛，丁斌認了一個義姐，該義姐由胡唯庸當紅娘嫁給了李仁，也就是李善長六弟李存賢的長子，丁斌本人則曾在胡唯庸家當過管家之類的高級僕人。

本來丁斌只是判了流放，還不至於要命，但丁夫人找到老丞相一把鼻

第十六章　鐵血誅功臣

涕一把淚地懇求，卻最終求來了殺身之禍。這樣的結果，連老狐狸李善長也所料不及。

開國元勛落得身敗名裂

本來已經被定罪的犯人丁斌，在老婆和老丞相的共同努力下，被重新提審，那些極具專業素質的審訊人員一出馬就手到擒來，從丁斌身上審出了驚天祕密：「唯庸有反謀，使存義陰說善長。」

朱元璋進一步指示：將李存義父子押解進京，務必查個水落石出！

李存義也扛不住審訊人員的三板斧，很快就招認自己所知道的或者是聽到的一切：胡唯庸要謀反，為了獲得淮西集團的支持，必須拉攏該集團的一哥，因此就讓李存義去勸說哥哥李善長，李善長在震驚之餘將弟弟臭罵了一頓：你說什麼混帳話，這可是要滅九族的！碰了一鼻子灰的李存義，灰溜溜地回去告訴了胡唯庸。胡唯庸又讓李善長的哥兒們楊文裕去當說客，並鄭重承諾，事成之後封他為淮西王，以淮西地區作為他的封地。李善長雖然驚慌不已，但已經有點怦然心動了，然而狡猾的他還是保持沉默。

不久，胡唯庸親自登門，李善長還是死活不開口，既不表示支持，又不義正詞嚴地加以反對。就像求婚一樣，對方沒有拒絕就表示還有機會。過了一段時間，胡唯庸又讓李存義再次去洗腦，李善長沉默良久，嘆惜道：「我已經老了，等我死了以後，你們自行其是吧。」隨後胡唯庸再次來到李府，李善長屏退所有人等，兩人竊竊私語地談了很長時間，談話內容無人知曉，只遠遠看見雙方頻頻點頭！

這足以要李善長的老命了，這時又有人告發：洪武二十一年藍玉北征

時，在捕魚兒海俘獲了胡唯庸暗通北元的奸細封績，李善長得知後私自將人索要並藏了起來。朱元璋命令抓捕封績下獄，刑官「得反狀及善長私書」，胡唯庸謀反案又多了一條：妄圖勾結外部勢力顛覆大明政權。

各級部門的官員們知道李善長出事後，彷彿一夜之間醒悟，紛紛檢舉揭發李善長不法行為和犯罪事實，其中不乏李善長的老部下，一些人甚至得到李善長重用和提拔。連李府的家丁和僕人都站出來揭批主人的罪行，大到吃飯時妄議朝政，小到上洗手間時還摳腳丫子等不一而足，個個都一副義憤填膺的樣子。

受此啟發，吉安侯陸仲亨的家奴封帖木也勇敢地站出來揭發自己的主人，說他夥同唐勝宗（延安侯）、費聚（平涼侯）、趙庸（南雄侯）三位侯爺共同參與胡唯庸反動集團，陰謀發動武裝叛亂，只是由於胡唯庸過早敗露而未能實施。

朱元璋記性非常好，想起幾年前做的噩夢，迅速將陸、唐、費、趙等人逮捕歸案。對李善長則怒斥道：「善長元勛國戚，知逆謀不發舉，狐疑觀望懷兩端，大逆不道。」

李善長被眾人口誅筆伐，命懸一線的當口，連老天爺似乎都不肯放過他，一顆隕星從天而降。這要是擱在今天，就算是下流星雨也沒人會大驚小怪，但在科學知識不普及的古代，這可是了不得的大事，必須召集權威和專家進行分析和論證，看似高深莫測，其實手法也簡單，就看皇帝想聽什麼。因此專家們得出的結論是：這是嚴重的星變，將會殃及朝廷，化解凶兆很簡單，只需誅殺一位大臣即可免災！

真是想什麼來什麼，這可是天意呀，休怪朕不念舊情了。朱元璋下令查抄李善長家，一家妻兒老小僕婦七十口鋃鐺入獄，悉數問斬，曾經一人之下萬人之上的李善長，被恩賜自盡，算是給他留了點面子。還有一個天大的恩典，那就是還替他留下了一絲血脈，長子李祺是臨安公主的駙馬，

第十六章　鐵血誅功臣

朱元璋經不起大女兒的苦苦哀求,將他廢為庶民,與公主一道流放江浦(今南京市浦口區)。

李善長死後,很多人為他喊冤叫屈,當時就有一個叫王國用的郎中為他鳴不平,說什麼李善長已位極人臣,生封公死封王,男尚公主,親戚拜官,縱使胡唯庸謀反成功,他也不過勳臣第一而已,實在沒必要造反。

其實王國用只知其一,不知其二。胡唯庸並不要求李善長做什麼,只要他不站出來反對就可坐收紅利,並且這個紅利比朱皇帝給他的要大得多──淮西之地。朱元璋所封的公、侯、伯,只給爵位,沒給封地,這個條件還不夠誘人嗎?況且朱元璋也沒說李善長謀反,只說他狐疑觀望、首鼠兩端、知謀不報。要知道在大是大非的問題上,沒有中間道路可走,這才是朱元璋最不能容忍的,因此,朱元璋才要不遺餘力地繼續追查,以肅清胡唯庸案的餘黨。

既然連樹大根深的李善長都被滅族了,其他的功臣武將就更不在話下。經過數年的株連蔓引,「胡黨案」前後共誅殺了三萬多人。朱元璋也不藏著掖著,親自一一列舉他們的罪行,彙集為《昭示奸黨錄》,布告天下。

僅公、侯級的人物就有二十二人被打入胡黨案,除韓國公李善長外,還有吉安侯陸仲亨、延安侯唐勝宗、平涼侯費聚、南雄侯趙庸、滎陽侯鄭遇春、宜春侯黃彬、河南侯陸聚、宣德侯金朝興、臨江侯陳鏞(陳德之子)、靖寧侯葉升、大將毛驤(毛麒之子)、李伯升、丁玉、申國公鄧鎮(鄧愈之子)及宋濂之子宋璲、長孫宋慎。人死了又被追究除去爵位的有:濟寧侯顧時(其子顧敬坐死)、營陽侯楊璟、靖海侯吳禎、永城侯薛顯、鞏昌侯郭興、臨江侯陳德、六安侯王志、南安侯俞通源、汝南侯梅思祖、永嘉侯朱亮祖、淮安侯華雲龍(其子華中坐死)。

不可否認其中不乏被擴大化牽連進來的,但要說他們全都冤枉也不盡然。既然像李善長這樣的人物都能被胡唯庸說服,其他的人為什麼不能

呢？朱元璋刻薄寡恩，坐穩天下後，鑑於宋、元皇室孤危以致滅亡的教訓，決定效法他的老師劉邦實行封藩。許多武將浴血拚殺，撐死了就是一個公爵，常遇春、徐達死後也不過追封為二字王，沒有任何的領地；文臣不僅很難獲得爵位，還得小心翼翼拚命工作，稍有不慎就有掉腦袋的危險。在朱皇帝手下做事，從上一秒是高官到下一秒成為階下囚的事屢見不鮮。而另一邊，朱元璋的兒女則舒舒服服地坐享將士們打下的江山，兒子一生下來就是親王，享受的待遇是每年五萬石祿米，加上兩萬五千貫鈔，還擁有封地；公主和駙馬的待遇是每年兩千石祿米。當時一個正七品的知縣，年收入才九十石祿米，光從祿米來說，一個藩王的收入就相當於五百五十五名縣令的收入，按一級功勳年祿米四千石算，則抵十三個人的收入。

　　這就好比當初大家白手起家，共同打拚出一個大集團，到頭來集團變成你家的了，我們都成了替你工作的員工。這與當初他們參與朱元璋團隊的期望相去甚遠，他們當初可都是奔著榮華富貴去的。但等到成功之日，不僅榮華富貴泡湯，還得繼續工作，朱元璋對待他們比之以前更加嚴苛，那些功臣就如同奴僕一樣被驅使，稍有不慎就有生命之虞，弄不好還得把全家搭上。

　　在此情形之下，對朱皇帝心懷不滿的人應該不在少數，他們明知胡唯庸在謀反，卻採取樂觀其成的態度。特別是對於那些文臣來說，他們的地位與功臣勳貴比起來微不足道，朱元璋既要利用他們，又視他們如草芥。一旦不合聖意，朱元璋會像擦拭桌面上的灰塵一樣，輕輕把他們抹去，但他們是具體事務的實施者，掌握著實際上的權力，他們的實力不容小覷。

　　對於武將們來說，江山是我們這幫兄弟打下來的，你當皇帝我們沒意見，但為什麼不讓我們享受勝利的果實，安享天下呢？其中吉安侯陸仲亨和平涼侯費聚應該是這方面的代表。這兩位侯爺都是早期跟隨朱元璋起兵

第十六章　鐵血誅功臣

的人,陸仲亨在渡江攻打太平、占領南京、進軍廣東等戰役中都立下戰功,升江西行省平章,洪武三年封吉安侯。一次他從陝西回南京看老婆孩子,利用職務之便,擅自呼叫驛站的馬車。這種行為是朱元璋所深惡痛絕的,毫不留情地給予痛批:「國家才從戰亂中走出來,百廢待興,為驛站提供馬匹的家庭生活還很艱苦,馬都讓給你拉車了,他們還怎麼生活?」就罰他去山西抓捕小毛賊。

平涼侯費聚就是當初為收降驢牌寨三千人馬立下頭功的人,以這樣的資歷,功臣榜上自然少不了他。後來就想躺在功勞簿上享受,派他去蘇州做官,每天就知道喝酒把妹,根本無心工作。朱元璋乾脆派他到荒涼的西北地區去招降一些零散的蒙古部落,也是一事無成,屢屢受到朱元璋的嚴厲責備。導致這兩人心裡非常不滿,這類人往往就成了胡惟庸拉攏的對象。

朱皇帝對功臣勳貴的大血洗,令很多人感到不安和恐慌,其中有一個人實在看不過眼,更確切說是於心不忍,就當著皇帝的面表示了自己的不滿,惹得朱皇帝大怒,當場就要削他。這個敢捋虎鬚的人是誰呢?

皇帝與太子

朱元璋曾不止一次跟人說過,他一生最信任的兩個人就是夫人馬氏和長子朱標。這對母子也挺不容易的,朱標出生前夕,正是朱元璋與元軍激戰正酣之時。朱元璋率軍渡江後,把所有將士的家眷留在和州,隨時有被元軍血洗的可能,馬皇后挺著個大肚子,率領老弱婦孺渡江與大軍會合後,在太平一個叫陳迪的商人家中生下了朱標。

從史料上看,小朱標幾乎沒有自己的童、少年生活,他從六歲開始就

被父親逼著，跟隨像宋濂這樣的天下名儒學經傳典史。跟著這樣的老學究，可想而知小朱標的生活是多麼枯燥和無奈。隨著朱元璋事業不斷發展壯大，小朱標也從世子進而成為太子，而朱元璋從自己的立場出發，為培養出一個合乎自己要求的接班人，更是不遺餘力地網羅天下名師，對其進行填鴨式的輪番施教。

有人說如果朱標不過早去世，將是一位很有作為的君王，可惜上天沒給他一個證明自己的機會，歷史也沒有「如果」二字。但從朱標成長的經歷看，他老子除了讓他吃飽穿暖，沒讓他出過力流過汗，更別說吃苦受累，朱元璋對他一生的要求只有一句話：好好學習，天天進步！

這樣的環境培養出來的只能是一個滿腹經綸的大儒，這樣的人理論水準很高，說起話來滔滔不絕，但動手能力大致為零，以至於朱元璋多少有點失望。

朱標的儒生性格必然與心狠手辣的朱元璋格格不入，父子之間的衝突就不可避免。朱標二十二歲那年，朱元璋就讓他當見習君主，下令各部門將所有政事報告給太子處理，然後再將太子的處理意見上報給自己。當見習生之前，朱元璋就傳授了朱標處理政事的四字真言：「仁、明、勤、斷。」他是這樣告誡朱標的：父皇要你每天與群臣互動，批閱各部門的文件，是要鍛鍊你的辦事能力，你要牢記幾個原則：一是仁，有仁愛之心才不會暴虐；二是明，能做到心明眼亮才不會被奸佞之徒所迷惑；三是勤，只有勤勤懇懇，才不會沉溺於安逸；四是斷，只有英明果斷，才不會在遇到複雜問題時被牽於文法。

可是，朱標在協助朱元璋處理政務的過程中，卻令朱元璋大失所望，兩人的意見大相逕庭。有一次，朱元璋讓朱標去處理一個案子，他特別指示：「非常時期要用重典，國家剛剛建立，應該從嚴治國，唯有如此，才能震懾那些違法亂紀分子！」

第十六章　鐵血誅功臣

朱標鄭重其事地點頭道：「兒臣謹記父皇教誨！」

朱標在提審犯人後才知道，那些人與卷宗上記錄的有出入，都是些老實巴交的農民，他們聽說國家要進行開發，這才忍痛割了自己辛辛苦苦播種的麥子。因為等到麥子要熟之時，那些麥田就會被政府圈走，不許他們再染指。朱標看著眼前這群餓得面黃肌瘦的「犯人」，仁愛之心讓他實在不忍心處罰他們，於是將他們從輕發落，打算拘禁幾天就放了。

朱元璋聽了朱標匯報的情況和處理結果後，雖然心裡很不痛快，但又不好當著太子的面發作，只是覺得太子中儒家思想的流毒太深，他真想大聲喝醒兒子：身為至高無上的一國之君，德政仁心只能是口頭上說說而已，該狠的時候還得狠！

還有一次，朱元璋在審完一批犯人之後，故意讓御史袁凱拿過去給太子稽核。朱標一看，認為量刑過重，遂將這批犯人都做了減刑處理。朱元璋很是不滿，就把他們父子間的衝突轉移到袁凱的頭上，問袁凱道：「你認為誰處理得當，量刑更合理？」

袁凱也算機警，又有幾分歪才，眼珠子一轉答案就有了，他說：「陛下法之正，東宮心之慈。」意思是皇帝是站在法律的角度上，執法嚴明；太子從人性化出發，宅心仁厚。既不得罪當朝皇帝，又不得罪未來的接班人，回答得滴水不漏。但朱元璋卻罵他耍滑頭，兩邊討好，嚇得袁凱魂飛魄散，第二天就裝瘋，不敢再來上班，這飯碗不好端，隨時有掉腦袋的危險。

隨著時間的推移，朱標在閱讀奏章、密切關注朝政國事中，也意識到自己跟父皇在政見上，特別是在尊重他人生命的問題上，存在極大的分歧。父皇讓自己跟隨大儒、名儒學習，告訴自己要做「仁德之君」，但他本人實際上對此並不感興趣，更希望自己像他那樣做個與儒家思想背道而馳的君王。

朱元璋的言行不一讓朱標不知所措，但儒生特有的酸腐之氣，又讓他對朱元璋的大肆殺戮不能無動於衷，他曾多次主動與朱元璋溝通，用老師教的皇帝應施以仁政、以禮儀治天下的理論，勸朱元璋網開一面，不要過分依賴殺戮。卻反而招致朱元璋嚴厲痛斥，罵他婦人之見，這樣的談話往往不歡而散。

李善長一家七十多口人被滿門抄斬，滿朝文武噤若寒蟬，朱標輾轉反側，經過長時間的思考，終於忍不住斗膽向朱元璋進言：「父皇，殺人太濫了，恐怕有傷和氣啊！」

朱元璋坐在龍椅上，一臉慍色地盯著他的皇兒。朱標也是憋得太久了，才鼓起勇氣說出以上的話來的，既然說出來也就放鬆了，見朱元璋不吱聲，也勇敢地抬頭愣愣地看著高高在上的父皇。

朱元璋為朱標一副豁出去的樣子感到吃驚，更為自己將來的接班人如此軟弱傷透了腦筋，不怒反笑，只是笑得比哭還難看。突然像想到什麼似的，招手讓太監走近，小聲交代了幾句。

不一會兒，太監提了一根長滿利刺的棘條進來，皇帝示意放在地上。朱標不知他們葫蘆裡賣的什麼藥，只見父皇用極其溫柔的聲音對他說：「標兒，你把它給拿起來！」

朱標疑惑地看看棘條，又看看父皇，長那麼大，別說是根棘條，就算是地上有金元寶他都沒彎腰去撿過。見他一臉苦哈哈、畏首畏尾的樣子，朱元璋再次發出威嚴的聲音：「拿起來！」

朱標渾身一震，稍稍遲疑一下，還是伸手去拿那棘條，隨即「哎呀」一聲，像觸電一樣把手縮了回來。只見老爺子一臉幸災樂禍地說：「扎手了吧，疼了吧？」可不是咋的，朱標甩著手想道。

朱元璋命太監把棘條的利刺削去後，讓他遞給朱標，說道：「標兒，再把棘條拿著，握緊了！」

第十六章　鐵血誅功臣

朱標終於明白老爺子是拿棘條說事了，只聽他又問道：「還扎手嗎？還疼嗎？」

朱標老老實實地搖搖頭，朱元璋說道：「現在你明白朕的苦心了吧，朕要交給你的江山，就如同棘條，只有將上面的尖刺削去，你才能牢牢握住它，而朕殺的人就是棘條上的刺啊！」

朱標趕緊跪下說：「父皇聖明。」緊接著說道：「但兒臣聽說，上有堯舜之君，下有堯舜之民……父皇怎麼能將臣民比作尖棘呢？」

朱元璋以為自己這個處心積慮想出來的生動例子，能讓他的標兒明白自己的一片苦心，沒想到竟得到這樣的回答，氣得差點當場吐血，只見他那幾根稀稀拉拉的山羊鬍子一個勁地往上翹，用手指著朱標說：「你……你……」

朱標第一次看到老爺子這種架式，渾身篩糠似的不知所措。朱元璋氣急敗壞之下，雙手胡亂摸了一下四周，猛然脫下一隻鞋子，狠狠地朝朱標扔去。

跪在地上的朱標結結實實地捱了一鞋子，連大氣都不敢出，愣愣地待在原地，這樣讓朱元璋更加來氣，從牙縫裡惡狠狠擠出一個字：「滾！」

朱標回到太子府後整整躺了三個月沒回過魂來。

隔年春天，朱元璋接連收到秦王朱樉在其封國內種種不法行為的報告，主要有那麼幾條：母喪期間，沒有表現出一個孝子應有的行為，照樣喝酒把妹，大搞娛樂活動；偏愛小老婆鄧氏（寧河王鄧愈之女），虐待並囚禁正室王妃（王保保之女），方法極其殘忍；公然在大街上強搶民女，縱淫無度；效仿商紂王，發明各種匪夷所思的酷刑，殘殺百姓和宮人。朱元璋震怒之餘，連聲感慨：「古所未有，罪不容誅！」當即命令朱樉返回京師接受審查。

畢竟是自己的兒子，不能像對待外人那樣抄起傢伙就咔嚓，朱元璋又

想起之前監察御史胡壽昌（字子祺）曾上書，列舉了關中地區最適宜建都的許多理由，於是叫人傳太子覲見。

朱標忐忑不安地來到父皇的書房。自從上次棘條事件後，他已經好久不敢單獨見父皇了。朱元璋看朱標來了，和藹地說道：「標兒啊，有人認為關中地勢險要，易守難攻，是建都的好地方，父皇思索著讓你過去看看，把那裡的地勢什麼的考察一番，也算是替朕問候一下三秦的民眾。」

朱標整天待在京城也悶得要死，能出去走走當然高興，但他還是不解地問道：「父皇有命，兒臣自當前往，但父皇真的要遷都嗎？那前段時間剛剛遷到京城來的百姓豈不又要……」

「父皇只是讓你先去考察，遷都那麼大事，豈是說遷就能遷的？在你考察期間，順便走訪一下基層，了解了解你那好弟弟在關中都做了些什麼。」

朱標終於知道老爺子的葫蘆裝什麼藥了，問道：「這次是兒臣自己去，還是……」

「父皇當然會派些官員陪你去，去的這些官員，你要盡量跟他們多溝通，聯繫聯繫感情，最重要的是把秦王的事情查清楚，朕要的是真材實料！」

朱標是八月份出發，十一月份回到京城的。一回來就馬不停蹄地向朱元璋獻上了陝西地圖，並且極力掩飾秦王朱樉在關中的行為，避重就輕說了一些朱樉的過失。朱元璋當然不全信朱標的話，但看到他們兄弟情深，身為太子的沒有落井下石，他感到很欣慰，打算放朱樉一馬。於是把朱樉叫來狠狠訓斥了一番，說要不是看在你太子哥哥替你求情的分上，老子就廢了你，回去要洗心革面，重新做人，再執迷不悟，定斬不饒，還有，今後要聽太子哥哥的話，父皇百年以後，更要好好輔佐他，聽清楚沒有？

第十六章　鐵血誅功臣

　　朱棣以為這輩子玩完了，沒想到還能逃過一劫，唯唯諾諾地胡亂應承一通後，屁滾尿流地滾回了關中。直到走出很遠後還摸了摸脖子，心想大哥太夠義氣了，今後一定好好報答他的恩情！令朱棣沒想到的是，他的願望將要永遠落空了，他的太子哥哥再等不到他報答的那一天了。

第十七章
皇帝的煩心事

皇太子之殤

　　朱標身體一直都不是那麼健康,加之幾年來朱元璋高舉屠刀,大規模、無節制地殺人,自己眼巴巴地看著一批又一批的人倒在屠刀之下而無能為力,內心十分壓抑。關中之行,他本來抱恙在身,但他不敢透露自己的身體狀況,怕又惹得老爺子不高興,經過這次舟車勞頓,他已經感到疲憊不堪了。在此期間,他還隱瞞病情,除將考察團繪製的關中地圖呈上外,還多次跟父皇匯報出行期間的所見所聞,並探討定都西安的可行性。直撐到一病不起時,才讓人告知朱元璋。

　　朱元璋聽說太子病倒後,一時也著急起來,及至見過病中的朱標後,更是五內俱焚,嚴令御醫精心診治。那段日子他幾乎每天都要從百忙中抽出時間到病榻前探視,每次都會詳細向醫護人員詢問太子的寢食情況,然後總要握住太子的手安慰和鼓勵一番。

　　他曾鼓勵太子說:「孩子,你一定要有信心,配合治療,父皇的事業還等著你來發揚和光大,咱老朱家的江山,還要靠你來維護呢!」

　　「父皇,孩兒恐怕要辜負您老人家的厚望了,請恕孩兒不孝!」朱標強打精神,淚眼婆娑地說道。

　　「不,千萬別胡思亂想!你是朕的好兒子,朕會派最好的御醫、用最好的藥給你治療,你一定會好起來的!」朱元璋強忍著就要奪眶而出的老

第十七章　皇帝的煩心事

淚，就這麼安慰著自己的兒子。

人生不如意事常八九，不管是王公貴族還是平凡百姓，概莫能外。儘管朱元璋貴為一國之君，擁有大明王朝的天下，但終究還是拗不過命運，眼睜睜地看著病魔奪走了他最疼愛的兒子、花費了大量心血培養的太子的寶貴生命。

洪武二十五年（西元1392年）四月二十五日，年僅三十八歲的大明王朝太子朱標因病醫治無效，終於在鬱悶中走完了人生最後一步。簡直是晴天霹靂，已是六十五歲老人的朱元璋哭得稀里嘩啦，差點哭暈在太子的靈柩前。回想自己這一生，上天似乎待自己不薄，讓他成就了一番偉業，以一介布衣之身榮登九五之尊，同時又對他特別刻薄，人生最不幸的三件事讓他嘗了個遍：少年喪母、中年喪妻、老年喪子！

遠在雲南的沐英聽聞噩耗，當場就昏厥過去。沐英是朱元璋最喜愛和最信任的養子，朱元璋對為他獻完青春熱血的養子們，獎勵之一就是讓他們恢複本姓。當他問朱英你到底是誰的孩子時，朱英只是一個勁地回答：「我就是陛下的孩子，深沐陛下和皇后的養育之恩。」朱元璋對他的喜愛又提升了許多個等級，於是朱元璋就賜姓沐，說道：「既然你說深沐朕和皇后的養育之恩，就賜你姓沐吧，讓你可以永沐皇恩。」可見沐英這孩子對朱家的感情真是比天高、比海深，早在十年前馬皇后去世時，就曾痛哭到咳血。他與太子朱標的感情比一母同胞的兄弟還要深厚，聽到太子突然病逝的消息後，經不起打擊，竟然一命嗚呼。

朱元璋雖然暫時沒有嗚呼，但也夠嗆。據說連續好多天無法正常上班，但他畢竟是個意志特別堅強的人，最終還是挺過來了，因為他清醒地知道，太子的暴亡，對他、對朝廷乃至整個大明朝都是不可估量的損失，影響巨大。不僅將他的既定方針徹底打亂，而且局面極其嚴峻，當務之急是重新確立接班人的問題。

按照當時的慣例，立繼承人必須按照長幼有序的原則，那麼就應該由老二朱樉繼太子之位，既符合兄終弟及的原則，又可以順勢定都於西安。但朱樉實在不成器，把江山交給他，既禍害了他本人，又禍害了天下百姓，朱家天下就要在他的手裡玩完，隋朝滅亡就是明證。老三晉王朱棡比老二好不到哪去，老四燕王朱棣倒是有幾分像他，文韜武略，能力出眾。此外他還考慮過朱標的二兒子朱允炆（由於朱標的長子朱雄英早亡，朱允炆就上升為嫡長孫），這主要是出於兩方面的原因：一是朱元璋太愛朱標，愛屋及烏；二是除了太子外，所有兒子都分封到了各地，如果封朱棣為太子，就得讓朱允炆去他的封地，肯定會引起議論，老二、老三也勢必不服，兄弟就會反目成仇。當然，這些問題對強勢的朱元璋來說，都不算是問題。

朱元璋曾想就立太子問題與大臣們討論，但鑑於他晚年的不良表現，那些大臣都學精了，個個都緊閉嘴巴，以免惹禍上身。沒辦法，只好先提出燕王朱棣，得到的回答是一片沉寂，大家心裡都很清楚，那個朱老四跟他爹一個德行，一個朱元璋就讓他們這些當官的人人自危、提心吊膽地過日子，可不想再來一個暴君。所以當朱元璋提到朱允炆時，有人說了句「皇上聖明」時，幾乎整個朝堂都響起了「皇上聖明」之聲。

朱元璋知道大臣們的意見了，但他沒有急於表態，比較這叔姪二人，朱棣沉穩果敢，比寬厚文弱的朱允炆更適合出任皇帝一職。這事就暫時擱置，但偏偏在這個節骨眼上，朱棣走了一步臭棋。

這天，李賢妃故意問道：「皇上啊，看來您今天興致不高，是不是有什麼煩心事呀？」

朱元璋長長噓了一口氣，李賢妃有意將噓氣說成嘆氣：「皇上嘆氣莫非是為立太子之事煩惱？」

朱元璋歷來是嚴禁後宮干預朝政的，馬上警覺起來，不露聲色地說

第十七章　皇帝的煩心事

道：「知朕者，愛妃也，朕正為此事煩惱呢！」

「您是皇帝，一言九鼎，立誰還不是您一句話的事，燕王為人正派，要孝心有孝心，要能力有能力，他本人也有勇挑重擔的意願。」毫無政治水準的李賢妃三言兩語就將自己徹底暴露了。

朱元璋那張驢臉立刻就板了起來，問：「說，燕王想當太子，你是怎麼知道的，是不是他找你了？」

李賢妃嚇得花容失色，兩腳一軟就跪倒在地：「臣妾知罪，請皇上饒恕！是燕王派人找的臣妾，臣妾實在拗不過啊！臣妾以後再也不敢了！」可是沒有以後了，對朱元璋這樣視人命如草芥的君王來說，不管你之前為他做過多大貢獻，你敢違背他立下的規矩只有死路一條，最終一條白綾就讓一個絕色美人香消玉殞，朱棣也被徹底否定，不在考慮之列。我可以給你高官厚祿，甚至皇位，但絕不能容忍你來爭一絲一毫，這就是朱元璋的做派。

至此，朱元璋終於決定立朱允炆為皇太孫，並於洪武二十六年（西元1393年）九月，正式發文宣布。朱允炆可真是個好青年，此時的他還未滿十七歲，他太像他老爹了，一派書生氣質，那些大臣認為他會是一位陰柔、仁愛的皇帝，自然舉雙手擁護他。更主要的是，他是很孝順的孩子，十四歲那年，他爹患上了癰疽（一種毒瘡）惡疾，他日夜守護在身邊，為減輕父親的痛苦，他竟然不止一次地用嘴吮吸瘡口，把膿血吸出。他爹病危期間，更是二十四小時不離病榻，他爹病逝後，他好幾天水米不進，身體虛弱到連站起來的力氣都沒有。

朱元璋痛失愛子，更加心疼孫子，強忍悲痛勸慰朱允炆道：「孫兒啊，你為父親已經盡到一個兒子所能做的一切了，你的孝心爺爺看在眼裡呢。你要愛惜自己的身體啊，不要讓爺爺擔心啊，你要為爺爺想想啊，不然你父親在那邊也不會安心的！」

確立了接班人，算是了卻一樁大事。但朱元璋不但沒有如釋重負的感覺，反而增添了新的憂慮。當初他對朱標的善良、書生氣十足就十分不滿和擔憂，但朱標至少在年齡上占有優勢，又經過許多歷練，相信他還有駕馭親王和大臣的能力。如今換上一個剛強不足、敦厚有餘，且不諳世事的毛頭小子，萬一哪天自己一覺睡過去再不能醒來，小皇孫對付得了那些手握兵權、專橫跋扈的勳戚將帥嗎？

再聯想到近幾年周邊國家的一系列政變，皇帝被殺、江山易手的事件層出不窮，如洪武二十一年「安南黎季犛弒其主煒」；次年「也速迭兒弒其主脫古思帖木兒而立坤帖木兒；高麗廢其主禑，又廢其主昌；安南黎季犛復弒其主日焜」；二十五年「高麗李成桂幽其主瑤而自立，以國人表來請命，詔聽之，更其國號曰北韓」等等。再看看稚氣未脫的皇太孫，怎不令朱元璋寢食難安。

繁重的政務，加上憂慮的心情，讓一向身體很棒的朱元璋突然病倒了，高燒不退，水米不進，那些御醫想盡方法，用盡好藥才讓他轉危為安。誰知還沒來得及鬆口氣，朱皇帝又腹瀉不止。御醫投入一級戰備狀態，再次忙碌起來，可能是用藥過猛，止住了腹瀉，又導致了便祕，肚子脹得像他剛出生時的樣子，圓鼓鼓的，痛苦不堪。

御醫們戰戰兢兢，再也不敢下猛藥了，害怕萬一皇帝被醫死了，落個滅族的命運，但又不能眼睜睜看著不救。正當大家束手無策之時，突然有個御醫靈機一動，皇帝小時不是神靈在背後相助才平安無事的嗎？何不請道行高深的「仙人」為皇帝治病呢？

朱元璋在佛教界混過，對那一套把戲根本不屑，至於他自己口口聲聲宣揚的「君命天授」要人們信奉、敬畏神靈的鬼話，完全是出於政治上的考量。但被折磨得痛苦不堪的他只好病急亂投醫，點頭同意了御醫的方案。於是十萬火急派人到廬山去請當時全國最有名，身兼道、佛兩家的高

第十七章　皇帝的煩心事

人，早在朱元璋討飯時就認識的「周顛仙」。

周顛雖然被人吹成了「仙人」，但自己的能耐自己清楚，死活不肯下山，只讓來人帶回了一瓶自己煉製的「仙丹」，隨之馬上銷聲匿跡，他怕皇帝吃了自己的藥後，會一命嗚呼。

後來的事實證明，周顛的擔心多餘了。他那瓶「仙丹」雖然是來路不明的產品，但卻歪打正著。朱元璋將信將疑地服下「仙丹」後，不到半天工夫就上下通暢，渾身輕鬆。從死亡線上逃過一劫的朱元璋高興萬分，馬上派人帶上豐厚的獎賞上廬山酬謝，但連周顛的影子都找不著。朱元璋只好親自執筆寫了一篇〈周顛仙傳〉，命人刻石鐫碑，立在廬山五老峰上，狠狠地讚頌了他一番。另作了一篇〈赤腳僧詩〉，對「顛仙」大加讚頌，其中有句：神憐黔首增吾壽，丹餌臨久疾瘳痊。

為皇孫再興大獄

涼國公藍玉身為洪武中晚期湧現出來的新生代，雖有諸多缺點和錯誤，但這些毛病在戰爭時期可以忽略不計，加上他與太子朱標的特殊關係（朱標是藍玉的外甥女婿），他對太子可以說是忠心耿耿。當朱標還健在時，藍玉曾告誡他說：「太子啊，據我所知，燕王在他的封地的一舉一動與皇帝毫無二致，此人很不一般。我看他早晚是要鬧出點動靜來的，你可一定要提防著點啊！」

朱標不以為然地說：「大將軍多慮了，四弟燕王對我非常恭敬，相信他不會鬧事的！」藍玉解釋說：「末將並非是故意挑撥你們的兄弟之情，實乃因為受太子厚愛，才私底下告訴您這件事，讓您小心為妙，希望末將的話不要靈驗！」見朱標不做回應，此事就點到為止。

他們之間的情誼，朱元璋一清二楚，因此，對藍玉一直委以重任。洪武二十三年（西元1390年）施南、忠建二宣撫司叛亂，藍玉受皇命前去平叛，接著，又馬不停蹄地奔赴都勻（今屬貴州），平定了幾個土司的叛亂。作為獎勵，朱元璋提高了他的薪資待遇，增加歲祿五百石，並讓他回家休息。

洪武二十五年（西元1392年）三月，朱元璋又命藍玉到西北管理蘭州、涼州、莊浪、西寧、甘州、肅州等七衛軍務，以加強邊疆防衛。按照慣例，地方大員上任之前，都要先到京城領受任務，與皇帝辭行後再上任，藍玉就帶上三個親信將領一同去覲見皇帝。

朱元璋一看藍玉這派頭，心中頗為不爽，但還是親切地問候了他們，無非是客套話。虛偽完後，朱元璋用眼光一掃，那些宮女、太監及閒雜人等，一轉眼就悄無聲息地全退了下去。而隨藍玉一起來的幾個親信，站著標準的軍姿，像木頭似的紋絲不動。朱元璋還以為他們不懂規矩，只好開了尊口：「你們先下去吧！」

那三根木頭還是紋絲不動，朱元璋心情還不錯，以為自己聲音小了他們沒有聽見，便提高聲音又重複了一遍：「你們先下去吧，朕有話跟你們將軍說！」

這時藍玉反應過來了，向他們揮了揮手，那幾位爺才退了下來，藍玉趕緊向皇帝解釋說，這些軍人打仗都是好棒，他們沒聽慣聖旨，只服從軍令！這話朱元璋信，但對他的觸動太大了，一支服從命令聽指揮的軍隊，打起仗來肯定是戰無不勝的，只是他們連皇帝的聖旨都不聽，只聽他們將軍的命令，也是很可怕的。

朱元璋本來還要交代幾句的，但此刻他什麼話都不想說了。藍玉見皇帝不吭聲，轉身就告退了，既不謝恩，更不跪拜，就這麼大大咧咧地走了出去。朱元璋心裡老大不快，就算是徐達、常遇春這些一等一的功臣，也

第十七章　皇帝的煩心事

沒這樣放肆，這傢伙比常十萬還牛啊！眼中已經露出了凶光。

四月，藍玉來到西北邊境。當他獲悉有一個叫祁者孫的故元將領漏網後，在西寧已經混到土司的高位時，馬上興奮起來，好啊，一條漏網之魚竟然當上小皇帝，不滅你滅誰？藍玉來不及請示朝廷，或者說他根本就沒打算請示，就帶人打了過去。

祁者孫應該聽過藍大將軍的大名，撒腿就狂奔，藍玉一直追到罕東的西番之地。不久，建昌指揮使、原元朝降將月魯帖木兒又發動叛亂，朝廷命他南下鎮壓。

在藍玉返回建昌平亂時，朱元璋決定再次請兩位鬚毛全白的老將出馬，他們是宋國公馮勝和潁國公傅友德，兩人此次的任務是到山西抓軍隊建設。

當二位老將軍到朝廷領受任務，看見新選定的接班人朱允炆坐在朱元璋旁邊時，先拜見皇帝，再拜了準皇帝。朱元璋命賜座後，對孫兒說：「這兩位都是跟隨皇爺爺多年的老臣，勞苦功高，跟皇爺爺一樣，都老囉，必須賜座！宋國公當年是皇爺爺的親軍指揮使，十分親信；潁國公陣前勢不可擋，不避刀槍，神鬼皆怕，戰功卓越。如今又都是皇親，是可倚賴之臣！」朱允炆一臉崇敬地點點頭，站起來說道：「兩位老將軍辛苦了，此次前往山西，必定多有勞累！」

兩人稱謝，卻不離座。朱元璋很是不悅，指著孫兒對馮、傅二人說道：「朝廷新立皇太孫為儲君，平時在文華殿視事外，上朝則隨朕聽政！」

馮勝當即拍起了馬屁道：「皇太孫年輕有為，一看便知定會是一代聖君！」

傅友德不甘落後，吹捧道：「恭喜皇上，有這麼好的皇太孫，此乃國家之幸，皇上的江山社稷後繼有人，乃至千秋萬代矣！」

朱元璋這才稍有喜色，隨後簡單交代了幾句，又敘了一回舊。兩人起身告退，朱允炆見狀剛要欠身，朱元璋用眼神制止了他。等兩人下殿後，朱元璋告誡朱允炆道：「君臣之間，只有臣對君講禮，君對臣則不必多禮！」

朱允炆應道：「孫兒謹記！」

馮勝、傅友德走後，朱元璋久久地沉思著，想起剛才仁慈的皇太孫對待二位老臣的態度，及他們對皇太孫的做派，心裡總是不踏實。仁慈是好的，但身為一個君王，對臣屬的仁慈，就是對自己的殘忍。

不久，靖寧侯葉升從西南前線回到京城，向朱皇帝奏報：「日前涼國公已率臣等將叛軍擊潰，臣回京之時，涼國公正率大軍清剿殘餘，追捕月魯帖木兒。只是川西毗鄰番邦，當地軍力不足，涼國公命臣奏明皇上，可否效法西北在當地募兵，增建衛所？」

朱元璋心裡不快，朝廷讓你去平叛，誰讓你管那麼多事？但口頭上還是准了。

葉升又拿出一份資料呈上，說：「涼公國讓臣帶回一份此次平叛的有功人員名單及擬任新增衛所的各級軍官，包括指揮、千戶等人員一併呈上，請皇上定奪！」

朱元璋臉上沒有任何表情，心裡卻罵開了娘，任免軍衛將校是朝廷的事，藍玉這廝越來越出格了，竟然敢擅自提拔軍官！難怪說什麼軍力不足，增設衛所，原來是為安插親信找藉口。朱元璋略略看了一遍，指示道：「先轉吏部討論！」

葉升見此，說道：「如此，臣就照實回去向涼國公稟報了！」

朱元璋臉一沉，什麼意思？你不謝恩就罷了，還一口一個涼國公的，把朕擺在何處？想到這裡，便冷冷地問道：「你千里迢迢跑回來，就為了此事？」

第十七章　皇帝的煩心事

在官場混了多年的葉升竟絲毫沒有察覺，說道：「回皇上，臣奉涼國公之命，專為此事回京！」

朱元璋陰陽怪氣地說道：「難得你們的一片苦心啊！」葉升對這句不著邊際的話摸不著頭緒，一時接不上茬來，見朱元璋也不再搭理他，只好退下。

過了幾天，葉升與群臣一起上朝，準備跟皇帝告辭返回川西。他剛上奏完畢，錦衣衛都指揮使蔣瓛出班彈劾他，說他是漏網的胡黨羽翼，已不適宜再到前線帶兵。

這突如其來的變故，不但讓葉升如聞驚雷，連群臣都感到驚愕萬分。因為皇帝在幾年前親自為《昭示奸黨錄》作序時，已明確公告天下，胡黨案就此告結，今後不再追問。蔣瓛為何又要舊事重提，突然發難呢？

此時，葉升整個人就像僵住了一般。朱元璋則板著一張長臉，對蔣瓛說：「蔣愛卿此說有何依據？可細細奏上，讓列位臣工也做個見證，如屬誣告，朕第一個就饒不了你！」

蔣瓛當即將他掌握的第一手資料向皇帝及在場的大臣做了匯報，大意是說，當年李善長被揭發以後，就有人告發葉升也參與了胡黨，後因聖上念其功績，又是巢湖舊部而開恩不予追究。據錦衣衛近期深入細緻的調查，又有了新的進展，葉升當年並非只是與胡惟庸、李善長來往密切那麼簡單，而是胡黨的重要成員。這樣的亂臣賊子，不嚴懲不足以平民憤！

葉升聽蔣瓛說完，驚得目瞪口呆，剛喊出幾個字「臣冤枉……」就被朱元璋駁了回去：「住口！朕也奇怪呢，這區區小事何以勞侯爺的大駕，千里迢迢來回奔波，必定是聽到風聲回來打探消息的吧？還口口聲聲說是涼國公派你回來的，涼國公是國家大將，豈能如此不識大體！必定是被你的花言巧語所矇騙，才讓你得逞回來的！」

「臣真的是奉涼國公之命回京，請皇上明察⋯⋯」葉升想分辯，但皇帝不給他機會，說：「大膽葉升，還敢在朝上跟朕狡辯，拖出去交由錦衣衛審理！」

幾個如狼似虎的武士應聲衝了進來，不由分說連拖帶拽把靖寧侯葉升給弄走了。

莽撞將軍造反不成被誅

葉升被殺的消息傳到藍玉的耳朵裡時，他已經成功抓捕了此次帶頭鬧事的月魯帖木兒。他是個粗人，但不是傻大個，很清楚葉升被殺意味著什麼。自己做過的事自個兒清楚，當年他還是一名活在眾多名將陰影之下的偏將時，為了謀求更大的發展，沒少向當時的丞相胡惟庸獻殷勤、表忠心。胡、陳在聯繫武將時，曾經找過他，記得當時是點過頭的。他真後悔──當年北伐抓住封績時，為什麼不當場就一刀把他結果了，而是要帶回交給李善長逞能？

本以為已經矇混過關，沒想到皇帝會出爾反爾，如今又翻出來算舊帳。錦衣衛的方法，誰都知道，雖說是親家，但酷刑之下誰敢保證葉升不出賣自己？自己那點破事他可是一清二楚，就是為了堵住臭嘴才跟他結的親家！如果自己的外甥女婿朱標還在的話，興許還能保全自己，之前做了那麼多超出常規的事，皇帝不是看在標兒的面子上一笑置之嗎？唉，上天不公呀，標兒死得早，長子又夭折，如今的儲君又非自己外甥女所出，皇帝對自己的態度已經來了個一百八十度大轉彎，這點不得不防啊！

正在藍玉胡思亂想的時候，朱皇帝派人傳旨：賞涼國公藍玉寶鈔五百錠，待回京之後，再與其他將校一同論功行賞！另加封為太子太傅！

第十七章　皇帝的煩心事

　　寶鈔是當時的紙幣，一錠折銀子五兩，五百錠寶鈔可是兩千五百兩銀子。藍玉一下子高興起來，認為皇帝還沒有懷疑自己。但當負責傳旨的人多嘴，設宴招待，推杯換盞之間，說出了宋國公馮勝和潁國公傅友德被加封為太子太師時，藍玉一時也摸不著頭緒。過後身邊的文士告訴他，太師與太傅雖然是虛銜，但裡面差距大著呢，太師要比太傅高出一籌。藍玉的不滿隨口而出：「難道本將就不能做太師嗎？讓兩個賦閒在家的老傢伙來做！」

　　結合葉升的突然被殺，藍玉已經隱隱感覺到苗頭有些不對，本想找藉口移師征討長河西朵甘百夷，繼續留在前線多點時間觀察和思考，無奈遭到拒絕，只好班師回朝，走一步看一步。

　　藍玉可不是好對付的人，粗人有粗人的處事原則，這些年隨著戰功和地位的不斷攀升，巴結討好他的人不計其數，他也暗中積蓄了自己的力量，胡黨案擴大化後倖存下來的侯爺大體成了他的死黨。另外在大塊吃肉、大碗喝酒中，叫他乾爹的就不下千人，以致很多都叫不上名字，加上投靠他的莊客足有三千多，這些人集結起來就是一支不可小覷的力量。在軍中，除了平時安插在各部隊的將校外，連五軍都督府的將領都願聽他調遣，如左軍都督府都督僉事黃輅、楊泉、馬俊；右軍都督府僉事王誠、聶緯、王銘、許亮；中軍都督府謝熊、汪信、戈預；前軍都督府楊春、張政；後軍都督府祝哲、陶文、茆鼎等。

　　因此，藍玉在班師途中已打定主意，看他姓朱的如何對我，他若不仁，就休怪俺姓藍的不義！早在朱元璋派中軍都督僉事謝熊到軍前催他還朝時，藍玉就跟對方打了招呼：「我知道，上頭已經對我有所猜忌，才派你來催促的。我跟你說實話，這次回去，如果看情形不對，好歹要下手做件大事，一旦成功大家都不用提心吊膽過日子。你要嚴守組織紀律，嚴格保密，心裡有數就行了！」

都說秀才造反三年不成，但武將造反離開秀才更是一事無成。藍玉完全按照自己的風格行事，根本沒有考慮要做好保密工作。他這一路上經武昌、九江、安慶等，所過之處都在抓緊活動，跟當地部隊的老部下打招呼，爭取他們的支持，至少讓他們保持中立。

洪武二十六年（西元1393年）正月初十，藍玉終於抵達南京。朱元璋讓皇太孫代表自己帶領在京的文武百官到龍灣舉行了一隆重的歡迎儀式，藍玉見此，原先那點戒備之心去掉了一半，率領手下眾將領一反常態向皇太孫行跪拜禮。朱允炆上前把藍玉攙扶起來，又對得勝歸來的眾將盛讚了一番，隨後一同進城見駕。

老態龍鍾的朱皇帝早就端坐在金殿等候著了，眾人行過三跪九叩大禮後，藍玉揀重要的簡單扼要地介紹了本次平叛的經過。朱元璋不惜溢美之詞，給予很高的評價，其中有句「此功堪比漠北大捷」。他此說是有根據的，那月魯帖木兒與王保有得一比，是個永不言敗的傢伙，屢屢反叛，攪得當地民不聊生。此次生擒，朱元璋已命令將他凌遲處死。

頭腦簡單的藍玉至此將剩下的那一半戒心全丟掉了。但他只顧著想事，卻忘了皇帝講完話要謝恩，直到身邊的景川侯曹震使勁扯他才醒悟過來，慌忙跪下，但朱元璋的眼裡已經掠過一抹不易覺察的寒光。

一套程序過後，皇帝降旨：眾位愛卿征戰多時，先回府歇息，明日在奉天殿大擺慶功宴，朕親自為眾卿接風洗塵！眾人山呼萬歲。

待一班西征武將退下後，朱元璋似乎意猶未盡地說道：「涼國公長期在外勞累，每有戰事，詔令一下，雷厲風行，千里出擊，每戰必勝，真乃不可多得的棟梁之材！」

朱元璋的話音才落，他身邊的紅人，剛加封太子太保的左都御史兼吏部尚書詹徽就附和道：「皇上聖明，真乃千古明君，這是我大明之福，臣等之福啊！涼國公勞苦功高，屢建奇功，真可謂國之棟梁，我等之楷模

第十七章　皇帝的煩心事

啊！」在場的很多人也應聲稱是，紛紛誇讚藍玉，包括五軍都督府的幾個都督在內。

朱元璋聽詹徽說得情真意切，一臉虔誠，心裡不禁咯噔一下，馬屁話聽得多了，他對詹徽前半部分的話沒有太多興趣，而是對後面的話特別注意，要知道詹徽可是快速晉升的，一向高傲自大，輕易不把人放在眼裡，卻唯獨對藍玉推崇備至。及至見大家如此，就想道，看來藍玉真的籠絡了不少人呀，回京的路上還不斷拉幫結派，我倒要看看在朝中有多少是支持他的，到時候好收網，等差不多了才下旨：「明天朕設宴為眾將接風，三品以上官員都去作陪，不准缺席！」

藍玉勝利歸來，一些故友、同僚及部下紛紛登門拜訪，門前一時車水馬龍。到了晚上，又有朝中的文武重臣輪番前來祝賀，直到後半夜才逐漸平息。

第二天的慶功宴上，朱元璋宣布由皇太孫主持，並讓大家不必拘禮，開懷暢飲。這本來是客套話，藍玉和他那幫武將不知是習性使然，還是當了真，當皇太孫代皇帝祝酒時，都大大咧咧的，這讓朱元璋頗為不快。不一會兒，有太監上前稟報：「眾臣因西番平定，請旨上殿給皇上敬酒，敬賀我朝國泰民安！」

朱元璋說道：「今天朕給西征將領接風，也有與眾卿同賀之意，我朝新立儲君，也是值得慶賀之事，當敬皇太孫一杯！」

眾人恍然大悟，紛紛離座給皇太孫敬酒。藍玉略略舉杯一飲而盡，又勾起了不快，對太傅一事始終不能釋懷。朱允炆接受百官敬酒後，知道酒不能白喝，即興說道：「我朝國泰民安，百姓安享太平，全仰仗眾卿的辛勞，西征將士的封賞很快就會擬定，望眾卿不負皇恩，再接再厲⋯⋯」

藍玉是個攔不住話的人，加上幾杯黃湯下肚，沒等皇太孫說完就嘀咕一句：「只怕我等在外賣命，頭功卻給了別人。」

由於皇太孫說話時，整個大殿異常安靜，藍玉的話很多人都聽到了，朱元璋勃然大怒，先前藍玉在川西說的話已有人添油加醋報告了他，當即問道：「涼國公是怨朕封賞不公，心懷怨恨吧！」

藍玉倏然一驚，知道闖禍了，看著朱皇帝那張陰沉可怕的臉，連忙離座跪下道：「微臣不敢！臣酒後胡言，請皇上恕罪！」

朱元璋陰冷地笑了一聲，說：「怕是酒後吐真言吧！」轉而對文武百官說道：「有些人不知道檢點自己，稍立寸功就不知天高地厚，做出失禮甚至是違法之事，現在就有人口出怨言，這是極其危險的，這種行為要不得啊，希望眾卿引以為戒！」

這突如其來的變故令大家不知所措，片刻之後，還是景川侯曹震反應快，忙跪倒為藍玉求情，於是整個大殿跪倒了一片，都說涼國公酒喝多了胡言亂語，請皇上不必當真，饒他一回。朱元璋見那麼多臣屬異口同聲為藍玉求情，心裡更加不爽，表面上卻很大度地說：「既然是酒後失言，朕要再揪著不放，倒顯得朕小氣了。剛才朕所言，也是希望眾卿有則改之，無則加勉，各位臣工繼續盡歡吧！」轉而衝藍玉說道：「涼國公歸座吧，朕當你酒喝多了，不怪罪就是了！」

一頓本來歡歡喜喜的慶功宴，鬧得不歡而散。在眾人紛紛告退之時，朱元璋對藍玉說：「涼國公稍留一步，朕還有話跟你說！」

不料曹震、張翼（鶴慶侯）、張溫（會寧侯）等幾個侯爵見總兵藍玉不動，他們又坐了回去，其他站起來的將領也僵在原地。朱元璋只得對他們說道：「朕留藍愛卿片刻，其他臣等可先行告退！」

眾將聽了，都齊刷刷看向藍玉，藍玉輕輕地點了一下頭，他們才集體拱手道：「臣等請旨告退！」

朱元璋再次領教了藍玉的厲害，呆呆地坐了一會，轉頭對藍玉下旨：「卿也可以出宮了！」藍玉已經感到不妙，只好趕緊退了出來。

第十七章　皇帝的煩心事

　　隔天，景川侯曹震、鶴慶侯張翼、舳艫侯朱壽、普定侯陳桓等軍界人物齊聚藍府，趁酒酣耳熱時，藍玉說出了心理話：「天下太平了，用不著我們這些老功臣了。現在就只剩下我們幾個，天天過著提心吊膽的日子，什麼時候是個頭？倒不如放手大幹一場，大家安享天下！」

　　之後又有東莞伯何榮、後軍都督府祝哲、中軍都督府汪信等人多次到藍玉處密謀，並安排其他諸將分頭準備，動員士兵，檢查戰馬和武器，隨時聽候命令。只是在時間上，由於意見不一，有人主張直接殺進宮去，有人主張等老傢伙出宮時下手。藍玉思考再三，派人通知準備擔任謀反主力的府軍前衛步軍百戶李成，向他下達了定於二月十五日，那個人外出耕籍田時起事的命令。

　　事實再次證明，皇帝不是是個人都能當的。藍玉一夥人的舉動，盡在朱元璋的掌控之中，錦衣衛將他們的動向偵察得一清二楚，朱元璋正張網以待，他要將大魚小蝦一網打盡。

第十八章
朱皇帝的最後時光

藍玉集團的毀滅

對藍玉一夥的上竄下跳,朱元璋看在眼裡,他早就看藍玉不順眼了,之所以留到今天,歸納起來主要有兩點:一是他對朱標極其忠誠,朱元璋有意留他給朱標組建班底;二是西面屢屢生事,邊境地區還沒徹底安寧,需要他這樣的悍將,也只有他這樣的悍將才能搞定。如今這兩個問題都不存在,倒是他本人要搞事了,因此,當朱元璋得知藍玉要起事的確切日期後,決定收網了。

洪武二十六年(西元1393年)二月初,在山西、河南等處操練兵馬的馮勝、傅友德、常升、王弼、孫恪等人陸續收到命令,讓他們將軍務交給晉王、燕王後迅速返回京城。

二月初八,文武百官按部就班上朝,看似與往日沒什麼不同,實則已經暗藏殺機。藍玉也像往常一樣若無其事地走在將官的前列,現在他能做的只有忍耐,殊不知一張大網已經張開,死神已向他發出了微笑。

朱元璋今天來得比往常要早些,等文武百官走進朝堂時,他已經端坐在高高的龍椅上,下首坐著他的皇太孫。當眾人山呼萬歲後,只見錦衣衛頭目蔣瓛匆匆上殿,高聲奏道:「啟奏陛下,錦衣衛剛剛偵破一個驚天大案,臣不敢耽擱,第一時間奏明陛下!」

朱元璋一臉吃驚地問:「本朝自清除胡黨後,一派安定團結的大好局

第十八章　朱皇帝的最後時光

面，哪來的驚天大案？你可不要危言聳聽！」

蔣瓛奏道：「回陛下，臣絕非危言聳聽，實乃事關我朝安危的驚天陰謀啊！」

朱元璋聽後急切說道：「那你細細報來，如有不實，朕拿你們錦衣衛是問！」

只見蔣瓛從貼身的口袋裡掏出一摞卷宗之類的東西，從容說道：「臣所要奏報的這個案子，罪魁禍首就是原涼國公、總兵官藍玉！」大家一聽頓時驚呆了，藍玉的頭嗡的一下，是從頭到腳涼透了，陰謀敗露了！但他還是下意識地喊道：「蔣瓛你小子血口噴人！」

朱元璋威嚴地斥責道：「身正不怕影子斜，你嚷什麼？蔣瓛你把事情說清楚了，到底怎麼回事？」

蔣瓛義憤填膺地說道：「藍玉逆賊，仗著掌管天下兵馬之便，還在川西之時，因親家葉升參與胡黨被殺，懷恨在心。又嫌皇上封其太子太傅之銜位於宋國公、潁國公之下而心懷怨恨，遂產生了謀逆之心。回京的路上，串通沿途兵馬，回朝後更是加緊活動，陰謀發動叛亂，日期就定在二月十五日，趁皇上勸農出朝時加害。以上所奏，證據確鑿，事實清楚，請皇上明察！」

整個朝廷像炸了鍋似的，朱元璋鐵青著臉，惡狠狠地喊道：「大膽逆賊，還不給朕拿下！」早已等候多時的武士一擁而上，七八個人把人高馬大的藍玉摁倒在地，手銬腳鐐跟著就上。藍玉情知掙扎也是徒勞，打了那麼多年的仗，先下手為強的戰術他懂，只是眼睛裡充滿憤怒、怨恨和懊喪。

等藍玉被拖下去後，朱元璋滿臉怒氣地說道：「不識抬舉的東西，朕因他屢立戰功，給了他至高的榮耀，沒想到他恃寵而驕，朕是一忍再忍。

356

這次西征,朕還打算重重封賞,沒想他竟心懷不軌。都怪朕啊,把他縱容成今天這個樣子!」說到後來,一副痛心疾首的樣子。繼而又問蔣瓛:「藍賊既然要謀反,總不成他一個人就拿刀來殺朕吧?」

蔣瓛奏道:「皇上聖明,藍賊的黨徒眾多,軍隊和朝中各部門的很多人都參與了進去!其核心成員有……」將曾到藍府參與密謀的侯爺及武將名單說了一遍。

朱元璋兩道陰冷的目光射向武臣班列,殿前武士不由分說,將唸到的人員一一拿下。那些人見藍玉被捕,知道大勢已去,只得束手待斃,當然也有徒勞地大喊冤枉的。但朱元璋並不理會,繼續指示蔣瓛道:「速速派人鎖拿賊首的家眷,以防走漏,還有參與此案的各級官員和部隊官兵,不許放跑一人!」其實這是演給在場文官看的,那邊早已四處收網了。

這場暴風驟雨來得太快,很多人都沒有反應過來,整個朝廷更是人人自危,生怕牽連到自己,但命運又不由自己掌握,唯一能做的就是拚命表白自己。朱元璋看到朝堂下跪了一地叩頭如搗蒜的臣下,才滿意地點了點頭,說道:「清者自清,本朝的政策是絕不冤枉一個好人,也絕不會放過一個壞人,都起來吧!」並降下旨意,由吏部尚書兼左都御史詹徽協助皇太孫審理藍黨案。

朱允炆早被剛才的一幕嚇呆了,聽到讓他審理案件的聖旨後,竟茫然不知所措。下朝後問了一個很幼稚的問題:「皇爺爺,您說涼國公真的謀反嗎?」

朱元璋一臉輕鬆地對他說:「朕的好孫兒,你皇爺爺會冤枉他嗎,你沒聽蔣瓛說嗎?你當朕養的這幫鷹犬是光吃飯不做事的?」

「那要是他們不招怎麼辦?」

「對付這樣的死硬分子,不動大刑如何肯招?這方面你就看詹徽的

第十八章　朱皇帝的最後時光

吧，他可是老手，辦案經驗豐富。」朱元璋說完像對朱允炆，又像自言自語地說道，「也好，他們終於按捺不住，迫不及待地跳了出來，趁朕還在，替你清除了一大禍害！」

朱允炆聞聽此言，知道皇爺爺始終在為自己著想，覺得不應該辜負了老人家的期望，於是暗自打氣，準備一心一意投入審訊工作中去。臨行，朱元璋面授機宜道：「像這樣的謀逆大案，牽涉的人員必定不在少數，核實一個就處決一個，不要拖泥帶水！」

在老謀深算的朱元璋面前，朱允炆連個雛鳥都算不上，除了點頭聽皇爺爺的，還能有什麼主張？從未見過血的他，只好硬著頭皮上了。

第二天，當一身囚服、戴著腳鐐手銬的藍玉被押送到朱允炆面前時，沒見過多少場面的他還是被藍大將軍的氣概所折服。這個從刀光劍影中摸爬滾打出來的硬漢，昂首挺胸、鐵骨錚錚，目不斜視地站立在正對著朱允炆的地方。詹徽一拍案桌，厲聲喝道：「大膽逆賊，還不快快跪下！」

兩個牢卒趕緊將藍玉按下，朱允炆壯起膽子問道：「身為功勳貴戚，你為何要謀反？」詹徽從旁討好地喝道：「皇太孫問你話呢，還不快把你的罪行從實招來！」朱允炆轉臉斜了他一眼。

雖然朱允炆不喜歡詹徽的粗暴方式，但任由他怎麼問，藍玉就是一言不發，未免心焦起來，詹徽看時機到了，說道：「對這種又臭又硬的頑抗分子，不用大刑，諒他也不會招！」

這話跟皇爺爺說的如出一轍，朱允炆只得點頭，表示首肯了。藍玉一聽說要用大刑，突然指著詹徽大聲說道：「我招，詹徽跟我是一夥的，他就是我的同黨，想用大刑殺人滅口！」

朱允炆驚恐地站了起來，直直看著詹徽不知所措，早撲上來幾個武士把詹徽捆了起來。藍玉這一招，使自己免去了皮肉之苦，卻加快了死亡的速度，沒人再敢審他了。錦衣衛很快以零口供將他咔嚓了，從被捕到上斷

頭臺,滿打滿算就三天時間。

朱元璋當然不相信詹徽是藍黨成員,一來藍玉既已指認,如果將他排除,那其他被供出的人又如何處理?二來詹徽也狂了點,目中無人,全不把其他臣僚放在眼裡,留著他早晚會變成李善長、胡惟庸之類的人物,將來對孫兒不利。所以也就預設,趁機將他一塊除掉。

藍玉伏法後,那些曾與他一起密謀或者關係密切,而又心懷不滿的侯、伯隨著調查的深入都被誅,共有十二侯二伯,分別是景川侯曹震、鶴慶侯張翼、會寧侯張溫、普定侯陳恆、東川侯胡海、舳艫侯朱壽、宣寧侯曹泰、懷遠侯曹興、西涼侯濮璵、東平侯韓勳、全寧侯孫恪(孫興祖之子)、瀋陽侯察罕(納哈出之子)、徽先伯桑敬和東莞伯何榮。另外所涉及的重量級人物還有戶部侍郎傅友文、五軍都督府的黃輅、湯泉、馬俊、王誠、聶緯、王銘、許亮、謝熊、汪信、蕭用、楊春、張政、祝哲、陶文、茆鼎等人。

這些人都對朱皇帝的刻薄寡恩極端不滿,抱著不成功便成仁的心態,都是鐵骨錚錚、寧死不屈的漢子,想從他們口中獲取口供基本上不可能,倒是他們的家屬、下人沒經過場面,供述了他們的罪行。如藍玉的哥哥藍榮就供述,藍玉跟他說過「我想胡黨事公侯每(通「們」)也廢了多,前日靖寧侯為事,必是他招內有我名字」。藍玉的大兒子藍鬧兒則供述,父親(藍玉)曾對劉指揮、孫指揮、武指揮、嚴百戶說:「我征西征北受了多少苦,如今取我回來,只道封我做太師,卻著我做太傅,太師倒著別人做了。你每(們)肯從我時便好,若不肯時,久後壞了你。」藍玉高薪聘請的高麗廚師趙帖木供認,事發前三天(二月初五)主人宴請景川侯時,曾在飯桌上說:「我到處出征,回來別人都做大官人了,後頭才封我做太傅。上位每日常常怪我。」當然,這些都是表面上的東西,更機密的內容一般的家屬和下人是無從知曉的。

第十八章　朱皇帝的最後時光

但下面藍榮的一段供詞就有點意思了，據藍榮供認，正月二十九日時，弟弟曾交代他說：「我這幾時見上位好生疑忌，我奏幾件事都不從，只怕早晚也容不過，不如趁早下手做一場。我如今與軍府前衛頭目每（們）議定了，你可教藍田（藍榮子，藍玉姪兒）知道，著他收拾些人接應。」

藍田也承認，叔父曾讓他選些精幹可靠的人，準備好馬匹、武器，聽候他的動靜，隨時過來接應。

藍黨的第二號人物曹震之子曹炳也供述，事發前一天（二月初七），父親從涼國公家喝酒回家後對他說：「我與許都督三人在涼國公家飲酒，商量如今天下太平，不用老功臣。以前我每（們）一般老公侯都做了反的，也都無了。只剩得我每（們）幾個，沒來由，只管做甚的，幾時是了？原跟隨我的府軍前衛孫指揮、武指揮，還有些舊頭目都是些好漢，等今年四、五月間收拾好人馬，我每（們）再去各處莊子上也收拾些家人儀仗戶等。今年上位老不出來，我每預備下，伺候做些事業，務要成就。」

朱元璋只是草草看了一些供詞，結合錦衣衛提供的諸多證據，清楚地知道這是一場衝著自己來的，有預謀、有組織、有計畫的非常大的謀反案，指示辦案人員不管遇到多大的困難和阻力，也不管涉及什麼人，都要一查到底，絕不姑息！

最後，透過層層追查，終於將藍黨成員一網打盡。首惡分子藍玉因一人之過被誅三族，其他核心成員也遭到了抄家滅族的下場。此案被處死者多達一萬五千人，至此軍中驕橫跋扈、心懷不滿的將領差不多都被清除出局。

傅友德剛烈殺子自戕

朱元璋由於年事已高，擔心某天眼睛一閉，就再不能醒來，年幼的皇太孫鎮不住那些功臣宿將，只要了點陰謀詭計，殺了一個葉升，就引得藍玉迫不及待地竄了出來。他則張網以待，並趁機掀起一場轟轟烈烈的肅反運動，首先在朝廷威脅大臣選邊站，要劃清界限就必須勇敢檢舉揭發隱藏在隊伍裡的壞人，然後在鼓勵民眾提供線索，大搞株連蔓引，力爭把可能對朱允炆執政造成影響的那些驕橫武將剪除。

但有一個被人揭發的公爵，卻一度令朱元璋有點猶豫，此人就是開國功臣常遇春的次子，開國公常昇。朱元璋在打江山之初還算厚道，常遇春沒封功臣前就死了，但朱元璋沒有忘記他的功績，封他的長子常茂為鄭國公。常茂後在北征遼東時犯了錯誤，已被流放龍州，常昇就世襲公爵之位，但改為開國公。朱元璋曾考慮到一旦將常昇納為藍黨成員，則常家就沒有善終之人了。但轉而一想，常昇與藍玉是甥舅關係，又多年手握兵權，舅舅謀反能不通知他嗎？舅舅被滅三族，誰敢保證他不生二心？一咬牙，又將常昇一家誅殺，常昇有個三歲的兒子常繼祖由皇太孫出面，得以保全。只是朱元璋明確指示，常繼祖屬罪臣之後，永不許廕襲爵位。

洪武二十六年（西元1393年）五月初一，由翰林學士劉三吾帶頭整理的一千一百六十五份口供，經朱元璋作序後，正式以《逆臣錄》之名頒布全國。但各地搜捕藍黨的行動還在如火如荼地進行中，直到同年九月初十，朱元璋才釋出《赦藍黨胡黨詔》，宣稱：「邇者朝臣其無忠義者李善長等，陰與構禍，事覺，人各伏誅。今年藍賊為亂，謀洩擒拿，族誅已萬五千人矣。餘未盡者，已榜赦之。猶慮奸頑無知，尚生疑惑，日不自寧。今特大誥天下，除已犯已拿在官者不赦外，其已犯未拿及未犯者，亦不分藍黨、胡黨，一概赦宥之。」

第十八章　朱皇帝的最後時光

　　朱元璋是個閒不住的人，其實他從年初開始，就一直抱病堅持工作，據載其病為「熱症」，現在他打算放鬆一下了。一年之後，當他養足精神，恢復體力到又可以重新殺人的時候，又有人上門找死來了。

　　藍黨案與胡黨案的區別，就在於胡黨案以誅殺文官為主，藍黨案則以武官為主要清除對象。有位戰功赫赫的老將軍很是擔憂，雖然暫時幸運地躲了一劫，但卻感到脖子上涼颼颼的，每天睡覺醒來的第一件事就是摸一下脖子，看看頭顱是否還在，以至落下了病根。經過一年的苦苦煎熬和思索，他想效仿漢代的蕭何，透過自汙來達到自保。於是就以探視為藉口跑到京城，準備向皇帝展現他的自汙秀。

　　這個人就是讓藍玉極為不爽之一的太子太保，潁國公傅友德。傅友德既是功臣勳貴，又是皇親國戚，生有四男一女，大兒子傅忠是壽春公主（已於洪武二十四年病逝）的駙馬；次子傅春過繼給了弟弟冠帶總旗傅友仁；三子傅讓是朱元璋親軍金吾衛鎮撫；四子傅添錫在隨他征戰雲南時戰死；女兒嫁給晉王世子朱濟熺（朱棡之子）為妃。

　　這天，傅友德鼓足勇氣求見皇帝，行過大禮，朱元璋命賜座後，問道：「愛卿近日可好？怎麼想起來看朕來了？」

　　「臣驚聞聖上龍體欠安，特來問安！今見聖上紅光滿面，神采奕奕，真乃社稷之幸，更是臣等之幸！」

　　惺惺作態，你們巴不得我早點歸天呢，你傅友德一向帶兵在外，何嘗見你如此多禮？無事不登三寶殿，倒要看看你突然闖宮所為何事。

　　果然，傅友德開口了：「臣已老朽不堪，上天留給臣的時日不多了，臣已別無他念，只想為兒孫置下份產業，因此冒昧懇請陛下恩准，在懷遠劃千畝土地歸臣所有，臣將感激不盡！」

　　朱元璋已經對傅友德有了先入為主的看法，對他提出的任何問題自然

會持反對意見，何況現在提的是不合理要求，因此當場駁斥道：「朝廷已待卿不薄，年祿三千五百石，再加平日賞賜，為什麼還要與百姓爭利呢？莫非還有什麼想法？」

傅友德想自汙，卻反招致更大的猜忌，冷汗當場就冒了出來，連忙辯解：「臣萬萬不敢！」

朱元璋接著說道：「卿可聽說過春秋時，魯國宰相公儀休的事蹟？公儀休因為享有國家俸祿，不願再與百姓爭利，把園子裡種的東西都拔掉，又將織得一手好布的妻子休了，這才是做臣子該效仿的，切莫學不法之人呀！」

傅友德的初心並非嫌自己的俸祿低，聽朱皇帝如此一說，羞愧得無地自容，跪地謝罪：「臣罪該萬死！」真是弄巧成拙，裡外不是人。朱元璋不是漢高祖，更不是宋太祖，教條主義行不通啊！

朱元璋心想的是，朕當皇帝以來真沒人敢向自己提過如此過分的要求，這藍玉一死，朝中武將能望傅友德項背的人已寥寥無幾，難怪他敢如此要挾，想到這裡，又問：「卿還有何事，索性一塊挑明來！」

傅友德恨不得盡快逃離這是非之地，忙不迭地以頭點地，說：「臣是一時糊塗，才說出這麼混帳的話來，再無他事了，請聖上見諒！」

見諒？朕駁了你的面子，拒絕了你的無理要求，你不懷恨在心？看來什麼高官厚祿、皇親國戚都靠不住啊！

人一倒楣放個屁都能砸到後腳跟。傅友德那天本想乘機提出歸隱的，怕引起更大的猜疑，遂生生憋了回去，回家後本想夾緊尾巴做人，靜候一段時間再說。這時，催他上路的人來了，此人就是藍玉的親密同袍、捕魚兒海戰役中的得力助手王弼。

一起出生入死的老同袍登門，自然會熱情款待。王弼加入朱元璋隊伍的時間比傅友德還早，屬臨濠舊部，看到曾經一起為朱明王朝賣命的武將

第十八章　朱皇帝的最後時光

已所剩無幾，難免兔死狐悲。幾杯黃湯下肚就管不住那張臭嘴：「潁國公對藍公一案有何感想？」

傅友德連忙對空抱拳道：「此乃聖上欽定的謀逆大案，豈是我等做臣子的能議論的？王老弟喝酒，喝酒！」

王弼繼續說道：「皇上如今年事已高，又嚴於誅殺，我們這輩的人所剩無幾，應當聯合起來尋找出路。」

傅友德剛惹了一身羶，只想把王弼盡快打發，一個勁地勸酒勸菜，再也不敢接他的茬。誰知還是逃不過朱元璋的耳目，朱元璋終於還是要動手了。

洪武二十七年（西元1394年）冬至，朝廷按照慣例要在這一天大宴群臣，共祝國運亨通、四海安寧，期盼來年取得更好的成績。當朱皇帝在大臣的簇擁下步入宴會大廳時，一眼看到擔任警衛的傅讓沒有按照規定佩帶劍囊，腦筋一轉，一個方案馬上形成，之前一個葉升就弄死了藍玉等近兩萬人，你傅友德不是很愛自己的兒子嗎？今天就先從你的兒子下手，看你有什麼反應！

等大家一落座，朱元璋就開始數落傅讓的種種不是，尤其是今天的表現更是慢待君王。傅友德趕緊站起來替兒子賠罪，朱元璋怒氣沖沖地對他說：「誰讓你站起來了？莫非朕說錯了？去，把你的兩個兒子叫來，看朕哪裡說錯了！」

人的忍耐是有限度的，朱元璋衝傅友德發火，又沒頭沒腦地說這番話，讓他也火了，轉身就去找自己的兒子。剛走到大殿門口，一個衛士過來傳達最高指示：帶兩個人的首級來見！同時遞給他一把寶劍。傅友德的腦子「嗡」的一下明白了，看來姓朱的要卸磨殺驢，非置我父子於死地不可了！

士可殺不可辱，轉眼工夫就見傅友德提著兩顆血淋淋的人頭返回大

殿，眾人都被傅友德的剛烈舉動驚呆了。朱元璋惺惺作態地問道：「你怎麼如此殘忍？朕命你去責罰逆子，誰讓你結果兩條人命？分明是記恨朕啊！」

傅友德壓抑了一輩子的情緒徹底爆發了，虎目圓睜，大聲吼出了所有功臣武將的心聲：「你不就是想要我們父子的人頭嗎？今天就成全了你，好讓你放心！」

說罷橫劍自刎，高大的身軀倒下的同時，手中的兩顆人頭也滾落一邊。儘管如此，傅友德的家人也沒能換來朱元璋的一絲憐憫，他以傅友德在宮裡殺人、欺君忤旨為由，命令抄家封門，所有男女流放邊疆，永不許赦回！

定遠侯王弼見此情，知道接下來就該輪到自己了，好酒好肉地善待了自己一個月後，鎮定自若地將一把尖刀刺進了自己的胸膛，追隨同袍去了。

傅、王二人一死，馮勝就開始死亡倒數計時了。馮勝功勞很大，但毛病不少，洪武二年擅自從西北撤兵時，朱元璋就恨得牙根癢癢，出征遼東納哈出又犯了輕敵麻痺、私吞策略物資及生活作風等問題。但朱元璋一直隱忍不發，依然讓馮勝在軍中供職，只是再也沒有讓他統兵作戰，交給他的多是一些練兵、立衛屯田之類的事務，故此馮勝更多的時候都是閒居在家。

馮勝家居期間也極不安分，放縱胡鬧比在部隊裡有過之而無不及，其子弟奴僕看主子如此，紛紛學會仗勢欺人、為非作歹，完全違背了朱元璋對功臣的期望和勸告。兒子馮諒曾縱容家奴傷人致命，並阻撓地方官員辦案，威脅他們不准舉報。此事最終還是捅到南京，馮諒被判處死刑，其他二十一名案犯也相應被判刑。朱元璋按照鐵券中有關功臣及其子免死的規定特批，赦免馮諒的死罪，同時將馮勝召到南京，進行過一次有誡勉性質

第十八章　朱皇帝的最後時光

的談話。談話中朱元璋明確表示，念在他兄弟早年追隨自己，有開國之功的分上，希望他好自為之，嚴格約束自己，管好家人。最後強調，道理朕都告訴你了，希望你三思！馮勝當時誠惶誠恐地又是叩頭，又是對天發誓保證知過必改。

但回到鳳陽後他依然故我，洪武二十八年正月的一天，馮勝與眾多小老婆之一的樊氏的弟弟樊父酒足飯飽之後，擺上棋盤對弈起來。雖然馮勝年紀比樊父大得多，又是功勳重臣，但他為老不尊，與小輩們胡鬧慣了。樊父對這姐夫沒有半點謙讓，在棋盤上把姐夫殺得片甲不留，讓馮勝異常惱怒，竟不顧身分破口大罵，大概當場把小舅子的祖宗十八代都招呼了一遍。

新年沒過就被人臭罵一頓，擱誰心裡都不舒服，樊父一怒之下，把剛才喝酒的那套名貴的黃金酒器抓在手裡就奪門而去。馮勝大概腦子突然進水，竟把狀告到朱元璋那裡，說嗜酒如命的樊父入室搶劫，搶走了皇帝御賜的金酒杯一套，請皇上做主，予以處罰！

洪武時代的終結

樊父對姐夫的金酒具是心儀已久，但吝嗇鬼姐夫愛財如命，別說是金酒具，就是陶瓷酒杯都捨不得給他一個。這次終於逮著機會，以姐夫罵人為由將其搶了過來，當然捨不得歸還。沒想到姐夫這老小子竟然小題大做鬧到了皇帝那裡，還告自己入室搶劫，這可是大罪啊，要判十年以上有期徒刑甚至是死刑的。好呀，既然你一點情面不給，要把事情搞大，那咱就玩點更大的！

朱元璋一開始也不以為意，心想姐夫跟小舅子為一套酒具把事情捅到

自己這裡，無非是想藉機炒作，表明他宋國公的官司只有朕才能過問。心裡還責怪馮老二太小氣，娶了人家姐姐，送他一套酒具又如何，用得上「入室搶劫」那麼難聽的詞嗎？不料樊父一上來就檢舉揭發馮勝，說他在打穀場裡埋藏了大批的武器裝備，有圖謀不軌之心。

朱元璋殫心竭力殺了那麼多人，也膩煩了，這回連調查取證、司法介入那套程序通通省了，也懶得找什麼罪名，直接命馮勝從鳳陽趕到京城。

一見面，朱元璋直截了當地問他：「宗異啊，有人告你私藏武器，可有此事？」既不稱卿，又不喚名，直接稱字，讓人摸不著頭緒。

馮勝是位軍人，更是一位身經百戰的將軍，對兵器有種天然的嗜好，發現有好的、有特色的兵器喜歡收藏起來，又對金戈鐵馬的崢嶸歲月難以忘懷，就別出心裁地將打穀場地下挖空，裡面放置些瓦甕之類能發出回音的東西，上面再鋪上木板，時常帶人縱馬在上面奔跑，能製造出一種萬馬馳騁的特效，聊以自慰。

朱元璋卻不這麼想，你馮勝非法持有、私藏武器就已經構成了犯罪，你再蓋個操練場，誰知你是不是在搞軍事演習？日後你振臂一呼，拉起隊伍就能造反，或者哪天擁立某位藩王搞分裂，豈不直接威脅到我大明江山？傅友德、王弼是自己動手，你馮勝我就給點面子，親自出手算了！

雙方思考也是瞬間的事情，馮勝見皇帝專程找他來就問這點事，正要耐心跟皇帝解釋，朱元璋卻擺手制止了他，說：「你不必跟朕分辯，朕也聽累了，你馮宗異是大錯三六九，小過天天有，朕也多次原諒了你的錯誤甚至是罪行，也算是仁至義盡了，你的事朕不想再過問了。你一路辛苦，把這杯酒喝了就回家去吧，權當給你接風了！」

朱元璋說到最後，指了指擺在案几上那杯早已調製好的酒。馮勝情知不妙，但君要臣死，臣不得不死，掙扎和反抗都是徒勞的。

馮勝端起酒杯一飲而盡，連嘴巴都不抹轉身就走了出去。事情已然這

第十八章　朱皇帝的最後時光

樣,已沒必要再跟刻薄寡恩的皇帝搞什麼告別儀式了。

馮勝強忍著絞痛勉強捱到家門口,就氣絕身亡了。時間是洪武二十八年(西元1395年)二月初三,離傅友德憤然自裁僅兩個月零四天。

朱元璋清除了對朱明王朝構成潛在威脅的功臣宿將後,正想舒口氣,誰料就在馮勝死後一個月,奉命前往洮州征伐叛藩的秦王朱樉好不容易立回功,卻死在了凱旋的途中,這讓朱元璋的心又懸了起來。

儘管在外人的眼裡,洪武大帝朱元璋還是那麼神聖不可侵犯,威風凜凜地想殺誰就殺誰,但只有朱元璋自己清楚,他能打敗任何敵人、戰勝任何困難,卻終究奈何不了歲月。已是六十八歲高齡的他,除了感到身體上力不從心外,精神上也大不如從前,思考問題時間稍長就犯睏,有時候往往才想了個開頭,就不由自主地打起了瞌睡,好在他犯迷糊的時間都不長,只瞇一下就醒來。他實在放心不下他的朱家王朝,更確切地說是捨不得放下手中的大權啊!

朱元璋每次醒來總要趁精神充足的時刻抓緊處理些勞神的政務。這天他一醒來就讓人宣皇太孫,朱允炆行過大禮後,朱元璋示意他坐到身邊,拉著手問道:「孫兒啊,皇爺爺如今是掰著手指頭過日子的人了,你跟皇爺爺說說,一旦皇爺爺不在了,你覺得還有哪方面的難處?」

「皇爺爺萬壽無疆⋯⋯」

「別玩這套虛的,那是外人說的奉承話,我們爺孫倆說點實在的。」朱元璋打斷朱允炆繼續說道,「人的生老病死是客觀規律,朕雖貴為天子也違背不了,什麼萬壽無疆,要真的有萬壽無疆,哪輪得到咱老朱家坐天下?」

朱允炆的心裡也苦呀,看到爺爺日理萬機地熬白了頭髮,累彎了腰身,他真不知道自己今後的路該怎麼走。就現在,他已經感到了巨大的壓力,淚水不由自主地流了下來,朱元璋很看不慣流淚的男人,為了鼓勵孫

子,他現身說法道:「孫兒,堅強點,你是要做皇帝的人,不要動不動就掉淚,男兒有淚不輕彈,眼淚解決不了任何問題。你今年快二十歲了,皇爺爺在你這個年紀,已經孤身在外闖蕩幾年了。那時候可真苦啊,吃了上頓沒下頓,過了今天還不知道能不能看到明天升起的太陽,但皇爺爺沒掉過一滴眼淚。唉,真是恍如昨天啊⋯⋯」

朱元璋沉浸在自己的回憶中絮絮叨叨,說著說著突然問道:「你還沒回答皇爺爺剛才的問題呢?」

朱允炆也隨之倏地醒過來,皇爺爺的問題讓他實在不知道該從何說起,表面上看爺爺已經為他削去了所有的棘頭,但劉三吾提醒他,經過清洗後的朝廷,武將凋零,一旦邊疆有事,不得不將兵權交予諸王,那些都是他的叔叔輩人物,將會造成強枝弱幹的局面,讓他盡快稟明皇上,還有⋯⋯

「對朝廷構成潛在威脅的棘刺皇爺爺都替你削光了,你想想看還有沒有遺漏的?」朱元璋見他呆呆的不說話,就開導說。

「沒有,孫兒沒有感覺到大臣的威脅!」朱允炆已經明顯感覺到威脅來自哪裡了,但他實在開不了口。

朱元璋從朱允炆簡單的話語裡已經明白了他的苦衷,此前朱元璋已將朱允炆的姐姐江都公主許配給了長興侯耿炳文的兒子耿璿,耿炳文是朱元璋留給皇太孫的兩位功臣武將之一(另一位是武定侯郭英)。對來自藩王的威脅,朱元璋不是沒有考慮過,之前年長的三位皇子,朱元璋封到北方作為屏障,又能發揮互相牽制的作用。秦王朱樉一死,就剩下晉王朱棡和燕王朱棣,在這二王之中,朱元璋最擔心的是朱棣。有次在皇家園林遊玩時,他有感而發,出了一句上聯:風吹馬尾千條線!讓朱允炆和朱棣對下聯,當時朱允炆對的是「雨打羊毛一片氈」,而朱棣則對「日照龍鱗萬點金」。

第十八章　朱皇帝的最後時光

朱元璋當時就感覺到皇太孫過於軟弱無力，而朱棣則充滿了一股強而有力的霸王之氣，從此開始為皇太孫擔憂起來，但他始終下不了決心和勇氣來解決這個問題，雖然對待別人的親骨肉他可以像捏死一隻螞蟻似的毫不手軟，但對自己的骨肉，他朱元璋是無論如何都下不了手的。但這個問題又一直困擾著他，只得無數遍在心裡問自己：我該怎麼辦呢？

爺孫倆的這次談話沒有在實質問題上取得進展，隨著朱元璋的犯睏戛然而止，朱允炆只好告退。

朱允炆此時並不知道，朱元璋已經不動聲色地為他物色了一位可以託孤寄命的大臣，該人名叫齊泰，這個名字還是朱元璋賜的，他的原名叫齊德，溧水（今屬江蘇）人，洪武十八年（西元1385年）進士，之前是兵部主事。他的文件裡赫然記錄著「為官九年而無過失」，這可是難得的好人才啊，朱元璋曾親自對他進行了考核，詢問各邊防將領的情況。齊泰如數家珍，不僅將各地軍官的姓名、籍貫、經歷、性格、功過等情況說得一清二楚，還將各地的山川要隘及布防情況做了簡要介紹，並將自己花費大量心血繪製的山川要塞及兵力配置圖獻上，令朱元璋龍顏大悅，當即賜名泰，擢升為兵部左侍郎。此事除朱元璋本人外，至今無人知其用意，包括齊泰本人。

晚年的朱元璋有三十多個兒女、五十多個孫子，但這些兒孫都不在身邊，雖然有幾十個口口聲聲稱甘做忠心奴婢的妃嬪，但朱元璋依然感到無比寂寞和冷清。洪武三十年（西元1397年）秋，隨著蕭瑟季節的到來，內心無比惆悵的朱元璋終於病倒了。

次年二月，又傳來晉王朱棡病逝的消息。朱元璋在哀傷之餘，更加為皇太孫感到擔憂，如此一來，燕王朱棣無疑就成了一家獨大的藩王了。朱元璋正想著呢，皇太孫領著幾位大臣求見來了。他們來的目的，一是問候平安，最主要的是請示幾件緊急公文的處理意見。朱允炆扶皇爺爺躺好

後,開始逐件匯報所要請示的內容。

朱元璋緊閉眼睛靜靜地聽著,時不時哼一聲,或者插問一兩句。當聽到朱允炆說燕王朱棣請求進京探視時,朱元璋悚然睜開眼睛,掙扎著要坐起來,朱允炆趕緊幫他靠著幾個高枕,勉強保持半躺半坐的姿勢。朱元璋這才問道:「你剛才說燕王要進京?」

「摺子上是這麼說的!」

「有沒有邊情方面的奏摺?」

朱允炆回答:「沒有!」

朱元璋像是問朱允炆,又是像問自己:「藩王朝見時間未到,《祖訓條章》才頒布下去,他為什麼還提出要到京城來呢?」

朱允炆像意識到了什麼,但他不知道如何回答,只好老老實實說道:「孫兒不知道!」

朱元璋用昏花的眼睛盯著朱允炆,說:「哎,孫兒呀,你四叔厲害著呢!」隨即緩緩地閉了眼睛,彷彿累了。

朱元璋能把眼睛閉上,卻禁閉不住他的思緒。唉,殺來殺去,到頭來對朝廷威脅最大的竟是自己的骨肉,那些被擴大化殺掉的功臣宿將,要是留著也未必就敢覬覦皇位。朕從來就不缺忠誠而富有遠見卓識之臣啊,早在封王之初,就收到過勸諫。上書的儒生叫什麼來著?對了,叫葉伯巨,他上書力陳了朝廷的三大弊端,第一條就指出「分封太侈」。當時自己只考慮到依靠親生兒子來保障朱家的江山,聽不進逆耳忠言,執意要大封皇子,記得自己一怒之下還要親手射死葉伯巨。想到這裡,朱元璋又問自己:事已至此,該採取什麼措施呢?

朱允炆聽皇爺爺說「你四叔厲害著呢」的時候,才知道英明無比的皇爺爺心裡像明鏡似的,既然皇爺爺已經提醒,他不得不防。退出來後就找

第十八章　朱皇帝的最後時光

到了他的老同學，現任太常寺卿的黃子澄（曾做過朱允炆的伴讀），關好門窗，落下窗簾後，朱允炆焦急地問道：「諸藩王都是我的叔叔，他們手握重兵，一旦有變，我該怎麼啊？」

黃子澄認為諸王既沒有實際行動，又缺乏確鑿的證據，不好貿然採取行動。朱允炆認為應該未雨綢繆，免得束手無策。

黃子澄一副深思熟慮的樣子，說：「諸王只是有護兵，至多能夠自保，倘若勇於起事，朝廷以六師問罪，誰能抵擋得住？漢朝七國不是很強大嗎？作亂的諸侯最後還不是自取滅亡！這是由於大小強弱之勢不同，順逆之間不同啊！」朱允炆也想不出什麼辦法，只好聽從黃子澄的安慰了。

時間進入五月，朱元璋的病情進一步惡化，朱允炆的孝心又再次經受了考驗，他日夜守護在床前，親自伺候朱元璋的湯藥和飲食，連痰盂溺器都不讓宮女插手。被病痛折磨得呻吟不止的朱元璋看著孝順懂事的孫兒布滿血絲的雙眼和憔悴疲憊的臉龐，心裡既寬慰又愛憐，他知道上天留給自己的時間不多了，於是給各藩王下旨：不准借奔喪聚集京城，封地的所有軍隊一律聽從朝廷調遣。不讓你們靠近京城，又控制了你們的人馬，看你們能奈我皇太孫何？

齊泰也被召到了病榻前。皇帝以無限信賴的口吻下旨：兵部左侍郎齊泰，你德才兼備，對朝廷忠心耿耿，是朕的好臣子。朕歸天之後，由你為顧命大臣，輔佐新皇帝！

齊泰誠惶誠恐地以頭點地，極力推辭道：「陛下以重任相托，微臣感恩不盡，唯恐能力有限，有負聖恩啊！」

「愛卿不必推辭，朕就將皇太孫託付給你，你千萬不要辜負朕的重託啊！」隨即由齊泰執筆，記錄了朱元璋口授的臨終遺詔：「朕膺天命三十有一年，憂危積心，日勤不怠，務有益於民。奈起自寒微，無古人之博知，好善惡惡，不及遠矣。今得萬物自然之理，其奚哀念之有。皇太孫允炆仁

明孝友，天下歸心，宜登大位。內外文武臣僚同心輔政，以安吾民。喪祭儀物，毋用金玉。孝陵山川因其故，毋改作。天下臣民，哭臨三日，皆釋服，毋妨嫁娶。諸王臨國中，毋至京師。諸不在令中者，推此令從事。」

洪武三十一年閏五月初十（西元1398年6月24日），中國歷史上最傑出的君王之一、大明王朝的建立者、戰無不勝的洪武大帝朱元璋，因病醫治無效，與世長辭！享年七十一歲。

朱皇帝的喪事是隆重的，隆重到以活人殉葬的殘忍地步，按照他的遺願，四十多名為他奉獻了青春乃至一切的妃子，活生生地陪伴他那冰冷的屍體一同長眠地下；治喪時間是短暫的，按照齊泰的建議，為防止生變，皇帝的靈柩只停放七天就匆匆安葬。也就在同一天，皇太孫朱允炆匆匆地完成了登基儀式。而同一時刻，朱元璋臨嚥氣前一秒提到的「燕王不可不慮」的主角也在匆匆趕往京城的路上，當朱棣一行緊趕慢趕來到淮安時，新皇帝朱允炆以大行皇帝已入土為安為由，將他們擋了回去。朱棣只得悻悻而返，叔姪倆的較量從此開始。

屬於朱元璋的時代已經結束了，可他留下的政治遺產，及其對後世的影響遠遠沒有結束。朱元璋由貧苦的放牛娃起家，在亂世之中叱吒沙場，推翻了殘暴的元朝統治，救黎民於水火，開創了盛唐以後又一個多民族的大一統王朝。他做皇帝的三十年不僅創立了大明朝堅實的基業，還形成了成熟的施政綱領，修訂了完善的法律制度，規劃出了整個大明王朝的政治和經濟體制，史稱洪武之治。

草根天子，朱元璋與明帝國：
洪武之治 × 冷血暴君⋯⋯從淮右布衣到千古一帝，一介草民如何盪平亂世建立帝業？

作　　　者：	覃仕林
責任編輯：	高惠娟
發　行　人：	黃振庭
出　版　者：	崧燁文化事業有限公司
發　行　者：	崧燁文化事業有限公司
E - m a i l：	sonbookservice@gmail.com
粉　絲　頁：	https://www.facebook.com/sonbookss/
網　　　址：	https://sonbook.net/
地　　　址：	台北市中正區重慶南路一段61號8樓 8F., No.61, Sec. 1, Chongqing S. Rd., Zhongzheng Dist., Taipei City 100, Taiwan
電　　　話：	(02)2370-3310
傳　　　真：	(02)2388-1990
印　　　刷：	京峯數位服務有限公司
律師顧問：	廣華律師事務所 張珮琦律師

國家圖書館出版品預行編目資料

草根天子，朱元璋與明帝國：洪武之治 × 冷血暴君⋯⋯從淮右布衣到千古一帝，一介草民如何盪平亂世建立帝業？ / 覃仕林 著. -- 第一版. -- 臺北市：崧燁文化事業有限公司，2024.11
面；　公分
POD 版
ISBN 978-626-416-094-0(平裝)
1.CST: 明太祖 2.CST: 傳記
626.1　　113016980

-版權聲明-
本書版權為樂律文化所有授權崧燁文化事業有限公司獨家發行電子書及紙本書。若有其他相關權利及授權需求請與本公司聯繫。
未經書面許可，不得複製、發行。

定　　　價：520 元
發行日期：2024 年 11 月第一版
◎本書以 POD 印製
Design Assets from Freepik.com

電子書購買

爽讀 APP　　　臉書